Médiations interculturelles entre la France et la Suède

Trajectoires et circulations de 1945 à nos jours

Mickaëlle Cedergren et Sylvain Briens (eds.)

**avec la collaboration de
Valérie Alfvén et Luc Lefebvre**

Published by
Stockholm University Press
Stockholm University
SE-106 91 Stockholm
Sweden
www.stockholmuniversitypress.se

Supporting Agency (funding): Åke Wibergs stiftelse, Stockholm, Department of
Romance and Classical Studies, Stockholm University

First published 2015
Cover Illustration: Karl Edqvist, SUP, 2015
Cover designed by Karl Edqvist, SUP

Stockholm Studies in Romance Languages ISSN: 2002-0724

ISBN (Hardback): 978-91-7635-015-7
ISBN (PDF): 978-91-7635-012-6
ISBN (EPUB): 978-91-7635-013-3
ISBN (Mobi): 978-91-7635-014-0

DOI: http://dx.doi.org/10.16993/bad

Suggested citation:
Cedergren, M. et Briens, S. (eds.) 2015. *Médiations interculturelles entre la France
et la Suède. Trajectoires et circulations de 1945 à nos jours*. Stockholm: Stockholm
University Press. DOI: http://dx.doi.org/10.16993/bad. License: CC-BY 4.0

To read the free, open access version of this book online,
visit http://dx.doi.org/10.16993/bad or scan this QR code with
your mobile device.

Stockholm Studies in Romance Languages

Stockholm Studies in Romance Languages (SSIRL) is a peer-reviewed series of monographs and edited volumes published by Stockholm University Press. SSIRL strives to provide a broad forum for research on Romance Languages of all periods, including both linguistics and literature. In terms of subjects and methods, the orientation is wide: language structure, variation and meaning, spoken and written genres as well as literary scholarship in a broad sense. It is the ambition of SSIRL to place equally high demands on the academic quality of the manuscripts it accepts as those applied by refereed international journals and academic publishers of a similar orientation.

Editorial Board

Titles in the series

1. Engwall, G. and Fant, L. (eds.) 2015. *Festival Romanistica. Contribuciones lingüísticas – Contributions linguistiques – Contributi linguistici – Contribuições linguísticas*. Stockholm: Stockholm University Press. DOI: http://dx.doi.org/10.16993/bac. License: CC-BY

2. Cedergren, M. et Briens, S. (eds.) 2015. *Médiations interculturelles entre la France et la Suède. Trajectoires et circulations de 1945 à nos jours*. Stockholm: Stockholm University Press. DOI: http://dx.doi.org/10.16993/bad. License: CC-BY

Table des matières

---

*Ce collectif a dû être réédité en raison du retrait du chapitre 13 "Actualité de Madame de Staël et de Simone de Beauvoir. Regards croisés sur les origines du féminisme depuis 1945" dont l'auteur a été sanctionné pour violation du droit d'auteur. Mis à part ce changement, le texte (y compris la pagination et le lien électronique de chaque article) est resté inchangé. Pour plus d'informations, voir: DOI: http://dx.doi.org/10.16993/bad.v

Introduction

Sylvain Briens et *Mickaëlle Cedergren*[†]
[*] Université Paris-Sorbonne
[†] Université de Stockholm

Dans le cadre du projet de recherche « Les transferts culturels et trans-ferts de savoir entre la France et la Suède à l'époque moderne » issu d'une collaboration pédagogique et scientifique entre les départements d'études romanes et classiques de l'Université de Stockholm et d'études nordiques de l'Université Paris-Sorbonne, nous avons eu l'opportunité de discuter et d'explorer différentes perspectives théoriques et métho-dologiques développées par la recherche universitaire sur les contacts de culture. Plusieurs chercheurs pionniers dans ce domaine d'étude ont participé à notre projet et apporté leur expertise.

La conférence dont nous publions les actes dans ce collectif[*] a été l'occasion de dresser un bilan de cette exploration et de proposer quelques pistes de réflexion sur les conditions épistémologiques de la recherche ayant trait aux relations culturelles transnationales à une époque où les cadres nationaux semblent s'effacer au profit de nou-velles configurations communautaires plus globales. Ce collectif réunit des articles rédigés par des chercheurs d'universités suédoises et fran-çaises et offre un état des lieux des recherches actuelles qui s'effectuent dans le domaine des transferts culturels entre la France et la Suède. Sans vouloir faire un rapport exhaustif de ces recherches, nous présentons ici les pistes de réflexions méthodologiques que nous avons développées au sein de ce projet où les relations bilatérales franco-suédoises étaient au centre. Un certain nombre de concepts sont apparus dans l'étude des relations culturelles internationales ces vingt dernières années : images, représentations et stéréotypes ou clichés, transferts, médiateurs, médiations, croisements, circulations, trajectoires, traductions, agents, acteurs, réseaux. Si chacun d'eux est opérant à sa manière, la question de leur complémentarité se pose d'autant plus qu'elle est à l'origine de nombreuses querelles universitaires.

---

[*] Ce collectif a dû être réédité en raison du retrait du chapitre 13 dont l'auteur a été sanctionné pour violation du droit d'auteur. Pour plus d'informations, voir: DOI: http://dx.doi.org/10.16993/bad.v

Dans le cadre de ce projet, plusieurs journées d'étude et séminaires doctoraux ont été mis en place pour présenter et clarifier les pistes de réflexion que suggéraient trois axes théoriques : Les transferts culturels, l'histoire croisée et l'imagologie. Nous exposerons dans cette introduction ces approches différentes, mais à nos yeux complémentaires, dont les études comparées forment un cadre général ; le comparatisme étant le berceau intellectuel à partir duquel l'interculturalité et, *par extenso*, la circulation transnationale des œuvres et des idées littéraires, a été pensée.

Le comparatisme et ses prolongements : l'interculturalité dans le contexte des nations

La littérature comparée s'est développée dans le sillage du comparatisme en histoire des langues et des religions. Elle se donne pour cadre de travail la comparaison des textes, des auteurs, des mouvements littéraires ou des courants esthétiques, afin d'établir des analogies et de dégager des influences. La comparaison s'opère dans des espaces nationaux différents et prolonge ainsi la tradition d'historiographie nationale des littératures. L'école française de la Sorbonne, sous l'impulsion de Pierre Brunel et d'Yves Chevrel, la constitue en discipline (Brunel, 1983 & 1989). Une autre ouverture importante se développe outre-Altantique avec les *cultural studies*. À la comparaison entre objets littéraires s'ajoute la comparaison entre des œuvres relevant de différentes formes d'expression artistique (littérature et cinéma, littérature et peinture, etc...). Dans son ouvrage *Notre besoin de comparaison*, Frédérique Toudoire-Surlapierre établit un bilan contemporain de la discipline dans lequel l'étranger s'impose comme le mode de comparaison première. Elle définit la littérature comparée comme discipline de l'emprunt (Toudoire-Surlapierre, 2013). Elle replace l'altérité comme la source de la recherche comparatiste : comparer, c'est accepter de se comparer ; comparer met en jeu un autre qui est semblable (la similarité étant une condition de la comparaison). La comparaison, qu'elle soit en synchronie et en diachronie, répond ainsi à un double mouvement : recherche de l'altérité (pratique du décentrement) et auto-implication voire tentation égocentrique (recherche des éléments connus qui nous réaffirment). En ce sens, le comparatisme est un effort de penser l'interculturalité par un renversement de l'idée occidentale d'une culture unique. Cette posture idéologique lui assigne une vocation culturaliste (affirmée de façon explicite par les *cultural studies*). Le comparatisme cherche à saisir la dimension d'interaction et d'interconnexion des contacts de culture. C'est pourquoi il s'est naturellement tourné vers les sciences sociales.

Au sein même des études comparées se trouve l'idée d'interculturalité. Daniel-Henri Pageaux la définit comme une perspective spécifique selon laquelle la littérature est étudiée de manière interdisciplinaire en entremêlant l'histoire des idées, la sociologie et l'anthropologie. L'interculturalité s'étudie selon Pageaux à trois niveaux et englobe (Pageaux, 2007 : 168–169) :

1. la description des mécanismes des contacts, échanges et rencontres, des relations entre littératures et cultures (l'histoire et la géographie sont importantes dans ce cadre)
2. l'étude des formes poétiques que prennent les relations littéraires et culturelles, incluant l'étude des genres et des sous-genres
3. une réflexion sur les problèmes sociaux : acculturation, émigration, multiculturalisme...

L'un des problèmes auquel le comparatisme est confronté est le caractère dynamique des interactions : l'objet qui de se déplace d'une culture à une autre se modifie. Un certain nombre de critiques du comparatisme ont été formulées sur ce point (Espagne, 1999 : 35–49). Comment comprendre cette transformation alors que le modèle traditionnel qui compare des objets risque de les fixer par la comparaison ? Toute comparaison pose en effet en préambule un postulat : les deux unités comparées sont définies comme stables et homogènes, condition nécessaire pour que la comparaison soit opérante. Comment rendre opérante la comparaison entre des objets se modifiant ?

Un enjeu majeur de l'évolution du comparatisme est donc de prendre en compte le dynamisme des contacts de culture, tant dans le temps que dans l'espace. Dans cet esprit, plusieurs mouvements épistémologiques ont vu le jour dans la recherche française : l'étude des représentations (imagologie), les transferts culturels, l'histoire croisée et la géographie littéraire[1]. Il s'agit de tentatives de développement ou de dépassement du comparatisme littéraire classique qui se sont souvent affichées en opposition mais qui en sont sans doute finalement toutes des prolongements et des complémentarités. Ces mouvements comparent des biens culturels (matériels et immatériels) en mettant l'accent sur les différences entre le champ de production et le champ de réception tout en prenant en compte les notions de trajectoire et de circulation de l'objet de médiation.

L'étude des représentations dans la littérature (imagologie)

Si l'étude des représentations est un domaine ancien du comparatisme, il a été réactualisé notamment par Daniel Henri Pageaux (Pageaux, 1989 : 133–161) et par Jean-Marc Moura (Moura, 1998) sous le terme d'imagologie, structurée autour de l'étude des représentations de l'étranger dans la littérature. L'imagologie littéraire a trouvé une place particulière dans l'étude de la représentation du Nord dans la littérature française (Fournier, 1989 ; Walecka-Garbalinska, 2007) ou de l'étude de l'imaginaire scandinave (Toudoire-Surlapierre, 2005). Et inversement, les représentations et images de la littérature et culture française sont apparues, par exemple, dans la littérature scandinave, notamment chez Strindberg (Engwall, 1994 ; Briens, Cedergren et *al.*, 2013 ; Cedergren, 2013). Si l'objet étudié est l'image de l'étranger, l'objectif est avant tout de saisir le sujet qui le représente partant d'un principe que toute représentation renvoie aussi une image de celui qui la produit.

L'image de l'étranger est ici considérée comme un « ensemble d'idées sur l'étranger pris dans un processus de littérarisation et de socialisation » (Pageaux, 1994 : 60). C'est le processus de construction littéraire des images qui façonne ces idées, ce qui explique pourquoi elles parlent tout autant de leur auteur et contexte. L'imagologie approfondit l'étude de l'altérité culturelle par un décentrement du regard partant de l'objet et allant vers les contextes de production de l'objet, ce que l'on appelle communément l'imaginaire social (Moura, 1998). L'image correspond plutôt « à un modèle, à un schéma culturel qui lui est préexistant dans la culture "regardante" et non dans la culture regardée » (Pageaux, 1989 : 136). Le discours ne sera donc pas celui de chercher une image déformante ou non d'une figure de l'étranger mais de voir en quoi l'image littéraire correspond, pour reprendre les mots de Moura, à « l'indice d'un fantasme, d'une idéologie, d'une utopie propres à une conscience rêvant l'altérité » (Moura, 1998 : 41). Ceci explique pourquoi il est primordial de mettre en corrélation le texte littéraire, dans lequel transparaît le discours sur l'Autre, avec l'histoire des mentalités culturelles d'une époque afin de voir « comment s'articulent la représentation littéraire de l'étranger et la culture dite "regardante" » (Pageaux, 1989 : 149). L'image est donc étudiée dans sa dimension esthétique mais aussi et surtout idéologique et sociale.

L'intérêt fondamental de l'étude de Pageaux est d'avoir dégagé très tôt une classification tripartite — la manie, la philie et la phobie — pour essayer de qualifier trois « attitudes fondamentales qui régissent la représentation de l'Autre » (Pageaux, 1989 : 151). Avec ce modèle, il tente en même temps de circonscrire le type d'échange existant entre les deux cultures.

Dans le cas de la philie, l'écrivain, en harmonie avec la culture regardante dont il fait partie, perçoit favorablement « la réalité culturelle étrangère ». Dans ce cas seulement, Pageaux entrevoit un dialogue entre les deux partenaires culturels ; ce que manifeste l'écriture en faisant preuve d'assimilation et de resémantisation des emprunts étrangers. À l'opposé, dans le cas de la manie, l'Autre est survalorisé et la société regardante dévalorisée et dépréciée. L'auteur (voir l'école ou le groupe d'auteurs) se sert alors de cet Autre pour remettre en question des valeurs prônées par sa société et sa culture et cherche à revendiquer d'autres valeurs en prenant l'Autre pour modèle. Dans ce dernier cas, aucun échange n'existe réellement entre l'Autre et l'auteur : la langue est alors, selon Pageaux, riche en stéréotypes. L'altérité n'est plus reconnue, elle est au contraire étouffée. Auquel cas, l'écriture n'est plus créatrice mais reproductrice. Sur ce point, la perspective de Moura (décrite plus bas) va plus loin que celle de son prédécesseur. En effet, pour ce dernier, l'Autre est sclérosé en tant que principe idéologique puisque l'image est, dans ce cas, intégrée dans un texte et se retrouve en symbiose avec les principes mêmes de la société regardante qui le sous-tend. En d'autres termes, ce cas de figure rejoindrait le cas de philie décrit plus haut par Pageaux. Les catégorisations ne se répondent donc pas réellement car elles ne visent pas le même but.

Revenons à la typologie bipartite des fonctions des représentations de l'étranger que développe Moura à partir des concepts de Ricœur : la représentation idéologique (ALTER) *versus* utopique (ALIUS). La représentation idéologique a une *fonction d'intégration* et acclimate l'étranger jusqu'à le rendre invisible, en ce sens où cette altérité est utilisée pour renforcer et légitimer une position, une politique, une idéologie représentative du pays regardant. Cette fonction idéologique ne peut, d'après la classification de Pageaux, relever que de l'attitude de philie. Or, ceci pose problème puisque dans l'attitude de philie, l'Autre est repensé, remodelé et assimilé et non pas simplement importé et adopté tel quel selon Pageaux (1989 : 153). Paradoxalement, l'Autre est si bien intégré pour Moura qu'il s'estompe et tend à s'effacer ; il n'est pas reconnu et perçu comme Autre puisqu'il vient simplement alimenter et abreuver un discours tenu par une société regardante dans laquelle il s'inscrit. La représentation idéologique est alors une « accomodation » (Moura, 1998 : 51) et se synchronise avec un schéma imaginaire collectif.

À l'opposé, l'image dite utopique « met essentiellement la réalité en question » (Moura, 1998 : 49–50), elle bouscule et « se déportera vers l'altérité [...] riche des potentialités refoulées par le groupe » (50). Cette fonction utopique, très souvent subversive, relèvera donc de l'attitude de manie selon laquelle Pageaux ne voit qu'acculturation de l'image et tendance au stéréotype. L'Autre devient subversif et sert à élever la voix d'un auteur (ou d'un groupe d'auteur) contre une position régnante dans sa propre culture. Qu'il s'agisse d'utopie ou d'idéologie, l'emprunt a toujours une raison d'être mais peut servir des causes différentes et opposées.

Les études de traductions, qui occupent une place croissante dans la recherche universitaire sur l'interculturalité, instaurent un dialogue intéressant et fructueux avec l'imagologie. Dépassant la perspective linguistique, elles assignent aux traductions une place dans l'histoire littéraire mais aussi culturelle.[2] Les traductions modèlent et transfèrent l'image d'une culture nationale dans le pays cible mais révèlent aussi certaines caractéristiques du contexte de réception, relevant des opérations de sélection et de marquage (selon la typologie de Bourdieu) (Bourdieu, 1989). Pourquoi une œuvre est-elle traduite et comment l'est-elle ? Ces questions touchent à l'ouverture d'une culture au monde et à sa capacité à accepter l'autre dans sa différence. En ce sens, les études de traduction rejoignent l'imagologie comme réflexion sur les identités nationales. Toutes deux explorent la définition de l'identité comme altérité dont la pertinence est renforcée dans un contexte de mondialisation. Les études de traduction et de réception de la troisième partie de ce recueil reviendront sur ces questions.

Les transferts culturels – Circulation transnationale de l'objet culturel

La théorie des transferts telle que Michel Espagne et Michael Werner l'ont définie dans les années 1980 est une proposition ambitieuse pour comprendre la circulation internationale des objets et plus particulièrement leurs trajectoires d'un espace culturel à un autre (Espagne, 1988 & 2005). Le terme de transfert culturel est utilisé pour caractériser ces trajectoires transnationales en remplaçant la perspective de la simple comparaison par un regard sur les mouvements, les métissages et les interactions entre les cultures nationales. Le transfert se définit comme le transport d'un bien culturel d'un espace culturel à un autre.

La première question qui se pose est de définir le point de départ et le point d'arrivée. La méthode présuppose que les ensembles de départ et d'arrivée du transfert soient identitairement stables et définis. C'est pourquoi les chercheurs utilisent le plus souvent le concept de *champ culturel* défini par Pierre Bourdieu comme partie de l'espace social autonome, obéissant à des règles indépendantes des autres parties. La granularité du modèle permet de définir des champs selon une géographie culturelle distincte des critères exclusivement nationaux.

La théorie des transferts culturels implique le recours au concept de métissage, concept longtemps occulté dans l'histoire littéraire et qui remet en question la notion de littérature nationale. Ceci illustre pleinement la pensée de Michel Espagne lorsqu'il affirme que « l'altérité, la référence étrangère, sert à produire de l'identité nationale dans l'histoire littéraire » (Espagne, 1999 : 15). Les formes de métissage dans toute culture nationale, postulat et point de départ épistémologique de Michel Espagne, est créateur d'identités. Mais, le transfert d'un concept dans une culture autre implique une « appropriation sémantique [qui] transforme profondément l'objet passé d'un système à l'autre » (*Ibid.* : 20).

Une fois le point de départ (champ de production) et le point d'arrivée (champ de réception) définis, la circulation de l'objet est analysée en terme de "réappropriation" et de "resémantisation" du bien culturel importé qui, en passant la frontière du champ, prend une nouvelle signification déterminée par la situation historique et contemporaine du champ d'accueil. Michel Espagne parle alors de réactualisation du bien. Cette idée rejoint les résultats de son analyse de la circulation internationale des idées de Pierre Bourdieu et de sa théorie de la réception. Les mécanismes des filtres cognitifs de réception peuvent être résumés selon Bourdieu par trois opérations (l'opération de sélection, l'opération de marquage et l'opération de lecture) qui constituent la base de tout transfert culturel (Bourdieu, 2002).

Selon Espagne, l'emprunt culturel est donc naturellement resémantisé. Bourdieu pose le même constat lorsqu'il affirme que « les textes circulent sans leur contexte [et] n'emportent pas avec eux le champ de production » (Bourdieu, 2002 : 4). Ils sont délocalisés et acquièrent un sens nouveau une fois transférés. Ce passage de bien culturel engendre donc des modifications qui ne sont pas à percevoir comme des pertes de signification, des déformations mais au contraire comme des resémantisations et, bien souvent, des adaptations faites à la culture d'accueil.

Ceci fait écho à ce qui était déjà largement défini auparavant en imagologie littéraire puisque l'image n'est que représentation d'une certaine
vérité et ne peut être que référentielle.

L'autonomie qu'acquiert le bien culturel étranger est une des approches
intéressantes que soulève Espagne. En effet, l'élément étranger transféré subit moins de contraintes dans le pays d'accueil, il se détache de sa
culture, de son milieu de production et se rend plus libre. Toutefois, l'objet
transposé n'occupe évidemment plus la même place dans l'autre contexte
national, il s'est adapté pour répondre à un imaginaire social mais il s'est
également *autonomisé* dans la mesure où « la référence étrangère est ainsi
intégrée à un débat propre au contexte d'accueil [...] et n'est plus déterminée que par les positions des protagonistes du débat en cours » (Espagne,
1999 : 23). Sur ce point, Espagne a une vision très positive de l'emprunt et
le conçoit comme une réappropriation sémantique naturelle, une « transformation par réinterprétation » (Espagne, 1999 : 20).

Pour Bourdieu, la littérature est avant tout liée à un champ struc-
turel au sein de sa culture nationale. Il parle « d'interprétation an-
nexionniste » lorsqu'un écrivain s'approprie d'idées de d'autres penseurs (Bourdieu, 2002 : 5). La démarche d'Espagne se démarque de
cette conception. De portée plus favorable à l'emprunt culturel, elle
insiste en premier lieu sur les transpositions faites au contexte d'accueil
et sur l'autonomie acquise par ces emprunts. Bourdieu parle quant à lui
d' « usage instrumentaliste » de la littérature (*idem*).

La théorie des transferts s'affirme donc comme un questionnement
sur la construction des identités au contact de la différence culturelle :
les racines étrangères de la nation sont ici vues comme un principe fondateur de la notion d'identité nationale. L'interculturalité se trouve,
comme dans le cas de l'imagologie, confrontée à la dimension d'altérité
culturelle, le système de valeurs du champ de réception étant au centre
de toute étude de transfert culturel. La recherche sur les transfers culturels est en cela « une tentative de comprendre des processus » (Espagne,
1999 : 26), processus qui s'opèrent à deux niveaux, mêlant deux milieux
culturels. S'il s'agit de relever « l'action des groupes qui transportent
d'un côté à l'autre d'une frontière géographique ou symbolique des éléments d'un système dans un autre système », autrement dit de découvrir
ces passeurs de culture, il est aussi important de s'attarder sur « la genèse
des discours » (Espagne, 1999 : 26). Ce qui est également bon de garder
en mémoire est que tout transfert culturel implique un décalage temporel, ce qu'Espagne appelle « des découpages chronologiques pluriels

et décalés » (*Ibid.* : 3). Il nous rappelle à ce propos que le transfert d'un concept n'est pas « une création *ex nihilo* » (*Ibid.* : 21) mais c'est « la conjoncture du contexte d'accueil qui définit largement ce qui peut être importé ou encore ce qui, déjà présent dans une mémoire nationale latente, doit être réactivé pour servir dans les débats de l'heure. » (*Ibid.* : 23). La compréhension de l'imaginaire social, dont il était question en imagologie, reste donc une donnée centrale.

Une différence apparaît sensiblement entre les points de vue évoqués précédemment : pour Espagne, l'emprunt culturel est un élément constitutif de toute culture, de toute nation, la nation étant elle-même construite sur un principe de composite, d'hybridité, tandis que Pageaux et Bourdieu sanctionnent parfois sévèrement ces types d'emprunts dans la mesure où ces derniers vont parfois jusqu'à « nier » l'Autre à leur profit, quitte à se l'approprier. Les contributions de ce collectif offriront ce double point de vue et tendront, au détour d'explications, tantôt à appuyer sur les déformations encourues par le transfert culturel tantôt à souligner la resémentisation.

L'histoire croisée

La théorie des transferts culturels a été l'objet de critiques émanant de comparatistes littéraires ainsi que de chercheurs en sciences sociales. La critique de l'un de ses fondateurs, Michael Werner, est particulièrement intéressante. Michael Werner et Bénédicte Zimmerman dressent un constat des problèmes épistémologiques des transferts culturels avant de proposer un programme pour les dépasser, appelé histoire croisée.

Les critiques que tous les deux adressent à la méthodologie des transferts sont les suivants (Werner, 2004) : les cadres de référence (tout transfert présuppose un point de départ et un point d'arrivée) et l'invariance des catégories d'analyse induisent un déficit de réflexivité qui, au lieu de briser l'idée d'un cadre homogène de la nation, la renforce. Le caractère linéaire des transferts, même triangulaire, ne semble pas prendre en compte le croisement dynamique des transferts. C'est justement sur ce point que l'histoire croisée entre en scène. Werner et Zimmerman proposent de regarder les mouvements de création artistique de tel ou tel espace culturel, non pas les uns par rapport aux autres, mais les uns à travers les autres. C'est l'un des fondements méthodologiques du croisement. Il ne s'agit pas d'altération, mais d'entrecroisements modifiant les parties impliquées dans le processus. Ils proposent quatre grandes

familles de recherche : les croisements intrinsèques à l'objet ; le croisement des points de vue et des regards portés sur l'objet ; la réflexivité
dans les rapports entre l'observateur et l'objet ; et le croisement des
échelles spatiales et temporelles.

Lorsque Werner et Zimmerman défendent l'histoire croisée par rapport à l'histoire comparée et aux transferts culturels, leur réflexion
s'insère dans un débat épistémologique plus large autour des questions
de transnationalisme. Ce débat rejoint les discussions des sciences historiques autour de la comparaison. C'est en effet un sujet qui a été
abondamment discuté par les historiens. Le comparatisme de l'école
des Annales, hérité de Marc Bloch, est confronté à la question : peut-on
comparer seulement le comparable ? Dans *Comparer l'incomparable*,
Marcel Detienne montre les limites du tout-national comme catégorie
analytique dans les sciences historiques (Detienne, 2009 : 9–39). Il insiste sur l'importance de dépasser les frontières comme unique cadre
de référence et appelle à une ouverture de l'histoire à l'anthropologie.
Lorsqu'il revient sur le sujet dans *L'identité nationale, une énigme*,
le plaidoyer pour dépassement du national est ré-affirmé (Detienne,
2010 : 126). Il revendique l'héritage des travaux de George Dumézil
en histoire comparée des religions et explique la nécessité d'un travail
collectif pour pouvoir « construire des comparables » et rendre compte
de la complexité de toute comparaison (Detienne, 2009 : 61). Les paral-
lélismes avec le débat sur le comparatisme en littérature sont nombreux
et mériteraient d'être étudiés en profondeur.

L'histoire croisée est donc un champ critique qui relève des approches
relationnelles et processuelles. Elle cherche à faire le lien entre les histoires à différentes échelles et tente de comprendre les interactions entre
le contexte de départ et celui d'arrivée en vue d'éclairer des points lais-
sés aveugles par le comparatisme et les transferts culturels. En prenant
en considération les va-et-vient et croisements et recroisements, elle
analyse non seulement la transformation des objets qui circulent mais
aussi la modification des environnements de contact. C'est le processus
du croisement qui est au centre de l'attention et non plus seulement le
résultat du croisement (l'objet resémentisé).

L'histoire croisée pose deux présupposés épistémologiques intéressants : le premier affirme que le croisement est dynamique et ne peut se
comprendre qu'à travers une historicisation du phénomène ; le second
invite à recroiser, à entrelacer à des temporalités différentes afin de comprendre les modifications de l'environnement dans lequel les interactions agissent. En même temps, l'histoire croisée s'intéresse à la notion

de réseau. Comme la sociologie de l'acteur-réseau (Michel Callon et Bruno Latour), elle étudie les connections dans les réseaux comme des lieux de production sociale et culturelle et insiste sur le caractère dynamique du réseau. Plutôt que de considérer des groupes prédéfinis, la sociologie de l'acteur-réseau et l'histoire croisée s'intéressent aux regroupements et aux reconfigurations, partant du principe que les frontières entre les groupes sont fragiles et mouvantes. Les réseaux de médiations s'affirment dès lors comme une catégorie analytique plus opérante que celle de médiateur individuel pour comprendre cette dimension de restructuration dynamique des contacts de culture.

C'est pourquoi, l'histoire croisée permet de penser le national comme un ensemble hétérogène voire même de le dépasser, ce que, selon Werner, le comparatisme et les transferts culturels ne parviennent pas à faire pleinement. Le fait de se concentrer sur la culture de réception conforte l'idée d'un espace homogène et masque le fait que le point de départ ne reste pas inchangé. En évitant de conforter les catégories nationales, l'histoire croisée est une tentative de penser le global et le transnational. Elle vient dans ce domaine compléter d'autres approches relationnelles anglo-saxonnes (*Entangled History*, *Connected History*, *Shared History*) tout en s'en distinguant par sa dimension réflexive. Si sa mise en place dans la pratique universitaire est rendue difficile par la multiplicité des compétences et la nécessité d'un travail collectif ambitieux, l'histoire croisée ouvre des pistes intéressantes pour étudier l'interculturalité dans des contextes dynamiques et postnationaux.

La géographie littéraire

La géographie de la littérature apporte une autre approche épistémologique pour analyser les trajectoires transnationales des objets et vient compléter l'histoire croisée. À travers l'étude de la géographie des auteurs, de la géographie des genres, de la géographie de l'édition et de la réception, elle permet de cartographier la circulation internationale des objets culturels[3]. La géographie de la littérature peut se décliner en différentes perspectives : réflexion sur la poétique de l'espace, étude de la géographie imaginée comme représentation collective d'un espace[4], analyse de la géographie narrative de l'identité littéraire[5]. Lorsque la géographie littéraire rejoint la sociologie de la littérature, elle est une alternative au comparatisme pour étudier l'interculturalité dans sa dimension spatiale. En adoptant des catégories analytiques relevant de l'espace, elle permet notamment de questionner le cadre national de l'historiographie de la littérature et de prendre en considération l'internationalisation de la littérature.

La cartographie de la littérature, qu'il s'agisse de cartographier les champs de production et de réceptions ou des lieux mis en scène dans la fiction, apparaît dans ce contexte d'étude une alternative intéressante. Elle ne se réduit en effet que rarement à un espace national (Moretti, 2000 & 2008 ; Piatti, 2008). Les frontières sont presque toujours franchies et les cartes du territoire littéraire forment des atlas transnationaux voire mondiaux. Par exemple, la cartographie de la littérature suédoise exige de prendre en considération les catégories d'identité régionale (scandinave ou européenne) et d'identité internationale, voire cosmopolite (Briens, 2010). À la fin du XIXe siècle, les centres d'échanges culturels internationaux comme Paris ou Berlin sont des passages obligés de la circulation des textes et des auteurs suédois, ce qui remet en cause le caractère strictement national des littératures. Les métropoles redistribuent en effet les enjeux de pouvoirs en brouillant la voix, jusque-là dominatrice, de l'Etat-nation (Tygstryp, 1996).

La géographie de la littérature permet donc de prendre en compte les contacts de cultures internationaux à travers les catégories géographiques de circulation et de trajectoire. Il est intéressant de voir que sont apparues ces dernières années plusieurs histoires de la littérature ne se limitant pas à une littérature nationale mais prenant une perspective régionale ou mondiale. Mentionnons par exemple la récente histoire de la littérature scandinave éditée en allemand par Jürg Glauser ou l'ouvrage norvégien *Verdenslitteratur. Den vestlige tradisjonen* (2007) [la littérature mondiale. La tradition occidentale] de Hans Erik Aarset, Jon Haarberg et Tone Selbœ. La critique de Pascale Casanova d'une tradition historiographique uniquement nationale trouve dans ces ouvrages une résonance intéressante (Casanova, 1999). Ses analyses des échanges et des médiateurs, à travers les catégories de « certificat de littérarité » (pour caractériser les langues de diffusion internationale) et d'« agents de change » (pour désigner les médiateurs entre les champs nationaux) permettent de mieux comprendre les modalités dénationalisantes de la corrélation des textes et des idées et la construction d'identités collectives. Mais là encore, la catégorie nationale reste un cadre essentiel de l'analyse. Si les médiateurs et les idées circulent d'un champ national à l'autre, les principes de la nation restent déterminants et sont, par exemple, à l'origine des luttes et des échanges inégaux existant entre nations, comme par exemple dans le domaine de la traduction (Casanova 2002 & Casanova 2011). Le rôle des agents de médiation sont tout aussi fondamentaux et ont partie liée avec la place plus ou moins autonome qu'ils occupent dans ce même champ national (Casanova 2002 & Sapiro 2007). Une idée, qui mériterait d'être creusée pour véritablement dépasser ce cadre national, notamment en ce début du XXIe siècle caractérisé par des constructions sociales postnationales, serait de recourir à la géographie de réseaux et aux notions relationnelles qu'elle a développée (Raffestin 1980 ; Briens 2015).

Contribution à l'histoire interculturelle franco-suédoise

Les relations culturelles entre la Suède et la France ont été déjà largement étudiées par la recherche universitaire, mais la majorité des travaux concernent des époques antérieures à 1945. C'est la raison pour laquelle nous avons décidé de nous concentrer sur les médiations interculturelles, les trajectoires et circulations entre la France et la Suède de 1945 à nos jours. Alors que s'exerce en Suède une fascination pour une culture d'avant-garde française dans les années 1960, 1970 et 1980 (la nouvelle vague au cinéma, le nouveau roman, le structuralisme et le post-structuralisme, etc...), la France découvre une Suède-modèle (celle de la société de bien-être, appelée en France l'Etat Providence) s'affirmant de plus en plus au niveau international comme le symbole d'une culture populaire. En ce début du XXIᵉ siècle, c'est justement la diffusion mondiale d'un genre littéraire populaire, le roman policier, qui suscite chez les lecteurs français un intérêt sans précédent pour la littérature suédoise. Ce genre littéraire avait en réalité déjà conquis le lectorat français dans les années 1960 à travers les livres de Maria Lang (Borg, 2012 : 139). Les romans policiers au même titre que la littérature de jeunesse et les écrivains classiques font partie de la littérature suédoise qui s'exporte le plus aujourd'hui (Svedjedal, 2012 : 50–52). Par ailleurs, le polar suédois se retrouve en tête des listes de vente non seulement en France mais dans d'autres pays européens (*Ibid.* : 61). Inversement, suivant cette tradition d'une image élitiste de la culture française, la Suède découvre avec intérêt, suite à l'attribution en quelques années du prix Nobel de littérature à deux écrivains français, Jean-Marie Le Clézio et Patrice Modiano, une production romanesque française ouverte sur le monde. À ce propos, la littérature francophone tend aussi à gagner du terrain dans la Suède du XXIᵉ siècle, ne serait-ce que dans les milieux académiques. La Suède apparaît tantôt comme le bastion de la haute-culture française, tantôt comme le pays promoteur des littératures francophones (Cedergren & Lindberg 2015). Les contacts de culture entre la France et la Suède sont donc, aujourd'hui peut-être plus que jamais, dynamiques et vivants et méritent que la recherche universitaire s'y intéresse.

Pour contribuer à la poursuite de l'écriture d'une histoire des représentations et mettre à jour la circulation internationale des œuvres et des idées à travers la circulation des objets culturels et leur traduction (à travers les médiations individuelles et collectives) entre la France et la Suède à l'époque contemporaine, il était nécessaire de rassembler différentes études où seraient définis ces divers points de contacts, tant physiques qu'intellectuels et culturels à l'heure présente. Comme le propose Espagne, « une histoire interculturelle pourrait se fonder sur les relations observées de telle ou telle grande figure de la vie intellectuelle avec une aire culturelle étrangère, de façon à démontrer que l'impulsion donnée à l'identité reposait en fait sur une transmission d'importations étrangères. » (Espagne, 1999 : 30)[6].

Nous avons convoqué précédemment Bourdieu dans nos réflexions. Nombreuses sont les études qui suivent le schéma méthodologique et théorique exposé par le sociologue dans son article « Les conditions sociales de la circulation internationale des idées ». Le transfert des idées d'une nation à une autre passe par un ensemble de trois opérations : une opération de sélection (qu'est-ce qu'on traduit ? qu'est-ce qu'on publie ? qui traduit ? qui publie ?), une opération de marquage (maison d'édition, collection, préface, traducteur) et une opération de lecture venant du champ de réception.

Les différents cas d'étude de ce collectif ont montré comment l'histoire culturelle, l'histoire littéraire et l'histoire socio-politique de ces deux pays étaient imbriquées et s'effectuaient par l'intermédiaire de ces trois opérations auxquelles ont contribué les instances de diffusion de par leur sélection (Jhonsson, Cedergren, Lindberg, Hedberg, Hellenes), les médiateurs individuels (Veivo & Sjöblad) et l'opération de lecture qui s'effectue en continu par différences instances de traduction (Gadelii & Hruškar, Jarl Ireman, Alfvén, Lindgren & Gossas) de critique journalistique et de réception littéraire ou scientifique (Walecka-Garbalinska, Aucante, Kylhammar, Lefebvre, Carlander, Tegelberg, Aronsson)…

L'objet du collectif n'est pas de stigmatiser les réappropriations, jugées peut-être par certains, comme étant des idées déformées d'un concept, d'une théorie ou d'un courant littéraire, d'une littérature lorsqu'il passe la frontière vers l'autre territoire. La perspective ne se veut pas normative mais tient plutôt à observer les processus actuels de transfert, à observer les transformations encourues afin de montrer et

de comprendre ces transmutations liées, selon Espagne, « au franchisse-
ment de la limite entre deux espaces nationaux » (Espagne, 1999 : 28).
Le croisement de ces histoires a permis d'identifier des structures et
processus de médiations dynamiques et complexes à l'heure actuelle.
L'accent a été mis et sur les trajectoires et sur les circulations des objets
culturels matériels et immatériels.

À un niveau transnational, les résultats de cette recherche permettent
de s'interroger sur l'impact et le rôle que peuvent jouer ces échanges
franco-suédois à l'heure où une Europe plus globale est en train de se
construire et cherche à fonder son identité culturelle. La lecture que
nous présentera Jérôme David dans l'épilogue éclairera les résultats de
ces contributions en les inscrivant dans le cadre de théories actuelles
axées autour de la littérature-monde.

Trois domaines d'exploration

Ce collectif s'organise en trois parties et rassemble des articles touchant
à trois domaines : 1) les modèles, les représentations et l'imaginaire,
2) le rôle des institutions et des acteurs dans la médiation et la transmission et 3) la traduction, la réception et la circulation des œuvres.

L'ensemble de ces études dont l'ambition fut de mettre à jour l'actualité des échanges entre la France et la Suède depuis 1945 a montré aussi bien la richesse relationnelle que la complexité interculturelle entre
ces deux pays. L'intercompréhension culturelle n'est pas une donnée
construite et fixe mais nécessite d'être appréhendée, renégociée à chaque
époque donnée. C'est aussi la raison pour laquelle les études sur les
transferts culturels sont et resteront nécessaires. L'intercompréhension
passe par l'étude de ces transferts et doit s'appuyer sur les avancées
de la recherche universitaire afin de mieux cibler les enjeux du monde
actuel. Les échanges littéraires et culturels au XXᵉ siècle sont aussi un
baromètre indiquant aussi bien le chemin parcouru qu'à parcourir pour
consolider cette *amitié millénaire* qui unit la Suède et la France (Battail,
1993). À chaque transfert, c'est finalement la transmission de l'autre
qui est en jeu. Cet autre est véhiculé et vient souvent renforcer une certaine identité construite autour de l'autre lorsqu'il ne vient pas d'abord
conforter une image de soi-même.

La première contribution de J.-F. Battail revient sur l'histoire des représentations ayant parsemé l'histoire interculturelle franco-suédoise.
Cette perspective historique présente la genèse du contexte plus
contemporain dans lequel se placent les études de ce collectif et vient

transmettre les résultats des recherches passées dans le domaine des images et des stéréotypes. Par cet état des lieux tout aussi précis que général, Battail offre une archéologie des représentations instructive permettant de mieux comprendre notre temps présent ; il nous fait d'autant plus réfléchir à la formation des mythes qui perdurent encore dans la littérature ou la presse. Au prisme de ces résultats viennent alors s'inscrire les quatre autres articles de ce premier volet. D'un côté, M. Kylhammnar, à partir de l'analyse des récits de voyage en Suède de Serge de Chessin *(La Suède vue par l'étranger* 1930 et *Les clefs de la Suède* 1935), étudie le modèle suédois transmis à l'Europe entière, et ayant particulièrement marqué la réception française jusqu'à l'époque actuelle. De l'autre, l'exposé d'Y. Aucante revisite également le concept du modèle suédois à la lumière des publications scientifiques dans le domaine socio-politique français tout en mettant en exergue les œuvres et les auteurs majeurs ayant apporté leur contribution pour figer cette image de modèle suédois. Dans les deux autres contributions de cette première partie, nous entrons dans l'analyse littéraire à travers, d'une part, l'exposé de M. Walecka-Garbalinska et d'autre part, celui de Y. Lindberg. Toutes les deux nous proposent une lecture nouvelle de la littérature francophone et reviennent sur la notion de représentations à partir de deux horizons géographiques opposés. Alors que Walecka-Garbalinska vient démontrer comment les auteurs de l'Afrique du Nord (Mohammed Dib, Abdelkébir Khatibi et Tahar Ben Jelloun,) utilisent le Nord comme un espace neutre et un symbole d'une nouvelle utopie, elle revient précisément sur les anciennes représentations ayant prévalu dans le passé et s'interroge sur leur sens. L'étude de Lindberg offre, quant à elle, l'ambivalence des représentations qui domine la réception journalistique suédoise actuelle concernant la littérature de l'Afrique noire et montre la position de la Suède par rapport à la littérature de langue française, non hexagonale. Ces différentes contributions ont mis en valeur l'imaginaire en cause ainsi que leur formation tout en prenant appui sur de nouveaux documents de type aussi bien littéraire, journalistique que scientifique et documentaire.

Cette première étape importante a laissé place, dans la seconde partie, à l'étude des vecteurs de transmission, ces instances de diffusion sans lesquelles la circulation transnationale n'aurait pas lieu, vecteurs au titre desquels on relèvera, d'un côté (en Suède), la critique journalistique et l'institution universitaire et de l'autre (en France), les maisons d'édition et l'institut suédois de Paris. Cette partie sera introduite par l'étude de H.-R. Jhonsson qui porte sur la présence de la culture française dans les débats de la section *Under strecket* figurant dans le quotidien *Svenska dagbladet*. L'article nous donne un aperçu du rayonnement de la France dans la Suède au cours de la période 1946–1995 tout en précisant les acteurs-phares de cette médiation. À sa suite, M. Cedergren nous conduit dans un autre univers intellectuel suédois, celui de l'université de Stockholm en nous présentant une analyse de l'enseignement universitaire. Cette étude porte sa réflexion sur le rôle de cette instance de diffusion pour la circulation de la littérature de langue française. À l'aune de ces résultats, la littérature française consacrée ou classique continue sensiblement à s'implanter dans l'enseignement universitaire au détriment des autres littératures francophones encore délaissées et tendraient à montrer la valeur et la pérennité du modèle français. En France, la transmission de la culture suédoise se fait, entre autres, grâce à l'action de l'institut suédois de Paris et celle des maisons d'édition. Si l'étude d'Hellenes met en lumière la politique culturelle mise en œuvre à l'Institut suédois de Paris vers les années 1970 au moment même où la France portait son intérêt pour le modèle suédois, Hedberg s'intéresse de son côté à la place, unique en son genre, que donne la France à la traduction en français des œuvres suédoises pendant l'après-guerre à comparer avec les autres pays à la même période. Néanmoins, sans l'œuvre d'acteurs au singulier, la transmission ferait défaut ; ce que montre très largement les études de H. Veivo et de K. Sjöblad en mettant à jour pour la première fois le rayonnement de deux personnes trop peu connues ayant toutefois œuvré de manière magistrale pour faire circuler des œuvres et des idées. L'œuvre et l'action de médiation de Bendz voient un nouvel éclairage grâce à la contribution de K. Sjöblad qui, à partir d'une correspondance inédite, montre le rôle de ce critique suédois pour faire connaître Gide et d'autres écrivains français de l'époque. À partir de l'analyse du récit de voyage *Önskeresan* de l'écrivain suédophone finlandais Göran Schildt (1949), Veivo rediscute la position sociale de l'écrivain, son internationalisme et sa francophilie. Son attention se porte ensuite sur la façon dont les perceptions et les conceptions des pays et nations évoluent sous l'influence de la mobilité. La fin de l'article aborde le cosmopolitisme de Schildt et les débats sur la potentialité critique des sujets transnationaux et les conditions de partage au-delà des frontières nationales.

Dans le troisième volet de cette étude, la circulation des idées, des littératures, courants et théories littéraires ainsi que leur traduction sont au centre de l'analyse. Plusieurs contributions examinent le transfert opéré chez certaines œuvres littéraires au cours de leur passage transnational vers la Suède. À travers une étude de réception de toutes les traductions de Duras, M. Aronsson revisite l'héritage laissé par cette écrivaine en Suède et montre le flux des traductions en fonction du temps. Tout en présentant l'existence de certaines traductions, Aronsson s'interroge sur certaines différences culturelles observées à partir de ce relevé et mène une réflexion sur la présence ou non de certaines traductions de cet auteur. Tout en examinant l'état des lieux de toutes les traductions de Duras, l'auteur de l'article met également en exergue la présence significative de deux vagues de traduction et tente d'apporter quelques réflexions personnelles pour expliquer ce phénomène. C'est dans ce passage vers l'Autre que le sens est mis à l'épreuve. À tour de rôle, le lecteur s'interroge sur l'existence ou l'absence de certains textes traduits alors que l'étude contrastive des critiques autour de Mme de Staël et de S. de Beauvoir montre l'importance de l'imaginaire social de chaque aire culturelle. C'est aussi, dans ce sens, que se penche la contribution de Lefebvre en étudiant l'importation et l'annexion de sens que traversa le mouvement théorique du groupe français *Tel quel* en venant migrer en terre nordique. De même, l'étude de Gossas & Lindgren apportera un éclairage singulier sur la littérature de jeunesse française en redonnant la sélection de cette littérature écrite en français et traduite en suédois entre 2000 et 2013. Les échanges entre la France et la Suède s'obvervent aussi bien au niveau des idées qu'au niveau de la langue comme l'a montré la contribution de K. Gadelii & Đ. Hruškar. En s'appuyant sur l'histoire interculturelle de la France et de la Suède, ils nous expliquent l'évolution et l'actualité des mots d'emprunt du français dans la langue suédoise. L'originalité de cet article tient en partie aux expériences de prononciation effectuées sur des apprenants pour évaluer le statut des mots d'emprunt d'origine française dans le suédois actuel. Les échanges culturels s'effectuent peut-être surtout et avant tout dans l'échange de paroles et dans ces rencontres physiques.

Alors que la Suède se présentait, dans ces premières analyses, comme la terre d'accueil, la trajectoire se dirige maintenant vers la France et vient éclairer le phénomène inverse où la Suède, en tant que représentant du roman policier et de la littérature de jeunesse, s'exporte au-delà des frontières nationales. Un transfert culturel et un déplacement sémantique significatif s'opèrent dorénavant en France comme c'était le cas auparavant en Suède. Ces constatations se retrouvent, à des niveaux différents, au cœur des études d'E. Tegelberg, d'A. Jarl Ireman et de V. Alfvén. À l'analyse de paramètres liés à la réception critique s'ajoute, dans l'article de Tegelberg, l'étude des vecteurs de transmission tels que ceux des maisons d'édition, des traducteurs et de la presse afin de circonscrire l'évolution actuelle du succès passé que connut la vague littéraire du roman policier suédois au cours des années 1990. En offrant une vue globale sur les traductions de la littérature de jeunesse suédoise en France et sur quelques discours critiques, Jarl Ireman réfléchit aux différents types d'adaptations de cette littérature et s'interroge sur certaines singularités de la littérature de jeunesse telles que son contenu sensible et son dénouement inachevé. C'est autour du thème de la violence gratuite qu'Alfvén continue cette exploration de la littérature de jeunesse en examinant la traduction en français de deux romans (*Faire le mort* de Stefan Casta et *Quand les trains passent* de Malin Lindroth). Son analyse soulignera les différences culturelles des horizons d'attente de chacun des deux pays et expliquera les adaptations surprenantes faites en français aux textes de la langue cible.

Remerciements

L'Université de Stockholm a financé une grande partie du projet de recherche par une bourse d'aide à l'internationalisation et l'Université Paris-Sorbonne a co-financé les journées d'étude, les séminaires doctoraux internationaux et la conférence finale dont nous publions ici les actes. Nous tenons à remercier les instances dirigeantes de ces universités pour ce soutien ainsi que le département d'études romanes et classiques de l'Université de Stockholm, l'UFR d'études germaniques et nordiques de l'Université Paris-Sorbonne et l'Equipe d'accueil REIGENN de la même université pour leur engagement. Ce projet a bénéficié d'un soutien essentiel de la part du conseil scientifique bienveillant formé par les professeurs Jean-François Battail, Gunnel Engwall, Sven Åke Heed, Martin Kylhammar, Jean-Marie Maillefer, et Margareta Östman. Nous tenons également à remercier les professeurs Michel Espagne, Jean-Marc Moura, Michaël Werner et Bénédicte Zimmerman pour leurs conférences plénières portant sur les principales perspectives théoriques du projet. Merci enfin au comité de lecture de ce volume, composé de Jean-François Battail, Elisabeth Bladh, Gunnel Engwall, Michel Espagne, Karl Gadelii, Frédérique Harry, Sven-Åke Heed, Kristina Kullberg, Martin Kylhammar, Lena Kåreland, Katrien Lievois, Sylviane Robardey-Eppstein, Cecilia Schwartz, Frédérique Toudoire-Surlapierre et Margareta Östman.

Notes

1. Les débats sur l'interculturalité sont d'une tout autre nature dans la recherche germanique et dans la recherche anglo-saxonne. Les sous-parties portant sur l'imagologie et les transferts culturels reprennent en grande partie, avec quelques légères modifications, la section théorique du texte publié par Cedergren (2013 : 133-136).

2. Voir notamment l'imposant projet éditorial "Histoire des traductions en langue française" dirigé par Jean-Yves Masson et Yves Chevrel.

3. Pour un état de lieu actualisé de la géographie littéraire, voir le site du séminaire « Vers une géographie littéraire » de Michel Collot à l'Université Paris III : <http://geographielitteraire.hypotheses.org/>).

4. La perspective se rapproche alors de l'imagologie (Moura, 1998).

5. En France, la notion de *géocritique* a été introduite par Bertrand Westphal (2007) comme analyse géocentrée de la littérature.

6. C'est aussi dans cette perspective que s'inscrit la recherche de Sylvain Briens qui « participe à l'écriture d'une histoire littéraire scandinave interculturelle » (Briens, 2010 : 20) où est décrit et analysé le Paris des écrivains scandinaves.

Bibliographie

Battail, M. & J.-F. (dir.) (1993), *Une amitié millénaire. Les relations entre la France et la Suède à travers les âges.* Stockholm : Kungl. Vitterhets Historie och Antikvitets Akademien.

Borg, A. (2012), « Millenniumeffekten eller om varför den svenska deckaren blev världslitteratur», in Svedjedal, J (éd.), *Svensk litteratur som världslitteratur. En antologi.* Uppsala : Kph, Uppsala, 135–152.

Bourdieu, P. (1989), « Les conditions sociales de la circulation internationale des idées ». Conférence à l'université de Fribourg le 30 octobre 1989. < http://www.espacesse.org/bourdieu-1.php>

Briens, S. (2010), *Paris laboratoire de la littérature scandinave moderne (1880–1905).* Paris : L'Harmattan.

Briens, S. (2015), « La mondialisation du théâtre nordique à la fin du XIXᵉ siècle. Le fonds Prozor de la Bibliothèque nordique de Paris lu au prisme de la sociologie de l'acteur-réseau ». *Revue de littérature comparée*, n° 2 : 137–150.

Briens, Cedergren, Segrestin, Svenbro (red., 2013), *Strindberg en héritage.*

Revue germanique, Actes de la conférence internationale *Strindberg en héritage*, Paris 27–30 septembre 2012.

Brunel, P. & Pichois, Cl. & Rousseau, A.-M. (1983), *Qu'est-ce que La Littérature comparée ?*, Paris : Armand Colin.

Brunel, P. & Chevrel, Y. (1989), « Introduction. », in Brunel & Chevrel (dir.), *Précis de Littérature comparée*. Paris : PUF.

Casanova, P. (1999), *La République mondiale des lettres*. Paris : Seuil.

Casanova, P. (2002), « Consécration et accumulation de capital littéraire [La traduction comme échange inégal] ». *Actes de la recherche en sciences sociales*. Vol. 144, septembre 2002. *Traductions : les échanges littéraires internationaux*. 7–20.

Casanova, P. (red.) (2011), *Des Littératures combatives : L'internationale des nationalismes littéraires*. Paris : Raisons d'agir.

Cedergren, M. (2013), « À propos de l'écriture catholicisante dans l'œuvre de Strindberg – Quelques réflexions sur l'emprunt culturel ». *Revue romane*, vol. 48:1, 131–146.

Cedergren, M. et Lindberg, Y. (2015), « Vers un renouvellement du canon de la littérature francophone. Les enjeux de l'enseignement universitaire en Suède ». *Revue de littérature comparée*, n° 2 : 231–243.

Detienne, M. (2009), *Comparer l'incomparable*. Paris : Seuil.

Detienne, M. (2010), *L'identité nationale, une énigme*. Paris : Gallimard.

Espagne, M. & Werner, M. (dir.) (1988), *Transferts. Les relations interculturelles dans l'espace franco-allemand (XVIIIe-XIXe siècle)*. Paris : CNRS.

Engwall, G. (1997), *Strindberg et la France*, Stockholm : Almqvist & Wiksell.

Espagne, M. (2005), « Les transferts culturels ». H-Soz-u-Kult, 19.01.2005. <http://hsozkult.geschichte.hu-berlin.de/forum/2005-01-002>.

Fournier, V. (1989), *L'utopie ambiguë : la Suède et la Norvège chez les voyageurs et essayistes français : (1882–1914)*. Clermont-Ferrand : Adosa

Glauser, J. (dir.) (2006), *Skandinavische Literaturgeschichte*. Stuttgart : J. B. Metzler.

Haarberg, J & Selbœ, T. & Aarset, H.-E. (dir.) (2007), *Verdenslitteratur. Den vestlige tradisjonen*. Oslo : Universitetsforlaget.

Moura, J.-M. (1998), *L'Europe littéraire et l'ailleurs*. Paris : PUF.

Moretti, F. (2000), *Atlas du roman européen (1800–1900)*. Paris : Seuil.

Moretti, F. (2008), *Graphes, cartes et arbres. Modèles abstraits pour une autre histoire de la littérature*, Paris : Les prairies ordinaires.

Pageaux, D.-H. (1989), « De l'imagerie culturelle à l'imaginaire », in Brunel & Chevrel (dir.), *Précis de Littérature comparée*. Paris : PUF, 133–161.

Pageaux, D.-H. (1994), *La Littérature générale et comparée*. Paris : Armand Colin.

Pageaux, D.-H. (2007), *Littératures et cultures en dialogue*. Essais réunis, annotés et préfacés par Sobhi Habci. Paris : L'Harmattan.

Toudoire-Surlapierre, F. (2005), *L'imaginaire nordique. Représentations de l'âme scandinave (1870–1920)*. Paris : éditions l'improviste, collection « les aéronautes de l'esprit ».

Toudoire-Surlapierre, F. (2013), *Notre besoin de comparaison*. Paris : Orizons.

Piatti, B. (2008), *Die Geographie der Literatur. Schauplätze, Handlungsräume, Raumphantasien*. Göttingen : Wallstein Verlag.

Raffestin, C. (1980), *Pour une géographie du pouvoir*. Paris : LITEC.

Sapiro, G. (2007). « Pour une approche sociologique des relations entre littérature et idéologie », *COnTEXTES* [En ligne], 2 | 2007, mis en ligne le 15 février 2007, consulté le 10 février 2015.

Svedjedal, J. (2012). *Svensk litteratur som världslitteratur. En antologi*. Uppsala : Kph, Uppsala.

Tygstryp, F. (1996), « Den litterære by : Mellem system og sansning ». K & K 82 : 137–153.

Walecka-Garbalinska, M. (2007), « Un modèle suédois avant la lettre, entre la vulgarisation et la polémique », in Marmier (2007) [1849], *Deux émigrés en Suède*. Montréal : Imaginaire | Nord, coll. «Jardin de givre», 5–31.

Werner, M. & Zimmermann, B. (dir.) (2004), *De la comparaison à l'histoire croisée*. Paris : Seuil.

Westphal, B. (2007), *La géocritique. Réel, fiction, espace*. Paris : Éditions de Minuit.

PARTIE 1 :
MODÈLES, REPRÉSENTATIONS ET STÉRÉOTYPES

.

Archéologie des représentations

Jean-François Battail
Université Paris-Sorbonne

Depuis la fin de la Seconde Guerre mondiale, les échanges culturels entre la France et la Suède se sont multipliés, tant sur le plan institutionnel que par le biais de réseaux informels. L'essor des techniques de communication, en premier lieu l'avènement de l'informatique, a rendu possible ce resserrement des liens. D'où l'intérêt du présent colloque destiné à faire le point sur les médiations, trajectoires et circulations entre nos deux pays de 1945 à nos jours. Quelles que soient les évolutions, de nombreuses représentations toujours vivaces plongent leurs racines parfois très loin dans le temps. Il ne paraît donc pas inutile, en guise de préambule, d'évoquer le passé pour mieux appréhender le présent. Sans prétendre résumer en quelques pages l'histoire de nos relations au fil des siècles, les remarques qui suivent ne visent qu'à cerner un certain nombre de traits qui d'une façon ou d'une autre affleurent encore aujourd'hui.

Nos représentations mutuelles s'inscrivent dans un contexte plus vaste, celui de la confrontation Nord-Sud qui remonte à l'Antiquité et n'a cessé de se manifester sous des formes diverses au cours de toute l'histoire européenne. La dichotomie romain-barbare, renforcée par l'immémoriale théorie des climats, a donné naissance à une géographie de l'imaginaire qui a connu de nombreux avatars. Certes, la recherche moderne a montré qu'il y eut des rapports plus étroits que l'on ne l'imaginait autrefois entre l'empire romain et le monde germanique. Et la culture latine, avec les éléments grecs et judéo-chrétiens qu'elle véhiculait, a progressivement gagné le Nord du continent. Depuis un bon millénaire, le Nord est inclus dans l'Europe culturelle, il repose sur un socle que nous avons en commun. Cependant, à l'Antiquité classique et la latinité chrétienne s'ajoute une dimension proprement nordique, un

How to cite this book chapter:
Battail, J.-F. 2015. Archéologie des représentations. In: Cedergren, M. et Briens, S. (eds.) *Médiations interculturelles entre la France et la Suède. Trajectoires et circulations de 1945 à nos jours.* Pp. 3–15. Stockholm: Stockholm University Press. DOI: http://dx.doi.org/10.16993/bad.a. License: CC-BY

vigoureux héritage norrois qui lui confère une identité propre. Même si nous sommes tributaires les uns et les autres d'un même patrimoine qui tend à gommer les différences, il faut aussi tenir compte de ce facteur spécifique.

Dans l'imaginaire collectif, le Nord et le Midi n'ont jamais été dotés de frontières bien précises. Pour Voltaire, la Russie fait partie du Septentrion au même titre que les pays nordiques au sens où nous l'entendons aujourd'hui, et Mallet, son contemporain, amalgame Scandinaves et Celtes dans un célèbre ouvrage qui a fait date[1]. Nous nous limiterons ici à la Suède dans le rapport qu'elle a entretenu avec la France. Non sans quelque arbitraire, car les liens culturels ne se réduisent jamais à des relations bilatérales. D'abord, la Suède ne peut être dissociée de son contexte scandinave. Si les Suédois et les Danois se sont longtemps considérés comme des ennemis héréditaires, ils ont eu en même temps clairement conscience de partager un héritage culturel commun — qu'ils se sont d'ailleurs âprement disputés[2]. En second lieu, quand on parle d'apports français à la culture suédoise, il n'est pas toujours aisé de les distinguer d'autres éléments importés, notamment d'Italie. Et l'Allemagne a souvent servi de trait d'union entre la Scandinavie et le monde roman, comme l'a rappelé opportunément un ouvrage récent consacré au triangle franco-germano-nordique[3]. Les influences culturelles s'exercent rarement de manière linéaire. Quand les Scandinaves découvrent l'œuvre philosophique de Voltaire, c'est la pensée de Newton et de Locke qui vient à eux en habits français. C'est en traduction française que Dalin découvre Addison et Steele, inspirateurs de son propre *Argus*, que Kellgren s'ouvre à la vague ossiannique qui fait passer un frisson nouveau dans la poésie européenne. On pourrait invoquer bien d'autres exemples. Cela dit, il est parfaitement légitime de se limiter à une perspective franco-suédoise pourvu qu'on garde à l'esprit qu'elle s'inscrit toujours dans un contexte plus large.

Chronologiquement, on peut distinguer trois grandes phases dans la manière dont le Nord s'est profilé par rapport au Midi. Le premier millénaire est celui des barbares, des vikings, avec les premières tentatives de christianisation à l'époque carolingienne, même si « l'apôtre du Nord », Anschaire (Ansgar), n'a eu qu'une influence limitée dans le Septentrion. Une évolution graduelle s'observe néanmoins. Avec la fondation du duché de Normandie en 911 (traité de Saint-Clair sur Epte), les hommes du Nord qui avaient semé la terreur dans le royaume franc reçoivent le baptême et deviennent des administrateurs modèles. Baptisé à Rouen, le jeune Olav Haraldsson, futur saint Olav, tirera du reste profit de son expérience normande pour jeter les bases de l'État norvégien au début du deuxième millénaire.

Vient ensuite, en ce qui concerne la Suède, l'intégration progressive dans la sphère catholique et l'orbe latine. Processus entièrement accompli au XIIIᵉ siècle à l'époque des Folkungar où sainte Brigitte apparaît comme la première personnalité suédoise de rayonnement international. La Sorbonne attire alors les étudiants suédois et l'on voit apparaître sur la Montagne Sainte-Geneviève des collèges (Uppsala, Skara et Linköping) destinés à les accueillir. Quand plus tard sera créée en 1477 l'université d'Uppsala, la première université scandinave, celle-ci adoptera les statuts de la Sorbonne sous l'impulsion de son promoteur Jacob Ulvsson, lui-même formé à Paris.

L'universalité du monde catholique et latin va être rompue avec l'instauration du luthéranisme par Gustave Vasa au XVIᵉ siècle, et c'est la troisième phase. De vives tensions s'ensuivent entre catholiques et protestants, mais il existe malgré tout des passerelles du fait de la complémentarité entre nos deux pays. Le climat a beau être infecté, les intérêts politiques, commerciaux et militaires priment — François Iᵉʳ et Gustave Vasa signent ainsi un traité de coopération en 1542. Et au siècle suivant, ne voit-on pas la France catholique de Richelieu s'allier à la Suède protestante de Gustave-Adolphe lors de la guerre de Trente Ans pour combattre un ennemi commun, les Habsbourg. Un fossé culturel s'est néanmoins créé, et l'on en ressent les effets jusqu'à nos jours, non sous forme directement confessionnelle, mais en matière de valeurs et de comportements, fruits d'une longue imprégnation pédagogique. En voici une illustration, anecdotique sans doute, mais néanmoins révélatrice. Quand l'île de Saint-Barthélémy, un temps suédoise, fut cédée à la France en 1878, un article paru dans *Ny illustrerad tidning* le 27 avril de cette même année rendit compte des cérémonies officielles en insistant sur les tensions religieuses et les différences de mentalité. Outre qu'il dénonce les menées du clergé catholique toujours prompt à agir contre le protestantisme, l'auteur insiste sur la manière dont se manifestent les caractères nationaux. À l'occasion des festivités, notamment d'une régate, il est frappé par l'agitation, les cris, les plaisanteries, les grands gestes et éclats de rires qui caractérisent les Français, enclins à ne voir en toute chose que *réjouissance* (en français dans le texte) — et de noter par contraste la dignité des compétiteurs suédois qui ne voient que le côté sérieux des choses ; ni bavardage ni exclamations ici, et un sens des responsabilités qui ne se dément jamais. Caricature ? Stéréotypes complaisants ? Certaines constantes ont en tout cas la vie dure, et bon nombre d'éléments qu'on pourrait juger archaïques se retrouvent au cœur de la modernité. Dans nos relations interculturelles, les incompréhensions ou reproches mutuels sont souvent du même type. Côté suédois, on se prévaut de rationalité, de pragmatisme, de maîtrise de soi, et l'on accorde un rôle positif au silence, synonyme de réflexion. Et l'on reproche volontiers aux Français, souvent désarçonnés par la façade trop lisse de leurs interlocuteurs, leur goût immodéré pour la rhétorique, une certaine forme d'élitisme et une tendance au désordre et à l'anarchie. D'où dans le pire des cas une accusation mutuelle d'arrogance, mais pour des raisons strictement inverses.

Malgré tout, nos relations à travers les âges ont été presque toujours au beau fixe, ce qui justifie qu'une anthologie qui leur a été consacrée ait pu s'intituler *Une Amitié millénaire*[4]. Aucune guerre n'a mis aux prises nos deux pays, si l'on excepte quelques offensives françaises en Poméranie suédoise lors des guerres napoléoniennes. Et le fait qu'un des chefs militaires impliqués, Bernadotte, ait été élu quatre ans plus tard héritier de la couronne suédoise, permet d'en relativiser la portée. Il demeure qu'il y eut des périodes plus ou moins fastes en fonction des fluctuations de la conjoncture politique. La Réforme a entraîné un refroidissement des relations, tout comme la Révolution française. Gustave III avait beau avoir applaudi Beaumarchais à Paris quelques années auparavant, il prit résolument la tête d'une croisade contre-révolutionnaire, effaré que les « charmants Français » soient devenus « les orangs-outans de l'Europe ». Sans doute, quelques intellectuels comme Kellgren et Thorild ont salué les événements de 1789, mais la Terreur a bien vite refroidi les enthousiasmes. Au cours des années qui ont suivi, il ne faisait pas bon être soupçonné de jacobinisme en Suède. Il demeure que l'influence française a été grande à partir du XVIIe siècle jusqu'à la guerre franco-prussienne de 1870, date à laquelle la Suède officielle s'est plutôt orientée vers l'Allemagne. Cette influence a connu son apogée au XVIIIe siècle, du moins dans les hautes classes, et non sans résistances. Dans l'autre sens, des impulsions en provenance de Suède (et de Scandinavie) se sont manifestées en France par vagues successives. Sans remonter à sainte Brigitte, mentionnons Linné au XVIIIe siècle, son contemporain Swedenborg à titre posthume, mais avec un impact d'autant plus grand chez nos romantiques, Tegnér et Geijer dans les années 1830–1840, la mythologie nordique (re)découverte qui inspire notamment les *Poèmes barbares* de Leconte de Lisle, et surtout les écrivains de la percée moderne, Strindberg et Ibsen en tête, de 1890 à la Première Guerre mondiale, sans oublier Selma Lagerlöf, première femme à obtenir le prix Nobel de littérature (1909). L'importance du facteur culturel apparaît capitale car on peut constater que les refroidissements passagers sur le plan politique n'ont jamais affecté en profondeur la qualité et l'intensité des échanges entre artistes, intellectuels et scientifiques de nos deux pays.

En termes d'images, le Nord vu du Sud révèle un mélange constant de fascination et d'inquiétude. Dans *Germania* (98 ap. JC), Tacite, lui-même tributaire d'Aristote, avait déjà donné le ton en décrivant, sur la base de témoignages de voyageurs, des peuples guerriers et pourtant épris de paix, des barbares civilisés en quelque sorte. Leur brutalité, indéniable, allait de pair avec le respect de la loi et le goût de l'ordre. Cette image paradoxale d'un Nord arcadien, idyllique à bien des égards, mais rude et peu civilisé, allait connaître une fortune remarquable. Selon les époques et les contextes, l'une de ces deux facettes, *Barbaria* ou *Utopia*, allait être mise en exergue, mais sans que l'autre, simplement refoulée, disparaisse totalement. Les jugements portés sur les Vikings révèlent cette dualité.

Plus près de nous, et pour nous en tenir à la Suède, n'oublions pas qu'elle a été un redoutable État militaire à l'« Ère de grande puissance », depuis le règne de Gustave-Adolphe jusqu'à la mort de Charles XII. Rentrée dans le rang après 1718, elle a compensé ses pertes territoriales par un remarquable essor à l'intérieur même de ses frontières, notamment sur le plan scientifique. Malgré cette reconversion pacifique, des échos guerriers n'allaient cesser de retentir par la suite, ne serait-ce qu'en sourdine. Linné, l'un des grands artisans du rayonnement intellectuel de la Suède à l'« ère de la liberté », affectionnait les métaphores militaires ; commandant en chef des naturalistes, il envoyait ses disciples à la conquête du monde pour la plus grande gloire de sa patrie, et bon nombre de ces apôtres-soldats l'ont payé de leur vie. Les grands explorateurs de la seconde moitié du XIXᵉ siècle, comme Nordenskiöld, apparaissaient aux yeux de l'opinion publique comme des vikings pacifiques. Quand à partir de la fin du XIXᵉ siècle le pays s'est imposé comme grande puissance industrielle grâce à une pléiade d'inventeurs et d'innovateurs (on a parlé à ce sujet d'industrie du génie, « snilleindustri »), Gerhard de Geer s'est cru autorisé à parler de « Deuxième âge de grandeur de la Suède » (1928), allumettes, roulements à billes et centrifugeuses se substituant aux armes des Carolins[5]. Même l'hymne national suédois, pourtant si paisible et d'inspiration romantique, comporte une allusion aux jours glorieux de l'ère de grande puissance. Nul n'incarne mieux cette ambivalence qu'Alfred Nobel, Suédois célèbre s'il en est : l'idéaliste convaincu, le créateur du prix de la Paix, a été toute sa vie fasciné par les armes, et ses inventions ont contribué à renforcer le potentiel destructeur de l'humanité, même si ses intentions étaient tout autres. Janus au double visage[6] ?

Mais l'autre image, tout aussi prégnante et tout aussi ancienne, est celle d'un Nord vertueux où pureté de la nature et rectitude morale vont de pair — thème qui resurgit à intervalles réguliers dans l'histoire des idées. Dans le domaine francophone, le moment crucial se situe à l'âge des Lumières lorsque Tacite est l'objet d'une réinterprétation politique. Relayant des sources nordiques (Olaus Magnus en premier lieu, mais aussi Olof Rudbeck qu'il qualifie de « célèbre »), Montesquieu exalte l'amour de la liberté de ces nations vaillantes qui s'opposent à la tyrannie. « Les peuples du Nord de l'Europe se maintinrent dans une sagesse admirable contre la puissance romaine jusqu'au jour où ils sortirent de leurs forêts pour la détruire ». C'est sous ces latitudes septentrionales qu'il situe le berceau de la liberté en Europe, et cette caractéristique rejaillit sur les Francs, d'origine germanique. Il s'agit en quelque sorte de s'approprier la Scandinavie, ou du moins de l'ériger en modèle. L'auteur de l'*Esprit des Lois* est une source majeure d'inspiration pour Paul-Henri Mallet, historien genevois au service du roi de Danemark, traducteur des *Eddas*, grand vulgarisateur au rayonnement européen. Voltaire, dans l'*Essai sur les mœurs*, présente la Suède comme le royaume de la terre le plus libre. L'*Encyclopédie* de Diderot et d'Alembert, avec entre autres les contributions de Jaucourt et le long article « Edda » signé d'Holbach, confèrent une place centrale dans le débat politique et culturel à ce Septentrion qui jusqu'alors n'avait eu qu'une position périphérique, et ce, paradoxalement, à une époque où une gallomanie parfois sans nuance fait des ravages parmi les élites scandinaves. Le ton était donné. Élu héritier du trône de Suède, Bernadotte, lui-même architecte de la *pax scandinavica*, rend hommage dans sa correspondance avec Mme de Staël à cet amour de la liberté qu'il avait trouvé, disait-il, inné chez les Suédois. Gobineau, ambassadeur de France à Stockholm de 1872 à 1877, se fait l'écho de cette vision idyllique dans ses lettres et brosse le portrait d'un société préfigurant de manière saisissante ce qu'on appellerait beaucoup plus tard le « modèle suédois[7] ». Nature, liberté, liberté naturelle, autant de concepts qui jouent un rôle central dans l'« utopie ambiguë » — finement analysée par Vincent Fournier — que nos voyageurs et essayistes de la fin du XIXe siècle et du début du XXe ont illustrée[8]. Le stéréotype arcadien d'une société pacifiée s'inscrit donc dans une longue tradition ; en ce sens, le *folkhem* qui allait prendre forme dans les années 1930 marque tout autant un aboutissement que l'avènement d'une nouvelle ère.

Le Sud vu du Nord apparaît lui aussi sous des formes contrastées. Peu peuplés, soumis aux aléas d'un climat rude, les pays nordiques ont été tributaires d'impulsions venus de l'extérieur. Des vagues successives ont enrichi leur culture et, pour s'en tenir aux temps modernes, on peut distinguer diverses phases au cours desquelles des apports français, allemands, anglo-saxons se sont greffés sur un vieux substrat autochtone ; l'Italie et les Pays-Bas, entre autres, ont également été sources d'inspiration dans divers domaines. Cette dépendance à l'égard de l'étranger a parfois incité les intellectuels scandinaves à minimiser leur propre culture, comme si elle se réduisait à la somme des influences reçues. Et beaucoup d'observateurs suédois, passés maîtres dans l'autocritique, ont dénoncé chez leurs compatriotes une tendance à imiter ce qui venait d'ailleurs, comme si l'herbe était plus verte chez le voisin. À quoi s'ajoute le fait que les Scandinaves, faute de pouvoir se faire comprendre hors de leurs frontières, ont dû s'initier aux langues étrangères, ce qui leur a permis de s'ouvrir à d'autres modes de pensée et expressions culturelles. D'où un cosmopolitisme qui a contribué à valoriser le rôle civilisateur des cultures venues du Sud.

Cependant, des périodes de repli sur soi ont ponctué l'histoire à intervalles réguliers. On a parlé à ce sujet de « Renaissances nordiques » (Anton Blanck) ou encore de « primitivisme nordique » (Tore Frängsmyr). Le *göticisme*, aux racines très anciennes, peut être vu comme une affirmation identitaire tendant à exalter les vertus supposées des ancêtres nordiques au détriment des peuples du Midi. L'irruption des hommes du Nord dans l'Empire romain était vue en ce sens comme une injection de vitamines dans une civilisation déliquescente. La force et la fécondité étaient l'apanage du Septentrion — au VIe siècle déjà, Jordanes présentait la patrie des Gots comme « matrice des peuples, creuset des nations » (« vaginam nationum, officina gentium »), tout comme la simplicité des mœurs et la rectitude morale. Cette glorification du Nord vivifiant au détriment du Sud émollient a connu en Suède son apogée aux XVIe et XVIIe siècles. Sans entrer dans le détail, mentionnons l'apport majeur de Johannes Magnus à l'époque de Gustave Vasa ; l'on doit à ce prélat en exil une monumentale chronique en latin des souverains « suédois » (*Historia de omnibus gothorum sveonumque regibus*, posth. 1554) qui, à l'aide d'une chronologie largement fantaisiste, tend à montrer que la Suède est le plus ancien royaume du monde — il remonterait à Magog, le petit-fils de Noé ! Le fait qu'Erik XIV, fils aîné et successeur de Gustave Vasa, ait traduit cet ouvrage en suédois montre bien l'utilisation politique qu'on pouvait en faire à une époque où la dignité d'un royaume se mesurait à l'aune de son ancienneté. Ainsi revisité, le vieux mythe n'allait cesser de s'enrichir d'éléments nouveaux. Quelques décennies plus tard, quand la Suède accédait au rang de grande puissance, il importait de forger une identité nationale digne de l'ère de grandeur ! Le programme officiel de l'administration des Antiquités nationales créé par Gustave-Adolphe en 1629 n'était autre que le *göticisme*. Le peuple suédois était le plus ancien au monde, et le suédois la langue-mère de l'humanité. L'exaltation gotique allait atteindre son point d'incandescence avec l'ouvrage monumental et pourtant inachevé d'Olof Rudbeck, *Atland eller Manhem* (*Atlantica*) — quatre volumes en suédois avec texte latin en regard (1679–1702) — qui redonnait vie à la vieille légende des Hyperboréens et affirmait que l'Atlantide prétendument engloutie qu'évoque Platon n'était autre que sa propre patrie à laquelle il entendait redonner tout son lustre aux yeux du monde saisi d'admiration. Il est caractéristique que cet ouvrage aussi génial que monstrueux ait été financé par le très officiel Collège des Antiquités (Antikvitetskollegium)[9].

Au XVIIIᵉ siècle, ces rêveries gotiques allaient être largement déconstruites sous l'influence du rationalisme critique régnant ; subsistait néanmoins le thème primitiviste attribuant aux ancêtres l'innocence et la simplicité des mœurs liées à une vie proche de la nature. Et le mythe göticiste des vertueux Gots opposés aux Romains cultivés mais corrompus était largement repris et légitimé par des étrangers comme Montesquieu et Mallet, mentionnés précédemment, mais aussi l'Anglais Percy, l'Allemand Herder — à une époque où les modèles français étaient dominants en Europe !

En matière de regards croisés, le XVIIIᵉ siècle offre d'intéressantes perspectives. À l'heure où tant d'intellectuels de l'Ancien Continent découvraient les vertus du Nord, la langue et la culture françaises poursuivaient leur percée victorieuse dans le nord de l'Europe et spécialement en Suède. Amorcé au XVIᵉ siècle, le mouvement s'était amplifié à l'époque de la grande puissance suédoise. Les jeunes nobles devaient être éduqués à la française. L'université d'Uppsala créa en 1637 un poste de maître de langues, le tout premier de ce genre en Suède, et par langues, il fallait entendre le français et, à un degré moindre, l'italien. Le règne de la reine Christine renforça encore ce type d'influence, à tel point qu'un poète patriote comme Stiernhielm, lui-même polyglotte chevronné et parfaitement intégré à la Cour, ressentit la nécessité de se faire l'apôtre de la langue suédoise — « langue de l'honneur et des héros » (« ärans och hjältarnas språk[10] ») Si tel ou tel concept faisait défaut dans la langue nationale, le « père de la poésie suédoise » préconisait de les forger à partir des vieilles racines norroises plutôt que de les emprunter à l'étranger. Une résistance assez farouche s'organisa ainsi, et parmi les tenants de cette fierté hyperboréenne, certains se servirent du français pour mieux vilipender la France et ses dérisoires petits-maîtres, comme le révèle une excellente anthologie récemment parue à Stockholm.[11] Anders Kempe alla jusqu'à écrire en 1688 : « Dieu parle suédois [...] et le serpent parle français » — il fallait oser, même si le propos de l'auteur n'est pas dépourvu d'ironie[12] ! Jusqu'à la Révolution française et même au-delà, cela n'empêcha pas la poursuite de la francisation des hautes classes, Gustave III en tête. C'est l'époque où se constitua un véritable cosmopolitisme lexical du fait des nombreux emprunts qui vinrent enrichir la langue suédoise. Enrichir ou dénaturer ? Véritable cheval de Troie, la langue importée ne véhiculait-t-elle pas aussi des modes de pensée exogènes qui menaçaient de subvertir la culture autochtone ? Beaucoup s'en émurent, y compris parmi ceux qui se devaient de maîtriser le français, tel le poète de cour Olof Dalin. Sur l'échiquier politique, les Bonnets, partisans d'une morale bourgeoise d'inspiration anglo-saxonne, se montrèrent beaucoup plus rétifs à la gallomanie ambiante que leurs rivaux les Chapeaux. Quant au clergé, il ne cessa de s'élever contre la dissolution des mœurs dont la culture française était censée être le vecteur. Les sociétés savantes se mobilisèrent aussi pour la défense et l'illustration de la langue maternelle, l'Académie des sciences d'abord, fondée en 1739, puis l'Académie des Belles-Lettres de Louise-Ulrique et enfin l'Académie suédoise créée en 1786 par Gustave III — sur le modèle français, certes, mais dont les missions étaient résolument nationales. Il serait donc exagéré de parler d'hégémonie du français, d'autant qu'à l'époque, la population suédoise était rurale à 90%.

La perte de la Finlande provoqua un nouveau sursaut patriotique, en pleine tourmente des guerres napoléoniennes. Dès 1811, les poètes regroupés au sein de la société *Göthiska förbundet*, Geijer et Tégner en tête, firent opportunément ressortir les Vikings de leurs tombes. L'heure n'était plus au göticisme monumental d'un Rudbeck, mais plutôt à une mobilisation patriotique qui, sur arrière-fond de désastre politique, entendait rappeler les vertus des ancêtres — amour de la liberté, courage viril et droiture morale. Le poème de Geijer, « Vikingen », parut en 1811 dans le premier numéro d'*Iduna*, la revue de la société. Traduit ultérieurement en français, il allait faire grande impression sur nos compatriotes, de même que *Frithjofs saga* de Tegnér, véritable best-seller chez nous[13]. Si Geijer se montrait plus que réticent à l'égard de la culture française, le classicisant Tegnér, au contraire, en recevait des impulsions fondamentales, ce qui n'altérait en rien sa fibre patriotique. Mais l'on peut aussi noter que son Viking, Frithjof, ressemble plus à un ancien Grec qu'à un pillard des mers, ce que d'aucuns, notamment en France, n'ont pas manqué de lui reprocher. Dans un essai génial ayant pour thème la pauvreté suédoise, *Svenska fattigdomens betydelse* (1838), Almqvist opposait pour sa part la culture des manoirs (*herrgårdskultur*) à la culture paysanne traditionnelle (*allmogekultur*), la seule authentiquement suédoise à ses yeux. À la fin du XIXe siècle, sous l'impulsion d'un romantisme national tardif, le style néo-gothique s'imposait un temps alors que simultanément, la création de Skansen et autres musées de plein air avait pour but, à l'heure de l'industrialisation, de préserver l'authentique culture populaire.

Le courant göticiste aurait-il disparu à l'ère de la construction européenne et de la mondialisation ? Rien n'est moins sûr. À cet égard, une analyse fine des débats et discussions en Suède entre pro- et antieuropéens lors de différentes consultations populaires mettrait certainement en lumière la persistance de ce clivage Nord-Sud que les différences confessionnelles ont renforcé à partir de la Réforme. En vérité, il y a toujours eu deux Nord et deux Sud, chacun affecté d'un signe positif ou négatif selon les besoins de la cause. Nos regards mutuels ont valeur de tests projectifs. Quand nos philosophes des Lumières rêvent de liberté, le Nord devient paradigmatique. Quand les écrivains nordiques de la « percée moderne » fantasment sur la Renaissance, c'est en réaction contre le moralisme et le conformisme étriqué qu'ils dénoncent dans leur propre société. L'*ailleurs* devient ainsi le lieu mythique de nos rêves et parfois de nos angoisses.

Au total, nos regards croisés révèlent un intérêt mutuel et une charge affective qui s'expliquent par le fait que nous allons chercher chez l'autre ce qui nous paraît manquer chez nous. Si tension il y a, elle se révèle productive car la distance qui nous sépare est suffisamment limitée pour que nous puissions nous enrichir de nos différences. Le maître-mot est ici celui de complémentarité. Les Suédois qui se sont rendus en France au fil des siècles étaient avant tout attirés par les milieux urbains — la capitale en premier lieu, ou encore telle ou telle université où l'on pouvait parfaire ses études ou obtenir un grade académique. Parlant de Paris, Nobel disait plaisamment que le moindre roquet y respirait la civilisation (« här luktar civilisation om varenda hundräcka »)[14]. Inversement, c'est la nature suédoise et l'ingéniosité des hommes à en tirer parti qui attirait les voyageurs du Nord. Stockholm n'était qu'une étape vite franchie par les Français qui, du romancier Regnard (qui avait atteint Jukkasjärvi en 1681) au géographe Rabot (auteur de la première escalade du mont Kebnekaise en 1883), ont toujours témoigné d'un goût prononcé pour ce « Nord qui touche aux confins de la terre vivante » (le mot est de Mme de Staël). Nos voyageurs n'auraient manqué pour rien au monde la grande mine de cuivre de Falun, au demeurant source d'inspiration littéraire pour l'abbé Prévost et le marquis de Sade (sans oublier E. T. A. Hoffmann). Peu peuplée, riche de terres encore vierges, la Suède présentait un contraste saisissant avec l'hypercivilisation des salons parisiens tout en offrant de nombreux exemples d'adaptations réussies à un difficile environnement naturel. Une telle disparité entre nos deux pays explique en partie la nature de leurs échanges. Cela s'observe notamment dans le domaine scientifique. Alors que les Français excellaient dans les disciplines les plus abstraites, les mathématiques en premier lieu, les Suédois allaient développer au contact de la nature un savoir en prise directe avec les réalités concrètes — une nécessité dans un pays où, comme le disait le génial inventeur Christopher Polhem, « l'on doit plus penser à son pain quotidien qu'à des curiosités »[15].

Les échanges scientifiques à l'âge des Lumières apparaissent typiques d'un enrichissement mutuel fondé sur la complémentarité mais l'on pourrait invoquer des exemples tout aussi frappants dans d'autres domaines tels que la littérature ou les beaux-arts. Le déséquilibre démographique a parfois incité des commentateurs pressés à ne considérer les échanges intellectuels entre les deux pays que sous un angle purement quantitatif, comme s'il s'agissait de marchandises soumises à la douane. À ce jeu, le plus gros est toujours sûr de l'emporter ! Certains ont même eu recours sans nuance au modèle réducteur d'un centre qui rayonne et d'une périphérie qui en reçoit les effets... Quiconque s'intéresse aux relations culturelles franco-suédoises sait à quel point de telles représentations sont fallacieuses. Les éléments venus du dehors ont toujours été filtrés, adaptés, transmutés, et les exemples d'hybridations réussies ne manquent pas. D'où un équilibre dans nos relations qui explique sans doute l'estime réciproque dans laquelle nous nous tenons, et par voie de conséquence, le caractère nettement positif des représentations mutuelles qui ont jalonné l'Histoire.

Notes

1. Mallet, P. H. (1756), *Monuments de la Mythologie et de la Poésie des Celtes et particulièrement des Anciens Scandinaves*, Copenhague.

2. Voir à ce sujet Battail, J.-F. (1992), « Entre Réforme et Romantisme» in Battail, J.-F., Boyer R., & Fournier, V., *Les Sociétés scandinaves de la Réforme à nos jours*. Paris : PUF : 90–102 et 160–172.

3. Espagne, M. (éd.) (2006), *Le prisme du Nord. Pays du Nord, France, Allemagne*. Tusson.

4. Battail, M. & J.-F. (éd.) (1993), *Une Amitié millénaire. Les relations entre la France et la Suède à travers les âges*. Paris : Beauchesne.

5. Voir Kylhammar, M. (2004), « Sveriges andra stormaktstid », in *Den tidlöse modernisten*, Stockholm : Carlssons : 99–118. Traduction française de Battail, M. & J.-F. (2009), *Le Moderniste intemporel*. Paris : L'Harmattan.

6. Sur ce thème, voir Battail, J.-F. (2007), « Le Nord aux deux visages », in Andersson, K. (éd.), *L'Image du Nord chez Stendhal et les Romantiques* IV. Örebro : 72–88 ; également du même auteur (2012), « L'Image du Nord en France et les études scandinaves », in *Cent Ans d'études scandinaves*. KVHAA konferenser 77. Stockholm : 85–100.

7. Voir Donnard, J.-H. (1988), « Gobineau et le modèle suédois », in Proschwitz (von), G. (éd.), *Influences*. Göteborg, Paris ; également, Gobineau (de), A. (1994), *Correspondance diplomatique 1872–1877*. Ed. de Raymond (de), M. & J.-F., Paris : Touzot.

8. Fournier, V. (1989), *L'Utopie ambiguë. La Suède et la Norvège chez les voyageurs et essayistes français (1882–1914)*. Clermont-Ferrand : Adobe.

9. Pour une approche plus détaillée du courant göticiste, voir Battail, J.-F. (2000), « Le Nord triomphant », in Dubar M. et Moura J.-M. (éd.) (2000), *Le Nord, latitudes imaginaires*. Lille : Université Charles de Gaulle : 25–34.

10. Tegnér, E. (1817), « Språken ». *Mindre dikter*. Project Runeberg http://runeberg.org/tegner/057.htlm

11. Östman, M. & H. (2005), *Au champ d'Apollon. Ecrits d'expression française produits en Suède (1550–2006)*. Stockholm : Kungl. Vitterhetsakademien.

12. Cité par Östman, M. & H. (2005 : 20). Des mêmes auteurs, voir aussi (2006), « Admiration et aversion. L'attitude des Suédois à l'égard des Français aux XVIIe et XVIIIe siècles ». *Études Germaniques* 4 : 229–246.

13. Voir Gravier, M. (1943), *Tegnér et la France*. Paris: Aubier.

14. Cité par Fant, K. (1995), *Alfred Bernhard Nobel* (2e éd.). Stockholm : Norstedts : 134.

15. Dans *Patriotiska testamentet* (posthume, 1761) : « … ett land, där var måste tänka mer på brödfödan än på curieusiteter », ch. 18 : 78.

Bibliographie

Battail, J.-F. (1992), « Entre Réforme et Romantisme » in Battail, J.-F., Boyer R., & Fournier, V., *Les Sociétés scandinaves de la Réforme à nos jours*. Paris : PUF : 90-102 et 160-172.

Battail, M. & J.-F. (éd.) (1993), *Une Amitié millénaire. Les relations entre la France et la Suède à travers les âges*. Paris : Beauchesne.

Battail, J.-F. (2000), « Le Nord triomphant », in Dubar M. et Moura J.-M. (éd.), *Le Nord, latitudes imaginaires*. Lille : Université Charles de Gaulle : 25-34.

Battail, J.-F. (2007), « Le Nord aux deux visages », in Andersson, K. (éd.), *L'Image du Nord chez Stendhal et le Romantiques IV*. Örebro : 72-88.

Battail, J.-F. (2012), « L'Image du Nord en France et les études scandinaves », in Briens, Gadelii, Lehman et Maillefer (éd.), *Cent Ans d'études scandinaves*. KVHAA konferenser 77. Stockholm : 85–100.

Donnard, J.-H. (1988), « Gobineau et le modèle suédois » in Proschwitz (von), G. (éd.), *Influences*. Göteborg, Paris.

Espagne, M. (éd.) (2006), *Le prisme du Nord. Pays du Nord, France, Allemagne*. Tusson.

Fournier, V. (1989), *L'Utopie ambiguë. La Suède et la Norvège chez les voyageurs et essayistes français (1882-1914)*. Clermont-Ferrand : Adobe.

Gobineau (de), A. (1994), *Correspondance diplomatique 1872-1877*. Ed. de Raymond (de), M. & J.-F., Paris : Touzot.

Gravier, M. (1943), *Tegnér et la France*. Paris: Aubier.

Kant, K. (1995), *Alfred Bernhard Nobel* (2e éd.). Stockholm : Norstedts.

Kylhammar, M. (2004), « Sveriges andra stormaktstid », in *Den tidlöse modernisten*, Stockholm : Carlssons : 99–118. Traduction française de Battail, M. & J.-F. (2009), *Le Moderniste intemporel*. Paris : L'Harmattan.

Mallet, P. H. (1756), *Monuments de la Mythologie et de la Poésie des Celtes et particulièrement des Anciens Scandinaves*, Copenhague.

Polhem, C. (1761), *Patriotiska testamentet* (posthume).

Tegnér, E. (1817), « Språken ». *Mindre dikter*. Project Runeberg http://runeberg.org/tegner/057.htlm

Östman, M. & H. (2005), *Au champ d'Apollon. Ecrits d'expression française produits en Suède (1550-2006)*. Stockholm : Kungl. Vitterhetsakademien.

Östman, M. & H. (2006), « Admiration et aversion. L'attitude des Suédois à l'égard des Français aux XVIIᵉ et XVIIIᵉ siècles ». *Études Germaniques 4* (2006) : 229-246.

Comment le modèle suédois est né en France. Les récits de voyage en Suède de Serge de Chessin

Martin Kylhammar
Université de Linköping

L'intérêt de la France pour la Scandinavie et pour la Suède trouve sa source loin dans l'Histoire, comme Vincent Fournier l'a très bien illustré dans sa thèse *L'Utopie ambiguë*. Déjà aux XVIIe et XVIIIe siècles les voyageurs français racontaient à leurs compatriotes la vie dans le Nord, en général de façon très positive. Pour être plus précis, les observateurs français ont projeté dans le Nord inconnu leurs rêves et les utopies qu'ils auraient aimé voir se réaliser chez eux en France. On pourrait dire de façon plus métaphorique que la Suède était dans les récits de voyages projetée sur un écran avec une image relevant davantage de la géographie mentale que de la réalité. Si les écrivains qui rédigeaient les scénarios étaient le plus souvent progressistes, d'autres politiquement plus à droite s'y essayèrent également. Ne soyez donc pas surpris de lire un reportage sur la Suède écrit par un diplomate pessimiste, théoricien des races humaines et élitiste, Arthur Gobineau, en poste à Stockholm dans les années 1870 ; et la notion de *folkhem* (« foyer du peuple ») a d'abord été élaborée dans le domaine politique par des conservateurs, Rudolf Kjellén et d'autres.

Mais je vais me limiter dans cet article à une dimension particulière de cette longue tradition de représentation positive de la Suède : l'histoire de la première interprétation française du « folkhemmet » et de la société de bien-être naissante. Beaucoup de gens pensent que l'idée du modèle suédois a d'abord été formulée par le journaliste américain Marquis William Childs (1903–1990) dans son livre influent : *Sweden : The middle way* (1936). Mais ce n'est pas vrai. Quelques années auparavant, un écrivain français d'origine russo-française, Serge de Chessin (1880–1942), attaché culturel français à Stockholm

How to cite this book chapter:
Kylhammar, M. 2015. Comment le modèle suédois est né en France. Les récits de voyage en Suède de Serge de Chessin. In: Cedergren, M. et Briens, S. (eds.) *Médiations interculturelles entre la France et la Suède. Trajectoires et circulations de 1945 à nos jours.* Pp. 16–23. Stockholm: Stockholm University Press. DOI: http://dx.doi.org/10.16993/bad.b. License: CC-BY

et auteur de fiction, avait déjà présenté cette idée dans deux livres importants sur la Suède: *La Suède vue par l'étranger* de 1930 et *Les clefs de la Suède*, paru en 1935.

La Suède et les banqueroutes des années 1930

Chessin a écrit ses deux livres à l'époque de deux banqueroutes, deux crises de la société moderne. La première faillite était économique. Le 29 octobre 1929, le jeudi noir, était le signal de la crise financière internationale qui s'était transformée peu à peu en une crise industrielle mondiale, et en une dépression sévère et prolongée. La seconde était une crise politique. Dans les élections libres en Allemagne pendant l'été et l'automne de 1932 près de 40% de la population allemande votèrent pour Hitler, tandis que 15 à 20% de la population votèrent pour des idéologies totalitaires autres que le nazisme. Puis en 1933, Hitler s'empara du pouvoir (*Machtübernahme*), supprimant ainsi la démocratie allemande.

Les travaux de Serge de Chessin et le succès de cette nouvelle image de la Suède ne peuvent pas être vraiment compris sans cet arrière-plan. Par ces deux faillites se trouvaient sérieusement contestés deux nouveaux principes pour la prise de décision et l'ordre social : l'économie de marché et la démocratie. Les banqueroutes révélèrent aux yeux de tous qu'un marché libre pouvait conduire au chaos, à un chômage de masse, à la réduction de moitié du commerce mondial, à des tensions sociales, à la violence, la pauvreté et la faim. Et beaucoup de gens commencèrent à se demander quelles forces la démocratie avait mises en jeu, et quel désastre pouvait arriver quand le peuple ne consistait pas du tout en citoyens éclairés mais n'était qu'une populace, une plèbe populiste. L'intérêt pour la psychologie des foules et les phénomènes de masse grandit de manière explosive, phénomène observable à la fois dans le discours scientifique et politique. Ces faillites compromettaient donc à la fois le capitalisme et la démocratie. Et dans cette situation, la Suède devenait intéressante.

La Suède – le laboratoire de modernité

En 1930, Chessin présente pour un public français sa nouvelle Suède : l'incarnation de la modernité, la synthèse, la somme des efforts positifs dans le monde. La Suède se situe au premier plan, elle doit être copiée et imitée. Le pays est un modèle et les Suédois ont montré qu'un

« progrès pacifique n'est pas une illusion et une croissance soutenue n'est pas un mirage ». L'industrie, les banques, l'art, la littérature et les sciences fleurissent, et les Suédois sont capables à la fois de vivre au rythme international de la modernité et d'avoir un contact réel avec la nature, le patrimoine culturel et l'histoire.

Malgré sa position périphérique, la Suède exerce un pouvoir d'attraction irrésistible sur tous ceux qui veulent réaliser le rêve de communauté internationale, de paix et de collaboration fructueuse entre les peuples. « Il est apparu du sable dans l'énorme machinerie du monde, excepté en Suède où tout fonctionne avec la régularité et la souplesse d'un chronomètre [...]. Tous les chemins mènent à Rome, disait-on. Tous les chemins du monde en viennent à conduire à Stockholm, tel est le cas aujourd'hui ».

Cinq ans plus tard, lorsque la crise internationale a renforcé ses effets négatifs, Chessin revient sur son sujet avec *Les Clefs de la Suède*, une méditation à la fois ambitieuse et éclairée sur la Suède moderne. C'est un livre important qui n'a jamais été analysé et reste aujourd'hui inconnu. Aussi est-il légitime que je lui accorde ici une place particulière.

L'image de la Suède dessinée par Chessin tourne autour de trois grands pôles – et autour d'un souci majeur. Examinons-les à tour de rôle.

L'aristocratie démocratique

Pour Chessin, l'égalité suédoise est une réalité remarquable et exemplaire. Mais elle n'est pas, selon lui, synonyme de nivellement ou d'affaiblissement des élites. Le laboratoire suédois est plutôt une tentative d'impliquer tout le monde, riches et pauvres, dans la prospérité matérielle – et dans la culture, la vie littéraire, l'art et la connaissance (Chessin, 1935 : 62, 76). Il s'agit pour ainsi dire de la démocratisation de la vie d'aristocrate. La condition de cette égalité est une économie forte. Chessin décrit l'économie suédoise comme une économie de croissance reposant sur les technologies de pointe et sur l'excellence scientifique. Son industrie est durable et s'affirme comme leader mondial. Mais l'abondance qui peut en résulter n'a pas vocation à devenir une fin en soi, mais à être utilisée pour créer les conditions d'une vie de qualité pour tous par une redistribution progressive des richesses.

En Suède, écrit Chessin, le prolétariat et la classe ouvrière sont sur le point de disparaître, laissant place à une classe moyenne importante, bien nantie, riche et prospère (Chessin, 1935 : 67). Chessin a gout du détail concret. Il dépeint par exemple une usine suédoise typique située au cœur d'une végétation luxuriante, dans un jardin. La technologie et la machinerie sont là, mais il n'y a presque personne qui travaille de ses mains. Cette image est très différente de celle que nous associons habituellement au travail industriel.

Plus frappant encore, l'usine implique une vie de haute culture. Il y a une bibliothèque, une école pour les enfants des travailleurs, une salle de concert, mais aussi de la place pour des jeux plus physiques dans la salle de billard, la piscine ou le gymnase (Chessin, 1935 : 70–71). Chessin signale que les travailleurs ont certainement aussi une multitude de loisirs et de vacances. Beaucoup ont un jardin ouvrier et cultivent la terre dans leur temps libre, d'autres peuvent profiter des nombreux parcs et se rapprocher de la nature. Finalement, la vie aristocratique nous attend tous dans un avenir proche.

Une démocratie de l'harmonie et du citoyen éclairé

Chessin souligne avec justesse, je crois, que la Suède a géré la faillite économique et politique internationale d'une manière positive. En Suède, ni la gauche radicale (les communistes) ni la droite radicale (les nazis) n'ont réussi à exploiter la gravité de la situation. Une situation révolutionnaire n'a jamais vu le jour, en dépit de conditions favorables. C'est parce que, pense Chessin, le pays est rassemblé autour de valeurs démocratiques, avec un centre politique désormais dirigé par une social-démocratie à la fois réformiste et conservatrice (Chessin, 1935 : 85, 89, 91).

Une politique comme celle d'Hitler et de Staline, dit Chessin, ne correspond pas au tempérament populaire suédois et surtout pas maintenant, quand les Suédois sont devenus ou sont sur le point de devenir une classe moyenne (Chessin, 1935 : 91). Donc, dans cette démocratie de l'harmonie, on peut se réunir autour d'un consensus, imposer et développer une politique pour la classe moyenne en expansion et continuer à marginaliser les mouvements extrémistes qui ont été si dévastateurs dans d'autres pays (Chessin, 1935 : 91, 95).

Il s'agit en Suède d'une adhésion solide et persistante aux valeurs d'égalité et aux droits humains universels. Selon Chessin, le petit pays nordique est vraiment un modèle et sa mission est de transformer les principes démocratiques exemplaires qu'elle défend en règles internationales. Le monde doit devenir comme la Suède, adopter son modèle (Chessin, 1935 : 117).

Le pays émancipé par excellence

Pour Chessin, la Suède est un pays où les rapports sociaux ne sont pas déterminés en fonction du sexe et de la classe sociale. Les classes sont après tout, comme nous l'avons vu, au bord de l'extinction. Il suffit de regarder la fête nationale, écrit Chessin, où tout le monde se rassemble sous les mêmes slogans et dans le même but. En Suède, la participation est flagrante, l'exclusion minime et négligeable.

Son exemple favori est le statut de la femme. La femme suédoise est la plus libre et la plus libérée au monde. Chessin consacre un long chapitre à la question. La Suédoise est non seulement l'égale de l'homme juridiquement, elle l'est aussi dans la pratique : dans ses loisirs, dans ses habitudes et ses comportements, sur son lieu de travail.

Une modernité illimitée

Chessin présente donc la Suède au public français comme le pays le plus moderne, digne de servir de modèle dans le monde : moderne, riche, égalitaire, démocratique, juste, humaniste, libéré... Mais il voit une menace pour ce modèle, une menace qui sera évoquée à nouveau dans les débats sur la Suède des années 1980 : la peur que le modèle suédois puisse chavirer, échouer dans sa préoccupation maniaque de l'avenir. Pour Chessin, la cause de ce danger réside dans les liens suédois avec l'Amérique et plus particulièrement dans l'admiration suédoise pour tout ce qui vient du Nouveau Monde. Il fait valoir que le krach de l'empire industriel Kreuger est un premier avertissement car il voit en Kreuger un exemple typique de Suédois américanisé, un homme qui jongle avec l'abstrait, un homme qui travaille avec des choses éphémères comme la spéculation financière, les actions, les obligations... Ce qui est réellement suédois est différent et s'appuie sur des choses plus concrètes et plus durables à long terme comme la technologie, l'artisanat, les ressources naturelles et les sciences.

La Suède risquerait d'être une culture de masse, géométrique et schématique, de perdre sa personnalité et de devenir aseptisée comme une clinique. Les métaphores étranges se succèdent – et l'utopie devient ambiguë. Chessin encourage ainsi les Suédois à défendre leur propre tradition, à construire sur de l'authentique et à ne pas écouter les sirènes de l'étranger, même si elles proviennent d'Amérique. Il y a un soubassement suédois sur lequel tout doit être fondé. C'est seulement si elle reste elle-même que la Suède peut devenir un modèle pour toute l'Europe.

La Suède comme emblème de la modernité après 1945

Dans un prochain livre, j'analyse les récits de voyage français en Suède écrits après 1930 jusqu'à aujourd'hui[1]. Les principaux reportages de cette période sont, je crois, hormis ceux de Serge de Chessin : Christian de Caters *Visage de la Suède* (1930), Émile Schreiber *Heureux scandinave !* (1936), Henri Queffélec *Portrait de la Suède* (1948), Emmanuel Mounier *Notes scandinaves* (1950), Jean Parent *Le modèle suédois* (1970), Gabriel Ardant *La Révolution suédoise* (1976), Marie-Laure Le Foulon *Le rebond du modèle scandinave* (2006) et Alain Lefebvre et Dominique Méda *Faut-il brûler le modèle social français ?* (2006).

L'image de la Suède en France change bien entendu pendant toutes ces années, mais on retrouve des traits communs tout au long de ces 80 ans. Chessin a servi dans cette histoire de point de référence. L'image qu'il avait donnée de la Suède fonctionna comme un paradigme pour les reporters français. Le modèle s'était établi dans l'imaginaire français de façon durable, même si l'image positive que Chessin avait formée allait souvent être remise en cause.

Un point qui revient dans presque tous les récits de voyage sur la Suède des années 1930 à aujourd'hui, une sorte de leitmotiv : la Suède incarne de façon emblématique la modernité. Cela concerne avant tout la culture matérielle suédoise, la technique, l'industrie et la science, que tout le monde s'accorde à dire qu'elles sont à la pointe du développement au niveau mondial. Mais la Suède est aussi étroitement liée avec la modernité culturelle, la culture séculaire, émancipée, égalitaire, respectant l'égalité homme-femme, et populaire.

La France a également son avant-garde artistique et littéraire. Mais associer la Suède avec une avant-garde de la modernité est une découverte essentielle. Des écrivains français comme Émile Schreiber dans *Heureux scandinave !* ou Alain Lefebvre et Dominique Méda dans *Faut-il brûler le modèle social français ?* voient dans la Suède un pays qui se place en avance sur son temps, ce qui rend leurs reportages à la fois légitimes et importants.

Il est aussi intéressant de remarquer que cette modernité matérielle et culturelle apparaît tant dans les images positives que négatives de la Suède. Dans les récits plus sombres comme *Visage de la Suède* de Christian de Caters et *Notes scandinaves* d'Emmanuel Mounier, la modernité suédoise semble avoir dégénéré en une société sur-rationalisée, technocrate et superficielle.

Toutes ces images de la Suède jouèrent bien entendu un rôle dans les débats intérieurs français. Plusieurs reporters de l'entre-deux-guerres, comme Chessin et Schreiber utilisèrent la Suède comme un exemple de comment construire une société socialiste sans tomber dans une dictature communiste. C'était une manière de prendre des mains un joker que possédait la droite : l'idée que la réalisation des rêves socialistes menait nécessairement à la dictature et à l'économie planifiée. D'autres comme Henri Queffélec dans *Portrait de la Suède* (1948) et Gabriel Ardant dans *La Révolution suédoise* (1976) mettaient l'accent sur le fait que la classe sociale et le sexe ne déterminaient pas nécessairement les relations sociales. La Suède montrait que l'égalité entre les hommes et les femmes n'était pas une utopie. Et les classes pouvaient être supprimées. Cela était possible si tout le monde travaillait ensemble dans le consensus et avec pragmatisme vers un même but.

Conclusion : les images comme utopie – et force historique

Bien entendu, la Suède telle que Chessin la présente n'a jamais existé. Il a projeté ses rêves sur ce pays, fabriqué un modèle pour l'Europe, une utopie. Mais le fait que l'image proposée par Chessin n'ait que peu de rapport avec la vraie Suède n'est peut-être pas si important. Les images jouent un rôle majeur dans l'histoire, peut-être plus que nous le pensons habituellement. L'image de la Suède comme foyer du peuple, comme *folkhem*, a suscité des luttes politiques et culturelles parmi les plus intenses de ces dernières décennies. La gauche n'a cessé d'affirmer son droit de propriété intellectuelle sur le *folkhemmet*. La droite a d'abord contre-attaqué en essayant d'en compromettre l'image, de faire de l'utopie une dystopie, en insistant sur le revers de la médaille – la pression fiscale, les dérives de l'ingénierie sociale, la lourdeur de l'appareil social-démocrate. Aujourd'hui, les partis bourgeois ont changé de stratégie en s'appropriant à bien des égards l'idée de *folkhem*, se présentant ainsi comme ceux qui peuvent gérer au mieux le modèle suédois. Ce sont les luttes de cette nature qui rendent si importante l'analyse des images et du rôle qu'elles jouent, pour le meilleur et pour le pire, dans les processus historiques.

Dans cet article, j'ai analysé les récits de voyage français comme des utopies et des dystopies, des fictions et des inventions, des mythes et images. Je crois que cela était pertinent de les lire ainsi, même si les auteurs n'avaient pas l'intention de décrire des rêves mais plutôt la stricte vérité.

J'aimerais conclure sur un élément utopique central dans presqu'un siècle de reportages sur le modèle suédois. Les images sont essentielles. Ceux qui ont construit l'image de la Suède ont en général rêvé d'une meilleure Europe, sans nationalisme auto-suffisant ni patriotisme renfermé. Ils ont rêvé d'un modèle appelé à servir de référence pour l'Europe, pour une Europe de l'égalité, de la solidarité, de la libération et de l'émancipation, pour une Europe de la démocratie et de la participation populaire, composée de citoyens éclairés et développement technologique et scientifique d'une part, et idéaux pastoraux et écologiques d'autre part. Autant de raisons pour relire ces textes et les laisser nourrir notre réflexion sur comment construire une meilleure Europe.

Notes

1. Briens, S. & Kylhammar, M. (à paraître 2016), *Poétocratie. Les écrivains suédois à l'avant-garde de la politique*. Paris : PUPS.

Bibliographie

Ardant G. (1976), *La révolution suédoise*. Paris : Laffont.

Briens, S. & Kylhammar, M. (à paraître en 2016), *Poétocratie. Les écrivains suédois à l'avant-garde de la politique*, Paris : PUPS.

Childs, M. W. (1936), *Sweden: The Middle Way*. New Haven : Yale University Press.

De Caters, C. (1930), *Visage de la Suède*. Paris : Plon.

De Chessin, S. (1935), *Les clés de la Suède*. Paris : Hachette.

De Chessin, S. (1930), « La Suède vue par l'étranger » in *Sverige genom främmande ögon*. Stockholm : utg. av Utländska pressföreningen i Sverige.

Méda D. & Lefebvre (2006), *Faut-il brûler le modèle social français ?*. Paris : Seuil.

Le Foulon, M.- L. (2006) : *Le rebond du modèle scandinave*. Paris : Lignes de repères.

Mounier, E. (1950) : « Notes scandinaves » in *Esprit*, février 1950.

Parent, J. (1970), *Le modèle suédois*. Paris : Calmann-Lévy.

Queffélec, H. (1948), *Portrait de la Suède*. Paris : Hachette.

Schreiber E. (1936), *Heureux scandinaves !* Paris : Denoël et Steele.

Den «svenska modellen» i fransk samhällsvetenskap: en översikt

Yohann Aucante
École des hautes études en sciences sociales – CESPRA, Paris

Att redogöra för Sverige och den svenska modellens särställning i fransk samhällsvetenskap är som att studera ett ambivalent förhållningssätt.

Å ena sidan har den politisk-ideologiska debatten i Frankrike bidragit till en etablerad diskurs om en «svensk modell», särskilt på 1960–1970-talet. Den klassiska bilden av demokratisk socialism enligt svensk modell, som skulle kunna förena tillväxt och omfördelning, blev under denna period viktig i Frankrike. En av orsakerna till att den svenska modellen fick ett uppsving i debatten var att vänstern stod utanför makten och var djupt splittrad mellan kommunism och socialism. Även fackföreningsrörelsernas inflytande var begränsat. Mot denna bakgrund framstod Sverige som ett alternativ och en förebild.

Å andra sidan har det funnits mycket lite vetenskaplig forskning om de politiska föreställningarna av Sverige och den svenska modellen, även om denna tidvis fått stor plats i det offentliga rummet. De flesta publikationerna av fransmän sedan drygt ett halvt sekel tillbaka består till övervägande del av essäer, journalistik och reseskildringar. Märkligt nog har avhandlingar i samhällsvetenskap, inklusive samtidshistoria, med anknytning till Sverige och den svenska modellen varit få. Detta gäller förvisso i än högre grad avhandlingar om andra nordiska länder.

Tanken är att följande översikt ska ge några nycklar till varför den svenska modellen inte genomlysts vetenskapligt trots att den blivit så betydelsefull i samhällsdebatten i Frankrike. I detta avseende kan man kritisera de franska samhällsvetenskaperna för att generellt inte visa nämnvärt intresse för internationella jämförelser. Dessutom har historieämnet i Frankrike, särskilt samtidshistoria, koncentrerat sig på jämförelsepunkter med andra länder än de skandinaviska. Angående

How to cite this book chapter:
Aucante, Y. 2015. Den «svenska modellen» i fransk samhällsvetenskap : en översikt. In: Cedergren, M. et Briens, S. (eds.) *Médiations interculturelles entre la France et la Suède. Trajectoires et circulations de 1945 à nos jours.* Pp. 24–32. Stockholm: Stockholm University Press. DOI: http://dx.doi.org/10.16993/bad.c. License: CC-BY

nordiska studier har andra ämnen än samhällsvetenskap, såsom viking-atiden, litteratur- och kulturhistoria, klart dominerat fältet. Det är alltså motsägelsefullt att det uppenbara offentliga intresset för Sverige som idealsamhälle med föredömlig politik inte tycks ha någon motsvarighet i fransk forskning

För att nå förståelse för det ambivalenta förhållningssättet till den svenska modellen i Frankrike, redovisas här översiktligt de verk som har intresserat sig för begreppet den svenska modellen och på så sätt bidragit till den franska bilden av Sverige och dess samhällsorganisation. Urvalet speglar endast de studier som fokuserar på den socialpolitiska och/eller den ekonomiska modellen. De utgör självklart inte alla samhällsvetenskapliga studier om samtidens Sverige, men jag hävdar ändå att denna aspekt dominerar publikationerna i fältet.

Det finns inte någon riktig forskningstradition i Frankrike när det gäller att studera svensk politik och svenskt samhällsliv, i alla fall inte utanför institutionerna för nordiska studier, där intresset är snävt för samtida socialpolitiska frågor. Det betyder att de som skriver om en svensk modell, eller allmänt om politiska frågor i Sverige, ofta är fristående personer. De kan givetvis vara forskare från olika discipliner och ämnen, men gränsen till journalistiken har varit tämligen oklar. En möjlig förklaring är kanske att det just var en inflytelserik journalist, nämligen Jean-Jacques Servan-Schreiber (grundaren av *L'Express*), som gjorde uttrycket den svenska modellen känt i Frankrike på 1960-talet. 1968 gav han ut en av de mest sålda politiska böckerna hittills, *Le Défi américain*, som var ett angrepp mot amerikansk kapitalism och dess inflytande i Europa. Där beskrev han den svenska modellen som en möjlig tredje väg, inte längre mellan liberalism och socialism såsom man påstod före andra världskriget, utan mellan de olika varianterna av japansk och amerikansk kapitalism. Sedan dess står det ganska klart att den franska pressen är en viktig länk – förmodligen den viktigaste – mellan utvecklingen i Sverige och den franska politiken. Det är framför allt pressen som skapat debatt om den svenska modellen och dess relevans för Frankrike under olika tidsperioder. Journalister, intellektuella, politiker, men även några enstaka forskare, har skrivit en stor mängd debattartiklar i tidningar. Dessa källor ingår inte i det studerade materialet, även om de skulle kunna bidra med ytterligare perspektiv på likheter och skillnader mellan den journalistiska bilden och den mer forskningsmässiga av den svenska modellen i Frankrike. Pressarkiv finns tillgängliga för en sådan fördjupning.

"Den svenska modellens" födelse och utveckling

1960-talet var en viktig övergångsperiod, då diskursen om den moderna svenska modellen tog form på riktigt och spred sig världen runt. Man kan trots allt hitta enstaka äldre verk, exempelvis från 1930-talet, när den amerikanska reportern Marquis W. Childs publicerade sina tre berömda essäer. Nämnas bör även ett intressant verk av Serge de Chessin, *Les Clés de la Suède* (1935) och ett annat av Emile Schreiber, grundaren av tidningen *Les échos* och far till Jean-Jacques Servan-Schreiber. Schreiber skrev *Heureux scandinaves* (1937) och den liknar stilistiskt Childs reportage om länder där allt fungerar väl. Stilen är rak och enkel och innehållet mest beskrivande, gärna med fokus på kulturområdet. Kontrasterna med Frankrike understryks ständigt. Men studien kan knappast klassificeras som samhällsvetenskap, även om den är intressant som ett slags vittnesmålslitteratur i en tid då man letade efter nya idéer för sociala reformer i Frankrike, utan att spåra in på en kommunistisk väg. De Chessins verk skiljer sig markant från de båda andra, eftersom det ger en mycket mer idealiserad och romantisk bild av landet.

Redan vid 1960-talets början publicerade den franske statsvetaren Raymond Fusilier ett par volymer om den politiska utvecklingen i de nordiska länderna, särskilt i Sverige. Fusilier hade disputerat på en avhandling om det socialdemokratiska partiet i Sverige och skrivit en ytterligare bok om « les réalisations scandinaves » som inte går att hitta nu. Det säger en del att vissa gamla verk nästan har försvunnit och inte finns ens i de mest specialiserade biblioteken. I alla fall är Fusiliers böcker mest inriktade på statsförvaltning och juridik och använder sig egentligen inte av begreppet den svenska modellen. De är icke desto mindre betydelsefulla därför att de är de första som på franska ger en jämförande bild av nordiska politiska system och statsskick. Men det går ännu inte vid denna tid att finna någon som skriver om den svenska modellens innehåll, arbetsmarknads- och socialpolitik. Bara en doktorsavhandling i juridik lades fram 1948, med titeln « La démocratie industrielle et les comités d'entreprise en Suède ». Författaren hette Charles Léger och själva boken publicerades två år senare med samma titel (Armand Colin, 1950).

Jean Parent följer i Servan Schreibers fotspår och kallar sin bok *Le Modèle suédois* (1970). Det är den första ingående analysen av svenska samhällsekonomiska frågor på franska. Parent var ekonom, med inriktning mot industri. Därför är hans fokus mest på industriutveckling, företag och arbetsmarknad. Boken är en detaljerad genomgång av framgångsfaktorer i Sverige under efterkrigstiden. Den ger intryck av att nästan hela samhället och ekonomin fungerar utmärkt, utan kris och konflikt. Enligt författaren är den svenska modellen ett uttryck för en viss samhällsekonomisk balans som är ytterst svår att förverkliga och som ger Sverige ett försprång på produktionsområdet: « Il existe, en Suède, un type d'équilibre social tout à fait original, qui repose sur l'existence de forces organisées, de puissance comparable, qui se limitent et se contrôlent les unes les autres » (1970 : 297).

I slutet på 70-talet utkom två nya titlar i ämnet: *Suède, la réforme permanente* (1977), en antologi redigerad av journalisten och f.d. *Le Monde*-korrespondenten Guy de Faramond, och ett mer vetenskapligt verk, *La Révolution suédoise*, av Gabriel Ardant (1976). Den första är en samling intervjuer och kortare texter, de flesta skrivna av franska och svenska journalister och politiker. Det betyder inte att detta verk är ointressant; det erbjuder viktiga synpunkter på stil och innehåll i tidens debatt, samtidigt som det visar fram en jämnvikt mellan tidsandans röster, både från svenska och franska författare och aktörer. Jag vill dock koncentrera mig på den andra boken. Gabriel Ardant var både en hög tjänsteman och professor. Därför är boken inte bara ett vetenskapligt verk, utan också en politisk och ideologisk skrift som frågar: Kan man möjligtvis tala om en socialistisk revolution i Sverige? Svaret är jakande, men beror av hur man definierar begreppen «revolution» och «socialism»:

> Il faut s'entendre sur le vocabulaire et se demander si la révolution ne signifie pas avant tout le changement profond de la condition des hommes et des rapports qu'ils ont entre eux, si ce mot ne signifie pas la destruction des classes et l'établissement d'une société non seulement plus équitable mais aussi plus fraternelle. En ce sens la Suède est révolutionnaire (...) Si l'on entend le socialisme comme la prise en charge par l'Etat de tous les moyens de production, la Suède n'est pas socialiste. Si l'on entend par socialisme un effort visant à supprimer les inégalités, les aliénations, les barrières de classe, alors la Suède est socialiste. (1976 : 11–12)

Ardant diskuterar inte om man bör följa Sverige i spåren eller inte, utan frågar snarare om detta är möjligt. Enligt honom är det i alla fall möjligt att hämta inspiration från vissa reformer. Han har ett mycket bredare perspektiv beträffande den svenska modellen, som i verket innefattar flera aspekter, alltifrån vuxenutbildning till fackföreningsrörelse och även handikappolitik. Han tar också hänsyn till sociala konflikter på ett tydligare sätt än tidigare författare, såsom strejker, vilka på 1960- och 70-talet var vanligare i Sverige än nu.

Modellens förmörkelse och förnyelse i den franska diskursen

Från slutet av 1970-talet till början av 1990, har vi en ganska lång period utan betydande bidrag på franska[1]. I viss mån kan det bero på att den svenska socialdemokratin inte var i regeringsposition mellan 1976 och 1982. Under den här tiden rönte däremot den franska vänstern stor framgång och 1981 ledde detta till ett historiskt maktövertagande. Eftersom regeringsskiftet i Frankrike gav vänsterfalangen nytt självförtroende var det kanske inte längre lika viktigt att använda Sverige som modell, åtminstone de första åren. Men det är inte hela förklaringen.

Det utkom en rad nya publikationer under 1990-talet men då var det Danmark bland de skandinaviska länderna som drog till sig uppmärksamheten. 1990 publicerades den viktiga studien *The Three Worlds of Welfare Capitalism*, av den danske sociologen Gøsta Esping-Andersen. Denne föreslog en ny analys av och typologi för välfärdssystem, där de nordiska länderna ansågs ligga nära en «generell» eller «socialdemokratisk» kategori. Men eftersom boken kom ut då Sverige var i djup kris blev den franska reaktionen på Esping-Andersens bidrag en omförhandling av den svenska modellen som förebild. Inte helt oväntat bar det första franska svaret den karakteristiska titeln: *La fin du modèle suédois* (1994). Redaktören var den franske sociologen Durand. I sin antologi samlades enbart svenska forskare, vilket gör det svårt att betrakta den som ett renodlat franskt perspektiv på Sverige. Däremot står Durand själv för orden i inledningen:

> Le modèle suédois est ébranlé. Sont-ce ses fondements qui sont minés ? Peut-il retrouver son dynamisme par des politiques économiques et sociales adéquates ? L'insertion de la petite Suède dans une économie mondialisée a-t-elle sonné le glas à une expérience originale ? Ou bien l'autonomie politique et économique, la spécificité de l'organisation du travail peuvent-ils perdurer dans un monde dominé par quelques grands principes perçus ailleurs comme incontournables ? (1994 : 7)

Givetvis lade denna publikation grunden till en mer kritisk och mindre idealiserande syn på den svenska modellen. En ny ekonomisk och sociologisk genomlysning framträder från och med detta verk, som är mindre ideologiskt präglad. Den granskar mer noggrant och vetenskapligt välfärdsstats- och arbetsmarknadsreformer, samt deras konsekvenser. Man kan nämna ekonomer och sociologer som André Gjrebine, Dominique Anxo (som har fast anställning i Sverige), Robert Boyer och Jean-Claude Barbier, statsvetare som Bruno Palier, vars samling om den nordiska välfärdsstaten vid slutet på 1990-talet är ganska unik (men det är återigen en blandning av nordisk och fransk forskning) (Bouget & Palier, 1999). Nästan ingen av dem har Sverige eller Norden som främsta studiefält men deras bidrag är ändå viktiga för att förändra bilden av Sverige jämfört med grannländerna.

I den här litteraturen finns det politiska syftet ändå kvar, oftast med avsikt att föreslå reformer som skulle kunna fungera i Frankrike. Det handlar om kampen mot arbetslöshet, ansträngningar som kan förbättra sysselsättningsgraden inom vissa befolkningsgrupper såsom kvinnor och äldre arbetare. Det bästa exemplet på den här nya «expertlitteraturen» är en bok från 2006 av Dominique Méda och Alain Lefebvre, *Faut-il brûler le modèle social français?*. Lefebvre var under en tid socialpolitiskt råd på Franska ambassaden i Sverige. Méda är sociolog, och har särskild skrivit om arbetsmarknaden. Deras bok är ett tydligt försvarstal som vill hämta inspiration från Sverige och Norden i syfte att reformera arbetsmarknadspolitiken och andra offentliga institutioner som inte anses fungera på ett tillfredsställande sätt i Frankrike. När jag själv började undersöka svensk och nordisk politik vid början av 2000-talet var fältet nytt i Frankrike, medan ämnet genererat en stor mängd publikationer på engelska. Den handbok som jag gav ut 2013 om nordisk demokratisk utveckling (Aucante, 2013), var egentligen den första sedan Raymond Fusiliers bok från 1964. Visst kunde den franska läsaren gå till mer generella handböcker i modern samtidshistoria (Battail, Boyer & Fournier, 1992; Schnakenbourg & Maillefer, 2010), men när det gäller demokrati och välfärdsstat var det tunnsått. Min avsikt med boken var dels att redovisa en viktig litteratur som var tämligen okänd i Frankrike, dels att presentera metoder för att fånga de så kallade nordiska modellerna – det vill säga inte bara den svenska. Idag finns inga tecken på att forskningsläget är på väg att förändras, med undantag av några yngre forskare, såsom Nathalie Morel och hennes kritiska bidrag om välfärd, genus och familjepolitik (Morel, 2011).

Jag har lagt några enstaka essäer av franska journalister från de senaste åren åt sidan eftersom studien enbart fokuserar på vetenskapliga publikationer. Det är icke desto mindre intressant att nämna dem, eftersom man fortfarande använder Sverige och dess grannländer – eller mer generellt Norden – som en slags referenspunkt för Europa eller världen. Det är där man kan finna enskilda exempel på reform och framgång, vilket alltid skapar intresse och debatt. I detta hänseende får man kanske påminna om Magnus Falkeheds bok, *Le Modèle suédois* som publicerades på franska (2002) och fick mycket uppmärksamhet i medierna. Men Falkehed är svensk korrespondent i Paris och kan inte räknas till samma kategori som de andra författarna som redovisats här. Falkehed hade en agenda och ville varna för ett reformprogram som innebar liberalisering, privatisering och nedskärningar av offentliga tjänster och nätverk. Dessa processer hade gått mycket längre och snabbare i Sverige än i Frankrike utan att fransmännen i större utsträckning tagit notis om det. Enligt honom var den svenska modellen inte längre den sociala och progressiva idealbyggnad som hade varit så inflytelserik förut, utan den hade förändrats till en modell för dem som främjar liberalisering av offentlig sektor i Europa.

Sammanfattning

Sammanfattningsvis kan man säga att de verk som publicerats om den svenska modellen under drygt ett halvt sekel snarast karaktäriseras av ovetenskaplighet, samt av heterogenitet både till innehåll, stil och form. Denna litteratur är ofta politiskt och ideologiskt färgad, med många fristående författare, inte sällan från den politiska vänstern. Bilden som ges av Sverige är idealiserande och få kritiska röster höjs från den liberala skolan, såsom det kan förekomma i den anglosaxiska världen[2]. Vi har här sammanställt de få böcker som finns, bredvid ett större antal artiklar och småskrifter. Användningen av begreppet den svenska modellen i olika kontexter och olika syften har bidragit till betydelseglidningar och otydligheter i vad som menas med modellen. Begreppet har använts vårdslöst. Därför var det så mycket mer välkommet när det under 1990-talet kom ny sakkunskap i frågan, särskilt om arbetsmarknadspolitiken. Detta är bara en upptakt till en fördjupning i denna specialiserade litteratur som säger mycket om förhållandet mellan Sverige och Frankrike under olika tidsperioder. Ordet modell har vanligtvis använts i den franska offentliga debatten och det betyder bara att man pekar på ett lands särskilda sätt att fungera och utvecklas. Men termen fungerar också som en normativ värdering av en bättre väg, ett exempel som man borde hämta inspiration från. Denna ambivalens diskuteras inte ens i de akademiska kretsar där Sverige fortfarande fungerar som en social, ekonomisk och politisk myt, antingen i positiv eller negativ bemärkelse.

Noter

1. Sedan 1960-talet har en rad avhandlingar och böcker kommit ut inom skandinavistiska studier, där intresset varit sociala frågor såsom den nordiska folkhögskolas historia (Erika Simon, 1960 ; Georges Ueberschlag, 1978). Alla

kan inte nämnas men de flesta har fokuserat på tiden förre 1945 och det har funnits litet intresse för samtida socialpolitiska frågor.

2. Det existerar en fransk översättning av den engelska korrespondenten Roland Huntfords kontroversiella bok *The New Totalitarians* (1971) (1975, *Le nouveau totalitarisme*. Paris: Fayard). Det är svårt att veta om texten egentligen skapade debatt, eftersom boken snabbt föll i glömska.

Bibliografi

Ardant, G. (1976), *La Révolution suédoise*. Paris : Laffont.

Aucante, Y. (2002), «La chasse au modèle : L'Etat social suédois en science politique». *Raisons politiques*, n°6 : 117–133.

Aucante, Y. (2013), *Les Démocraties scandinaves. Des systèmes politiques exceptionnels*. Paris : Armand Colin.

Battail, J-F., Boyer, R. & Fournier V. (1992), *Les Sociétés scandinaves de la réforme à nos jours*. Paris : Puf.

Bouget, D. & Palier, B. (1999), *Comparer les systèmes de protection sociale en Europe du Nord et en France*. Mire : Maison des sciences de l'homme.

Childs, M. W. (1934), *Sweden: Where Capitalism is Controlled*. John Day.

Childs, M. W. (1936), *Sweden: The Middle Way*. New Haven : Yale University Press.

De Chessin, S. (1935), *Les Clés de la Suède*. Paris : Hachette.

Durand, J-P. (ed.) (1994), *La Fin du modèle suédois*. Paris: Syros.

Esping-Andersen, G. (1990), *The Three Worlds of Welfare Capitalism*. Princeton : Princeton University Press.

Falkehed, M. (2005), *Le Modèle suédois. Santé, services publics, environnement : ce qui attend les Français*. Paris : Payot.

De Faramond, G. (ed) (1977), *Suède : La réforme permanente*. Paris : Stock.

Gjrebine, A. (1999), *Suède : le modèle banalisé ?* Etudes du CERI, n°29.

Méda, D. & Lefebvre (2006), *Faut-il brûler le modèle social français ?* Paris : Seuil.

Morel, N. (2011), « Le modèle universaliste suédois au prisme du libre choix ». *Lien social et politique*, n°66 : 139–154.

Musial, K. (2002), *Roots of the Scandinavian Model. Images of Progress in the Era of Modernisation*. Baden Baden : Nomos Verlagsgesellschaft.

Parent, J. (1970), *Le Modèle suédois*. Paris : Calmann-Lévy.

Schnakenbourg, E. & Maillefer, J-M, (2010), *La Scandinavie à l'époque moderne (fin XVe-début 19e)*. Paris : Belin.

Schreiber, E. (1936), *Heureux scandinaves*. Paris : Denoël et Steele.

Servan-Schreiber, J-J, (1968), *Le Défi américain*. Paris : Denoël.

La Suède et le Neutre chez deux auteurs franco-maghrébins contemporains : vers une nouvelle utopie ambiguë ?

Maria Walecka-Garbalinska
Université de Stockholm

Si le Nord a de tout temps fasciné les voyageurs et les écrivains français, rares sont les romans dont l'action se déroule sous ces latitudes[1]. Il est d'autant plus intéressant de voir la Scandinavie émerger, vers la fin des années 1980, comme espace romanesque dans la littérature franco-maghrébine. Mohammed Dib, Algérien écrivant en France, fait paraître entre 1985 et 1994 une tétralogie nordique saluée par la critique[2] ; le Marocain Abdelkébir Khatibi, traducteur des écrivains suédois, publie en 1990 un roman autobiographique intitulé *Un été à Stockholm*. Quelques années plus tard, Tahar Ben Jelloun, lauréat du prix Goncourt de 1987, envoie en Suède un des narrateurs de son roman *Le dernier ami*. La question qui se pose d'emblée est celle des raisons et des enjeux d'un décentrement référentiel à première vue inattendu chez des auteurs qui, ancrés dans deux cultures et deux langues, sont d'une façon ou d'une autre concernés par les problèmes particuliers de « l'intellectuel colonisé-décolonisé » (Khatibi, 1971 : 181). Cette question sera abordée à travers l'articulation de trois concepts élaborés dans différents contextes théoriques, mais complémentaires : ceux du Neutre, du Tiers espace et de l'utopie ambiguë. En nous concentrant sur les romans de Khatibi et de Ben Jelloun, qui évoquent la Suède de façon explicite, nous voudrions proposer une lecture selon laquelle cet espace géoculturel fonctionne dans leur écriture comme écran de projection d'un désir du Neutre proche de celui décrit par Roland Barthes, tout en rejoignant par certains côtés les poncifs de l'imaginaire du Nord traditionnel. Dans le contexte francophone, une certaine utopie scandinave pourrait dès lors être interprétée comme l'équivalent imaginaire et symbolique

How to cite this book chapter:
Walecka-Garbalinska, M. 2015. La Suède et le Neutre chez deux auteurs franco-maghrébins contemporains : vers une nouvelle utopie ambiguë ? In: Cedergren, M. et Briens, S. (eds.) *Médiations interculturelles entre la France et la Suède. Trajectoires et circulations de 1945 à nos jours*. Pp. 33–43. Stockholm: Stockholm University Press. DOI: http://dx.doi.org/10.16993/bad.d. License: CC-BY

du tiers espace d'énonciation postcoloniale, permettant de dépasser les binarismes culturels figés et d'articuler la différence culturelle au-delà de l'opposition du Même et de l'Autre.

Territoires du Neutre[3]

Le terme de « Neutre » renvoie au titre du cours de sémiologie littéraire que Roland Barthes a donné au Collège de France en 1977–78 et dont les notes ont été publiées en 2002. Fidèle encore au credo structuraliste, Barthes y transfère la catégorie linguistique du genre grammatical sur le terrain du discours, entendu comme « tout syntagme articulé par le sens », donc textes, conduites socialement codées, « motions intérieures du sujet » (Barthes, 2002 : 216). Selon sa définition, relève du Neutre « toute inflexion qui esquive ou déjoue la structure paradigmatique, oppositionnelle, du sens, et [qui] vise par conséquent à la suspension des données conflictuelles du discours » (Barthes, 2002 : 261–262). Ces inflexions du sens sont décrites par Barthes à travers une vingtaine de « figures » (ou « traits »), telles que le Silence, la Bienveillance, la Fatigue, l'Oscillation, etc., en opposition à celles de l'Anti-Neutre : l'Arrogance, la Colère, l'Adjectif. Parmi celles-là certaines peuvent servir à rendre compte des représentations littéraires de la Suède dans les romans des écrivains convoqués ici.

La « suspension des données conflictuelles du discours » (*ibid.*) c'est également ce qui, dans le domaine plus restreint de la critique postcoloniale, est l'objectif de Homi K. Bhabha lorsqu'il lance son concept clé de « tiers espace » d'énonciation. Celui-ci serait « la condition préalable à toute articulation de la différence culturelle », ouvrant « la voie à la conceptualisation d'une culture fondée non pas sur l'exotisme du multiculturalisme ou la *diversité des cultures*, mais sur l'inscription et l'articulation de l'*hybridité* de la culture » dont la signification est élaborée dans l'entre-deux de la traduction et de la négociation. L'exploration du tiers espace devrait ainsi permettre, selon Bhabha, d'« éluder la politique de polarité et enfin émerger comme les autres de nous-mêmes. » (Bhabha, 2007 : 83. Les italiques sont de Bhabha).

Le tiers espace a inévitablement une dimension utopique en tant qu'il signifie une dialectique brisée de la modernité et une mise en valeur de l'ambiguïté. À ce propos Bhabha cite Walter Benjamin pour qui « l'ambiguïté est l'apparence figurative de la dialectique, la loi de la dialectique au point mort ». Et d'ajouter : « Pour Benjamin, cet arrêt est Utopie [...] » (Bhabha, 2007 : 54). Or, c'est en conjuguant ces mêmes termes d'utopie et d'ambiguïté que Vincent Fournier décrivait, dans l'ouvrage éponyme, la vision moderne de la Scandinavie comme « lieu des puretés et des vertus » (Fournier, 1989 : 294) naturelles qui garantissaient une résolution miraculeuse des contradictions historiques et des tensions sociales. L'auteur montre comment cette vision, formulée de façon canonique par les voyageurs romantiques français au XIXᵉ siècle, est ensuite réactivée au contact des idéologies différentes, généralement conservatrices, au cours de la période précédant la Première guerre mondiale. Il analyse en particulier le dispositif rhétorique à l'œuvre dans le discours sur la Scandinavie, qui, avec la théorie des climats et ses différentes réinterprétations comme fondement, repose sur le transfert des propriétés physiques du paysage vers le terrain de l'anthropologie[4].

Dans les romans en question le déplacement des personnages « sudistes » vers le Nord devient l'occasion d'une prise de conscience des clivages et de l'entre-deux de différentes natures : linguistique, identitaire, culturelle, existentielle. Il génère en même temps une tentative de leur dépassement ou de leur suspension dans laquelle l'espace et la culture suédois, perçus comme intermédiaires, indécidables et radicalement différents, jouent un rôle important. L'*alter ego* de Khatibi dans *Un été à Stockholm* se rend dans la capitale suédoise en tant qu'interprète pour un colloque sur la neutralité et y fait l'expérience d'une « extase froide » : entre deux avions, deux femmes et deux langues. Dans *Le dernier ami* de Ben Jelloun, l'histoire de l'amitié tourmentée de deux Tangerois se déroule sur le fond de l'évolution de la société marocaine depuis la fin des années cinquante jusqu'à la fin des années quatre-vingt-dix. La Suède, où l'un des deux amis s'exile – pour en revenir à la fin du livre – apparaît comme l'envers idéalisé d'un Maroc trop compliqué, mais finalement indispensable.

Figures du Neutre scandinave

Un des points communs qui dominent dans la quête identitaire ou existentielle des personnages romanesques « diasporiques », c'est la fascination – ou la stupéfaction – face à l'impossibilité de placer la Suède dans les paradigmes établis. L'un d'eux explique : « Mais pourquoi la Suède ? Un pays neutre, à la fois européen et plus ou moins autre chose. – C'est cela qui m'excite : ce plus ou moins » (Khatibi, 1990a : 72). Cependant, ce n'est que chez Khatibi que le Neutre est explicitement et littéralement évoqué comme une qualité intrinsèque de l'homme et du sol suédois. Son personnage-narrateur parle, par exemple, de « la beauté du neutre et de l'esprit de transparence » (Khatibi, 1990a : 89) qui règnent en Suède et discute la question de la neutralité politique du pays. En tant qu'interprète, il traduit un long discours consacré à ce sujet, incorporé *in extenso* dans le roman[5]. Mais l'association entre le Nord et le Neutre se fait avant tout à travers différentes « figures », dont celle, fondamentale, du Silence.

Le Silence et l'Oscillation

Gérard Namir, le double narratif de Khatibi, remarque que les Suédois partagent avec les Japonais « une passion extraordinaire pour le silence » et il est vite subjugué par le « [s]ilence presque chantant » (Khatibi, 1990a : 88) de son initiatrice suédoise Lena. Mais il ne s'agit pas seulement de la rareté de la parole. Le silence prend surtout une dimension sociale et correspond à un mode d'être ensemble moralement et esthétiquement valorisé, comme chez Ben Jelloun, dont le personnage rapporte à son ami resté au Maroc : « La première chose qu'on remarque quand on arrive en Suède, c'est le silence. Une société silencieuse, sans agitation, sans désordre. » (Ben Jelloun, 2004 : 108) Le silence, omniprésent dans les descriptions de l'espace naturel et social scandinave, réunit l'homme et la nature dans un rapport d'analogie et de réversibilité[6]. Qualité immanente du Nord, le silence en fait l'emblème, la métonymie et la métaphore du Neutre, objet d'un désir et d'une éthique qui travaillent le discours romanesque maghrébin à l'instar de celui des poètes, des philosophes et des mystiques analysés par Barthes. En tant que jugement suspendu – ni oui ni non – le Silence déjoue, en effet, le paradigme du sens et ses oppositions binaires et rend possible la traduction culturelle dans le sens de Bhabha. Une Suède neutre et silencieuse pourrait représenter, pour le sujet postcolonial bilingue, cet espace à partir duquel il prend la parole au-delà des dualités qui déterminent sa position culturelle.

C'est ce qui se passe, en effet, dans la scène de l'interprétation simultanée au colloque sur la neutralité à Stockholm dans le récit de Khatibi. Dans sa cabine transparente – telle une parenthèse de l'arrêt du jugement – Gérard Namir adopte lui-même une stratégie neutre et s'applique à la discrétion professionnelle dans un va-et-vient impassible : « Je suis successivement moi-même, l'autre, et de nouveau moi-même, entre la vitesse et la parole, la vitesse et le silence. Dès que je suis excité, je me calme. » (Khatibi, 1990a : 49). Pour le traducteur maghrébin l'usage d'une tierce langue signifie la suspension des oppositions binaires et d'un choix impossible : linguistique, émotionnel, identitaire. À travers cette activité, la différence culturelle est articulée hors du paradigme conflictuel, comme Oscillation, elle aussi figure du Neutre réhabilitée par Barthes : « l'oscillation, l'hésitation, l'alternance [...] accomplissent un temps vibré » et sont des moyens d'arriver à la justesse et à l'authenticité dans le rapport aux autres et à soi-même (Barthes, 2002 : 174).

Le climat et l'anthropologie

Les ingrédients obligés de l'imaginaire du Nord, comme la neige et le froid, sont également interprétés comme manifestations du Neutre et ont partie liée avec le silence selon la même logique discursive que Vincent Fournier a repérée dans les récits de voyage du XIXe siècle et qui consiste à construire l'être scandinave à l'image de son milieu naturel dont il serait le produit et l'émanation. Le froid et la neige mettent la sourdine sur les expressions de la subjectivité et les élans de sensibilité : « De cette rue me parvenait un murmure froid, telle une voix ouatée de neige » (Khatibi, 1990a : 45), note le flâneur citadin de Khatibi qui admire le « calme neutre » (Khatibi, 1990a : 143) propice au recueillement et l' « ambiance translucide » (Khatibi, 1990a : 89) de Stockholm. Qualités qu'il attribue justement à la vertu de la neige qui « accorde à l'homme, cet homme, un extraordinaire désir de transparence » (Khatibi, 1990a : 58). D'où le rêve « de se sentir transfiguré par la nature et ses anciens esprits, tel une sculpture runique, polie par les vents enneigés » (ibid.). Aussi, le moment culminant de son parcours initiatique sera-t-il celui d'une « extase froide » (Khatibi, 1990a : 59) qui lui permettra de transcender l'opposition entre la rationalité froide occidentale (représentée dans le livre par Descartes mort de froid à Stockholm) et la spiritualité mystique ardente faisant partie de son héritage musulman. Une révélation en accord avec « la beauté de ce pays silencieux » et « pensif », où les gens semblent « assis dans un temple », dans « un effort de concentration sur soi, selon un rite de dévotion énigmatique » (Khatibi, 1990a : 23, 26).

L'idée d'une spiritualité non-dogmatique, qui n'exclut ni la modernité ni un fonctionnement rationnel de la société, se retrouve également dans le récit de Ben Jelloun dont le héros est enthousiaste devant la perspective de quitter un Maroc, où il a connu la montée de l'intégrisme religieux et la persécution de l'opposition, pour aller en Suède. « J'allais vivre dans un autre monde, un univers étrange et passionnant, une société minée par l'angoisse métaphysique, mais une société éminemment évoluée » (Ben Jelloun, 2004 : 108–109), se disait-il.

Bergman médiateur

Il est intéressant de constater qu'à la source de cette représentation, il y a chez les deux auteurs marocains (et chez leurs personnages) les premiers films d'Ingmar Bergman dont ils s'étaient régalés dans les années soixante-dix avant même de visiter la Suède[7]. Pour ses admirateurs franco-marocains, Bergman devient le passeur vers un univers du silence (titre de son film de 1963) et son cinéma véhicule l'image d'« un mode de vie particulier : *la passion d'effacer les traces* », qui serait le sens profond du mot « neutralité », selon l'interprétation khatibienne (Khatibi, 1990a : 58, italique de l'auteur). Comme mode de vie et comme disposition naturelle, la neutralité se manifeste sur des plans divers de la vie collective et individuelle : « dans la mobilisation sociale, dans la différence entre les sexes, âges, groupes, quartiers, professions, sans oublier le cérémonial, le goût pour les rites de passage et les offrandes des fleurs avec des larmes retenues » (Khatibi, 1990a : 88) [8]. On retrouve dans cette énumération proposée par le narrateur d'*Un été à Stockholm* plusieurs autres traits du Neutre étudiés par Barthes (dont Khatibi connaissait bien les travaux) : Retenue, Non-palmarès, Androgyne, rite comme dispositif de régulation dans l'ordre affectif (Barthes, 2002 : 163). Le médecin marocain dans *Le dernier ami* les relève également, d'une manière tout aussi explicite : « Le silence et la blancheur de la peau, les yeux clairs et le regard distant, le geste précis et rare, la politesse systématique, le respect des règles », « [p]as de tapes dans le dos, ni d'embrassades », « chaque individu a autant d'importance qu'un autre » (Ben Jelloun, 2004 : 108–109).

Utopie ambiguë revisitée

On pourrait multiplier les citations qui situent dans l'espace-temps scandinave le royaume du Neutre (modéré, bienveillant, adouci, etc.), sur les plans, interchangeables, de la nature, de l'ethnotype, de l'organisation sociale et politique. La réalisation historique du Neutre, dont la Suède serait le lieu exemplaire, fait apparaître en creux (chez Khatibi) ou explicitement (chez Ben Jelloun) l'anti-Neutre de leur société d'origine : arrogance du pouvoir, violation des droits de l'homme, hiérarchies artificielles, anarchie quotidienne. Le personnage du *Dernier ami* le formule ainsi : « [...] je regardais ce pays avec mes yeux de Marocain et de médecin qui avaient tant souffert du manque de respect de la personne et du manque de rigueur d'une société qui ne fait que s'arranger » (Ben Jelloun, 2004 : 108).

En tant qu'objet de désir et moyen de critique, le modèle suédois relève clairement de l'utopie dans l'écriture romanesque maghrébine. Désigné souvent comme un là-bas indéfini, comme un univers étrange, ou encore comme un espace des limites ultimes, du jour et nuit confondus, incolore et inodore, ne produisant même pas de poussière, un pays où les gens se nourrissent de peu et mangent froid (Ben Jelloun, 2004 : 110), ce monde dématérialisé apparaît dans un éloignement quasi-mythique renforcé par le fantasme insulaire omniprésent. Le double narratif de Khatibi, qui séjourne sur l'île de Skeppsholmen au cœur de la capitale suédoise, s'imagine être dans un : « [s]ite inspiré en quelque sorte par une féerie luthérienne rigoureuse, mise sous glace » (Khatibi, 1990a : 37). Le quartier de la vieille ville, par sa situation isolée (« blottie sur une île »), interstitielle et mouvante (« ville entre les ponts » qui « est un récit de voyage », Khatibi, 1990a : 87), devient à son tour la métaphore spatiale d'un entre-deux existentiel et culturel riche de promesses initiatiques. Les significations analogues de temps suspendu et de jouissance autarcique, propres au fantasme utopique, réapparaissent aussi dans le motif de la fête de *midsommar* sur une île de l'archipel.

La Suède est une société fascinante, certes, mais reste pour les voyageurs maghrébins un ailleurs impossible. C'est pourquoi, une fois leur initiation achevée, ils quittent le paradis enneigé pour retrouver une temporalité historique. L'enthousiasme initial de l'exilé de Tanger tourne en mal du pays : « C'est idiot, mais ce qui me manquait le plus, c'étaient des choses qui m'énervaient comme le bruit des voisins, les cris des vendeurs ambulants, les pannes d'ascenseur [...] me manquait aussi la poussière » (Ben Jelloun, 2004 : 109). Sans que jamais diminue son admiration pour « ce pays magnifique » (120) et ses habitants qui sont, dit-il, « de vrais musulmans bons, généreux, solidaires » (120) ; il retourne cependant mourir au pays, à cause des cimetières peut-être, qui dans le Nord sont « froid(s), rangé(s), triste(s) » (147).

Dans la diégèse, le déplacement vers le Nord, tout en étant un éblouissement, s'associe souvent pour les voyageurs maghrébins à une expérience de l'échec ou de la perte (de la santé, de l'amitié, de la famille) qui change le fonctionnement textuel des figures du Neutre. Dans le récit de Ben Jelloun, c'est par délicatesse[9] que Mamed, parti travailler en Suède, tait à son meilleur ami qu'il est atteint d'un cancer dangereux. Le silence et la discrétion – manifestations du Neutre qui esquive l'assertion – deviennent mensonge et détruisent leur relation. À Stockholm, sous le choc du diagnostic qu'il vient de recevoir, l'homme entre dans un bar et se confie à un inconnu qui lève son verre sans un mot de réconfort. Mamed apprécie d'une certaine façon ce geste de délicatesse qui évite de réduire le chagrin de l'autre « à un cas qui relève[rait] très normalement d'une explication ou d'une classification générale » (Barthes, 2002 : 67), mais c'est à Tanger qu'il trouvera apaisement, auprès de son vieux père qui lui explique que la Suède est un modèle encore lointain.

Dans *Un été à Stockholm*, le thème de l'ambiguïté du Neutre est annoncé dès le début du récit à travers le discours sur la neutralité traduit en simultané par le narrateur au cours d'une conférence internationale. Tout en exposant les avantages de la neutralité politique, l'orateur se demande s'il est possible de « tout neutraliser – la guerre et la paix, les sexes, les classes, les familles, les excès de la consommation, de la pollution et de la pauvreté ? » (Khatibi, 1990a : 57). L'idylle scandinave en tant que laboratoire d'un projet utopique et ambigu se dévoile dans le dernier chapitre qui peut être lu comme une vision d'avenir effrayante. Il évoque notamment la vie d'une famille solitaire et alcoolique, dont l'existence parfaitement réglée dans « un foyer de cristal » (Khatibi, 1990a : 161) en banlieue de Stockholm, avec une assurance sociale jusqu'à la fin des temps » (Khatibi, 1990a : 167), ressemble à un hivernage dans un silence glacial, où l'on vit et meurt par procuration devant la télévision. Toutes les manifestations du Neutre : la neige qui estompe le bruit, le froid qui modère les tensions sociales, le silence pyrrhonien, basculent alors dans une étrange dystopie postmoderne[10]. L'année même de la parution d'*Un été à Stockholm* Khatibi a employé, dans un entretien avec Ben Jelloun, le concept du « neutre » d'une façon qui éclaire cette ambiguïté, sinon cette contradiction. Discutant la technique dans le contexte global, il se demande : « va-t-elle libérer le monde de toute théologie, ou au contraire, va-t-elle permettre un servage [...], sous la suprématie de nouvelles totalités non moins absolues : l'État omnipuissant, la technocratie, le neutre. » Et il insiste par la suite sur ce dernier terme précisément, pour lui donner une acception fort différente de celle que lui conférait Barthes :

> Oui, le neutre comme triomphe d'une impersonnalité monumentale effaçant jusqu'au corps sensible de l'homme et jusqu'à ses sensations les plus intimes : oui, le neutre comme existence d'une classe universelle amorphe,

asservie aux problèmes de la consommation et de la survie, le neutre comme dévastation lente et lentement illimité de l'homme ; voilà ce qui nous attend peut-être. (Khatibi, 1990b : 118).

Conclusion

Force est de constater que la représentation de l'espace scandinave qui se dégage des textes littéraires franco-maghrébins convoqués a des points de contacts avec celle que Fournier a dégagée chez les voyageurs-essayistes français de la fin du millénaire précédent. Les contenus et les enjeux ne sont évidemment pas les mêmes dans l'écriture postcoloniale à l'ère de la mondialisation. Il ne s'agit plus d'une utopie régressive teintée de rousseauisme, ni de synthèse du primitif et du social fantasmée dans le cadre d'une pensée de l'exotisme et du nationalisme montant. Bien au contraire, le détour par le Nord conduit les narrateurs homodiégétiques et étrangers professionnels[11] à la reformulation de l'identité individuelle et à la prise de conscience de leur extranéité, de la part « la moins méditerranéenne » (Khatibi, 1999 : 49) de leur mémoire. L'espace suédois configuré comme neutre devient ainsi l'équivalent imaginaire du Tiers espace comme moyen de « se libérer du cercle vicieux de la dialectique coloniale » (Scharfman, 1990 : 74) qui pour l'intellectuel francophone ne finit pas avec la décolonisation. Comme le dit Ronnie Scharfman : « [l]'idéal est de la dépasser entièrement, tout en reconnaissant une ambivalence foncière qui laissera toujours des traces. » (Scharfman, 1990 : 74). Le Nord neutre pourrait bien traduire cet idéal et cette ambivalence et dans ce sens représenter un nouvel avatar de l'utopie ambiguë, construite toujours à travers la rhétorique de l'échange entre la nature et l'homme, le paysage et la société, les espaces du dehors et du dedans.

Notes

1. On peut consulter à ce sujet Dubar, M. & Moura, J.-M. (éd.) (2000), *Le Nord, latitudes imaginaires*. Presses de l'Université Charles-de-Gaulle-Lille 3, coll. « UL3 travaux et recherches » ; Fournier V. (2001), *Le voyage en Scandinavie : anthologie de voyageurs 1627–1914*. Paris : Laffont, coll. « Bouquins » et Andersson, K. (éd.) (2004–2007), *L'image du Nord chez Stendhal et les Romantiques* I-IV. Örebro Universitetsbibliotek, coll. « Humanistica Oerebroensia. Artes et linguæ ».

2. Aux titres qui figurent dans la bibliographie, il faut ajouter *Le sommeil d'Ève* de 1989.

3. Nous réservons la majuscule à cette forme substantivée uniquement. Dans les citations, l'orthographe originale sera évidemment respectée.

4. Dans ce volume, l'article de Jean-François Battail est consacré à l'archéologie de ces représentations.

5. Selon son propre aveu dans *La langue de l'autre*, la question de la neutralité politique passionnait Khatibi : « mon texte a misé sur l'adhésion de la Suède à l'Union Européenne, trois ans avant que ce soit fait. [...] [J]'ai étudié avec maints détails le paradoxe de la neutralité. C'est une chose incompréhensible pour la plupart des États, sinon des peuples. Un pays en paix perpétuelle, est-ce possible ? Que signifie cette neutralité absolue ? » (Khatibi, 1999 : 84). Sur la neutralité comme stratégie énonciative d'effacement des traces culturelles chez Khatibi, cf. Moustir (2013).

6. Aussi la narratrice de l'*Infante maure* de Mohammed Dib affirme que « les lacs [de la Finlande] c'est du silence fait eau, lumière », alors que la montagne, emblématique du paysage familier de son père maghrébin, « c'est un grand bruit énorme » (Dib, 1994 : 171). Lorsqu'elle cherche la réconciliation de ces deux territoires entre lesquels elle est déchirée, c'est toujours au silence qu'elle se réfère : « La neige produit le silence, le sable aussi produit le silence » (Dib, 1994 : 151). Cf. Bonn (2002).

7. Khatibi avoue d'ailleurs avoir conçu son roman en sous-titrant en français les films de Bergman : « Je sous-titrais les dialogues et les visions, les voix de cette langue étrangère [...], dans le respect de son timbre, son rythme, son silence, dans cette impression inoubliée de la neige par laquelle la passion d'effacer des traces me brûlait les mains » (Khatibi, 1999 : 64).

8. Allusion probable aux réactions à l'assassinat d'Olof Palme en 1986.

9. La délicatesse est une des figures du Neutre analysées par Barthes qui résume : « J'appellerai volontiers le refus non violent de la réduction, l'esquive de la généralité par des conduites inventives, inattendues, non paradigmatisables, la fuite élégante et discrète devant le dogmatisme, bref le principe de délicatesse, je l'appellerai en dernière instance : la douceur. » (Barthes, 2002 : 66).

10. Elle n'est pas sans rappeler la vision de Mohammed Dib dans ses *Terrasses d'Orsol* dont le héros erre à travers une ville vaguement scandinave, moderne et opulente, mais hantée par la présence d'une fosse innommable où grouillent de monstrueuses créatures, exclues de la cité idéale.

11. Gérard Namir, à l'instar de son créateur, se voit comme un « voyageur professionnel qui veut traverser les frontières avec une souplesse d'esprit » (Khatibi, 1990a : 9).

Bibliographie

Barthes, R. (2002), *Le Neutre. Notes de cours au Collège de France 1977–1978,* texte établi, annoté et présenté par Clerc, T. Paris : Seuil/IMEC.

Ben Jelloun, T. (2004), *Le dernier ami.* Paris : Seuil.

Bhabha, H. K. (2007), [1994], *Les lieux de la culture. Une théorie postcoloniale* (trad. de l'anglais par Bouillot, F). Paris : Payot.

Bonn, C. (2002), « La steppe, le désert, la neige : fonctions de l'absence », in Khadda, N. (éd.), *Mohammed Dib 50 ans d'écriture.* Université de Montpellier III. Disponible en ligne : http://www.limag.com/Textes/Bonn/DibDesertNaget.htm

Dib, M. (1985), *Terrasses d'Orsol.* Paris, Sindbad.

— (1990), *Neiges de marbre.* Paris : Sindbad.

— (1994), *L'infante maure.* Paris : Albin Michel.

Fournier, V. (1989), *L'utopie ambiguë. La Suède et la Norvège chez les voyageurs et essayistes français (1882–1914).* Clermont-Ferrand : Adosa.

Khatibi, A. (1971), *La mémoire tatouée.* Paris : Denoël.

— (1990a), *Un été à Stockholm.* Paris : Flammarion.

— (1990b), « Entretien avec Tahar Ben Jelloun », in Cheng, F. et al., *Abdelkebir Khatibi.* Rabat : Édition Okad : 115-126.

— (1999), *La langue de l'autre.* New York-Tunis : Éditions Les Mains Secrètes.

Moustir, H. (2013), « De l'intersémiotique au neutre narratif et identitaire dans l'œuvre romanesque de Khatibi », in *Expressions maghrébines (*vol.12), 1 : 19–37.

Scharfman, R. (1990), « Autobiographie maghrébine : *La Mémoire Tatouée* de Abdelkébir Khatibi » in Cheng, F et al. *Abdelkebir Khatibi.* Rabat : Édition Okad : 61–76.

Le regard suédois sur les femmes écrivains de la francophonie

Ylva Lindberg
Université de Jönköping

L'Afrique au féminin

Cette étude est consacrée aux femmes écrivains désignées en Suède comme issues de la francophonie subsaharienne. Le choix de cette écriture féminine est doublement intéressante, car les femmes ont dû se battre autant contre les normes patriarcales leur interdisant de prendre la parole par la plume, que contre les normes raciales interdisant aux noirs de s'élever au niveau intellectuel des blancs (Coly, 2010 : 125). À cette lutte entre les races s'ajoute l'histoire de l'esclavage, sans commune mesure avec les abus d'autres peuples dans le monde. À en croire Stefan Helgesson, qui a mené plusieurs projets sur la *world literature*[1] sous les auspices du post-colonialisme[2], l'écriture féminine du continent africain noir s'est lentement frayée un chemin vers le public à partir des années 1980 jusqu'à nos jours. Selon lui, ce n'est qu'autour de 2005 que l'histoire du post-colonialisme racontée par les femmes en Afrique noire a véritablement été accessible en suédois (Helgesson, 2007). Sans prétendre à ce que toute littérature féminine et francophone de l'Afrique sub-saharienne porte des empreintes postcoloniales, nous allons voir que cette perspective influe sur la réception suédoise, telle qu'elle se présente dans la presse journalistique et dans les revues. En étudiant comment les critiques en Suède commentent et interprètent les œuvres et les auteurs de notre corpus, nous espérons mettre en lumière les pratiques de labellisation dans la diffusion mondiale des lettres.

Nous avons restreint le corpus aux auteures nées après 1960. Ces générations sont ancrées dans la diversité culturelle et linguistique du XXIᵉ siècle et font montre d'approches distancées et personnalisées de l'histoire de l'indépendance de l'Afrique noire. Par conséquent, leur

How to cite this book chapter:
Lindberg, Y. 2015. Le regard suédois sur les femmes écrivains de la francophonie. In: Cedergren, M. et Briens, S. (eds.) *Médiations interculturelles entre la France et la Suède. Trajectoires et circulations de 1945 à nos jours.* Pp. 44–55. Stockholm: Stockholm University Press. DOI: http://dx.doi.org/10.16993/bad.e. License: CC-BY

littérature n'est ni au service du colonisé ni du colonisant, pas plus qu'elle ne sert nécessairement d'« arme contre le néocolonialisme ou l'impérialisme français » (Coste, 2010). Sans apparentes similitudes entre elles, ces auteures sont plutôt les disciples de Maryse Condé, laquelle refusa de se laisser enfermer dans l'exaltation d'« un monde noir » (ibid.).

La cartographie de Världslitteratur.se

Ces dernières années en Suède se démarquent par un intérêt croissant pour la *world literature* (Le Bris & Rouaud, 2007), c'est-à-dire pour une littérature issue d'autres horizons que ceux de l'Europe et des États-Unis (Lindberg, 2010). En 2012, le site Världslitteratur.se est lancé afin de mettre en avant la littérature mondiale traduite en suédois, plus précisément de l'Afrique, de l'Asie et de l'Amérique latine. Le site est administré et financé par *Världsbiblioteket* [la Bibliothèque mondiale], qui loge à *Solidaritetsrörelsens hus* [la Maison du mouvement de solidarité] à Stockholm. Son but non-lucratif consiste en une construction progressive d'une base de données conceptualisée pour les lecteurs à la recherche d'inspiration, mais aussi à fournir de l'information aux enseignants et aux maisons d'édition qui aspirent à développer des perspectives mondiales dans leurs activités. Le préambule de Världslitteratur.se fut Macondo.nu dont le contenu et les aspects formels ont été élaborés par plusieurs partenaires, entre autres par la maison d'édition Tranan, mais aussi par les usagers intéressés eux-mêmes.

Le site affiche une carte du monde où le navigateur peut faire des recherches d'auteur et de titre par pays (Lindberg, 2010). Comme ce site a eu un impact considérable sur la transmission en Suède de la littérature extra-européenne (Lindberg, 2010), notre corpus s'appuiera sur ce dispositif accessible au grand public. Världslitteratur.se fait figurer six femmes écrivains, nées après 1960 et situées en Afrique subsaharienne. Il s'agit de Calixthe Beyala et Léonora Miano au Cameroun, Fatou Diome et Marie NDiaye au Sénégal, Bessora au Gabon et, finalement, Nathacha Appanah à l'île Maurice. Dans l'objectif de dévoiler quels critères prévalent dans l'interprétation des auteurs de notre corpus et de leurs œuvres, nous allons procéder à l'analyse de la critique dans la presse journalistique et dans les revues liées aux traductions en suédois de cette littérature catégorisée comme africaine et sub-saharienne sur le site Världslitteratur.se L'analyse inclut 10 textes, publiés entre 2003 et 2013, tandis que le site en répertorie 11 selon le tableau ci-dessous. Le

Tableau 1.

Auteur	Titre original	Titre suédois	Maison d'édition
Calixthe Beyala	*Les Arbres en parlent encore* Albin Michel (2002) *Les Honneurs perdus* Albin Michel (1996)	*Ännu talar träden* (2003) *Vår förlorande heder* (2004)	Leopard
Léonora Miano	*Ces âmes chagrines* Plon (2011) *Contours du jour qui vient* Plon (2006)	*Sorgsna själar* (2013) *Konturer av den dag som nalkas* (2008)	Sekwa
Fatou Diome	*Le ventre de l'Atlantique* Anne Carrière (2003) *Le vieil homme et la barque* Naïve (nouvelle, 2010)	*Atlantens mage* (2010) *Den gamle och båten* (2011)	Sekwa *Karavan* (revue)
Marie NDiaye	*Mon cœur à l'étroit* Gallimard (2007) *Trois femmes puissantes* Gallimard (2009) *Ladivine* Gallimard (2013)	*Mitt instängda hjärta* (2012) *Tre starka kvinnor* (2010) *Ladivine* (septembre 2014)	Natur och Kultur
Bessora	*Petroleum* Denoël (2004)	*Petroleum* (2012)	Tranan
Natacha Appanah	*Le Dernier frère* Éditions L'Olivier (2007)	*Den siste brodern* (2010)	Elisabeth Grate

roman *Ladivine* par Marie NDiaye n'a pas été pris en compte lors de la réalisation de l'étude, puisqu'il n'était pas encore publié en suédois. Toutefois, son affichage précoce sur le site signale que les professionnels du livre se servent activement de Världslitteratur.se pour diffuser de l'information.

En comparant les pays scandinaves, il s'avère que le marché du livre suédois est unique, permettant la viabilité d'un certain nombre de petites maisons d'édition spécialisées (Lindberg, 2010 : 175). Cet atout est renforcé par le prix Nobel qui incite à la traduction en suédois dans le but d'attirer l'attention, d'avoir une chance d'être nominé et par la suite mondialement diffusé[3]. Par ailleurs, une comparaison avec les Pays-Bas, c'est-à-dire un petit pays en Europe comparable avec la Suède, indique que la Suède accueille plutôt bien la littérature francophone. En parcourant les catalogues des bibliothèques nationales des pays respectifs, il s'avère que le même nombre de titres des auteures Beyala, Diome et NDiaye existent en traduction suédoise et néerlandaise, tandis que Bessora est introuvable en néerlandais. Si deux titres d'Appanah sont traduits en néerlandais, un seul de ses romans est accessible en suédois. Finalement, trois titres de Miano sont traduits en suédois contre un seul en néerlandais. La Suède signale ainsi une légère avance sur les Pays-Bas, une tendance qui pourrait être retracée à l'an 2005 environ, où l'on constate des activités éditoriales soulignant un intérêt croissant dans le domaine de la *world literature*. Il n'en reste pas moins que la littérature sub-saharienne de langue française traduite en suédois constitue une toute petite part de l'ensemble de la littérature africaine en traduction suédoise, à savoir une vingtaine d'auteurs. Même en incluant les pays de l'Afrique du Nord, tels que l'Algérie, la Tunisie et le Maroc, qui affichent ensemble environ 30 auteurs francophones sur la carte du site Världslitteratur.se, le taux de représentativité reste modeste par rapport à la littérature traduite des pays sub-sahariens anglophones. En effet, le Nigéria et l'Afrique du Sud recensent à eux seuls 80 auteurs sur le site en question.

Les consécrations internationales en cours

NDiaye se différencie des autres auteures, car elle est la seule à avoir reçu le prix Goncourt, c'est-à-dire l'équivalent français du prix Pulitzer en Angleterre, incarnant la reconnaissance littéraire la plus haute à une échelle nationale (English, 2005 : 17 et Määttä, 2010). De cette manière, NDiaye a pu bonifier son « capital littéraire » (Casanova, 1999 : 28) et asseoir sa crédibilité dans la perspective de faire son entrée dans la littérature consacrée. Beyala se rapproche de NDiaye, car elle a également reçu un prix prestigieux, à savoir celui de l'Académie française[4]. Leur consécration en cours se manifeste par l'intégration de leurs biographies dans la publication *Dictionnaire littéraire de femmes de langue française : de Marie de France à Marie NDiaye* (1996)[5]. Or, les prix littéraires, tels que Goncourt et Pulitzer, ne sont pas seulement une manière de consolider une littérature nationale, mais incitent également à la traduction et à la mondialisation des auteurs ainsi célébrés (Roberts, 2011). Cette avance sur le marché de NDiaye et de Beyala par rapport aux autres auteurs du corpus est indiquée, dans le premier cas par des traductions finnoises de NDiaye, dans le deuxième cas par les chiffres de vente en Suède (Lindberg, 2010 : 173).

La littérature est un moyen efficace pour représenter une identité nationale et pour promouvoir celle-ci dans le monde (Casanova, 1999 : 152). Toutefois, Roberts montre la confusion dans le sillon de cette pratique de nomination, au moment où les lauréats se caractérisent par leur cosmopolitisme et leurs origines multiples ou seulement étrangères[6]. À cet égard, il est nécessaire de rappeler que NDiaye est le seul auteur du corpus à être née en France. Son nom et sa couleur de peau révèlent certainement des origines qui ne la rattachent pas au premier abord à cette patrie, mais ne l'empêchent pas non plus d'être entièrement de culture et de langue française. Les œuvres du corpus et les maisons d'édition qui les diffusent signalent cette confusion entre « monde » et « nation », car, d'une part, les labels Tranan et Leopard représentent la transmission des littératures d'autres continents de la sphère euro-américaine, d'autre part, Sekwa et Elisabeth Grate affichent un profil francophile, visant à diffuser la littérature francophone et contemporaine, telle qu'elle est présentée par Dominique Viart et Bruno Vercier dans *La littérature française au présent* (2008).

Ce n'est pas nouveau que la littérature soit interprétée et employée dans un but précis. Par conséquent, les commentaires suédois des œuvres de notre corpus nous aideront à mieux « comprendre le rôle de la critique comme créatrice de valeur littéraire » (Casanova, 1999 : 36), plus précisément les valeurs portées à la littérature francophone et française.

La critique s'exprime

Les comptes rendus dans la presse et les reportages sont principalement réunis au moyen des bases de données Media Retriever et Artikelsök, qui recoupent la plupart des quotidiens et revues en Suède. Excepté la presse journalière, nous avons inclus certaines revues littéraires et culturelles pertinentes pour la diffusion de la littérature-monde actuelle, notamment, *Karavan*, *Ord & Bild*, *Cora* et *Vi*. Sans prétendre à l'exhaustivité, le résultat est assez révélateur : Calixthe Beyala[7] — 30 postes ; Marie Ndiaye — 14 postes ; Léonora Miano — 15 postes ; Natacha Appanah — 6 postes ; Fatou Diome — 4 postes ; Bessora — 4 postes.

Beyala est sans conteste l'auteure la plus médiatisée du corpus. NDiaye et Miano ont également attiré l'attention de la critique, mais à

un bien moindre degré. Toutefois, il est intéressant de noter que ces dernières ont fait l'objet de plusieurs reportages assez intimes, qui portent
plutôt sur leur personnage d'écrivain que sur leurs œuvres. Il en est de
même pour Diome, à qui *Karavan* a consacré cinq pages pour décrire
ce que la journaliste Karin Elfving interprète comme « typique pour
la jeune génération d'écrivains africains » [nous traduisons][8], à savoir,
ayant une origine ex-coloniale et une identité et une vie entre l'Europe et l'Afrique. Ce profil correspond à *Karavan* qui se définit comme
« une revue littéraire en voyage entre les cultures » [nous traduisons].
L'aspect du cosmopolitisme est également mis en avant dans les reportages sur NDiaye dans *Helsingborgs Dagblad* et *Vi läser* (Josefsson,
2012 et Dehlén, 2011), dans lesquels est évoquée « l'affaire NDiaye »
et son refus de fidélité à la nation française, tout en soulignant un auteur qui n'a pas besoin de patrie pour écrire[9]. Ce même profil revient
dans les entretiens avec Miano où l'écrivain nomme une esthétique et
une attitude entre deux continents « l'âme afropéenne » (Börtz, 2008
et Irenius, 2008). Beyala, pour sa part, est connue depuis longtemps
pour sa manière d'employer ses attributs culturels des deux continents,
aussi bien pour sa littérature que pour se faire écouter dans la société
(Lindberg, 2010).

Compte tenu des approches de ces auteures, il faudrait céder aux évi-
dences que Mads Rosendhal Thomsen dissémine dans ses recherches, à
savoir la puissante influence de la *littérature migrante* sur la littérature
internationale, une tendance qui semble gouverner l'esprit de la critique
suédoise. Selon sa définition, il s'agit d'une littérature par des écrivains
dont les œuvres « not really belong to a specific national literature,
or at least they have often been so treated » (Rosendahl Thomsen,
2008 : 61). En d'autres termes, nous avons à faire à une construction
hybride de l'identité où l'ancrage dans une géographie spécifique est
annulé au profit du nomadisme, souvent urbain (Rosendahl Thomsen,
2013). Nous observons cette tendance le plus nettement dans l'œuvre
de Beyala, qui oscille entre l'occident et l'Afrique subsaharienne, ainsi
que chez Diome, qui concilie la géographie et la culture avant et après
le voyage vers l'Europe. Cette géographie hybride et globalisante forme
également la matière des œuvres de Miano, Bessora et Appanah. Selon
Rosendahl Thomsen, cette littérature migrante doit s'évertuer à maintenir une étrangeté limitée en tissant des liens avec la culture occidentale. Si le texte présente uniquement des référents étrangers et locaux,
sans représentations liées à une réalité familière, voire euro-américaine,
les lecteurs occidentaux sont moins incités à le lire et à le recevoir

(ibid.). Or, dans l'œuvre de NDiaye, cette oscillation entre terres locales et globales est réduite au seul roman *Trois femmes puissantes* dont deux des trois histoires se passent en Afrique. Ainsi, il est quelque peu étonnant de voir certains chercheurs et critiques associer l'auteure à, par exemple, Alain Mabanckou, Maryse Condé et Anna Moï dont les origines sont prononcées dans l'ensemble de leurs œuvres respectives (Migraine-George, 2013 : xv).

Dans la critique suédoise émergent des tendances contradictoires en cherchant à cerner cette littérature importée. En s'appuyant de prime abord sur les comptes rendus publiés dans *Helsingborgs Dagblad*, le seul quotidien qui s'est montré attentif à chaque écrivain du corpus, il s'avère que l'exotisme, l'authenticité, le colonialisme et la *world litera-ture* sont les mots d'ordre[10]. Dans ce contexte, Diome est le seul des écri-vains à être critiquée pour sa création romanesque médiocre. Comme dans le compte rendu de *Ces âmes chagrines* de Miano, la critique émet des réserves entre autres concernant son exotisme trop prononcé. Dans la critique d'Appanah cet exotisme est transformé en une authenticité approuvée, faisant appel à une branche des études postcoloniales qui souligne le local, les nouvelles identités nationales et des voix authen-tiques (Rosendahl Thomsen, 2013). Beyala et Bessora, pour leur part, sont louées pour leur perspective « mondialisante » lorsqu'elles s'éver-tuent de représenter le colonialisme et ses conséquences. La comparai-son entre le langage rocambolesque et caustique de Bessora avec celui de Beyala vient renforcer le lien entre ces auteures. La critique exprime ouvertement à l'égard de Beyala qu'« indépendante et confiante elle occupe une place dans le monde et dans la *world literature* » [nous tra-duisons][11]. Ce même jugement positif se manifeste également dans les propos concernant Bessora et Miano. Cette dernière est en outre asso-ciée à un des premiers romanciers européens dont l'œuvre est marquée par le colonialisme et la *world literature*, à savoir Joseph Conrad.

Il n'en reste pas moins que NDiaye n'y trouve pas sa place, car, tou-jours dans *Helsingborgs Dagblad*, elle est l'unique écrivain clairement associé à un canon littéraire occidental, notamment par les ressem-blances avec l'œuvre de Franz Kafka, à propos de son roman *Mon cœur à l'étroit*. De plus, dans *Karavan*, on souligne que NDiaye est dissociée de toute théorie postcoloniale prônant « le sujet nomade où l'existence en exil est une porte vers des possibilités transnationales et transcultu-relles » [c'est nous qui traduisons][12]. Par ailleurs, dans *Expressen*, Per Wirtén déplore le fait que le roman *Trois femmes puissantes* ait joui d'aussi peu d'attention en Suède, malgré le prix Goncourt. Peut-être ce désintérêt témoigne-t-il de l'image de la littérature francophone comme minoritaire, à l'écart des systèmes de consécration. Il se peut aussi que la réconciliation du francophone et du français innée de l'œuvre de NDiaye est inconcevable pour les critiques qui ne sauraient pas la commenter. En tout état de cause, Ingrid Elam ironise dans *Dagens Nyheter* autour de l'accueil parfois réducteur en Suède de NDiaye, en écrivant que c'est grâce au thème africain au Salon du Livre à Göteborg que le dernier roman de l'auteure sera traduit en suédois[13]. Elle continue en expliquant que « c'est une ironie historique : pour un écrivain français comme Marie NDiaye, le chemin vers le succès passe par le monde postcolonial qu'elle décrit et dont elle fait partie » [nous traduisons][14]. Ces propos signalent un certain effort de la part des critiques à vouloir rallier NDiaye à la tradition littéraire française. Kullberg voit même en NDiaye « le sauveur du roman moderne »[15] et l'héritière de Flaubert. La reconnaissance de NDiaye comme un écrivain français fait contraste avec la critique dans *Ord & Bild*, la revue culturelle la plus ancienne et une des plus prestigieuses en Suède, où Mikaela Lundahl, auteur de *Vad är en neger ? Negritude, essentialism, strategi* (2005), suggère que NDiaye s'inscrit avec *Trois femmes puissantes* dans une tradition africaine et qu'elle offre une image stéréotypée de la femme africaine souffrante.

Conclusion

La réception en Suède de ces six écrivains bien ancrés dans le monde d'édition en France tend à observer en premier l'écriture aux empreintes postcoloniales, tout en étant sensible à l'expression des liens et des mouvements entre plusieurs lieux géographiques et culturels. Ce type d'interprétation domine l'évaluation des critiques, qui, par moments, voient de la littérature africaine et postcoloniale là où on a plutôt à faire à une littérature « transculturelle » où plusieurs cultures ont voix au chapitre, tout en laissant à la culture et à la langue de l'écriture une place dominante[16]. Il n'est pas sans intérêt que NDiaye figure dans le corpus réuni sur le site Världslitteratur.se en tant que représentante du Sénégal. Les critiques avérés font montre d'un modeste scepticisme vis-à-vis de cette labellisation francophone et essaient d'y remédier en comparant son œuvre avec la littérature française canonisée. En effet, à travers les auteurs auxquels les critiques font référence pour décrire les œuvres de notre corpus, il est possible d'observer différentes formes de reconnaissance. Tantôt la critique fait valoir le canon européen ou français, tantôt le canon *world* ou africain sub-saharien. Cette pratique ne doit pas être interprétée comme post- ou néocoloniale. Il s'agit plutôt du besoin de comprendre une littérature par rapport à une norme, afin de saisir son sens et son esthétique. Ces six auteures intègrent clairement dans leurs œuvres un regard à la fois africain et européen, créant de cette manière une forme de littérature migrante diffusable dans le monde. Ce contexte ouvre de nouvelles perspectives pour étudier la littérature francophone, qui, de toute évidence, n'est pas une littérature marginale, comme le suggèrent les auteurs dans *Pour une littérature monde* (2007), mais plutôt une force pour freiner « le déclin de la littérature française » dans le monde (Le Bris & Rouaud, 2007 et Taylor, 2011).

Notes

1. Pour cette étude nous employons le terme *world literature* pour désigner la littérature qui circule dans le monde et dont la réception est notable. Voir Damrosch (2003).

2. Voir Helgesson, (1999, 2004 & 2008) et Lindberg-Wada & Helgesson (2006).

3. Voir Gunder (2011), Engdahl (2008) et D'haen, Domínguez, & Rosendahl Thomsen (2013).

4. Cette célébration de son roman *Les Honneurs perdus* (1996) a été suivie d'une contestation ferme, surtout de la part du critique Pierre Assouline accusant Beyala de plagiat (Hitchcott, 2006).

5. Les deux auteures ont eu autant d'espaces dans le dictionnaire, à savoir trois pages d'information (Makward & Cottenet-Hage, 1996).

6. Anthony Appiah exemplifie le dilemme de vouloir définir une identité nationale tout en reconnaissant ses origines pluriculturelles (Appiah, 2007 : 118 sq.).

7. Pour les articles sur Beyala, nous nous appuyons sur une recherche effectuée en 2010 (Lindberg, 2010).

8. « Hon kan betraktas som typisk för den yngre generationen afrikanska författare » (Elfving, 2011).

9. « L'affaire NDiaye » est rapportée dans la thèse de doctorat de Thérèse Migraine-George, qui reprend l'expression « cosmopolitanisme partiel » de K. A. Appiah pour définir une littérature qui exprime la jonction de plusieurs allégeances : culturelles, locales, nationales, communautaires, tout en faisant

montre d'une « loyauté vis-à-vis de toute l'humanité » [nous traduisons]. (Appiah, 2007 : xvi sq) et (Migraine-George, 2013: x).

10. Il est probablement significatif que Helsingborg est le fief de la maison d'édition Sekwa.

11. « [...]självständigt och självsäkert tar plats i världen och världslitteraturen ». *Helsingborgs Dagblad* (2003) : « Afrika sett med kvinnliga ögon ».

12. « [...] det nomadiska subjektet där tillvaron i exil ses som en dörr mot transnationella och transkulturella möjligheter ». (Kullberg, 2013)

13. Elam fait allusion au roman *Mon cœur à l'étroit* que tous les critiques ne semblent pas avoir intégré comme une publication antérieure à *Trois femmes puissantes*.

14. « En historisk ironi, vägen till uppmärksamhet för en fransk författare som Marie NDiaye går via den postkoloniala värld hon både beskriver och är en del av » (Elam, 2010).

15. « den moderna romanens räddare » (Kullberg, 2013).

16. Chirila, I. (2012), *La République réinventée: littératures transculturelles dans la France contemporaine*. Thèse de doctorat, Duke University.

Bibliographie

Appiah, K. A. (2007) [2006], *Cosmopolitanism. Ethics in a World of Strangers*. London : W. W. Norton.

Börtz, T. (2008), « Miano står för sin bild av Afrika ». Göteborgs-Posten, 3 décembre.

Casanova, P. (1999), *La République mondiale des Lettres*. Paris : Seuil.

Coly, A. A. (2010), *The Pull of Postcolonial Nationhood. Gender and Migration in Francophone African Literatures*. United Kingdom : Lexington Books.

Coste, C. (2010), « La France est-elle un pays francophone ? ». *Recherches & Travaux* 76 : 91–107.

Damrosch, D. (2003), *What is World Literature ?*. Princeton : Princeton University Press.

Dehlén, J. (2011), « Presidentens fiende ». *Vi läser* 5 : 55–59.

D'haen, T., Domínguez, C. & Rosendahl Thomsen, M. (éd.) (2013), *World Literature. A Reader*. New York : Routledge.

Elam, I. (2010), « Själens smärta ger djupa sår ». *Dagens Nyheter*, 3 juillet.

Elfving, K. (2011), « "Jag kan skriva allt jag vill på franska" ». *Karavan* 3 : 16–20.

Engdahl, H. (2008), « Canonization and World Literature », in Simonsen, K.-M. & Stougaard-Nielsen (éd.), *World Literature, World Culture. History, Theory, Analysis*. Aarhus : Aarhus UP : 195–214.

English, J. F. (2005), *The Economy of Prestige. Prizes, Awards and the Circulation of Cultural Value*. Cambridge, Mass. : Harvard University Press.

Fanon, F. (2002) [1961], *Les Damnés de la terre*. Paris : Découverte/Poche.

Gunder, A. (2011), « In the Wake of a Nobel Prize. On Modern Icelandic Literature in Swedish 1940–1969 », in Broomans, P. & Jiresch, E. (éd.), *The Invasion of Books in Peripheral Literary Fields. Transmitting Preferences and Images in Media, Networks and Translation*. Groningen : Barkhuis : 105–116.

Helgesson, S. (2007), « Afrikanska kvinnor stiger in i centrum ». *Dagens Nyheter*, 20 juin.

— (1999), *Sports of Culture. Writing the Resistant Subject in South Africa (readings of Ndebele, Gordimer, Coetzee)*. Thèse de doctorat, Uppsala : Uppsala University.

— (2004), *Writing in Crisis: Ethics and History in Gordimer, Ndebele and Coetzee*. Pietermaritzburg : University of Kwazulu : Natal Press.

— (2008), *Transnationalism in Southern African Literature : Modernists, Realists, and the Inequality of Print Culture*. London : Routledge.

Helsingborgs Dagblad (2003), « Afrika sett med kvinnliga ögon », 19 août.

Hitchcott, N. (2006), « Calixthe Beyala. Prizes, Plagiarism, and 'Authentity' ». *Research in African Literature* 37 (vol.1) : 100–109.

Irenius, L. (2008), « En afropeisk själ ». *Dagens Nyheter*, 18 octobre.

Josefsson, E. (2012), « Med skarp blick på dåligt samvete ». *Helsingborgs Dagblad*, 19 juin.

Kullberg, C. (2013), « Genialiskt om hemlösa nomaders utsatthet ». *Karavan* 1 : 79–80.

Le Bris, M. & Rouaud, J. (2007), *Pour une littérature-monde*. Paris : Gallimard.

Lindberg-Wada, G. & Helgesson, S. (éd.) (2006), *Literary History : Towards a Global Perspective (Vol. 4). Literary Interactions in the Modern World. 2*, Berlin, W. de Gruyter.

Lindberg, Y. (2010), « Calixthe Beyala chez les Scandinaves ». *Présences francophones* 75 : 167–186.

Lundahl, M. (2005), *Vad är en neger? Negritude, essentialism, strategi.* Göteborg : Glänta.

Makward, C. P. & Cottenet-Hage, M. (éd.) (1996), *Dictionnaire littéraire des femmes de langue française. De Marie de France à Marie Ndiaye.* Paris : Karthala.

Migraine-George, T. (2013), *From Francophonie to World Literature in French: Ethics, Poetics & Politics.* Thèse de doctorat, Lincoln : University of Nebraska Press.

Määttä, J. (2010), « Pengar, prestige, publicitet. Litterära Priser och utmärkelser i Sverige 1786–2009 ». *Samlaren* 131 : 232–329.

Roberts, G. (2011), *Prizing Literature. The Celebration and Circulation of National Culture.* Toronto University of Toronto Press.

Rosendahl Thomsen, M. (2008), *Mapping World Literature. International Canonization and Transnational Literatures.* London, New York : Continuum Literary Studies.

Rosendahl Thomsen, M. (2013), « Strangeness and World literature ». *CLCWeb : Comparative Literature and Culture* 15 (vol. 5) : article 18. Consulté le 28 septembre 2015, http://docs.lib.purdue.edu/cgi/viewcontent.cgi?article=2351&context=clcweb

Taylor, J. (2011), « Le déclin de la littérature française ? », in Viart, D. & Demanze, L. (éd.), *Fins de la littérature. Esthétiques et discours de la fin,* tome I. Paris : Armand Colin/Recherches : 161–170.

Viart, D. & Vercier, B. (2008) [2005], *La littérature française au présent.* Paris : Bordas.

PARTIE 2 :
LE RÔLE DES INSTITUTIONS ET DES ACTEURS DANS LA MÉDIATION CULTURELLE ET LITTÉRAIRE

L'importance de la culture française dans la vie culturelle et intellectuelle suédoise entre 1946 et 1995. Le cas du quotidien *Svenska Dagbladet* et la section *Under strecket*

Hans-Roland Johnsson
Université de Stockholm

Lors de la conférence *Médiations interculturelles, trajectoires et circulations entre la France et la Suède de 1945 à nos jours*, qui s'est déroulée à Stockholm en janvier 2014, maintes contributions ont démontré la diversité et la richesse de l'échange culturel entre la France et la Suède dans des domaines différents. Bien qu'il soit avéré que l'influence française sur la culture suédoise a joué un certain rôle, il est beaucoup plus difficile de la mesurer. Dans cet article, nous allons essayer de montrer que les articles sur la France et la culture française publiés dans la section *Under strecket* du quotidien *Svenska Dagbladet* peuvent nous servir de bon indicateur de l'impact de la culture française en Suède pendant les cinquante années après la deuxième guerre mondiale.

Les échanges culturels dans un monde dynamique

La culture d'un pays est rarement formée sans influences extérieures. Dans le monde moderne, les relations culturelles entre les pays sont complexes et se jouent normalement dans les deux directions simultanément, mais pas toujours dans les mêmes domaines ni au même degré d'intensité[1]. Voilà pourquoi l'échange culturel dans notre monde dynamique est un phénomène polyvalent. Il est pourtant difficile d'estimer l'importance de cet échange, puisqu'il s'agit souvent d'objets immatériels et plus abstraits que des marchandises qui sont enregistrées quand elles passent par la douane[2].

How to cite this book chapter:
Johnsson, H.-R. 2015. L'importance de la culture française dans la vie culturelle et intellectuelle suédoise entre 1946 et 1995. Le cas du quotidien *Svenska Dagbladet* et la section *Under strecket*. In: Cedergren, M. et Briens, S. (eds.) *Médiations interculturelles entre la France et la Suède. Trajectoires et circulations de 1945 à nos jours*. Pp. 59–78. Stockholm: Stockholm University Press. DOI: http://dx.doi.org/10.16993/bad.f. License: CC-BY

L'importation d'une notion philosophique, d'une œuvre littéraire, cinématique ou musicale, se fait aussi par un canal, un contact intermédiaire, et un importateur – mais on parle alors plutôt de *passeur* au lieu d'importateur [3], et de *transfert* plutôt que d'importation [4]. Ce passeur est aussi un observateur – il, ou elle, constate un phénomène (un livre, un auteur, un film, une notion philosophique etc.) sur la scène culturelle d'un autre pays et souhaite le faire connaître aussi au public de son propre pays.

L'intérêt pour la culture française en Suède

Au dix-huitième siècle, beaucoup de pays européens subirent l'influence de la culture française, ce qui eut des répercussions dans la société suédoise [5]. Même si l'enthousiasme pour tout ce qui était français diminua au cours du dix-neuvième siècle, la culture française fut toujours un point de référence important dans la culture suédoise [6]. Nous savons également qu'elle continua, d'une manière ou d'une autre, aussi bien avant qu'après la Seconde guerre mondiale, à jouer un rôle non-négligeable en Suède. Après 1945, elle pénétra par des voies multiples (des livres – surtout des traductions de livres de fiction – des articles dans des revues spécialisées ou dans les quotidiens [7], le cinéma, la télé, la radio, le tourisme ou les échanges commerciaux [8]).

Comment mesurer l'importance de la culture française en Suède ?

Quel a alors été l'impact global de la culture française dans la vie culturelle et intellectuelle en Suède entre 1946 et 1995, ou, plus précisément, quel a été l'intérêt suédois pour la culture française durant cette période ? Cette présence française dans la vie culturelle suédoise après la guerre est indéniable et facile à constater. Pourtant, dire que la culture française dans tel ou tel contexte a joué un rôle important ne signifie pas *a priori* qu'elle a joué *un très grand rôle*.

Globalement, quand on regarde de près l'offre culturelle dans un pays comme la Suède et quand on essaie d'en démêler les influences diverses (dans une perspective synchronique et diachronique), on obtient plutôt un mélange dont la composante française – bien qu'importante – est une composante parmi d'autres tout aussi ou encore plus importantes [9]. Comment peut-on alors soutenir l'hypothèse que la culture française a été une référence importante dans la vie culturelle et intellectuelle en

Suède ? Étant donné la diversité de la culture suédoise et son ouverture vers des influences venues de l'étranger, il n'est pas facile de déterminer à quel degré la culture française y a joué un rôle.

Pourtant, nous allons ici essayer de mesurer à quel point la culture française s'est imposée dans la culture suédoise après la guerre. Mesurer signifie donner des résultats chiffrés. Mesurer signifie aussi avoir un objet à mesurer. Cet objet doit, selon nous, remplir cinq critères :

(i)   D'abord, il faut qu'il représente la culture dans son sens le plus large, c'est-à-dire qu'il dépasse l'art, la littérature et d'autres manifestations culturelles pour englober les multiples facettes de la société. Cela signifie que l'objet étudié reflète aussi la politique, la discussion intellectuelle globale, la science, la religion, la philosophie et ainsi de suite.

(ii)   Il faut que l'objet soit stable/identique sur le plan temporel, c'est-à-dire il faut que ce soit le même objet qu'on étudie au début et à la fin de la période choisie.

(iii)   L'objet étudié doit être reconnu comme un vecteur culturel par le grand public intellectuel.

(iv)   L'objet doit refléter des domaines divers, selon (i.) ci-dessus, dans une perspective synchronique et diachronique.

(v)   Il faut aussi, pour terminer, que la période sur laquelle l'objet est étudié soit suffisamment longue pour (a) pouvoir inclure beaucoup d'observations, et pour (b) écarter le risque d'étudier un phénomène limité dans le temps.

Si l'on accepte ces critères, nous supposons que l'objet le plus propice à étudier est un grand quotidien dont la diffusion couvre la Suède entière. Des journaux d'un contenu plus général n'ont guère existé en Suède. Cependant, il est difficile, pour ne pas dire impossible, de bien prendre en compte, dans la perspective qui est ici la nôtre, des articles dans toutes les sections d'un quotidien, surtout quand la longueur des articles est différente et le nombre d'articles publiés chaque jour change d'un mois à un autre ou d'une année à une autre – l'objet étudié n'est alors pas stable mais plutôt flou et difficile à saisir dans sa totalité.

Svenska Dagbladet et la section *Under strecket*

Heureusement, il y a, selon nous, un objet qui répond à nos demandes. Il existe une sorte particulière d'articles que l'on retrouve dans le quotidien *Svenska Dagbladet* et qui s'appelle *Under strecket* (« Sous la ligne »).

Il s'agit d'un lieu unique dans la presse suédoise. C'est une partie d'une page du quotidien où se trouve un article ou, dans certains cas, un essai sur n'importe quel sujet culturel ou intellectuel, le plus souvent à l'occasion de la parution d'un livre dont la critique constitue l'article. Parmi les sujets abordés, on peut mentionner la littérature, l'art, le théâtre, la musique, l'architecture, l'histoire, la religion, la philosophie, la politique, le droit, l'économie, l'enseignement, la sociologie, la linguistique, les sciences naturelles, l'astronomie, la technique, l'informatique, la psychologie, la médecine, la santé, l'urbanisme, l'environnement, la nature, la géographie, et l'agriculture – tous présentés sous une forme destinée aux non-spécialistes mais tous basés sur une approche intellectuelle.

Ces catégories peuvent être sous-divisées (a) en articles dont le sujet est attaché à un pays autre que la Suède ; (b) en articles qui portent sur des sujets suédois ; (c) en articles qui traitent des sujets généraux sans que l'on puisse les attacher directement à un pays particulier. Le groupe (b) est le plus fréquent dans *Under strecket*.

C'est également l'article le plus long dans le quotidien. Le nombre de signes (espaces inclues) est normalement de 11 500 à 12 000 environ[10]. Il est toujours placé en bas de page. Dans notre corpus, il se retrouve dans la section culturelle (au-dessous des critiques) à partir de 1965. Il est graphiquement séparé des autres articles par une ligne transversale ou par d'autres moyens graphiques (voilà pourquoi cet endroit s'appelle « Sous la ligne »), donc il est facilement repérable[11].

L'article est souvent écrit par des personnalités connues dans la vie intellectuelle en Suède. Autre caractéristique qui le distingue des autres articles est le fait qu'il est accompagné d'une reproduction de la signature de son auteur.

Un article *Under strecket* est publié chaque jour où sort le Svenska Dagbladet (donc environ 353 articles *Under strecket* par an).

Nous supposons que le choix fait par la rédaction reflète la demande du lectorat. Le lecteur du *Svenska Dagbladet* représente alors approximativement le Suédois qui s'intéresse aux questions culturelles et intellectuelles[12], *Under strecket* fonctionnant ainsi comme une sorte de baromètre de l'intérêt des intellectuels suédois pour la vie culturelle et intellectuelle en Suède ou dans d'autres pays[13].

Les articles *Under strecket* qui portent sur la France

Si *Under strecket* réunit tous les aspects qui ont trait à la vie cultu-relle et intellectuelle, le nombre d'articles sur la France à cet endroit dans *Svenska Dagbladet* devrait être un bon indicateur de l'impact de la culture française en Suède ou, en d'autres mots, de l'intérêt apporté à la culture française par le grand public intellectuel.

Nous n'avons pas lieu de croire que *Svenska Dagbladet* entre 1946 et 1995 s'adresse à un public particulièrement francophone. Quotidien conservateur modéré, la culture française ne devait pas *a priori* peser davantage que la culture anglaise, allemande ou nordique.

Le nombre d'articles sur la France – sur un total d'environ 17 640 ar-ticles publiés *Under strecket* entre 1946 et 1995 – constitue notre corpus[14].

Dans ce qui suit, nous définissons un article comme un article sur la France s'il porte explicitement sur la France[15], par exemple s'il y est question d'un auteur/artiste français dont la production littéraire/artis-tique est à considérer comme une expression de la culture française ou si la production est ancrée dans la culture française[16].

Il arrive assez souvent qu'un article ne porte qu'« à moitié » sur un sujet français – par exemple si l'article traite de la relation entre Strindberg et Zola ; dans un tel cas, l'article n'est compté que comme un « demi-article » (valeur « 0,5 » et non valeur « 1 »)[17]. Un article dans lequel il est question d'un livre écrit par un Français sur un sujet général sans connexion directe avec la France ne fait pas partie de notre corpus. Dans certains cas, l'établissement du corpus entraîne des ques-tions épineuses, mais dans l'ensemble nous estimons que le tri a été fait d'une façon conséquente.

Étant donné la grande diversité de sujets possibles dans un article pu-blié *Under strecket*, sur quelle échelle évaluer la fréquence des articles sur la France ? Elle peut être mesurée d'une façon objective, chiffrée, mais il n'y a pas de critère fixe à l'aide duquel on peut objectivement l'évaluer. Il est évident, pour commencer, qu'un article chaque semaine est un chiffre impossible à atteindre – la concurrence des autres sujets est trop rude. Un article tous les quinze jours serait dans le contexte de *Under strecket* un excellent résultat. Un article par mois, par contre, serait un chiffre trop faible. Dans ce cas, on dira que l'intérêt pour la France est faible auprès des intellectuels suédois.

De fait, le chiffre pour la période 1946–1995 est de 1,9 article men-suel en moyenne – donc, presque un article sur la France tous les quinze jours – ce qui équivaut à 22,6 articles par an ou, pour la période dans sa totalité, plus de 1 130 articles. On peut alors – avec toute la prudence nécessaire – tirer la conclusion que l'intérêt chez les lecteurs intellectuels en Suède pour la France après la deuxième guerre mondiale a été élevé. Nous dirons même que la quantité d'articles publiés est étonnante vu le grand nombre de sujets que cette rubrique *Under strecket* peut embrasser.

Dans le graphique n°1, on voit que le nombre d'articles publiés est un peu moins élevé vers le début et vers la fin de la période. Pourtant, il n'y a pas de tendance claire sur la période prise dans sa totalité[18] ; l'intérêt semble être relativement stable avec des chiffres fluctuant autour de 22 articles par an[19].

Les articles et leur contenu

Si l'on regarde les sujets rangés dans le tableau n°1[20], on peut constater que les articles sur la littérature dominent : 44 pour cent des articles ont un sujet littéraire, bien que le nombre soit plus élevé pendant les premières que les dernières vingt-cinq années. Cette diminution est due à un chiffre moins important de contributions sur la littérature contemporaine[21], tandis que les articles qui portent sur la littérature non-contemporaine deviennent plus fréquents[22]. À partir de 1961, *Svenska Dagbladet* publie presque chaque année deux articles *Under strecket* sur la saison théâtrale à Paris, signés Kjell Strömberg. Après sa mort, en 1975, le nombre d'articles consacrés aux scènes parisiennes diminue sensiblement.[23]

L'augmentation du nombre d'articles dans le groupe « D'autres manifestations culturelles » est principalement due à un accroissement d'articles consacrés à la peinture française. L'augmentation des articles sous la rubrique « Histoire » est en partie imputable à un intérêt accru pour la Révolution française, occasionné par le bicentenaire en 1989.

Personnes mentionnées dans les articles

Notre étude n'est pas pertinente au niveau des individus[24]. Pourtant, si l'on accepte ce manque de pertinence il peut être intéressant d'indiquer les personnes qui font le plus souvent l'objet d'un article.

En inspectant le tableau n°2, on constate que de Gaulle l'emporte, et de loin, suivi de Proust et Camus[25]. Les noms de Gide et de Montherlant peuvent étonner, mais ils reflètent leur statut à cette époque après la guerre.

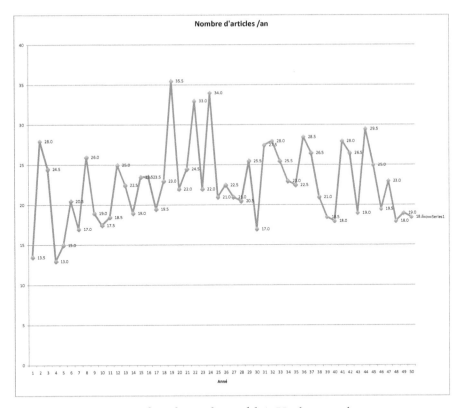

Graphique 1. *Le nombre d'articles publiés* Under strecket *ayant comme sujet la France pendant les années 1946–1995.*

Le bon résultat obtenu par Balzac est dû au nombre d'articles qui lui sont consacrés dans la deuxième moitié de la période, tandis que l'intérêt pour Proust se maintient au même niveau à travers la période dans sa totalité.

On pourrait dire, pour résumer le contenu de ce tableau, que pendant la première moitié de la période ce sont des personnages contemporains qui tiennent le haut du pavé, tandis que des personnes déjà entrées dans l'Histoire retiennent l'attention pendant la deuxième période.

Qui écrit les articles *Under strecket* ?

Qui sont les auteurs de ces articles ? Deux groupes se distinguent : (a) ceux qui sont surtout des spécialistes de la France et de la culture française et qui écrivent peu d'articles sur d'autres sujets ; (b) ceux qui ont un éventail plus large et qui écrivent des articles sur plusieurs sujets, pas

Tableau 1. *Sujets des articles* Under strecket

	Litt. contemporaine	Litt. non-contemporaine	Théâtre	Litt. Tot.	D'autres manifést. culturelles	Politique	Reportage	Histoire	Religion	D'autres sujets	Total	litt/ tot %
46–50	17	10	7.5	34.5	15	6	15.5	7.5	4	13	95.5	0.36
51–55	24	15	6	45	15	13	6	6	7	7	99	0.45
56–60	38	21	3.5	62.5	8.5	15	7	7	4.5	4	108.5	0.58
61–65	21	23	15.5	59.5	10.5	7	21	12	7.5	5.5	123	0.48
66–70	20	31	9	60	7.5	11	18.5	25.5	1	11	134.5	0.45
46–70	120	100	41.5	261.5	56.5	52	68	58	24	40.5	560.5	0.47
71–75	8	22.5	11.5	42	7	4	25.5	16	3	9	106.5	0.39
76–80	9	34	5	48	14	11.5	21	11.5	5	15.5	126.5	0.38
81–85	20	28	5	53	31	6	7	4.5	1	10	112.5	0.47
86–90	20	22	8.5	50.5	15	7	6	29.5	1.5	18.5	128	0.39
91–95	15	23	1.5	39.5	15.5	14.5	5	9	1	13.5	98	0.40
71–95	72	129.5	31.5	233	82.5	43	64.5	70.5	11.5	66.5	571.5	0.41
46–95	192	229.5	73	494.5	139	95	132.5	128.5	35.5	107	1132	0.44

Tableau 2. *Personnages les plus fréquents dans* Under strecket

	de Gaulle	Proust	Camus	Balzac	Sartre	de Beauvoir	Gide	Baudelaire	Montherlant	Malraux
46–50	3	0	3	1	2	0	5	1	2	
51–55	1	3	3		0	2	3		1	1
56–60	8	1	7	1	1	1	1	2	1	2
61–65	6	2	0	1	3	4	0	2	0	2
66–70	6	1	0.5		0.5	0	1	1	2	1
46–70	24	7	13.5	3	6.5	7	10	6	6	6
71–75	1	2	0		0	0	0	1	1	1
76–80	2.5	2		3	1			1	1	1
81–85		2		5	3	0.5	0.5			
86–90	1		1	2	1.5	1.5		1		
91–95	1	3	1	2	2	3				
71–95	5.5	9	2	12	7.5	5	0.5	3	2	2
46–95	29.5	16	15.5	15	14	12	10.5	9	8	8

Tableau 3. *Les auteurs des articles* Under strecket

	Sven Aurén	Gunnel Vallquist	Kjell Strömberg	Stig Strömholm	Gustav von Platen	Göran Schildt	Gunnar Brandell	Carl Rudbeck	Sigbritt Swahn	Alf Åberg
46–50	15	0	1	0	0	1	0	0	0	0
51–55	11.5	14	0	0	0	13	9	0	0	0
56–60	17	42.5	1	1	0	7	8.5	0	0	0
61–65	22.5	18.5	28.5	7	0	5	6	0	0	3
66–70	12	7	31	8	0	1	3.5	0	0	7.5
46–70	78	82	61.5	16	0	27	27	0	0	10.5
71–75	19	8	18	8.5	0	1	1	0	0	0
76–80	17.5	8	0	12	2	4	4	4	4	6
81–85	4	7	0	8	14.5	1	0	11	7	1
86–90	0	4	0	16	13	1	1	6	10	0
91–95	0	1	0	7	7	0.5	0	1	0	0.5
71–95	40.5	28	18	51.5	36.5	7.5	6	22	21	7.5
46–95	118.5	110	79.5	67.5	36.5	34.5	33	22	21	18

uniquement sur la France. Chaque groupe peut, à son tour, être divisé en deux : (c) les auteurs qui écrivent beaucoup et régulièrement des articles et (d) ceux qui écrivent peu d'articles.

Ce qui étonne, quand on regarde les noms des auteurs, c'est le nombre très restreint d'auteurs ayant écrit beaucoup d'articles. Il y a, en effet, une grande différence entre les quatre premiers auteurs, qui dominent, et les autres. Ces quatre contributeurs ont écrit entre 118 et 67 articles chacun soit au total un tiers de *tous* les articles sur la France publiés dans la rubrique *Under strecket*[26]. Sven Aurén (groupes a et c) fut le correspondant du *Svenska Dagbladet* à Paris entre 1945 et 1985 ; Gunnel Vallquist (groupes b et c) est journaliste, critique, auteur, essayiste, traductrice et, depuis 1982, membre de l'Académie suédoise ; Kjell Strömberg (groupes a et c) fut conseiller d'ambassade à Paris, il a surtout écrit des articles sur le théâtre à Paris dans *Svenska Dagbladet* ; Stig Strömholm (groupes b et c) est auteur, professeur titulaire de droit, président de l'Université d'Uppsala.

Comparaison avec d'autres pays

Bien que le résultat, presque deux articles par mois *Under strecket* sur la France ou la culture française, soit tout à fait honorable et démontre que l'intérêt pour la France en Suède fut élevé pendant la période 1946–1995, nous voulons toutefois le comparer avec d'autres articles *Under strecket* afin de pouvoir déterminer avec plus de précision l'importance de la culture française par rapport à d'autres pays dans la vie culturelle suédoise pendant cette période.

Publier un article sur la France est en même temps de la part de la rédaction une décision de ne pas publier un article sur un autre sujet. Jusqu'ici, dans notre enquête, nous n'avons que regardé de près le résultat pour la France, sans prendre en compte sa position relative vis à vis d'autres sujets ou pays. Le chiffre de 1,9 article en moyenne par mois nous indique que la culture française est un sujet intéressant mais ne nous indique pas si elle l'est plus ou moins que d'autres sujets possibles.

Pour faire une telle comparaison, les autres pays qui s'imposent sont, bien entendu, l'Angleterre, les États-Unis, l'Italie, l'Allemagne, l'Autriche, les autres pays nordiques et la Russie/l'Union soviétique. Ces pays furent eux aussi importants dans la discussion culturelle en Suède après la deuxième guerre mondiale. Ils sont donc choisis parce qu'ils devraient être les pays qui, en premier lieu, entre en concurrence de l'attention pendant la période étudiée. Nous avons ajouté les articles qui traitent de l'Antiquité grecque et latine puisque l'on peut *a priori* supposer que ce sont des sujets intéressants pour les lecteurs de *Svenska Dagbladet*[27].

Ensemble, le nombre de ces articles s'élève à 6 903, représentant presque quarante pour cent de tous les articles *Under strecket* publiés entre 1946 et 1995. Le groupe augmente collectivement avec presque neuf pour cent entre la première et la deuxième moitié de la période, ce qui est un développement étonnant compte tenu du fait que le nombre d'articles consacrés au monde latino-américain, aux pays arabes et autres pays en dehors des pays occidentaux augmente aussi. Cette augmentation est surtout due à un intérêt croissant pour les États-Unis et l'Allemagne[28], tandis que l'intérêt pour l'Angleterre et les pays nordiques recule beaucoup.

Globalement, on peut constater que les articles sur l'Angleterre sont les plus nombreux. Ce résultat n'est pas étonnant, étant donné le rôle prépondérant que ce pays a joué dans le monde occidental après la guerre – mais ce qui est plutôt surprenant, ce sont trois autres constatations.

D'abord, le nombre total d'articles consacrés à la France est inférieur à ceux consacrés à l'Angleterre, mais de peu. En effet dans les dernières vingt-cinq années de l'étude, le nombre dépasse même celui obtenu par l'Angleterre. À elle seule, la France est le deuxième pays pendant les dernières vingt-cinq années de la période, après les États-Unis, à attirer l'attention des auteurs qui écrivent *Under strecket*. Certes, l'Angleterre et les États-Unis obtiennent ensemble un score plus important, mais les auteurs de ces articles ne font jamais, ou presque, de lien entre les deux pays, et les sujets sont d'ailleurs trop spécialisés pour permettre un tel rapprochement. En outre, les articles sur la France représentent la moitié du nombre d'articles sur l'Angleterre et les États-Unis pris ensemble.

Deuxième constatation : il y a plus d'articles sur la France que sur l'Allemagne, un pays avec qui la Suède historiquement a eu des relations étroites.

Troisième constatation : la France et les pays nordiques font presque jeu égal pendant la première moitié de la période, ce qui assez remarquable compte tenu des liens très forts entre la Suède et ses voisins. Par contre (et encore plus étonnant), l'intérêt pour ces derniers s'affaiblit sensiblement pendant la deuxième moitié de la période de telle sorte que le nombre d'articles sur la France dépasse celui des pays nordiques de plus de vingt pour cent.

Tableau 4. Pays de comparaison : nombre d'articles et moyennes mensuelles

	France	ANGL.	E-U	AN/EU	IT.	ALLEM.	AUTR.	A/A	DAN.	NORG	FINL.	ISL.	NORD.	RUS.	ANT.	Total
46–50	94	154.5	62.5	217	34	83	2.5	85.5	66	32	39	0.5	137.5	54	26	64.8
51–55	100.0	123.5	85.5	209.0	43.5	84.0	17.5	101.5	46.5	38.5	25.0	11.0	121.0	49.5	27.5	652.0
56–60	108.5	116.0	79.5	195.5	50.5	89.0	34.5	123.5	37.0	46.5	35.0	12.0	130.5	76.0	29.0	713.5
61–65	123.5	122.0	78.0	200.0	68.5	59.0	27.5	86.5	45.5	23.5	25.5	9.0	103.5	64.0	28.0	674.0
66–70	134.5	100.0	80.5	180.5	53.5	77.0	21.0	98.0	32.5	16.5	45.5	2.0	96.5	41.5	15.0	619.5
46–70	560.5	616.0	386.0	1002.0	250.0	392.0	103.0	495.0	227.5	157.0	170.0	34.5	589.0	285.0	125.5	3307.0
71–75	106.5	100.5	98.5	199.0	69.5	72.5	28.0	100.5	19.0	17.5	41.5	5.0	83.0	49.1	35.0	642.6
76–80	126.5	117.0	106.5	223.5	52.5	106.5	14.5	121.0	41.0	17.5	42.0	7.0	107.5	55.5	19.0	705.5
81–85	112.5	100.5	104.5	205.0	33.0	103.5	28.0	131.5	28.5	21.0	39.0	2.0	90.5	59.0	37.0	668.5
86–90	128.0	125.0	137.0	262.0	42.0	124.5	44.0	168.5	34.0	21.0	42.5	4.5	102.0	55.5	33.5	791.5
91–95	98.0	123.5	199.0	322.5	44.0	98.5	20.5	119.0	28.5	19.0	29.0	14.0	90.5	94.5	20.0	788.5
71–95	571.5	566.5	645.5	1212.0	241.0	505.5	135.0	640.5	151.0	96.0	194.0	32.5	473.5	313.6	144.5	3596.6
46–95	1132.0	1182.5	1031.5	2214.0	491.0	897.5	238.0	1135.5	378.5	253.0	364.0	67.0	1062.5	598.6	270.0	6903.6
46–70	1.87	2.05	1.29	3.34	0.83	1.31	0.34	1.65	0.76	0.52	0.57	0.12	1.96	0.95	0.42	11.02
71–95	1.91	1.89	2.15	4.04	0.80	1.69	0.45	2.14	0.50	0.32	0.65	0.11	1.58	1.05	0.48	11.99
46–95	1.89	1.97	1.72	3.69	0.82	1.50	0.40	1.89	0.63	0.42	0.61	0.11	1.77	1.00	0.45	11.51

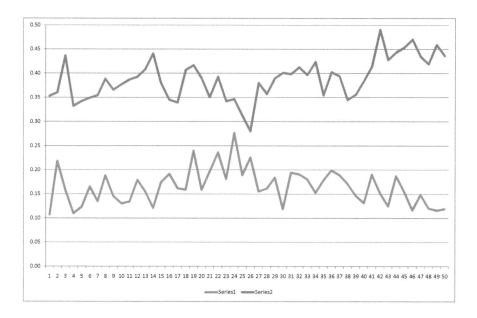

Graphique 2. Le nombre d'articles sur la France parmi le groupe « pays étrangers » (série 1) et le nombre d'articles sur « les pays étrangers » parmi tous les articles publiés *Under strecket* (série 2).

Donc, ce tableau ne peut que renforcer notre conclusion selon laquelle qu'il y a eu en Suède, sur le plan culturel, un grand intérêt pour la France tout au long des cinquante années qui ont suivi la deuxième guerre mondiale.

La série n°1 dans le graphique n°2 montre que pendant les vingt-cinq premières années, la part des articles sur la France parmi tous les articles dans le groupe « pays étrangers » augmente, tandis qu'une évolution inverse se produit pendant les vingt-cinq dernières années (une période où le nombre d'articles sur la France accroît légèrement).

La série n°2 illustre le fait que les articles sur « les pays étrangers » parmi tous les articles publiés *Under strecket* augmentent vers la fin de la période étudiée.

Comment choisir un article *Under strecket* ? Le choix de la rédaction

Les chiffres présentés ci-dessus reflètent les choix faits par la rédaction de la section culturelle dans *Svenska Dagbladet* (au moins à partir de la date où *Under strecket* est placé dans cette section)[29].

On peut préalablement supposer que le choix de la rédaction reflète l'intérêt réel des lecteurs (ou du moins ce que la rédaction croit être l'intérêt des lecteurs pour tel ou tel sujet), puisque le journal, produit commercial, se vend sur un marché et doit satisfaire les attentes du lectorat. Vu dans cette perspective, il n'est pas étonnant que les articles sur l'Islande soient moins nombreux que ceux sur la France. L'hypothèse que l'on peut soutenir est, par conséquent, que les articles représentent *grosso modo* ce que les lecteurs apprécient de lire.

Au long de ces cinquante années que comprend l'enquête, on peut constater qu'il y a un facteur stable et quelques facteurs changeants.

Le facteur stable est le nombre d'articles sur la culture française qui, malgré quelques fluctuations, ne se développe pas dans une direction précise.

Les facteurs changeants sont (a) les auteurs et (b) le contenu des articles.

Même les auteurs les plus fréquents ne sont actifs qu'une partie de cette période, et la quantité de leurs contributions varie aussi d'une année à l'autre. Mais il est évident que la rédaction se fie à quelques auteurs dont les qualités sont connues. Dans un article du 15 août 1990, Ingmar Björkesten explique le pourquoi de *Under strecket* et insiste, en ce qui concerne les choix rédactionnels, sur les qualités stylistiques et intellectuelles des auteurs. Le côté essayiste ainsi que la possibilité, pour un auteur brillant, de faire vivre n'importe quel sujet sont des aspects particulièrement mis en avant. Les considérations commerciales, par contre, ne sont pas abordées[30].

Quand, pendant la deuxième moitié de la période, le nombre d'articles sur la littérature contemporaine diminue alors que le nombre d'articles sur la littérature non-contemporaine augmente, l'explication semble être que la diminution entre les deux moitiés ne dépend pas d'un choix rédactionnel mais plutôt des préférences des auteurs. La rédaction veille sur la quantité d'articles sur tel ou tel pays ou sujet, mais se soucie moins du contenu[31]. Cela expliquerait ainsi que les articles sur l'actualité des scènes parisiennes disparaissent presque complètement avec la mort de Kjell Strömberg. Par la suite en revanche, un certain nombre d'articles sur la peinture et des expositions d'art à Paris (des sujets moins suivis avant 1980) sont écrits par Gustav von Platen, journaliste installé à Paris et ancien rédacteur en chef de *Svenska Dagbladet*. Les auteurs, une fois acceptés, semblent avoir la possibilité de se consacrer à leurs thèmes favoris.[32]

Toutes ces considérations nous amènent à conclure que : (a) la rédaction cherche à satisfaire la demande/l'intérêt des lecteurs ; (b) les
auteurs proposent des articles qui, lorsqu'ils sont des auteurs « de la
maison », sont dans la grande majorité acceptés aussi longtemps que
les « quotas » assignés à chaque pays ou chaque sujet ne dépassent pas
la norme établie par la rédaction (une norme censée refléter l'intérêt
réel des lecteurs) ; (c) la lecture de ces articles peut, à leur tour, changer
la nature de la demande des lecteurs (et ainsi modifier « les quotas »).

Notes

1. Par exemple, le lien culturel entre la Suède (peu d'habitants) et l'Allemagne
(beaucoup d'habitants) a historiquement été très fort, mais l'exportation de
biens culturels vers la Suède l'emporte sur l'importation venue de la Suède.

2. Cf., par exemple, la différence entre un livre importé de France et un livre
traduit du français en Suède.

3. Ce sont les termes qu'emploie Diana Cooper-Richet dans une analyse
d'échanges culturels (« Transferts culturels et passeurs de culture dans le monde
du livre (France-Brésil), XIX siècle », (2013), *Patrimônio e Memória* (vol. 9)
1. São Paulo : Unesp) ; les termes sont analysés, p. 131. L'introduction (*transfert*) en Suède de l'existentialisme français, ou du théâtre de Sartre, par Thure
Stenström (*passeur*) dans des livres et articles (*canaux*) en sont des exemples.

4. Il faut aussi prendre en compte les voies indirectes par lesquelles des influences pénètrent dans une autre culture (l'existentialisme dans sa version
française peut, par exemple, être importé de l'Allemagne après avoir fait le
détour par des philosophes allemands).

5. L'intérêt suédois pour la France remonte au Moyen Âge où « nous rencon-
trons des individus et des groupes qui recherchaient un échange culturel entre
[la Suède et] la France », Östman, M. & H. (2008), *Au Champ d'Apollon;
Écrits d'expression française produits en Suède (1550–2006)*. Filologiskt Arkiv
47. Kungl. Vitterhets Historie och Antikvitets Akademien : Motala : 9. Voir
aussi Battail, M. & J.-F. (1993), *Une amitié millénaire. Les relations entre la
France et la Suède à travers les âges*. Paris : Kungl. Vitterhets Historie och
Antikvitets Akademien.

6. Östman (2008 : 42) note que dans « les salons de l'époque de Bernadotte
[roi de Suède et ancien maréchal de Bonaparte], le français avait […] un rang
important, comparable à celui qu'il avait atteint pendant l'ère gustavienne
[…]. »

7. Dans ce contexte, il ne faut pas oublier l'importance de la mode et de la

cuisine françaises, toujours très présentes (sous forme d'articles ou de publicité) dans les quotidiens et les journaux, surtout pendant les années quarante et cinquante.

8. Les produits commerciaux (on peut penser aux voitures françaises) emportent avec eux aussi une part de la culture parce qu'ils sont perçus comme des produits fort ancrés dans la culture française.

9. Après la guerre, les influences anglo-saxonnes dans les domaines cinématographiques, littéraires et musicales furent profondes dans tous les pays occidentaux. Il faut aussi prendre en considération les liens traditionnellement très forts entre la Suède et l'Allemagne et les relations proches entre la Suède et les autres pays nordiques, forgées pendant des siècles et fondées sur une culture partagée, des langues semblables (en dehors du finnois) et une histoire commune. Dans cette perspective, le rôle de la France ne peut qu'être relativisé.

10. Certains reportages dans *Svenska Dagbladet*, surtout les week-ends, peuvent, en effet, parfois occuper encore plus d'espace (avec des illustrations) mais ils contiennent rarement plus de signes.

11. *Svenska Dagbladet* est un quotidien fondé en 1884 et au format tabloïde. *Under strecket* existe comme partie à part depuis 1919. Avant 1965, *Under strecket* était placé à des pages différentes, comme à l'éditorial. La critique de livres et de spectacles (pas toujours dans le même endroit dans le quotidien) n'a pas été régulière pendant la période étudiée. Après mars 1990, l'article, toujours au bas de la page, continue sur l'autre page (une page paire).

12. Cela ne signifie pas que tous les intellectuels lisent *Svenska Dagbladet*, seulement que *Svenska Dagbladet* couvre en profondeur les domaines culturels et intellectuels d'une manière à satisfaire les exigences de ce lectorat.

13. Il faut ici souligner, avant de continuer notre enquête, que les articles publiés *Under strecket* ne représentent qu'une partie de *tous* les articles publiés et que beaucoup d'articles sur la France et la culture française sont publiés ailleurs dans *Svenska Dagbladet*.

14. À cause d'une grève, *Svenska Dagbladet* ne fut pas publié entre le 2 et le 9 juin 1989.

15. Exclus sont donc d'autres pays francophones (le Canada, la Belgique, la Suisse, etc.).

16. Les seules exceptions sont Simenon, Beckett et Ionesco (pour ces deux derniers quand leurs ouvrages sont écrits en français et connectés à la culture française).

17. Un article ne fait pas partie du corpus s'il contient une discussion sur un phénomène français, ou un personnage français, qui occupe moins de cin-

quante pour cent de l'espace (exemple : le 17 janvier 1955 et un article sur le monologue intérieur chez Joyce, Wagner et Valéry).

18. Sauf, pendant la première moitié de la période, les articles deviennent de plus en plus fréquents.

19. La distribution des articles tout au long de l'année est aléatoire : il se peut que plus de trois mois s'écoulent sans un article sur la France et, d'un autre côté, trois articles peuvent être publiés trois jours de suite (cas extrême : 20–22 octobre 1986 – sur Simone de Beauvoir, l'abbé Prévost et Luc Ferry).

20. Le groupe « Littérature contemporaine » comporte des auteurs vivants, ou récemment décédés. Sartre et de Beauvoir appartiennent à ce groupe. « Reportage » peut, par exemple, être des impressions faites lors d'un voyage dans une ville ou région de France ou un article sur la mentalité et l'esprit français. Dans le groupe « D'autres manifestations culturelles », on trouve surtout la peinture. Le groupe « D'autres sujets » inclut la philosophie et les philosophes.

21. La raison pour cette diminution peut être la participation plus faible de Gunnel Vallquist dont les articles ont souvent eu un thème actuel.

22. L'augmentation pour la littérature non-contemporaine entre la première et la deuxième moitié de la période s'explique en partie par les contributions de Stig Strömholm dont bon nombre d'articles portent sur la littérature française entre 1600–1945. Il faut aussi mentionner les articles de Sigbrit Swahn pendant cette deuxième moitié, surtout sur Balzac.

23. En effet, pour la période 1975–1995, uniquement trois articles portent sur ce sujet.

24. Comme nous avons indiqué ci-dessus, *Under strecket* fonctionne uniquement comme un baromètre, cet endroit dans le journal ne reflète pas, l'intérêt global de tel ou tel personnage parce qu'ils sont aussi (dans beaucoup de cas) mentionnés et commentés dans d'autres sections dans le journal, comme la critique.

25. Le chiffre pour de Gaulle (29,5) peut être comparé avec ceux pour Churchill (36) et Wagner (34).

26. Les quinze auteurs les plus fréquents représentent 53 pour cent des articles.

27. Le monde espagnole, latino-américain, arabe et chinois ainsi que les pays en voie de développement sont rarement d'actualité dans les années cinquante et soixante et ne figurent pas, pour cette raison, parmi nos pays de référence. Suivant les mêmes critères qui dictent la définition de la culture française, « L'Angleterre », par exemple, n'inclut pas d'autres pays anglo-saxons (comme l'Irlande, le Canada et l'Australie).

28. À partir des années soixante-dix, le domaine « culturel » s'élargit et incorpore de plus en plus de manifestations culturelles auparavant exclues d'une discussion « sérieuse » – comme la musique pop et le jazz. C'est surtout les articles sur les États-Unis qui en profitent. Ce changement ne semble pas avoir laissé de traces dans les articles sur la France. L'augmentation pour l'Allemagne s'explique en partie par la nouvelle situation en Europe après 1989, mais l'augmentation commença dix ans plus tôt.

29. La section culturelle dans *Svenska Dagbladet* a une rédaction et son propre rédacteur en chef (la section en a eu cinq pendant la période étudiée). Ce sont alors les rédactions et leurs rédacteurs en chef successifs en collaboration avec les auteurs qui sont *les passeurs* ou, selon le terme employé par Pierre Bourdieu (2002) – dans l'article « Les Conditions sociales de la circulation internationale des idées ». *Actes de la recherche en science sociales* 145 : 5 – des *sélectionneurs*.

30. Bourdieu (2002 : 4), nous rappelle que publier un article n'est pas un acte gratuit – au contraire, c'est faire de la publicité pour soi-même et « renforcer [sa] position dans le champ [culturel] ». Parmi les cinq auteurs les plus assidus, trois d'entre eux furent des journalistes à *Svenska Dagbladet*, pour les deux autres (Strömberg et Strömholm), il est difficile de s'exprimer mais on peut ici oser l'observation que ni pour un diplomate ni pour un académicien, publier des articles dans un quotidien n'est pas un mérite très important. Au moins dans le cas de Strömholm (un « détenteur de positions académiques dominantes », ibid.), nous pouvons avec un peu de certitude soutenir l'hypothèse que ses contributions sont faites peut-être surtout dans la volonté de sensibiliser le lecteur pour des valeurs « classiques ».

31. Dans un monde de plus en plus international, la France a toujours un rôle à jouer, tandis que l'espacement des articles sur les autres pays nordiques témoigne d'une relation moins intime et moins ressentie et, donc, dans l'ensemble moins intéressante pour les lecteurs (dans les années quarante, un *Under strecket* pouvait même être écrit en norvégien ou en danois, chose impensable dix ans après). La question du contenu est épineuse. Gunnel Vallquist a écrit plusieurs articles sur des auteurs catholiques et on peut se demander si ce fait reflète une stratégie rédactionnelle ou non (plutôt non). Pourtant, la rédaction ne se désintéresse jamais complètement du contenu, les nombreux articles sur la révolution française (lors du bicentenaire) et sur l'évolution sociale et économique en Russie après 1989 en sont des preuves.

32. Notre propre expérience (basée sur une contribution de plus de quarante articles *Under strecket* après la période étudiée ici) corrobore cette constatation. La question que pose Bourdieu (ibid.), « Pourquoi est-ce untel qui a publié untel ? », est importante, mais il n'est pas possible d'y répondre en restant dans les limites de notre enquête.

Bibliographie

Battail, M. & J.-F. (dir.) (1993), *Une amitié millénaire. Les relations entre la France et la Suède à travers les âges*. Stockholm : Kungl. Vitterhets Historie och Antikvitets Akademien.

Bourdieu, P. (1989), « Les conditions sociales de la circulation internationale des idées ». Conférence à l'université de Fribourg le 30 octobre 1989. <http://www.espacesse.org/bourdieu-1.php>

Cooper-Richet, D. (2013), « Transferts culturels et passeurs de culture dans le monde du livre (France-Brésil, XIX siècle) », *Patrimônio e Memória*, vol. 9:1, 128-143.

Svenska Dagbladet, 6.903 articles « Under strecket » entre 1946 et 1995.

Östman, M. & Hans (2008), *Au Champ d'Apollon. Écrits d'expression française produits en Suède (1550-2006)*. Motala : Filologiskt Arkiv 47 ; Kungl. Vitterhets Historie och Antikvitets Akademien.

Littérature française, littérature francophone ? L'enseignement universitaire suédois à la recherche d'un nouveau paradigme

Mickaëlle Cedergren
Université de Stockholm

La circulation de la littérature de langue française à l'étranger

Les littératures francophones se sont multipliées depuis la fin du XXe siècle à une vitesse vertigineuse mais elles parviennent encore difficilement à atteindre le centre. Écrites pour la plupart dans la périphérie, elles restent trop souvent encore marginalisées. Parallèlement, d'autres s'inquièteraient plutôt du devenir de la littérature française et tendraient à prononcer des discours alarmistes. C'est sur ce point que D. Viart s'interroge en remettant en cause la réelle validité de ces paroles apocalyptiques (2011 : 17). La littérature française est-elle, à ce point, tellement menacée ? A-t-on la moindre idée de ce qui circule à travers le monde ? À prendre en compte l'évolution de l'enseignement dans certaines universités où les littératures étrangères, pour ne pas dire francophones, prennent de l'avance (Viart, 2011 : 18), on serait alors tenté d'abonder dans ce sens. Et pourtant, Viart invite à plus de circonspection.

On constate, là aussi, que le débat mené autour de la littérature française va de pair avec celui lié aux littératures de langue française. Les faits sont parlants. La question autour de la littérature francophone brûle d'actualité et doit prendre en compte des réflexions liées à l'enseignement et à la transmission de cette littérature (François, 2010). La circulation des littératures de langue française dans le monde et, spécifiquement son enseignement en milieu universitaire, mérite, par conséquent, un examen plus approfondi. Les récentes études, encore lacunaires à ce sujet, montrent, dans le cas de la Scandinavie, que la recherche universitaire concernant la littérature francophone est souvent mieux circonscrite alors que l'enseignement universitaire du français langue étrangère

How to cite this book chapter:
Cedergren, M. 2015. Littérature française, littérature francophone ? L'enseignement universitaire suédois à la recherche d'un nouveau paradigme. In: Cedergren, M. et Briens, S. (eds.) *Médiations interculturelles entre la France et la Suède. Trajectoires et circulations de 1945 à nos jours.* Pp. 79–98. Stockholm: Stockholm University Press. DOI: http://dx.doi.org/10.16993/bad.g. License: CC-BY

(FLE) reste encore le parent pauvre de ces études (Gundersen, 2011 : 77–80 et collectif, 2003). Or, le monde de l'enseignement et de la re- cherche, en tant que « relais majeur des œuvres françaises à l'étranger » (Viart, 2011 : 18) est un bon indicateur de l'évolution en cours d'une culture et d'une littérature étrangère ; c'est un lieu-clef où s'effectue par excellence le transfert d'idées. Bourdieu le signalait, dans son modèle de circulation des idées, à travers l'une des trois opérations appelées *l'opération de sélection* (Bourdieu, 2002). Et Espagne (1999 : 25) évo- quait déjà avant lui l'importance de l'enseignement dans la transmission d'une culture étrangère et proposait de voir les implications de la dé- localisation de tout objet comme une « transformation par réinterpré- tation » (1999 : 20). Mais, avant d'étudier les métamorphoses opérées, interrogeons-nous sur l'objet même du transfert. Quels sont ces heureux ouvrages qui voyagent au-delà des frontières ?

Notre réflexion prendra pour point de départ la Suède, choix à inté- rêt multiple. Pays non francophone lié à la France depuis le Moyen-Âge (Battail, 1997 et Faramond, 2007), aussi bien culturellement que poli- tiquement, observateur scientifique et instance de légitimation littéraire délivrant le prix Nobel de littérature depuis 1901, la Suède a une voix importante dans ce processus de réception.

Corpus et parcours méthodologique

Moyennant une étude quantitative dans laquelle nous avons procédé au dépouillement des listes de littérature des cours obligatoires de lit- térature entre 1995 et 2010, nous avons inventorié les auteurs et les œuvres dans chacun des cours pour sélectionner par série les dix pre- miers écrivains et œuvres les plus représentés dans l'enseignement de la littérature de la section française du département des langues romanes et classiques de l'Université de Stockholm. L'étude ne porte que sur les niveaux 1 et 2 correspondant aux deux premiers semestres d'étude des étudiants allant acquérir respectivement un niveau de langue B1 et B2. Le cours portant spécifiquement sur la littérature francophone, quoique facultatif, a également été pris en compte vu le questionnement posé dans notre étude. Nous commenterons également plus en détail les cas où le cours a connu des modifications de titre et de contenu ou a changé de niveau.

Suivant les principes méthodologiques de Franco Moretti (2008), nous avons opté pour une *lecture à distance* (au contraire du *close- reading*) afin de repérer les transformations et évolutions générales, voire les *mutations* éventuelles au sein de l'enseignement de la littérature. La recherche quantitative est essentielle pour nous fournir des données primaires et nous permettra d'établir des régularités et des regroupements pour essayer de dessiner une cohérence même si le travail d'interprétation reste primordial. Le corpus rassemble une somme approximative de plus de 200 auteurs et de 300 œuvres. À tour de rôle, seront commentés les séries obtenues, la variation des cours, leur intitulé ainsi que leur descriptif si besoin.

Le champ dans lequel s'inscrit cette contribution est principalement didactique et l'article se donne pour objectif premier d'étudier tant *le contenu* que *les motivations* qui sous-tendent l'enseignement tout en apportant une réflexion épistémologique autour de l'enseignement des littératures de langue française. Dans un département de FLE où la littérature concerne, par définition, une langue en acquisition, elle est souvent perçue comme un support d'apprentissage ou un objet culturel et civilisationnel et non plus seulement comme un objet poétique. L'approche littéraire semble même avoir été souvent délaissée pour la didactique des langues étrangères et se serait libérée des « carcans esthétiques *classiques* » (Rosset, 2007 : 90). Comme le rappelle en effet Cuq & Gruca (2005 : 416), l'approche communicative[1] est à l'honneur en didactique des langues depuis les années 1980 et c'est dans ce contexte qu'il faut aussi voir de nos jours la renaissance de l'intérêt pour le texte littéraire en FLE. À l'étranger, la situation diffère puisque « la littérature française semble avoir conservé ses titres de noblesse » (Cuq & Gruca, 2005 : 418). Quels sont alors ces écrivains qui ont l'honneur de véhiculer la culture littéraire de langue française ?

Une littérature majoritairement franco-française et consacrée

Par rapport à la totalité des 94 écrivains enseignés au niveau 1 dans le cours de grammaire/traduction/littérature du XXe, on relève qu'une poignée d'écrivains seulement (environ 10 %) représentent plus de 60 % de l'ensemble des auteurs enseignés. Parmi ce premier classement (fig.1), les dix auteurs sélectionnés appartiennent à la liste des prix littéraires de plus ou moins grand prestige excepté les cas de Simenon et de Prévert sur lequel nous reviendrons. Dans cette liste figurent également Camus, Sartre et Gide : trois grands écrivains de la première moitié du XXe canonisés par le prix Nobel tandis que les autres auteurs, à savoir Gary, Van Cauwelaert et Duras, ont vu leurs œuvres couronnées par

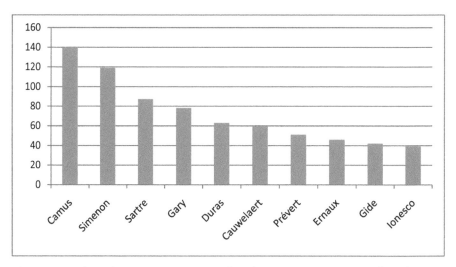

Fig. 1. Nombre d'occurrences pour les dix premiers auteurs les plus représentés, niveau 1, module de littérature française, Université de Stockholm, période 1995–2010.

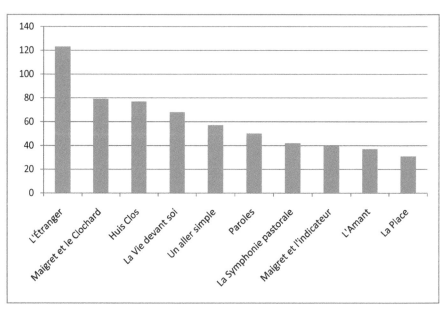

Fig. 2. Nombre d'occurrences pour les dix premières oeuvres les plus représentées (selon les mêmes modalités que pour la fig.1).

le prix Goncourt (respectivement *La Vie devant soi*, *Un aller simple* et *L'Amant*).

Parmi ce palmarès, se retrouve aussi Ionesco, canonisé par son élection à l'Académie française en 1970. Seules deux femmes écrivains se dégagent de cette sélection, toutes deux couronnées par de multiples prix littéraires (dont le prix Goncourt pour *L'Amant de* Duras et le prix Renaudot – entre autres — pour *La Place* d'Ernaux)[2].

Au regard de ce qui se passe à l'échelle internationale (Mecke, 2011 : 45-46), nos résultats convergent largement puisque Camus (10ème), Sartre (8ème place) et Gide (14ème place) figurent parmi les seize auteurs les plus étudiés au niveau international dans le cadre d'études FLE à la différence de la situation observée en France où Proust, Claudel et Gide sont plutôt en tête de palmarès. Là encore, l'étranger et la France ne vibrent pas en phase. L'effet Nobel joue, sans doute, un rôle plus important dans la sélection des auteurs enseignés à Stockholm.

La présence de Prévert dans cette liste n'a sans doute rien d'étonnant : il fait en effet partie des poètes français les plus populaires du XXᵉ siècle. Il a connu une très large diffusion en France et son nom figure comme premier dans la liste des auteurs les plus cités dans les manuels français de FLE (Riquois, 2009 : 183). Simenon, par contre, mérite sans doute un commentaire. L'écrivain belge a connu une énorme diffusion dans le monde et en particulier en Suède où il a été traduit depuis 1932 et son entrée dans la *Bibliothèque de la Pléiade* en 2003 a ajouté à ce succès international prestige et reconnaissance littéraire. Simenon est le dix-septième auteur le plus traduit dans le monde et le troisième auteur de langue française selon la base de données *Index Translationum*. La traduction de son œuvre a sans doute concouru à sa mondialisation même s'il reste encore très largement classé comme un auteur du *canon mineur* si l'on se reporte à l'échelle faite sur la base de données bibliographiques de MLA (*Modern Language Association of America*) entre 1995 et 2010 (cf. *infra* fig. 5). Dans tous les cas, aussi bien l'aspect civilisationnel que l'intérêt didactique de ces œuvres entrent en jeu au sein d'un contexte de FLE. Les glossaires effectués à Stockholm à l'intention des étudiants ont, par ailleurs, contribué à éterniser sa présence. À cela se rajoute le registre de langue de niveau courant et familier de l'auteur, des atouts didactiques non négligeables pour atteindre un public d'apprenants.

On remarquera que les œuvres de ce palmarès appartiennent toutes, à une exception près avec *Un aller simple* (1994), à une époque précédant les années 1980. Aucun auteur de l'extrême contemporanéité n'est représenté, et seuls trois auteurs sont francophones, et qui plus est, trois hommes européens (Simenon et Cauwelaert sont belges et Ionesco est roumain).

Dans l'ensemble, notons que la moitié des œuvres de ce palmarès approchent le thème de l'identité et abordent l'interculturalité en portant sur le « dialogue des cultures » (Pageaux, 2007 : 168). Aussi bien *L'Étranger*, *La Vie devant soi*, *Un aller simple*, *L'Amant* ou encore *La Place* font transparaître, souvent par contraste avec d'autres cultures, milieux ou classes sociales, les incompréhensions, les mentalités et les différences culturelles en France et/ou avec l'étranger. La portée civilisationnelle de ces œuvres a, probablement, été un facteur décisif lors de la sélection, au même titre que la dimension patrimoniale des chefs-d'œuvre vue précédemment. Le caractère interculturel d'une œuvre a aussi partie liée avec sa capacité à atteindre les circuits de mondialisation. À ce sujet, Damrosch élabore ce concept de littérature mondiale en y voyant même se dessiner une portée éthique et une ouverture vers le multiculturalisme (David, 2011 : 212).

La victoire de l'absurde, de l'existentialisme et du nouveau roman

L'étude quantitative et longitudinale pour chacune de ces œuvres montre une évolution variable pendant la période étudiée et peut tenir à plusieurs facteurs tels l'augmentation ou la baisse des effectifs d'étudiants, la modification des cours ainsi que les affinités des enseignants. Au-delà de ces paramètres qui resteraient à approfondir séparément, arrêtons-nous sur quelques observations majeures : *L'Étranger* est la seule œuvre enseignée chaque semestre entre 1995 et 2010 et *Huis Clos* arrive en seconde place.

Pourtant, certaines fluctuations sont à noter. Entre 2001 et 2005, 7 œuvres (de la sélection) sont drastiquement abandonnées des listes, soit *La vie devant soi*, *La symphonie pastorale*, les deux romans de Simenon, *La place*, *L'Amant* et *Paroles*. Les prix (Goncourt et autres) ont donc peut-être une longévité plus réduite par rapport aux auteurs nobélisés. À partir de 2005, ne resteront que *L'Étranger*, *Huis Clos* et *Un aller simple*. À cela, on remarquera que l'écart entre le premier et le deuxième classement concernant les auteurs les plus représentés quantitativement tend à s'amoindrir à partir de 2005 jusqu'à s'an-

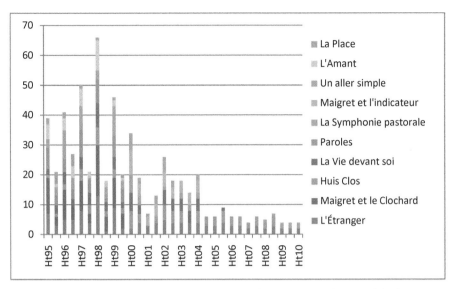

Fig. 3. Œuvres enseignées au niveau 1 à l'université de Stockholm entre 1995 et 2010 HT correspondant au semestre d'automne et VT à celui du printemps.

nuler en 2007 (cf. fig. 4). Dans ce deuxième classement, se retrouvent en ordre décroissant les œuvres suivantes : *Thérèse Desqueyroux* (Mauriac), *Je voudrais que quelqu'un m'attende quelque part* (Gavalda), *Moderato Cantabile* (Duras), *Le Passe-muraille* (Aymé), *Enfance* (Sarraute), *Rhinoceros* (Ionesco), *Aliocha* (Troyat), *La Classe de neige* (Carrère), *La Cantatrice chauve* (Ionesco) et *Quand tu verras la mer* (Houari).

Au moment où s'établit le nivellement entre les deux séries d'œuvres, on constate que trois des quatre œuvres du deuxième classement (au niveau quantitatif) entre 2004 et 2010 sont également des œuvres couronnées de prix, pour au moins trois d'entre elles : *Enfance, Moderato Cantabile* et *La Cantatrice chauve*. À partir de ces données, l'existentialisme, le nouveau roman et l'absurde apparaissent, cette fois-ci, largement dominants dès 2005 avec, pour la série 2, les œuvres de *Moderato Cantabile*, d'*Enfance* et de *La Cantatrice chauve* (trois œuvres largement consacrées)[3]. La présence de ces trois courants était aussi marquante dans la première série de sélection avec *L'Étranger, Huis Clos* et *L'Amant* et se retrouve donc renforcée avec la deuxième série sélectionnée. Comme l'a montré récemment J. Taylor (2012), la

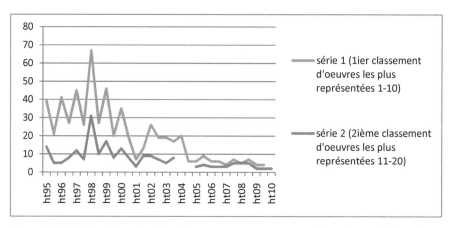

Fig. 4. Variation longitudinale entre 1995 et 2010 des deux séries de classement.

littérature française à l'étranger semble, avant tout, pensée en courants littéraires. En effet, difficile à embrasser vu sa diversification, la littérature française serait souvent restreinte, par simplicité, au nouveau roman et au post-modernisme à la Derrida.

Quant à Gavalda, placée parmi les best-sellers en France malgré une critique mitigée, elle représente la littérature féminine de l'extrême contemporanéité avec pour avantage celui de proposer, entre autres, des nouvelles courtes et faciles pour la lecture des apprenants. En somme, ces œuvres ont toutes pour point commun d'offrir une grande maniabilité pédagogique parce qu'elles sont relativement courtes.

Un mélange littéraire non-conventionnel

Les auteurs de cette première sélection au niveau 1 s'apparentent, pour reprendre la classification de Riquois, à des *auteurs patrimoniaux*[4], définis comme « des écrivains traditionnellement distingués par l'institution comme des auteurs classiques, qui sont alors jugés dignes de figurer au panthéon de la littérature » (2009 : 181). Aussi bien dans les manuels français de FLE que dans l'enseignement universitaire à Stockholm, leur position domine (ibid.). Comme l'explique Riquois (2009 : 182), ces auteurs sont des « valeurs sûres, ils sont déjà consacrés par la postérité et reconnus par l'institution ». Pourtant, cette reconnaissance ne fait pas l'unanimité et ce processus de consécration va parfois à l'encontre des habitudes métropolitaines. L'étranger semble, en effet, apporter bien plus de légitimité aux prix littéraires jusqu'à y voir un titre de consécration alors que les universitaires français les jugent comme « des phénomènes éditoriaux purement commerciaux et sans grande"valeur littéraire" » (Viart, 2011 : 22).

Ce qui est à noter dans la sélection suédoise est le mélange des genres et des époques au sein de ces listes. Stockholm n'hésite pas à créer des mélanges acidulés où se côtoient Camus et Simenon ou encore Sartre et Ernaux, en d'autres termes des auteurs de légitimité littéraire très différente. Par ailleurs, différents genres, comme l'absurde, le roman policier, psychologique ou autobiographique, la nouvelle contemporaine etc… composent ensemble. La question est alors de savoir comment les chefs-d'œuvre sont réappropriés. Le côtoiement de *L'Étranger*, de *Huis Clos* ou, encore, de la *Symphonie pastorale* avec d'autres œuvres moins illustres montre que l'objet importé acquiert une toute autre autonomie (Espagne, 1999 : 23) en étant aligné pêle-mêle à d'autres œuvres plus commerciales. Qu'il s'agisse d'Espagne qui utilise le terme de resémentisation « positive » ou de Bourdieu qui parle de transformation plus « utilitariste », l'un comme l'autre sont d'accord pour voir dans ce transfert une refonte de sens. Dans la lignée d'Espagne (1999 : 26), c'est sur le fonctionnement de ces références que nous voulons porter notre attention. De fait, si Camus, Sartre ou Gide « *s'émancipent* » à l'étranger, restent-ils encore ces pontifes de la littérature française, ces représentants de l'absurde ou de l'existentialisme ou, ne sont-ils pas plutôt réduits à un symbole du patrimoine culturel français ? À ce propos, une comparaison faite à partir de la base de données bibliographiques de MLA sur laquelle le modèle de Damrosch s'appuie est éclairante.

Pour Damrosch (2006), l'ancien canon occidental binaire (œuvres majeures *vs* œuvres mineures) fait place à un nouvel ordre tripartite, plus dynamique, où un *anticanon*, un *canon fantôme* et un *hypercanon* se côtoient. Le premier type de canon cité a pris place dans le champ littéraire, depuis le foisonnement des études post-coloniales, en supplantant les œuvres du canon mineur de l'ancien régime. Composé essentiellement d'œuvres de littératures minoritaires et subalternes, issues pour beaucoup d'entre elles de la géographie extra-occidentale, l'*anticanon* a connu et connait un essor dynamique. Le *canon fantôme* rassemble, au contraire, l'ensemble des œuvres du canon mineur qui connaissent une sorte de déclassement au profit justement de cette littérature de l'*anticanon*. Cette catégorie tendrait maintenant à disparaître alors que l'*hypercanon*, incluant les classiques lus et cités de par le monde, resterait stable. À l'aide de ce modèle, reconsidérons la « valeur » de la légitimité des auteurs et des œuvres de nos sélections.

Après avoir procédé à l'examen des données sélectionnées, on note une forte capacité à renouveler le canon traditionnel classique (l'*hypercanon*) puisque les catégories qui reviennent à l'*anticanon* et au *canon fantôme* se mélangent facilement et semblent, au contraire de ce qu'avance Damrosch (2006 : 45–46), une évidence. Pour exemple, Stockholm offre un mélange d'œuvres de l'*hypercanon* (Camus, Sartre, Gide et Duras) mais a su prendre en compte le *canon fantôme* (Ernaux et Ionesco) et celui de l'anticanon (Prévert, Gary, Simenon et Cauwelaert) en donnant ainsi à toutes ces œuvres une même légitimité.

Les auteurs qui ont obtenu le prix Goncourt n'ont pas du tout acquis la même notoriété (pour exemple, comparez Cauwelaert, Gary et Duras) et selon toute(s) évidence(s), Stockholm rafraîchit et revisite les œuvres de l'*hypercanon* en leur faisant côtoyer des œuvres moins reconnues.

Il faudrait aussi ajouter que l'enseignement de la littérature française à l'étranger n'échappe pas à la conjoncture de crise qui impose d'autres lois que l'étude des grandes œuvres. La nécessité de recruter des étudiants, de rentabiliser les formations et de les ouvrir au monde professionnel (Prémat, 2011 : 64) constitue autant de paramètres qui infléchissent le contenu de l'enseignement et qui explique les mélanges littéraires « hétérodoxes » servis aux étudiants. Face à ces exigences d'ordre économique on sacrifie ainsi à l'uniformité, voire à la cohérence d'un corpus et, les contraintes pédagogiques aidant, les listes se composent parfois tous azimuts. Toutefois, deux critères ressortent de l'étude et soulignent le poids du prix et du courant littéraire dans la sélection.

L'approche civilisationnelle

Au niveau deux, le nombre de cours abordant la littérature a considérablement varié et quatre cours différents sont dispensés pendant la période étudiée : un cours tourné vers le XIX/XXe siècle, un deuxième cours spécifiquement consacré au XIXe siècle, un cours de littérature axé sur l'expression orale et un dernier portant sur l'expression écrite et la traduction. Ce dernier, axé sur la grammaire, la traduction, le style et l'entraînement à la production écrite, a porté sur trois œuvres (*Boule de suif*, *Les Lettres de mon moulin* et *Zazie dans le métro*), livres à format réduit et offrant une maniabilité pédagogique indéniable. À ce niveau, le plus grand changement de restructuration touche au cours de *Littérature et production orale* sur lequel nous allons nous attarder.

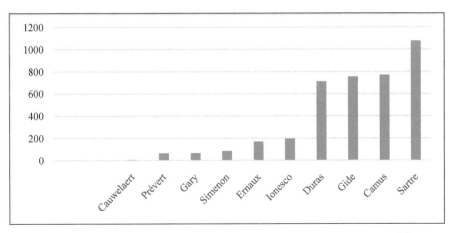

Fig. 5. Nombre d'entrées par auteur dans la base de données bibliographique de MLA entre 1995 et 2010.

Le cours de littérature axé sur l'expression orale prenait pour matériau d'étude l'actualité culturelle, aussi bien sociale que politique. Les auteurs les plus représentés au sein de ce cours sont Japrisot, Begag, Pennac et Brassens. Ces ouvrages représentent, *a contrario* des observations vues au niveau 1, une littérature reconnue certes mais non consacrée. Certaines de ces œuvres ont été traduites très tôt en suédois tels le roman policier de Japrisot *L'été meurtrier* en 1981 ainsi que l'essai de Pennac *Comme un roman* en 1995. En revanche, le recueil de chansons et de poèmes les plus populaires de Brassens est devenu un ouvrage classique de référence de la culture française. *Écarts d'identité* (1990) de Begag est un livre de sociologie qui aborde la littérature beur et son positionnement en France. Ce qui transparaît, à ce niveau, est encore une fois la mixité des genres dans cette liste, au sein de laquelle roman policier, essai, chansons et roman autobiographique se mélangent. Les œuvres promues dans ce palmarès viennent aussi d'auteurs très différents : Brassens est sans doute le prototype de l'écrivain poète le plus populaire de la France de la seconde moitié du XXᵉ siècle alors que Begag, intellectuel engagé, incarne une nouvelle génération d'écrivains beurs. L'essai de Pennac va au-devant des conventions en remettant en cause le système de l'éducation nationale. Malgré l'extrême variété de tous ces textes, il faut, semble-t-il, voir dans cet éventail des lectures vivifiantes où la France contemporaine apparaît avant tout comme multiculturelle. Cette ouverture, qui semble aller de pair avec une réflexion critique sur la culture française, a toutefois pris fin en l'an 2000 avec la transformation de ce cours.

La spécialisation littéraire en essor

Différents changements structuraux ont eu lieu au tournant de l'an 2000 dus essentiellement à une baisse d'effectifs qui aurait, à son tour, généré la transformation, voire la disparition de certains cours[5]. En 2004, le *cours de grammaire/traduction/littérature du XXe siècle*, donné au niveau 1 depuis 1996, change de nom et d'orientation après une décennie et se transforme en *cours de littérature et d'histoire littéraire*. Enseigné jusque-là selon une méthodologie traditionnelle où grammaire et traduction avaient leur place et où la littérature devenait le moyen de l'apprentissage de la langue, ce cours propose désormais un programme de lecture extensive en histoire littéraire accompagné de l'étude intensive de six œuvres parmi lesquelles *L'Étranger* et *Huis Clos* sont continuellement au programme. Dorénavant, les textes littéraires ne sont plus exploités à des fins linguistiques mais insérés dans un contexte d'histoire littéraire. Le cours de littérature tend alors à se spécialiser avec une portée poétique nettement plus accrue[6].

Parallèlement, le cours du XIXe siècle subit le même sort. Ce dernier couvrait à ses tout débuts le XIXe siècle et le XXe siècle jusqu'en 1997 pour ensuite évoluer et n'embrasser que le XIXe siècle. Longtemps facultatif, ce dernier s'impose comme obligatoire en 2002. Concernant le cours sur le XIXe siècle, trois auteurs se démarquent de l'ensemble comportant au total 14 auteurs : Maupassant, Balzac et Zola sont en tête alors que la série des œuvres les plus enseignées (respectivement *Boule de suif*, *Le Colonel Chabert* et *Madame Bovary*) signent leur appartenance au réalisme français, un des courants ayant fait fortune en Scandinavie (Nøjgaard & Svane, 2007).

Parmi ce palmarès, cinq de ces auteurs font partie des auteurs qui sont également les plus étudiés au monde (Balzac, Zola, Flaubert, Baudelaire et Stendhal) d'après Mecke (2011 : 45). Seul Maupassant diffère des statistiques internationales et même françaises. Le choix porté sur cet auteur s'explique, peut-être, par sa maniabilité pédagogique due à l'accessibilité du lexique et au genre du récit bref. Le fait d'avoir établi à Stockholm des glossaires pour Maupassant l'a aussi fait perdurer.

En somme, outre la présence des auteurs classiques du répertoire dix-neuviémiste, une tendance *nouvelle*, quoique temporaire, émerge au niveau 2. Désormais, l'enseignement de la littérature est moins conventionnel, plus innovateur et lance des auteurs qui échappent aux consécrations prestigieuses (même controversées comme les prix littéraires) et au phénomène de mondialisation, à croire que cet enseignement de niveau intermédiaire serait plus autonome et moins tenu de suivre des normes de légitimité littéraire. Dans l'ensemble, la portée culturelle de ces œuvres est manifeste mais ce cours disparaît après l'an 2000. À cette même période, on notera que le cours facultatif de littérature francophone, donné depuis 1992 au niveau 2, est repoussé au niveau 3. La diversité culturelle de la littérature de langue française est introduite après la présentation de la littérature du centre.

Littérature francophone hors de France ou Littérature française contemporaine

En ce qui concerne l'historique de l'enseignement de la littérature francophone, le premier cours remonte à l'automne 1992. Dispensé au niveau 2 jusqu'à l'automne 2001, ce cours est ensuite intégré au niveau supérieur. À partir de 2001, le cours de francophonie, communément appelé *Littérature francophone au cours des dernières décennies* va recevoir, en un temps relativement court, plusieurs étiquettes. Il sera rebaptisé en offrant dorénavant une spécification géographique ou encore culturelle mais aussi historique et portera, à tour de rôle, sur les écrivains suisses, libanais, québécois ou nord-africains avant de se tourner vers les littératures des Caraïbes ou de l'Afrique de l'Ouest. D'autre part, ce cours se transformera tantôt en cours de « littérature française contemporaine », tantôt en cours de « littérature francophone hors de l'hexagone », couvrant dans ce dernier cas différentes aires géographiques. Les fluctuations dans les intitulés révèlent l'ampleur du corpus francophone et, apparemment, la difficulté de rendre compte d'une francophonie littéraire. Les aires francophones ont des frontières assez floues et leur délimitation oscille entre la géographie, la culture et l'histoire littéraire. Ceci expliquerait l'hétérogénéité du corpus d'œuvres d'un cours de littérature francophone à un autre et ce, en fonction des paramètres pris en compte. Ce cours s'interroge aussi sur son rattachement à la France. En effet, si la plupart des titres ne mentionnent pratiquement jamais la métropole, on en relèvera toutefois deux qui l'évoquent : *Littérature francophone hors de France* et *Littérature française contemporaine*. Les deux cours en question ont beau traiter de littérature francophone, le besoin d'exclure la France pour le premier et de l'inclure dans le second signe une difficulté de positionnement. Les résultats sont hautement significatifs.

Comme le montre le diagramme (Fig. 6), les auteurs français, se rattachant d'une part à la France hexagonale (Letessier, Gary, Groult, Duras et Prou), d'autre part aux territoires d'outre-mer (Condé, Schwart-Batz,

Chamoiseau) sont en surnombre. Ces auteurs ont *la langue maternelle par tradition*. Néanmoins, on note une très nette dominance des auteurs féminins parmi les auteurs de la métropole (seul Gary fait exception). Les quatre autres écrivains restant dans la sélection proviennent du Québec (Hébert), du Maroc (Ben Jelloun), des Antilles (Depestre) et de Roumanie (Wiesel), autrement dit d'un espace où le français est considéré comme *langue maternelle par expansion* dû tantôt à l'importation tantôt au rayonnement culturel (Beniamino, 1999)[7]. Les auteurs de la France et des Dom-Tom dominent dans cette sélection puisqu'ils représentent à eux seuls plus de 65 % de ce palmarès (les Français métropolitains atteignant 40 %). Si un des objectifs de ce cours est, citons-le, de faire connaître « un ensemble d'œuvres représentatives de la littérature francophone », l'objectif a manqué sa cible. Par rapport à l'échelle de la base de données bibliographiques de MLA, notons aussi que les auteurs francophones (autres que français) et les auteurs d'outre-mer font tous partie de l'hypercanon et de l'anticanon excepté Depestre alors que les auteurs de la métropole sont tous classés dans l'anticanon (sauf Duras). La consécration littéraire est presque devenue une nécessité dans le groupe d'écrivains francophones et d'écrivains français d'outre-mer alors que pour les auteurs métropolitains, la tendance est inversée. La marque *made in France* se suffirait à elle-même pour donner droit à une légitimité. Par ailleurs, les écrivains féminins dominent légèrement (58 %).

Au regard des œuvres enseignées (fig. 7), on note que les trois premières œuvres les plus représentées reviennent toutes à l'écrivaine québécoise Annie Hébert : à elle seule, elle représente plus d'un tiers des occurrences. Alors que la traduction ne semble pas le canal de transmission majeur de ses œuvres (vu la maigre quantité des œuvres traduites en suédois), l'engouement pour ses œuvres s'expliquerait plutôt par : le rattachement de L'Institut d'études canadiennes à l'Université de Stockholm, sa visite à Stockholm en 1995, l'ensemble de prix littéraires reçus pour son œuvre et les quelques cours portant en exclusivité sur le Québec. L'initiative de personnes-clefs n'est sans doute pas à négliger et demanderait une étude plus pointue.

La percée timide de la littérature francophone

Alors que les auteurs les plus couronnés du XXe siècle (allant du prix Nobel aux prix Goncourt ou autres) et les courants littéraires de la première moitié du XXe siècle dominent largement au niveau 1, le rayonne-

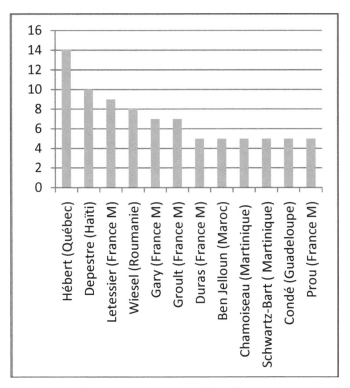

Fig. 6. Les dix premiers auteurs les plus représentés au niveau 2–3 dans le cours de littérature franco-phone, Université de Stockholm, 1995–2010.

ment de la littérature française au niveau 2 va pendant les années 1990 au-delà d'une simple promotion des *belles lettres*. Ces cours s'ouvrent sur une dimension culturelle et sociologique ; ils s'affranchissent d'une conception traditionnelle selon laquelle la littérature doit s'en tenir au catalogue des œuvres consacrées. Or, si la littérature a longtemps servi de support d'apprentissage et d'objet culturel et civilisationnel au niveau 1 et 2, une *spécialisation* très nette de la littérature française émerge depuis 2000 et fait pressentir une nouvelle quête. Manifestement, l'orientation pédagogique s'est graduellement tournée vers l'étude littéraire et poétique.

Comme l'ont montré les années avant 2000, l'enseignement de la littérature aspirait aussi à insuffler de la nouveauté dans la formation universitaire. Cela s'observe par 1) la mixité des œuvres et des genres, 2) par l'implantation durable et variée d'un cours facultatif sur la fran-cophonie et par 3) l'ensemble d'œuvres moins conventionnelles. Mais cette tentative d'innovation semble étouffée après l'an 2000. En effet,

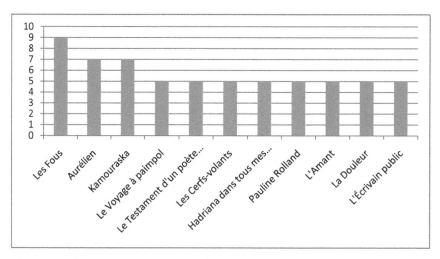

Fig. 7 Les dix premières œuvres les mieux représentées au niveau 2–3 dans le cours de littérature francophone, Université de Stockholm, 1995–2010.

d'une part le cours de *littérature et de production orale* disparaît et avec lui, toutes les œuvres littéraires plus commerciales et moins conventionnelles/traditionnelles, d'autre part le cours sur la francophonie est repoussé au niveau 3. Ne demeure alors au niveau 2 que le cours de littérature classique du XIXe. Les apprenants ne feront connaissance qu'avec les auteurs consacrés pendant leur première année d'étude.

S'il existe bien une corrélation entre la perception qu'une société a des cultures étrangères et le contenu de l'enseignement universitaire (Tornberg 2009 : 32), d'autres domaines tels que la (re)traduction des œuvres, la réception journalistique et la circulation des œuvres à travers les institutions culturelles constituent aussi de bons indicateurs des attentes de la société. Nos résultats rejoignent, par ailleurs, ceux de Bladh (2009) où les œuvres classiques de langue française s'avèrent finalement les plus (re)traduites en Suède alors que la littérature francophone peine à trouver le marché de l'édition.

On s'étonnera, sinon, du fait que le cours de littérature francophone, ayant acquis une place institutionnalisée avec plus de 20 ans d'ancienneté, ne soit, toutefois, enseigné qu'à titre facultatif et toujours au niveau avancé. La dominance d'auteurs français (aussi bien métropolitains que venant des DOM-TOM) au sein de ce cours pose la question de l'identité de la littérature francophone. Fait encore plus singulier, les auteurs francophones (non métropolitains) sélectionnés sont très largement consacrés au contraire des écrivains de la France métropole. À dire vrai, ce cours tend à prendre les allures d'un cours de littérature française contemporaine, pour ne pas dire commerciale. En outre, force est de constater que tous nos résultats vont à l'encontre de l'état de la recherche universitaire au niveau national où l'on observe justement un nombre toujours grandissant de thèses portant sur les écrivains francophones du Maghreb depuis l'an 2000[8].

Conclusion

En guise de conclusion, l'enseignement du FLE à Stockholm porte depuis 1995 essentiellement sur la littérature franco-française consacrée alors que la littérature francophone, majoritairement représentée par une littérature métropolitaine de très faible légitimité littéraire ou par une littérature consacrée de France d'outre-mer, peine à se faire entendre sinon par le monde de la recherche. Cette scission prophétiserait-elle une *mutation* à venir dans l'enseignement de la littérature en langue française ?

À travers les résultats de cette étude, on devine l'effort, fut-il très timide, du milieu universitaire stockholmois pour introduire la littérature francophone et l'une des raisons pouvant expliquer cette résistance a, sans doute, partie liée avec le fait que « dans l'enseignement du français langue étrangère, le texte littéraire est en tout cas d'abord un document lié à la culture d'un pays ou d'un espace géographique. » (Riquois 2009 : 68). Comment présenter, en effet, l'éventail du texte francophone et par conséquent, ses cultures et espaces géographiques lorsque son étendue est si vaste ?

Alors que les effectifs d'écrivains francophones vont croissant dans les manuels de FLE et correspondraient, selon Riquois (2009 : 192) à « la position actuelle du champ institutionnel français qui reconnait désormais plusieurs écrivains non français qui écrivent en langue française », des interrogations demeurent. Si tout un chacun est conscient de la nécessité de rendre justice aux littératures francophones, reste alors le problème de savoir quelles littératures diffuser. De plus, la part minoritaire des auteurs francophones ayant eu la grâce de rejoindre un public plus large sont souvent passés par les maisons d'édition les plus grandes de France (François, 2010 : 144) et/ou ont acquis une notoriété et une renommée littéraire. Les exigences envers les auteurs francophones seraient-elles encore plus élevées que pour les autres ?

La France représente encore une culture que les Suédois connaissent et un pays où ils se rendent, c'est un univers, pour ne pas dire un patrimoine, accessible, proche tant géographiquement que culturellement alors que les pays francophones constituent un espace géographique moins connu et souvent plus lointain. Cette résistance annoncerait-elle que cette littérature francophone ne correspond pas à l'image de la culture française dont Stockholm veut faire la promotion ?[9] Pourtant, l'apprenant d'aujourd'hui est aussi, et surtout, à la recherche d'une langue interculturelle. Les littératures francophones ont l'avantage de sensibiliser l'apprenant à l'aspect universel de la langue française et à l'encourager à s'en servir (Fréris, 2010 : 53). L'intérêt de faire connaître des textes francophones, n'ayant de surcroît pas reçu le sceau d'une quelconque légitimité littéraire[10], est indéniable. Il pourrait libérer plus facilement la parole de l'apprenant, en faire un francophone et un francographe en germe.

Notes

1. Sur la méthode communicative, se reporter à Cuq et Gruca (2005 : 264–270).

2. Voir l'article dans ce collectif de M. Aronsson sur la réception de Duras. La traduction des œuvres durassiennes en suédois est, du reste, largement attestée tandis qu'Annie Ernaux n'a, jusqu'à ce jour, que quatre de ses titres traduits en suédois.

3. *La Cantatrice chauve* est une des pièces les plus représentées en France ayant reçu un Molière d'honneur, *Moderato cantabile* reçut en 1958 le Prix de mai et l'autobiographie *Enfance* est écrite par une romancière couronnée par le Prix International de littérature.

4. Le terme de « patrimonial » ne signifie pas chez Riquois la même acception classique du terme que chez Dubois (2005 : 129–130) puisque selon la classification de ce dernier, l'auteur *patrimonial* est celui qui a atteint le 4ième stade de consécration sur l'échelle de légitimation.

5. Voir aussi le commentaire de Rosset sur l'adaptation des cours en fonction des « besoins supposés des consommateurs » (2007 : 91).

6. Voir la discussion sur la question du texte authentique dans Cuq & Gruca (2005 : 433).

7. Selon les catégories reprises dans Beniamino (1999).

8. Selon les résultats d'une étude pilote non publiée établis à partir du corpus de thèses publiés en Suède au cours de la période 1995–2010 et obtenus avec la base de données http://www.avhandlingar.se/.

9. D'après la communication orale tenue par Sylvain Briens le 23 janvier 2014 lors du colloque « Médiations interculturelles, trajectoires et circulations entre la France et la Suède de 1945 à nos jours ».

10. Voir, à ce sujet, les commentaires de Riquois (2009 : 84).

Bibliographie

Battail, M. & J.-F. (1993), *Une amitié millénaire. Les relations entre la France et la Suède à travers les âges*. Paris : Kungl. Vitterhets Historie och Antikvitets Akademien.

Benoît, D. (2014), « La consécration ». *COnTEXTES*. [En ligne], 7 | 2010, mis en ligne le 26 mai 2010, consulté le 01 juillet 2014. http://contextes.revues.org/4639

Bladh, E. (2012), « La traduction en suédois des littératures française et francophone entre 2000 et 2009 : quelques données quantitatives », in Ahlstedt, E. Benson, K., Bladh, E., Söhrman, I. & Åkerström, U. (éd.), *Actes du XVIIIe congrès des romanistes scandinaves*. Göteborg : Romanica Gothoburgensia 69, Acta universitatis Gothoburgensis : 145–156.

Bourdieu, P. (2002), « Les conditions sociales de la circulation internationale des idées ». *Actes de la recherche en sciences sociales* [En ligne], 145 : décembre : 3–8. http://www.persee.fr/web/revues/home/prescript/article/arss_0335-5322_2002_num_145_1_2793 (consulté le 18 février 2015).

Cedergren, M. & Lindberg, Y. (2015), «Vers un renouvellement du canon de la littérature francophone. Les enjeux de l'enseignement universitaire en Suède ». *Revue de littérature comparée*, Dossier *Les Littératures du Nord de l'Europe*, n° 2 : 247–259.

Collectif (2003), « Les Études françaises dans les pays scandinaves », *Cahiers de l'Association internationale des études françaises*. 55 : 17–100.

Cuq, J.-P. & Gruca, I. (2005), *Cours de didactique du français langue étrangère et seconde*. Grenoble : Presses universitaires de Grenoble.

Damrosch, D. (2006), « World literature in a Postcanonical, Hypercanonical Age », in Saussy, H. *Comparative literature in an Age of Globalization*. Baltimore : Johns Hopkins University Press : 43–53.

David, J. (2011), *Spectres de Goethe. Les Métamorphoses de la « Littérature mondiale »*. Paris : Les Prairies ordinaires.

Dubois, J. (2005), [1978], *L'Institution de la littérature*. Bruxelles : Labor.

Espagne, M. (1999), *Les Transferts culturels franco-allemands*. Paris : Presses universitaires de France.

Faramond (de), G. (2007), *Svea & Marianne : les relations franco-suédoises, une fascination réciproque*. Paris : M. de Maule.

François, C. (2012), « Le débat francophone ». *Recherches & Travaux* [En ligne], 76 | 2010, mis en ligne le 30 janvier 2012, consulté le 01 juillet 2014. http://recherchestravaux.revues.org/413

Fréris, G. (2010), « Enrichir le français en enseignant ses littératures », in Tabaki-Iona,F., Proscolli A. & Forakis, K. (éd.), *L'Enseignement de la littérature en FLE*. Athènes : Université d'Athènes : 49–59.

Gundersen, K. (2011), « Le 20ᵉ siècle français en Scandinavie », in Viart, D. (éd), *La Littérature française du 20ᵉ siècle lue de l'étranger*. Paris : Presses universitaires du Septentrion : 77–80.

Mecke, J. (2011), « La recherche internationale et l'approche romanistique : l'Allemagne », in Viart, D (éd.), *La Littérature française du 20e siècle lue de l'étranger*. Paris : Presses universitaires du Septentrion : 33–60.

Moretti, F. (2008), *Graphes, cartes et arbres. Modèles abstraits pour une autre histoire de la littérature*. Paris : Les prairies ordinaires.

Nøjgaard, M. & Svane, B. (éd.) (2007), *Réalisme, naturalisme et réception - problèmes esthétiques et idéologiques envisagés dans une perspective scandinave, française ou comparative*. Uppsala : Acta Universitatis Upsaliensis.

Pageaux, D.-H. (2007), *Littératures et cultures en dialogue*. Paris : L'Harmattan.

Prémat, C. (2011), « Déclin programmé ou changement de mentalité - Les nouveaux défis de la promotion du français en Suède ». *Synergies Pays Scandinaves* 6 : 61–70.

Riquois, E. (2009), *Pour une didactique des littératures en français langue étrangère : du roman légitimé au roman policier*. Thèse de doctorat nouveau régime en linguistique : Université de Rouen.

Rosset, F. (2007), « Littératures et langue étrangère en monde francophone : au-delà des poncifs et des alibis », in Bemporad, C & Jeanneret, T. (ed.), *Lectures littéraires et appropriation des langues étrangères*. Lausanne : Chabloz : 87–102.

Taylor, J. (2012), « Le déclin de la littérature française », in Demanze L & Viart, D., *Fins de la littérature – Esthétique et discours de la fin*. Paris : Armand Colin : 161–170.

Tornberg, U. (2009), *Språkdidaktik*. Malmö : Gleerup.

Viart, D. (2011), « Introduction – La littérature française dans le monde », in Viart, D (réd.) *La Littérature française du 20ᵉ siècle lue de l'étranger*, Préface de Xavier Darcos. Paris : Presses universitaires du Septentrion : 17–30.

Culture et information. Le Centre culturel suédois et sa création

Andreas Hellenes
Université d'Oslo – Institut d'Études Politiques de Paris

Dans cet article, nous allons traiter de la création du Centre culturel suédois à Paris (*Svenska kulturhuset i Paris*), qui a ouvert ses portes au public pour la première fois en janvier 1971, et qu'on appelle aujourd'hui l'Institut suédois à Paris[1]. Les sources les plus importantes dans la réalisation de ce projet sont les archives inédites de l'Institut. Nous allons aborder le sujet par une contextualisation des relations franco-suédoises, puis parler du projet du Centre culturel suédois plus spécifiquement et examiner ses activités pour enfin esquisser le nouveau champ de recherche qui s'ouvre, au croisement entre histoire culturelle et histoire politique, à travers l'étude d'un tel établissement.

D'abord, afin de contextualiser brièvement cet épisode dans l'histoire des relations culturelles franco-suédoises, précisons qu'il s'agit d'une période qui représente un tournant, à la fois dans le contexte suédois et le contexte français. Ce tournant marque une réorientation vers ce que l'on a appelé la politique étrangère active, *den aktiva utrikespolitiken*, en Suède (Östberg & Andersson, 2013 : 276–277). Une critique sévère de l'action américaine au Vietnam constitue l'exemple le plus proéminent d'une série d'interventions très médiatisées de la part du nouveau premier ministre Olof Palme pendant ses premiers mandats, de 1969 en 1976. La politique de neutralité qui avait caractérisé l'immédiat après-guerre s'est transformée, notamment sous l'action de Palme lui-même, en un engagement actif sur le plan international en faveur des mouvements de décolonisation au tiers-monde, un soutien à l'ANC en Afrique du Sud et une condamnation des dictatures militaires du Sud de l'Europe. C'est à la même époque que l'image de la

How to cite this book chapter:
Hellenes, A. 2015. Culture et information. Le Centre culturel suédois et sa création. In: Cedergren, M. et Briens, S. (eds.) *Médiations interculturelles entre la France et la Suède. Trajectoires et circulations de 1945 à nos jours.* Pp. 99–110. Stockholm: Stockholm University Press. DOI: http://dx.doi.org/10.16993/bad.h. License: CC-BY

Suède comme le pays progressiste par excellence a atteint son apogée à
l'échelle internationale, et notamment en France. Jean-Jacques Servan-
Schreiber est le premier à avoir employé le terme de « modèle suédois[2] »
dans son livre de 1967, *Le défi américain*, où il a consacré un chapitre
à la Suède comme alternative au modèle américain ou japonais pour la
France contemporaine (Servan-Schreiber, 1967 : 312). Deux ans plus
tard, la Suède a servi de point de référence dans la campagne présiden-
tielle. Les candidats Alain Poher et Gaston Deferre ont fait écho au
fondateur de l'Express. Le candidat gaulliste Georges Pompidou, quant
à lui, a évoqué la possibilité d'instaurer en France un socialisme à la
suédoise, mais avec « plus de soleil » (Faramond, 2000 : 39). *Le Nouvel
Observateur* a peu de temps après les élections remarqué qu'en France,
« la Suède est à la mode. Non pas en tant que destination touristique,
mais en tant que vogue politique » (Martinet, 1969). Et en effet, il
nous semble possible de conclure qu'en France, dans un climat politique caractérisé par le lendemain du tumultueux Mai 68 et le départ
du général de Gaulle, la Suède est parvenue à une position de référence
politique dans le débat public – bien sûr, il faut le préciser, aux côtés
d'autres régimes : il suffit d'évoquer par exemple la référence chinoise
pour les groupes d'extrême gauche.

À Stockholm, les acteurs politiques et médiatiques ont rapidement
remarqué cet intérêt international et notamment français pour le « modèle suédois[3] ». Au cours de la même période, à savoir à la fin des années
1960, l'Institut suédois, l'organisme chargé de promouvoir la Suède à
l'étranger, a été réorganisé (Glover, 2012 : 137–138). Le Parlement a
modifié son statut, d'institution semi-privée financée par l'État et les
secteurs d'exportation, en une fondation publique à but non lucratif,
financée entièrement par le Ministère des affaires étrangères. C'était
durant cette période de réforme que le Centre culturel suédois à Paris a
été conçu et créé. Le projet représente un pas radical dans l'histoire de
la promotion culturelle suédoise à l'étranger. Jusque-là, aucun des bu-
reaux étrangers - il y en avait eu à Paris, à Londres et à Prague - n'avait
été un institut culturel à proprement parler[4]. Tous les acteurs impliqués
soulignent le caractère unique du projet parisien[5].

Ce contexte, ou peut-être mieux, ces contextes, rendent la création
du Centre culturel suédois intéressante. Une question essentielle est,
bien entendu, celle de savoir pourquoi le Ministre des finances suédois Gunnar Sträng, réputé pour être parcimonieux, a mis de l'argent
sur la table pour acquérir un vieux palais à Paris. Dans la partie
suivante, nous allons pourtant nous intéresser à un autre aspect de

l'histoire, à savoir celle du projet d'un Centre culturel suédois à Paris, et plus précisément aux significations du terme « culturel », et aux différentes notions de « culture ». Ce n'est pas seulement une question de vocabulaire, puisque la notion même de culture a donné lieu à un institut assez différent du projet qui était proposé par les acteurs initiaux.

Les variétés d'instituts culturels

L'historien grec Gregory Paschalidis a dans un article tracé l'évolution historique des centres culturels étrangers comme institution, depuis leur premier déploiement par les grandes puissances européennes au XIXe siècle jusqu'à leur adoption après la guerre froide par un grand nombre de pays. Selon lui :

> Les différentes phases du développement de cet instrument politique démontrent sa versatilité unique et son adaptabilité à une variété de contextes et de fonctions, ainsi qu'à, au niveau plus général, son rôle stratégique dans le travail et les processus de la politique culturelle extérieure[6]. (Paschalidis, 2009 : 275)

L'exemple du Centre culturel suédois est intéressant à cet égard. Avec sa création, deux institutions culturelles suédoises à Paris ont été réunies sous le même toit : le bureau parisien de l'Institut suédois, *Svenska institutet*, et l'Institut Tessin. Ouverts respectivement en 1946 et en 1933, ces instituts ont incarné deux visions très différentes des relations culturelles. L'Institut Tessin a été conçu comme un musée et une bibliothèque d'art suédois. Il a été fondé et dirigé par l'historien de l'art Gunnar W. Lundberg, conseiller culturel à l'Ambassade de Suède à Paris, avec le soutien des cercles académiques suédois, particulièrement dans le domaine des lettres et de l'histoire de l'art. L'Institut Tessin avait, à partir de 1963, un statut comparable à celui des instituts suédois de Rome et d'Athènes, des centres de recherche consacrés à l'archéologie et aux études classiques, mais sans avoir les mêmes ressources. Dans le contexte de ces instituts, l'historien suédois Frederick Whitling a parlé de *diplomatie académique*, afin de saisir heuristiquement le mélange de diplomatie politique et culturelle effectué par des universitaires dans des fonctions semi-diplomatiques en tant que directeurs des instituts culturels ou des académies, entre la culture nationale et l'internationalisme culturel (Whitling, 2011 : 645–668). Quand l'Institut Tessin au début des années 1960 a été obligé de quitter ses locaux de la rue de Tournon, Lundberg et la Société Tessin ont réussi à convaincre l'État suédois d'acheter de nouveaux bâtiments à Paris en 1965, à savoir l'Hôtel de Marle, au prix d'un million de couronnes. Une condition de la vente était la rénovation complète de l'hôtel ; cette transaction a de fait été effectuée trois ans après l'introduction de la loi Malraux sur la préservation du patrimoine historique[7]. Au cours d'une période de cinq ans, de 1965 à 1970, toutes les constructions parasites rajoutées au palais au fil du temps furent démolies et les bâtiments originaux rénovés, sous la supervision des autorités patrimoniales françaises. Le coût total du projet s'est élevé à huit millions de couronnes[8].

Le rêve de Lundberg était d'y créer un institut de caractère muséal, dont le travail serait consacré aux relations artistiques et culturelles entre les deux pays, où les universités suédoises pourraient proposer à ses étudiants des cours spécialisés en histoire de l'art et où les artistes et chercheurs suédois venant à Paris pourraient être logés ; le tout dans une combinaison de musée et de bibliothèque d'art[9]. Lundberg se voyait lui-même comme le directeur naturel d'un tel établissement.

L'initiative du projet, bien qu'émanant de Lundberg, ne relevait cependant pas de ses compétences. Suivant une ligne d'activité différente, le bureau parisien de l'Institut suédois était impliqué dans une série d'activités d'information (ce que l'on appelait en suédois *Upplysningsverksamhet*, ou par la suite *Sverige-information*) visant le public français, telles que la distribution de brochures, le contact entre les milieux universitaires français et suédois, et la promotion de la Suède contemporaine en France. Il organisait également des voyages d'études et des programmes de bourses pour les Français désireux d'aller en Suède. Nous regroupons ici, à l'instar de l'historien anglais Nicholas Cull, ces activités dans le concept de *diplomatie publique* : « La diplomatie publique est la tentative d'un acteur international de conduire une politique étrangère en engageant des publics étrangers[10]» (Cull, 2008 : xv). Le bureau parisien de l'Institut suédois était donc responsable de ce que l'on pourrait appeler les activités de diplomatie publique suédoise en France.

Politiques culturelles et notions changeantes de culture

La période suivant l'achat de l'Hôtel de Marle par l'État suédois en 1965 et l'ouverture du Centre culturel fournit de nombreux exemples d'un nouveau champ politique émergent, à savoir celui des politiques culturelles. Le projet du Centre culturel était en effet dirigé par le Département des affaires culturelles du Ministère de l'Éducation du jeune Olof Palme[11]. Ce dernier avait initié le travail qui allait aboutir à la proposition de 1974 d'une nouvelle politique culturelle, *1974 års Kulturpolitik*, développée justement par le Département[12]. Cette section était également d'une importance vitale en ce qui concernait le projet d'un centre culturel suédois à Paris. Ancien ami de la France et de sa culture, Carl Johan Kleberg était responsable du projet au sein du ministère. Il est intéressant de noter que l'argument économique était complètement absent dans les enquêtes préliminaires sur le Centre culturel suédois. Alors que les enquêtes contemporaines sur l'avenir de l'Institut suédois ont traité en détail des effets économiques positifs des activités d'information, le Centre culturel, considéré comme une partie de la politique culturelle suédoise, était épargné par la demande de légitimer son existence au regard de son utilité économique.

Et nous nous retrouvons bien évidemment dans une période où les notions mêmes de culture subissaient de grandes transformations, en Suède comme ailleurs en Occident. Nous nous contenterons ici de citer un historien comme Anders Frenander[13]. Si l'on fait la comparaison entre les organes consultatifs du processus d'achat de l'Hôtel de Marle en 1965 avec ceux de l'enquête du Ministère de l'Éducation de 1970, l'extension du projet est révélatrice de ces évolutions. Un tournant vers le « culturel » dans un sens large, vers le monde culturel et ses acteurs, est très visible. Les Départements des langues romanes des universités d'Uppsala, de Lund et de Göteborg sont remplacés par les organisations et institutions centrales de la vie culturelle suédoise. Le but du Ministère était de donner la parole aux *kulturarbetare*, aux « ouvriers de la culture », plus qu'aux universitaires. Le nouveau Centre culturel suédois à Paris allait ainsi devenir un centre pour tous les ouvriers culturels suédois.

La coordination et la centralisation organisationnelles étaient à l'ordre du jour : la standardisation et l'homogénéisation du matériel promotionnel et/ou d'information suédois. Au sein de l'Institut suédois, au Ministère des affaires étrangères comme au Ministère de l'Éducation, on était conscient de l'intérêt porté par la Suède contemporaine en France. Une réflexion sur la nature de l'image de la Suède, ou des images de la Suède, avait été mise en place au sein de l'Institut suédois déjà en 1956 (Hellenes, 2015)[14]. En 1969, avec l'ouverture de la Maison de Suède (*Sverigehuset*) en plein cœur de Stockholm ce débat occupe la presse nationale. Incarnant parfaitement la volonté coordinatrice de certains décideurs suédois, l'immeuble dessiné par Sven Markelius pour la Maison de Suède regroupait les principaux acteurs de la diplomatie publique suédoise : l'Institut suédois, le Département de la presse du Ministère des affaires étrangers et l'Office du tourisme étant les premiers. Pour son ouverture, le Ministère a commissionné une exposition du jeune artiste Pär Stolpe, intitulée « Images de la Suède dans le monde » (*Sverigebilder i världen*). Cette exposition d'inauguration, bien qu'elle ait créé un scandale et ait été arrêtée après une seule journée, car considérée trop subversive, révèle néanmoins l'importance considérable que la direction de l'Institut suédois a donnée à l'*image* du pays (Glover, 2011 : 146–154).

Ce que nous tenons à souligner ici, c'est précisément qu'au fondement de ce processus il y a à la fois une idée très différente de ce que signifie le terme *culture*, et par conséquent aussi ce qu'allait être la nature d'un centre culturel suédois à l'étranger, et de la relation entre culture et information. Les plans initiaux du directeur Lundberg et de la Société Tessin étaient de leur côté très orientés vers les beaux-arts, vers ce que l'on appelle en suédois *högkultur*[15]. À l'opposé, le plan de l'Institut suédois pour le nouveau centre culturel était celui d'un centre qui représentait la vie culturelle suédoise dans tous ses aspects, sélectionnés en coopération étroite avec les organisations représentatives du secteur culturel du pays et en combinaison avec des activités d'information promouvant la société suédoise auprès d'un public français et international[16]. L'Institut pensait faire ce choix en accord avec les demandes du public parisien. Ces idées correspondaient bien à la vision du Ministère de l'Éducation. Le directeur Per-Axel Hildeman, dans un mémorandum envoyé aux représentants du monde artistique et culturel suédois, a proposé l'image du *workshop* pour le nouveau centre culturel, dans le sens « terrain de jeu et forum de débat[17]». Il a ensuite introduit l'idée de paquets thématiques comme colonne vertébrale des activités du centre. « Actualité et variation » étaient pour lui des mots-clés, et on devrait consciemment éviter tout effort de caractère muséal[18]. Hildeman, qui ne voyait pas de distinction nette entre les deux, avait toujours soutenu l'idée d'une combinaison de travail d'information et d'exchange culturel dans le contexte de l'Institut suédois[19]. Par conséquent, le Centre culturel suédois à Paris devrait unir les deux, à travers le principe de ne jamais organiser d'événement singulier, c'est-à-dire de toujours accompagner les manifestations culturelles de campagnes d'information sur la Suède contemporaine et vice versa. Ceci était d'autant plus vrai qu'un institut culturel suédois n'aurait jamais pu s'imaginer entrer en compétition en tant que *musée* avec les galeries, musées et autres institutions culturelles parisiennes sans égal au niveau international. C'était donc un plan d'action nettement différent de celui de l'Institut Tessin, et c'était la piste choisie par le Ministère de l'Éducation avant l'ouverture du Centre[20].

Les activités du Centre culturel suédois

Passons maintenant, pour conclure cet article, brièvement aux activités menées par le nouveau Centre culturel durant ses premières années d'existence. On peut trouver un bon exemple de la stratégie de Hildeman dans une de ses premières manifestations, à savoir l'exposition « Évolution et aménagement du paysage en Suède » (*Kulturlandskap, vad är det för nå't*). Cette exposition a été ouverte avec une réception qui également a servi à lancer un colloque de trois jours sur la politique environnementale, organisé par l'Ambassade de Suède, l'Institut suédois et les autorités environnementales française et suédoise. Le but principal du colloque était « en partie d'établir une coopération plus étroite entre les experts français et suédois de conservation environnementale, et en partie de créer de l'intérêt médiatique sur les questions d'environnement avant le grand colloque de l'ONU sur l'environnement humain, à être organisé à Stockholm en 1972[21] ». En conclusion de l'exposition, L'Institut a organisé un débat public avec deux experts français, Christian Garnier et Jean-Baptiste Barde, les auteurs d'un volume sur la politique environnementale suédoise qui venait d'être publié. Leur ouvrage, *L'Environnement sans frontières*, faisait partie d'une collection publiée par la maison d'édition Seghers, « La Suède en question », qui était financée par l'Institut suédois[22].

L'exposition « Évolution et aménagement du paysage en Suède », sa circulation, son traitement par la presse française ainsi que son imbrication dans certains réseaux franco-suédois, pourrait faire objet d'un examen en détail. La même chose est vraie pour d'autres manifestations organisées au Centre culturel suédois au cours de ces premières années, où l'intérêt français pour la société et la politique suédoise, bref « le modèle suédois » était considéré comme un point fort par l'Institut suédois. D'autres colloques ont été organisés, par exemple sur l'égalité entre hommes et femmes en Suède, la politique culturelle et la démocratie sur le lieu de travail, où experts et politiques se sont réunis pour croiser expériences françaises et suédoises, et ont souvent

été accompagnés de nouvelles expositions d'art ou des films thématiques. Voilà pourquoi nous aimerions, en conclusion, faire écho à
l'historien suédois Andreas Åkerlund, qui, dans une anthologie consacrée aux relations culturelles entre la Suède et l'Allemagne, suggère
que les instituts culturels pourraient constituer un point de départ très
fructueux pour la recherche de transferts culturels (Åkerlund, 2011 :
5–16). Ceci vaut certainement pour le Centre culturel suédois à Paris.
L'examen du milieu autour du Centre constitue un bon point de départ pour une analyse détaillée des circulations d'individus, d'œuvres
et de textes entre les sphères culturelles françaises et suédoises ; celle-
ci conduit à s'interroger par exemple sur la nature des images de la
Suède mobilisées en France suite à l'ouverture du Centre et sur le rôle
des réseaux et d'individus français ou suédois dans ce que l'on pourrait appeler *la communication de la Suède* à Paris. Il est ainsi question
de la rencontre d'une politique publique de promotion culturelle de la
Suède à l'étranger et d'un contexte français et parisien dans lequel ces
activités ont été formées, exprimées et envisagées pour un public plus
ou moins spécifique.

Conclusion

Que peut-on dire, pour résumer, sur la création du Centre culturel suédois de Paris ? Justement que le Ministère de l'Éducation, plus que simplement offrir de nouveaux locaux à Gunnar W. Lundberg et l'Institut
Tessin, a vu dans l'achat de l'Hôtel de Marle la possibilité de renforcer la présence culturelle suédoise dans la capitale française, à travers
la création d'une institution jusqu'ici unique dans l'histoire culturelle
suédoise, qui était également façonnée en fonction de ce que l'on consi-
dérait comme intéressant pour un public parisien. Contre la volonté
de Lundberg, forcé de prendre sa retraite, l'Institut Tessin a été intégré
dans le nouveau centre culturel, administré par l'Institut suédois, désormais une fondation publique consacrée avant tout à la représentation
et la promotion de la culture et la société suédoises contemporaines ;
autrement dit, un tournant de la diplomatie académique à la diplomatie
publique. Pour conclure, nous aimerions suggérer que l'histoire de la
création de l'Institut suédois nous montre que cette institution, plutôt
que de faire partie d'une stratégie explicite de la part du Ministère des
affaires étrangères, représente la victoire d'une notion de culture et des
relations culturelles sur une autre.

Notes

1. La création du Centre culturel suédois n'a jusqu'ici jamais fait l'objet d'analyses historiques. Elle a cependant été brièvement présentée par l'ancien directeur de l'Institut suédois, Per-Axel Hildeman, dans sa chronique des cinquante ans de l'Institut (Hildeman, 1995 : 63), ainsi que par l'ancien directeur du Centre culturel suédois, Carl Henrik Svenstedt (Battail, 1993 : 473–492).

2. D'après l'historien suédois Bo Stråth, c'est la première fois que le terme de « modèle suédois » est utilisé dans le discours politique (Stråth, 2006 : 391).

3. Voir SIUP 1968 : 5–6, SIUP 1969 : 45–46. Le Ministère des affaires étrangères commence dès 1968 la compilation de rapports annuels intitulée « La Suède dans la presse étrangère » (*Sverige i utländsk press, SIUP*).

4. Alors que le bureau à Prague ferma en 1948, le bureau londonien resta en vigueur jusqu'à son inclusion dans l'Ambassade en 1973. Ceci était également le destin initialement conçu pour le bureau parisien par les réformateurs de l'Institut suédois.

5. Protokoll 1970 : 2, bilaga 1 : "Varsel om utredning PM" från Utbildningsdepartementet, Kulturenheten, 31.3.1970. RA, SI2, Serie Ö2 (vol. 4) : 6–7.

6. Sauf autre mention, toutes les traductions sont les miennes.

7. La loi du 4 août 1962, dite loi Malraux, du nom du ministre de la culture André Malraux, vise à compléter la législation sur la protection du patrimoine historique et esthétique français en facilitant la restauration immobilière pour conserver l'intégrité des quartiers et monuments historiques.

8. Utbildningsdepartementet : Stencil 1970 : 15. PM. « Svenska kulturhuset i Paris, verksamhet och organisation », mémorandum du 8.7.1970. RA, SI2, Serie F13 (vol. 3) : 2.

9. Petri & Lundberg au gouvernement suédois "Styrelsen för Institut Tessin i Paris ang. institutets lokalfråga", 10/3–65. Bilaga 2, Hans Nilsson-Ehle "Synpunkter på den framtida verksamheten vid Institut Tessin i Paris", 5.3.1965. Bilaga 3, Sten Karling, "Några synspunkter på Institut Tessin och dess uppgifter", 6.3.1965. RA, SI2, Serie Ö2, Vol. 3.

10. Sur l'usage du concept de diplomatie publique dans le contexte de l'Institut suédois, voir Glover (2011 : 183).

11. Le Ministère des Affaires ecclésiastiques est à partir du 31 janvier 1967 devenu le Ministère de l'Éducation.

12. Pour une étude récente de la formation de la catégorie de politique culturelle en Suède, voir M. Klockar Linder (2014), *Kulturpolitik. Formeringen av*

en modern kategori. Uppsala Studies in History of Ideas 45. Uppsala : Acta Universitatis Upsaliensis.

13. Voir par exemple Frenander (1998 : 158–159).

14. Ce travail aboutira à une publication sur l'image de la Suède à l'étranger, à savoir G. Stridsberg (éd.) (1958), *Sverige-bilden i utlandet : Utdrag ur Svenska institutets klippbok 1951–57*. Stockholm : Svenska Institutet.

15. Utbildningsdepartementet : Stencil 1970 : 15. PM. « Svenska kulturhuset i Paris, verksamhet och organisation », mémorandum du 8.7.1970. RA, SI2, Serie F13 (vol. 3) : 10–11.

16. Utbildningsdepartementet : Stencil 1970 :15. PM. "Svenska kulturhuset i Paris, verksamhet och organisation", mémorandum du 8.7.1970. RA, SI2, Serie F13 (vol. 3) : 22.

17. Hildeman, "PM angående kulturverksamheten i det svenska kulturhuset i Paris", mémorandum du 16.10.1968. RA, SI2, Serie F13 (vol. 3) : 1.

18. *Ibid.*

19. Pour une analyse plus approfondie de Hildeman et de ses perspectives sur la nature du travail de l'Institut suédois, voir Glover (2011), en particulier « Public relations and the public's relations of the nation », 138–155.

20. Utbildningsdepartementet : Stencil 1970:15. PM. "Svenska kulturhuset i Paris, verksamhet och organisation", mémorandum du 8.7.1970. RA SI2, Serie F13 (vol. 3) : 23–24.

21. Grate, "Rapport över verksamheten vid Pariskontoret 1.1–31.3 1971", 2. CCS, Serie B1 (vol. 2).

22. *Ibid.*

Références

Sources non publiées :

Riksarkivet (RA) (Archives nationales de Suède) (RA),

Svenska institutet 2 (SI2), Serie F13, Vol. 3 ; Serie Ö2, Vol. 3–4.

Svenska institutet i Paris (CCS) (Institut suédois à Paris), Serie B1, Vol. 2.

Sources publiées

Martinet, G. (1969), « Vérités sur le 'modèle suédois' ». *Le Nouvel Observateur*, 30 juin.

Servan-Schreiber, J.-J. (1967), *Le défi américain*. Paris : Denoël.

SIUP 1968 (Sverige i utländsk press/La Suède dans la presse étrangère).

SIUP 1969 (Sverige i utländsk press/La Suède dans la presse étrangère).

Stridsberg, G. (éd.) (1958), *Sverige-bilden i utlandet : Utdrag ur Svenska institutets klippbok 1951–57*. Stockholm : Svenska Institutet.

Bibliographie

Cull, N. J. (2008), *The Cold War and the United States Information Agency: American propaganda and public diplomacy, 1945–1989*. Cambridge : Cambridge University Press.

Faramond, G. de (2000), *La Suède et la France*. Stockholm : Institut suédois.

Frenander, A. (1998), *Debattens vågor: Om politisk-ideologiska frågor i efterkrigstidens svenska kulturdebatt*. Arachne 13. Göteborg : Institutionen för idé- och lärdomshistoria.

Glover, N. (2009), « Imaging Community : Sweden in 'cultural propaganda' then and now ». *Scandinavian Journal of History*, vol. 34, n. 3 : 246–263.

— (2011). *National relations. Public diplomacy, national identity and the Swedish Institute, 1945–1970*. Lund : Nordic Academic Press.

Hellenes, A. M. (2015, à paraître), « Institut suédois et images de la Suède à Paris dans l'après-guerre ». *Revue d'histoire nordique* 19.

Hildeman, P.-A. (1995), *Upplysningsvis : Svenska institutet 1945–1995*. Stockholm : Almqvist & Wiksell.

Paschalidis, G. (2009), « Exporting national culture: histories of Cultural Institutes abroad ». *International Journal of Cultural Policy* 3 (vol. 15) : 275–289.

Stråth, B. (2006), « La construction d'un modèle nordique : pressions externes et compromis interne ». *Revue internationale de politique comparée* 3 (vol. 13) : 391–411.

Svenstedt, C. H. (1993), « La petite maison dans le Marais », in Battail, M. & J.-F. (éd.), *Une Amitié millénaire. Les relations entre la France et la Suède à travers les âges*. Paris : Beauchesne : 473–492 .

Whitling, F. (2011), « Relative Influence: Scholars, institutions and academic diplomacy in post-war Rome. The case of the German libraries (1943–53) ». *The International History Review* 4 (vol. 33) : 645–668.

Östberg, K. & Andersson, J. (éd.) (2013), *Sveriges historia 1965–2012*. Stockholm : Norstedts.

Åkerlund, A. (2011), « Kulturtransfer och kulturpolitik », in Åkerlund, A. (éd.), *Kulturtransfer och kulturpolitik*. Uppsala : Swedish Science Press (Opuscula historica Upsaliensia) : 5–16.

Ett unikt kulturflöde. Den svenska skönlitteraturens väg till Frankrike

Andreas Hedberg
Université d'Uppsala

Utflödet av skönlitteratur från Sverige (det vill säga översättningen av svensk skönlitteratur till andra språk) har hittills fått relativt begränsad uppmärksamhet inom litteraturvetenskapen. Den svenska forskningen om så kallad världslitteratur (*world literature*), som har vitaliserats de senaste åren, har främst inriktat sig på *inflödet* av skönlitteratur till Sverige, och trots flera goda specialstudier av det litterära utflödet under tidigare epoker saknar vi en systematisk bild av läget för de senaste decennierna.

Detta har blivit tydligt inte minst sedan svensk underhållningslitteratur (till exempel genom det så kallade svenska deckarundret) börjat spela en avgörande roll på den internationella bokmarknaden.

Vid Avdelningen för litteratursociologi i Uppsala bedrivs sedan några år tillbaka forskning inom profilområdet Svensk skönlitteratur i världen (SIV). Arbetet har hittills resulterat i antologin *Svensk litteratur som världslitteratur* (Svedjedal, 2012). Profilområdets främsta syfte är att göra något åt vår bristfälliga kunskap om den svenska skönlitteraturens plats på den globala litterära marknaden.

Forskarna knutna till profilområdet SIV vill alltså – genom översättnings-, marknads- och förmedlingsstudier – utöka förståelsen för hur svensk skönlitteratur blir världslitteratur. Dessutom vill vi försöka finna det som är unikt för vart och ett av de stora språkområdena. Det vill säga: hur skiljer sig exempelvis Frankrike från Tyskland och USA när det gäller mottagandet av svensk litteratur, svenskundervisning och uppfattningen om Sverige och det svenska.

How to cite this book chapter:
Hedberg, A. 2015. Ett unikt kulturflöde. Den svenska skönlitteraturens väg till Frankrike. In: Cedergren, M. et Briens, S. (eds.) *Médiations interculturelles entre la France et la Suède. Trajectoires et circulations de 1945 à nos jours.* Pp. 111–117. Stockholm: Stockholm University Press. DOI: http://dx.doi.org/10.16993/bad.i. License: CC-BY

Världslitteratur

Vi återkommer ofta till begreppet världslitteratur. Och det är vi långt ifrån ensamma om. Forskare som David Damrosch och Franco Moretti har inspirerat alltfler litteraturvetare till studier av litteraturen som globalt fenomen. För att förstå hur vi inom profilområdet SIV arbetar med exempelvis litteraturflöden mellan Sverige och Frankrike är det viktigt att förstå världslitteraturen som problem.

Begreppet har blivit mycket populärt inom den internationella forskningen. Det hänger delvis ihop med globaliseringen, och nya förutsättningar för bokproduktion inom det som på engelska kallas "the global village". Men det är också ett sätt att reagera på det som kallas humanioras kris, något som inte bara drabbat svenska litteraturvetare utan humanister i världen som helhet. Här finns ett nytt fält med konkreta problem där det fortfarande finns mycket kvar att göra. En återkommande metod är så kallad "distant reading", ett perspektiv som ger ett överskådligt helikopterperspektiv på litteraturen. Närläsning blir ett minne blott; istället ägnar sig forskaren åt att studera litteraturens materiella villkor. För att förstå litteraturen, menar avståndsläsaren, måste vi sluta läsa böcker.

När man intresserar sig för frågan om kulturflöden, exempelvis mellan Sverige och Frankrike, är det nästan omöjligt att undvika begreppet världslitteratur. Tyvärr finns det en stor oenighet kring vad själva ordet betyder. Det användes av Goethe redan på 1820-talet. När han pratade om *Weltliteratur* syftade han främst på nationallitteraturernas minskande betydelse i samband med det allt djupare samarbetet mellan intellektuella från till exempel Tyskland, Frankrike och England.

Idag finns det som sagt många tolkningar av begreppet. Vissa vill använda det för att tala om ett slags hyperkanon, det vill säga omistliga verk från hela världen, ungefär som den amerikanske litteraturvetaren Harold Blooms bekanta lista över världskanon. Andra använder ordet för att tala om summan av världens alla nationallitteraturer.

Det här menar jag är konservativa eller utopiska sätt att använda begreppet. Jag tror, liksom Moretti, att man måste tänka sig världslitteraturen som ett problem snarare än som ett objekt. Världslitteratur är alltså *ett sätt att se* på litteratur, och det vi då är särskilt intresserade av är hur litteratur korsar gränser, hur det sker och vad som då händer med litteraturen. Vad det är för *slags* litteratur spelar alltså mindre roll.

En föränderlig världsmarknad

Litteraturens färdvägar förändras mycket snabbt just nu, och har gjort det i åtminstone ett par decenniers tid. Länge fanns väldigt tydliga, traditionella färdvägar – mönster som ständigt upprepades när svensk litteratur nådde en internationell marknad. Den vanliga färdvägen var via Danmark till Tyskland och därefter ut i världen. Danska och tyska var alltså betydelsefulla transitspråk, på vägen till exempelvis franska.

Vad som har hänt på sistone är att böcker idag kan ta helt nya vägar, och att resan ut i världen går betydligt snabbare. Ett exempel kan hämtas från deckarlitteraturen. Maria Lang, som debuterade 1950, och blev en relativt framgångsrik författare såväl i Sverige som internationellt, översattes till åtta språk under 39 år. Hennes sentida kollega Camilla Läckberg, som debuterade 2004 och snabbt fick storartade framgångar i Sverige och utomlands, översattes till 24 språk på bara sju år. För Lang tog det 24 år att bli utgiven på franska, för Läckberg tog det 4.

Svenska författare i Frankrike

Inom profilområdet SIV har jag personligen intresserat mig för den svenska litteraturens roll i Frankrike, som är speciell jämfört med motsvarande roll i andra länder. Det är förstås ett stort ämne, och än så länge rör det sig om ett forskningsprojekt som ännu inte genomförts. Mina slutsatser är alltså preliminära och projektets utgångspunkter är fortfarande öppna för diskussion.

Sverige och Frankrike har en lång tradition av kulturellt utbyte. Ofta har det förstås varit fråga om språkliga och kulturella fenomen som rört sig norrut, från Paris till Stockholm. Den svenska akademien, som modellerats efter den franska, är bara ett av många exempel. Men vi skall heller inte försumma de kulturprodukter som färdats den motsatta vägen. Svenskan är visserligen ett litet språk vad gäller antalet förstaspråkstalare (i den meningen återfinns svenskan på plats 90 bland världens språk), men som litterärt källspråk finns den enligt statistiken bland de tio största språken i världen (Svedjedal, 2012: 36).

Det är naturligtvis anmärkningsvärt och jag tror att de svensk-franska kulturrelationerna har haft en viss betydelse för att det har blivit så. Översättningar till franska har – liksom översättningar till tyska – helt enkelt spelat en stor roll för den svenska skönlitteraturens fortsatta spridning i världen.

Frankrike var till exempel den första stora utländska marknaden för Stieg Larssons numera världskända kriminalromaner i Millenium-serien. Men det finns åtskilliga äldre exempel. Flera svenska författare, kanske främst August Strindberg, har gjort ambitiösa försök att slå igenom på den franska parnassen. Under 1890-talets vurm för skandinavisk dramatik ("l'École Nordiste") spelades *Fröken Julie* (*Mademoiselle Julie*), *Fadren* (*Père*) och *Fordringsägare* (*Créanciers*) i Paris, där de möttes med ett relativt stort intresse, framför allt i pressen. Romanen *En dåres försvarstal* utgavs första gången på franska (*Le plaidoyer d'un fou*, 1895).

Också andra svenska författare slog igenom i Frankrike, dock utan Strindbergs personliga närvaro och engagemang. 1905 publicerades den franska översättningen av Selma Lagerlöfs *Gösta Berlings saga* (och några år senare fick hon som första kvinna Nobelpriset), vilket blev början för en åtminstone halvsekellång storhetstid för Lagerlöfs författarskap i Frankrike.

Eyvind Johnson var på 1920-talet bosatt i Paris; hans roman *Stad i ljus* (1928) publicerades där (med titeln *Lettre recommandée*) redan 1927. Sex verk av Harry Martinson har översatts sedan 1938. 1954 utgavs Stig Dagermans roman *Bränt barn* på det franska prestigeförlaget Gallimard. Dagerman skulle komma att få mycket uppmärksamhet från franska kritiker och författarkollegor, något som betonats av Nobelpristagarna Jean-Marie Le Clézio och Patrick Modiano.

En första fråga man kan ställa sig är varför svenska författare och förläggare lagt ner så mycket tid och kraft på att närma sig den franska marknaden. En viktig delförklaring är föreställningen om Paris som "la capitale de l'univers littéraire", som den franska litteraturvetaren Pascale Casanova uttryckt det i sin inflytelserika bok *La république mondiale des lettres* (1999). Casanovas tes är att en författare som vill bli en del av världslitteraturen först måste erövra Paris. Denna tes är förstås drastiskt formulerad, och har också mött rättmätig kritik. Men oavsett om Casanova har rätt eller inte så är den föreställning hon formulerar tillräckligt välspridd för att påverka handlingsmönster i den litterära världen.

Institutioner och deras betydelse

Påfallande många svenska författare har alltså spelat en relativt stor roll i Frankrike. Men det särskilda förhållandet mellan svensk och fransk litteratur kan inte enbart förklaras med hänvisningar till sådana framgångsrika individer. Det finns andra, betydligt mer generella strukturer, som präglat utgivningen av svensk skönlitteratur på franska.

I Frankrike finns exempelvis förlag specialiserade på skandinavisk litteratur (Actes Sud med flera), samt tongivande nordister eller skandinavister, till exempel vid Sorbonne (Langues et littératures scandinaves), som på olika sätt bidrar till den franska bokbranschens kännedom om svenska författare.

Frankrike är det femte landet i världen när det gäller antal universitetsstudenter som studerar svenska – de är uppskattningsvis mellan 600 och 700 sammanlagt. Undervisningen finansieras delvis av Svenska institutet, som satsar mer pengar per student i Frankrike än i något annat land, med undantag för Ryssland och Polen.

Den franska skandinavistiken har dessutom ett annat fokus än till exempel den engelska. Medan man i England intresserar sig betydligt mer för filologi och ett äldre germanskt kulturarv som är gemensamt för svenskar och engelsmän, fokuserar man i Frankrike mer på nutida förhållanden. Skandinavistiken har alltså inte samma roll som stöddisciplin för historia och kulturhistoria. Frågar man de som studerar svenska i Frankrike hur de planerar att använda sina kunskaper är det många som svarar att de vill arbeta som översättare.

Både från fransk och svensk sida finns också statliga stödformer; översättningsbidrag (från till exempel Kulturrådet) och resebidrag (från till exempel Svenska institutet) bidrar till kontakterna mellan franskt och svenskt kulturliv. Dessa bidrag kan i sin tur ytterligare förbättra möjligheterna för de personliga kontakter som sedan länge spelat en avgörande roll för förmedlingen av litteratur mellan Sverige och Frankrike.

Statistik från Kulturrådet visar att franska förläggare och översättare är mycket aktiva när det gäller att söka översättningsstöd (17 ansökningar 2011 och lika många 2012, vilket placerar Frankrike på plats fyra respektive fem på listan över länder med flest ansökningar).

Frankrike som undantag

Vad har då allt detta fått för effekt när man statistiskt undersöker den svenska litteraturens plats i Frankrike? Jo, det finns intressanta skillnader mellan Frankrike och de andra världsspråken. Ett exempel är andelen barn- och ungdomslitteratur. Litteratur för barn och ungdom är Sveriges utan jämförelse viktigaste bidrag till världslitteraturen. Ser man till det totala antalet utgåvor av svensk barn- och ungdomslitteratur på samtliga utländska språk utgör de ungefär 60 procent av den totala utgivningen av svensk skönlitteratur. Andelen varierar förstås på olika språkområden. Engelskan ligger nära genomsnittet med 57 procent. På japanska är andelen så hög som 84 procent. Franskan däremot, sticker ut med en betydligt lägre andel, bara 39 procent. (Sifferuppgifterna i detta avsnitt är baserade på sökningar i Kungl. bibliotekets bibliografi *Suecana Extranea*; för en diskussion om denna, se mitt bidrag i Svedjedal, 2012.)

Det är också anmärkningsvärt att kanoniserade författarskap blivit särskilt väl spridda på den franska bokmarknaden. Astrid Lindgren (som dominerar mycket stort på de flesta av målspråken) överträffas på franska klart av Selma Lagerlöf, samtidigt som August Strindbergs ställning är lika stark som Lindgrens. Även nu verksamma författare som kan räknas till den kanoniserade litteraturen har fått jämförelsevis stor spridning i Frankrike, exempelvis P. O. Enquist, Lars Gustafsson och Kerstin Ekman.

En bidragande orsak torde vara det relativt tidigt befästa kulturella utbytet mellan Sverige och Frankrike, vilket lagt grunden för en betydligt bredare utgivning. Det franska språkets höga status på det litterära fältet har sannolikt också varit betydelsefull. Författare vars verk placerats på vad Pierre Bourdieu har kallat den begränsade produktionens fält – bland vilka endast ett fåtal varit författare av barn- och ungdomslitteratur – bör ha efterfrågat översättningar till just franska. Deras personliga engagemang (till exempel Strindbergs) tycks också ha burit frukt.

Enskilda personliga insatser från framgångsrika översättare som C. G. Bjurström (1919–2001) har också bidragit till den stora andelen vuxenlitteratur i litteraturflödet mellan Sverige och Frankrike. Bjurströms stora betydelse framgår mycket tydligt om man ser kvantitativt på hans verksamhet. Enligt min egen uppskattning har han stått bakom eller medverkat till cirka 7 procent av det samlade antalet översättningar av svensk skönlitteratur till franska, vilket förstås är anmärkningsvärt.

Andra flitiga översättare har också spelat en stor roll för kulturutbytet mellan Sverige och Frankrike. Jag vill särskilt nämna Philippe Bouquet (177 verk), Marc de Gouvenain och Lena Grumbach (80 verk), och Elena Balzamo (31 verk). (Siffrorna gäller antalet översatta verk av svenska författare som finns förtecknade i Denis Ballus bibliografi *Lettres Nordiques. Une bibliographie, 1720–2013.*)

Början, inte slutet

Alla de faktorer som jag nu har nämnt – skandinavistiken, förläggarna, stödformerna, översättarna – behöver förstås utredas ytterligare. Och framför allt är jag förstås intresserad av hur de hänger ihop.

Exempel på frågeställningar är: Hur får förläggare och översättare i Frankrike kännedom om svensk skönlitteratur? Vilka relationer och beslut präglar översättarnas val av källtexter? Vilka institutionella och ekonomiska villkor präglar utgivningen? Vilken bakgrund har de centrala aktörer som arbetar för svensk litteratur i Frankrike?

Än så länge är det här frågor utan uttömmande svar. För att finna de här svaren krävs mer arbete, och samarbete med aktörer på flera olika fält. Och det är just det här, frågorna utan svar, som känns så stimulerande. Franco Moretti har lite elakt sagt att det är frågorna utan svar som är framtidslöften, särskilt på ett fält som vårt, där vi – enligt honom – är vana vid att bara ställa de frågor som vi redan vet svaret på.

Moretti, som lagt så mycket kraft på att utveckla och bekantgöra "distant reading" som metod, understryker att detta helikopterperspektiv främst syftar till att finna frågorna för fortsatta undersökningar. För att verkligen finna svaren, menar han, måste forskaren överge "the quantitative universe". På hans forskningsfält råder vad han kallar för "the total *heterogeneity of problem and solution*". Den kvantitativa metoden skapar frågor, svaren kräver djuplodande undersökningar av en helt annan karaktär.

När det gäller kulturflöden mellan Sverige och Frankrike krävs en kvalitativ undersökning, utformad med ledning av de frågor som formulerats ovan, av alla de instanser som nämnts i denna uppsats: skandinavistiken, förläggarna, stödformerna, översättarna. Där finns förklaringen till de säregna litterära band som förbinder Sverige med Frankrike.

Bibliographie

Casanova, P. (1999), *La République mondiale des lettres*. Paris : Seuil.

Moretti, F. (2008), *Graphs, Maps, Trees. Abstract Models for Literary Historia*, London : Verso.

Svedjedal, J (éd.), *Svensk litteratur som världslitteratur. En antologi*. Uppsala : Kph, Uppsala.

Constructions identitaires en mouvement dans le récit de voyage *Önskeresan* de Göran Schildt

Harri Veivo
Université de Caen Normandie

À la fin des années 1940, de nombreuses villes européennes – comme Cologne, Rotterdam, Le Havre – sont en ruines et plusieurs milliers de personnes vivent dans des camps de transit dans l'attente – ou la crainte – d'un retour au pays. L'économie peine à redémarrer, les aliments de base restent rationnés, les pays de l'Europe centrale et de l'Est sont en train de basculer dans le totalitarisme et la culture cosmopolite et multi-ethnique de ces pays s'est noyée dans la terreur de la guerre et de la Shoah. La liste des calamités est longue, mais il nous faut souligner ici que les ravages de la guerre ont également contribué à une possibilité de changement, qui devient indispensable. « La guerre a tout changé, écrit l'historien Tony Judt, un retour à l'état d'avant 1939 était hors de question presque partout[1] » (Judt, 2010 : 63). C'est dans ce contexte de contrastes, de ruptures et de déchirures que l'écrivain et historien d'art Göran Schildt (1917–2009) entame un voyage en bateau à voile de Stockholm à Rapallo via le Danemark, l'Angleterre et la France. Il a d'abord publié le récit de son voyage sous forme d'articles dans le quotidien suédois *Svenska Dagbladet*, puis en livre *Önskeresan* [« Voyage de rêve »] en 1948. Succès de librairie, il est bientôt traduit en six langues ; les ventes permettent à Schildt de devenir écrivain professionnel et de continuer ses voyages en Mer d'Egée, en Mer Noire, sur le Nil et ailleurs. Pour de nombreux lecteurs, *Önskeresan* a sans doute été un contrepoids à l'isolement de l'après-guerre ainsi qu'un important facteur dans la reconstitution de l'image d'une Europe divisée après les horreurs de la guerre, tout en offrant en même temps le modèle d'un homme libre et authentique

How to cite this book chapter:
Veivo, H. 2015. Constructions identitaires en mouvement dans le récit de voyage *Önskeresan* de Göran Schildt. In: Cedergren, M. et Briens, S. (eds.) *Médiations intercul-turelles entre la France et la Suède. Trajectoires et circulations de 1945 à nos jours.* Pp. 118–129. Stockholm: Stockholm University Press. DOI: http://dx.doi.org/10.16993/bad.j. License: CC-BY

(voir Zilliacus, 2000 : 215). Pour Schildt, cela représentait plus encore. Grièvement blessé à la guerre, il s'était promis de faire ce voyage « de rêve » s'il parvenait à survivre. Ce texte devient alors un acte de réaffirmation et de reconstruction de l'identité personnelle, mais en même temps un acte de fidélité et de reprise de contacts et appartenances plus anciennes avec la France qui a joué un rôle prépondérant dans la vie de l'auteur avant la guerre. Cet acte situe Schildt dans le croisement de plusieurs cultures, dont il sera le passeur et le médiateur. Écrivain svécophone finlandais, installé en Suède après la guerre et parfaitement intégré à la vie culturelle de Stockholm, Schildt construit son récit sur l'Europe par rapport à la Finlande, la Suède et l'espace nordique. En même temps, il développe une identité cosmopolite en esprit et dans la vie pratique : passionné par la culture européenne, il est prêt à partager l'espace exigu de son bateau avec des amis de nationalités différentes ou à provoquer des rencontres inattendues avec des inconnus dont il croise le chemin. Dans le récit qu'il livre de son voyage, ces deux dimensions entrent dans un jeu réciproque, les péripéties du voyage et les rencontres déplaçant les repères identitaires et bousculant les conceptions sur les pays et les cultures que l'écrivain développe dans un travail de réflexion constant.

Dans cet article, je vais en premier temps situer Göran Schildt dans le contexte de son temps, en me focalisant notamment sur sa position particulière entre générations et classes sociales et sur son internationalisme et sa francophilie affirmés. Ces facteurs ont conditionné la construction identitaire de l'écrivain, constituant un fil qui relie les expériences de jeunesse de l'avant-guerre avec les essais et les récits de voyage de l'après-guerre. Je vais ensuite analyser *Önskeresan* avec une attention particulière sur la façon dont la perception et la conception que l'écrivain a des pays, cultures et nations évoluent sous l'influence de la mobilité[2]. La fin de l'article sera consacrée à une discussion sur le cosmopolitisme de Schildt, vu notamment par rapport aux débats contemporains sur la potentialité critique de sujets transnationaux et les conditions de partage des valeurs, idées et émotions au-delà des frontières nationales. Ces thèmes sont redevenus d'actualité dans le contexte de la globalisation des rapports politiques, économiques et culturels ainsi que par la mobilité accrue de populations à l'échelle mondiale ; il sera intéressant de voir comment le cas Schildt, sujet mobile entre sphères cultures différentes et en déplacement dans un paysage de ruines et de reconstruction, peut contribuer à cette réflexion.

Göran Schildt entre classes et générations

Schildt est revenu sur son enfance et l'histoire de sa famille à de nombreuses reprises. Pour notre thème, ses mémoires *Lånade vingar* (1995) et *Tvivlets gåva* (2000) constituent des sources de première importance. Dans ces livres, Schildt raconte notamment l'histoire de son père, l'écrivain Runar Schildt (1888–1925), et les conséquences que son suicide a eues sur sa jeunesse. La famille Schildt, d'origine allemande, a acquis ses titres de noblesse en Suède en 1642 puis en Finlande en 1818. La branche finlandaise compte dans ses rangs des médecins, des grands propriétaires fermiers, mais aussi des hommes politiques acquis à la cause de l'éveil national finlandais. Le père de Runar Schildt, souffrant de troubles psychiques et incapable de faire carrière, s'était marié avec une femme d'origine modeste, fille d'un cordonnier. Après la mort précoce de son père, Runar Schildt grandit dans une situation économiquement difficile et socialement située entre les classes avec à la fois un pied dans la noblesse et l'autre dans la classe ouvrière. Selon Göran Schildt, cette position a fait de son père un étranger au sein de sa propre société : « Il est devenu un observateur étranger qui regardait avec une certaine jalousie l'assurance et la solidarité des "forts", mais ne sentait d'affinité qu'avec les "faibles", les vaincus et les exclus » (Schildt, 1995 : 41). La littérature est devenue dans ce contexte un moyen de réussite sociale pour Runar Schildt ; lorsqu'il a senti sa créativité s'épuiser, il a choisi le suicide, craignant de devenir « un homme complètement inutile et insignifiant » (lettre d'adieu de Runar Schildt, citée dans Schildt, 1995 : 34). Selon l'interprétation de Göran Schildt, son père a fait sa carrière littéraire trop tôt, dans une situation historique où les écrivains étaient toujours dépendants du soutien d'un public conservateur et, par voie de conséquence, de leur approbation morale. Ce n'est que la génération des modernistes des années 1920 – représentée par Hagar Olsson, Elmer Diktonius, Rabbe Enckell, Gunnar Björling par exemple – qui a pu émanciper la littérature de cette position.

Schildt affirme que l'héritage de son père – et notamment son œuvre littéraire – a « exercé une influence sur [lui] dans le sens où il [l]'a poussé à continuer les questionnements de [son] père, mais [l]'a aussi incité à le contredire » (Schildt, 2000 : 26). Des éléments similaires se retrouvent en effet dans le récit que Göran Schildt offre de sa propre jeunesse, et le thème fondateur de l'œuvre du père, « le problème de savoir si un homme peut et doit rester un observateur extérieur par rapport à la réalité » (Schildt, 2000 : 27), joue également un rôle central dans l'œuvre du fils.

Après la mort du père, la famille a des revenus sûrs, mais relativement modestes. Schildt grandit pourtant protégé par les amis de son père, dans un contact proche avec la haute bourgeoisie d'Helsingfors. Il arrive à la majorité dans les années 1930, dans un contexte culturel où la percée du modernisme recule face à l'endurcissement du climat idéologique en Europe et en Finlande. Après avoir obtenu son baccalauréat, Göran Schildt reçoit un héritage qui lui permet de passer l'année 1934–5 en France où il visite d'abord le Midi et s'inscrit ensuite à la Sorbonne. À Paris, il habite chez Mme de Coppet, la veuve du premier ambassadeur de la France en Finlande. Le séjour en France est pour Göran Schildt un véritable acte de construction identitaire. « Ce qui m'attirait, écrit-il dans *Lånade vingar*, était la liberté de l'esprit, les traditions humanistes et l'aventure créative, caractéristiques que j'associais spontanément à la France » (Schildt, 1995 : 60). Grâce à ces valeurs que Schild attache à la France, le pays représentait un contre-modèle à l'Allemagne et l'Angleterre. L'Allemagne, une destination traditionnelle pour les étudiants finlandais et une source d'influence importante pour les modernistes des années 20, était jugé trop discipliné et collectif par le jeune Schildt, et l'Angleterre, le choix de son frère Christoffer, trop conventionnel et matérialiste. Un voyage en Italie en 1937 avec Georg Henrik von Wright, le futur professeur de philosophie à Oxford et à Helsingfors, permet d'approfondir cette recherche des valeurs humanistes et met en place le fondement d'un dispositif de comparaison des pays et des cultures, qui s'attache à l'opposition du « Nord » et du « Sud » et qui se retrouve dans *Önskeresan*.

Après son séjour parisien, Göran Schild étudie à l'Université d'Helsingfors, où il suit notamment les cours d'Yrjö Hirn, dont la longue carrière avait déjà influencé la génération de son père et celle des modernistes des années 20. Hirn défendait une conception kantienne mettant en valeur la nature désintéressée de la contemplation esthétique et l'autonomie de l'art et de la littérature (voir par exemple Zilliacus, 2000 : 206–208). En opposition à Hirn, Schildt a alors forgé sa propre conception, insistant sur la valeur heuristique de l'art dans l'existence et sa capacité à fournir « du matériel pour une vision du monde pratique, des clés pour interpréter l'existence et une échelle de valeurs à suivre » (Schildt, 1995 : 46). D'autre part, il raconte avoir souffert d'une conscience trop aigue, d'un réflexe d'observation inévitable face à l'existence, se rendant ainsi étranger à la vie pratique et active. Si ces propos rappellent l'œuvre et le destin tragique de son père, c'est la culture française, et plus spécifiquement Paul Cézanne et André Gide, sujets de deux essais écrits pendant la guerre, qui a aidé le jeune Schildt à réfléchir sur ce handicap intellectuel. Dans la vie de Cézanne, il aperçoit un clivage entre le moi esthétique de l'artiste et son moi quotidien. Ce clivage produit ce que Schildt appelle « le dilemme » ou « cercle vicieux » romantique et qui frappe la vie quotidienne de négativité (Schildt, 1946a : 38–39, 76). Il aperçoit le même phénomène dans la vie et l'œuvre de Gide, mais alors que Cézanne cherchait à échapper au dilemme par une réinvention du classicisme, Gide est prêt à poursuivre « la spontanéité dans l'expérience de réalité », même au prix d'actes que la société considère comme immoraux (Schildt, 1946b : 54). Écrivain courageux montrant la voie de sortie du dilemme personnel, Gide est devenu pour Schildt une figure salutaire et le compagnon d'un dialogue épistolaire qui s'est étendu sur plusieurs années.

Si l'on compare ces deux essais, on aperçoit que celui sur Gide, fruit d'un travail de longue haleine entamé dans les années 1930 et écrit en Finlande pendant la Deuxième Guerre Mondiale, se distingue à la fois par la perspicacité des analyses et l'absence quasi-totale de références à d'autres ouvrages sur l'auteur ; il s'agit clairement d'un essai sur l'œuvre de Gide et sur les dilemmes personnels de l'auteur de l'essai. Dans ce sens, il caractérise à l'extrême le trait constitutif de la francophilie de Schildt que nous avons évoqué plus tôt dans le commentaire sur le choix entre l'Allemagne, l'Angleterre et la France : l'intérêt qu'il a porté sur la culture française est motivé par le besoin de forger son identité personnelle à travers un dialogue avec des figures tutélaires dont les préoccupations correspondent à sa situation existentielle particulière. L'étude sur Cézanne est par contre plus ancrée dans les discussions contemporaines sur l'histoire de l'art moderne. Schildt utilise à la fois sa connaissance des mouvements internationaux et du domaine finlandais, caractérisant par exemple l'expressionisme dans les arts visuels par référence au poète moderniste finlandais Elmer Diktonius. L'essai continue la tradition du cosmopolitisme comme « stratégie locale » typique à la génération des écrivains svécophones de la Finlande des années 20 : la connaissance de l'art international permet à l'auteur avant tout d'acquérir du capital culturel dans le champ national (la Finlande) et régional (la Finlande et la Suède ; voir Nyberg, 2012). Bien qu'il s'agisse d'une œuvre commandée pour une série de monographies sur les peintres contemporains, l'essai fût accepté comme thèse de doctorat à l'université d'Helsingfors en 1947. Schildt a cependant renoncé à la carrière universitaire qui s'ouvrait à lui, préférant la liberté de l'écrivain aux contraintes du professeur, ce qui ne l'a pas empêché de devenir un spécialiste reconnu de l'œuvre d'Alvar Aalto.

Constructions mobiles du « nord » et du « sud »

Le récit de voyage *Önskeresan* s'inscrit dans la continuité des essais sur Cézanne et Gide et de la réflexion artistique, intellectuelle et existentielle qui les motive. Si les deux essais tournent autour du dilemme existentiel de l'auteur, déchiré entre l'art et la vie, la contemplation et la participation, le voyage et l'acte de le configurer dans le récit lui offrent un moyen de le dépasser. Le mode de transport, le bateau à voile *Daphne*, joue un rôle important ici, tout comme le travail d'écriture. La voile est pour Schildt le moyen d'affirmer à la fois « la conscience dont [il] ne peut pas se libérer et la fusion avec le moment présent qu'[il] appelle le flot de la vie » (Schildt, 1995 : 214). En même temps, l'écriture de voyage lui offre la possibilité de réfléchir sur la culture, les arts et la tradition humaniste européenne, de mettre à profit ses connaissances encyclopédiques, et de lier ces réflexions et connaissances à la narration des événements, aux actions et rencontres qui ont lieu dans la vie pratique et concrète, et qui mettent parfois en question les conceptions théoriques et les représentations figées de l'auteur. Il faut souligner ici le rôle fondamental de la mobilité. S'il est vrai, comme l'écrit Jean-Marc Moura, que « l'appréhension d'une réalité étrangère par un écrivain […] n'est pas directe, mais médiatisée par les représentations imaginaires du groupe ou de la société auxquels il appartient » (Moura, 1998 : 45) et que la question de référence peut ainsi être mise en parenthèses dans l'analyse, il est important de prendre également en considération « les lignes de résistance » (Eco, 1999 : 261) que la réalité peut opposer aux représentations et qui conditionnent leurs conditions de félicité sans pour autant déterminer leurs contenus. La mobilité fait ressortir cette résistance ou friction et montre ainsi les limites des représentations imaginaires ; elle a une potentialité critique qui concerne tout aussi bien le sujet observant et écrivant que l'objet décrit dans la narration.

Le voyage de Schildt, de Stockholm à Rapallo, peut être caractérisé comme un déplacement graduel d'une aire culturelle familière et quotidienne vers un « ailleurs » qui, bien que connu grâce aux voyages de l'avant-guerre, reste un domaine inconnu, objet de découvertes et projections. Il s'agit d'un voyage qui va du « même » vers ce qui est « différent », donc d'une traversée de frontière, mais comme ces notions sont relatives et non pas absolues, le voyage déplace la frontière et la repousse toujours plus loin. Comme l'écrit Schildt, lors du passage à Rouen, ville exotique et méridionale pour l'auteur dans sa jeunesse mais nordique et ennuyeuse pour Flaubert, « ce qui est le sud pour l'un peut être le nord pour un autre. Le sud est une direction, pas un lieu » (Schildt, 1957 : 83). Cette « vérité triviale » produit dans le texte un jeu complexe de positionnements relatifs rendus dynamiques par la mobilité qui ne laisse aucun terme intact. Ce jeu repose sur des comparaisons qui établissent des similarités et des différences, mais qui permettent aussi d'apercevoir les entités mises en relation « les un[e]s à travers les autres, en termes de relations, d'interactions, de circulation » (Werner & Zimmermann, 2003 : 15–16). Dans l'œuvre de Schildt, ce n'est pas uniquement le poète finlandais Diktonius qui sert à caractériser l'expressionisme français au public suédois ; d'autres éléments aussi sont susceptibles de changer de place et de signification afin d'ouvrir de nouvelles perceptions aux phénomènes qu'ils mettent en valeur.

Notons d'abord que, même si l'opposition structurante du récit est celle de « Nord » vs. « Sud », l'espace nordique n'est pas pour Schildt une entité homogène ni un donné immuable. L'arrivé au Danemark amène l'auteur à développer une réflexion sur les particularités des sociétés danoise, suédoise, norvégienne et finlandaise et leurs différences. Si le Danemark apparaît comme un pays où les distinctions entre classes sociales ont disparu, donnant lieu à un partage de valeurs fondamentales à l'échelle de toute la nation, la Suède est un pays marqué par l'incertitude et la vacuité qui découlent du déni généralisé de l'existence de classes sociales. Ces deux pays négocient donc différemment la modernisation des sociétés, alors que, en comparaison, la Norvège et la Finlande sont toujours marquées par la persistance de la tradition maritime ou de l'esprit pionnier qui leur procurent une mentalité vivante et une force morale (Schildt, 1957 : 37–38). Cette série de distinctions est cependant à géométrie variable et susceptible d'être actualisée et interprétée de manière flexible. Naviguant sur le Canal de Bourgogne, l'équipée du *Daphne* rencontre deux Danois partis eux aussi pour un voyage en bateau vers la Méditerranée. Cet événement inattendu évoque d'abord la joie de la reconnaissance d'une identité partagée : « Plus on s'éloigne de chez soi, écrit Schildt, plus on se sent compatriote avec tous les Scandinaves » (Schildt, 1957 : 161). Ce sentiment est pourtant mis à l'épreuve par la différence entre les comportements des deux équipées, l'esprit bohème des Danois et le désordre qui règne dans leur bateau contrastant fortement avec le sérieux de Schildt et le renvoyant dans la position inconfortable d'un « propriétaire ploutocrate d'un yacht luxueux » (Schildt, 1957 : 161). D'autre part, plus tôt dans le récit, l'étape en Angleterre et l'arrivée en France – au port du Havre dévasté par les bombardements, puis à Rouen – concluent à une comparaison reposant sur la conception d'un espace nordique homogène. Les pays nordiques et la France sont opposés en tant que pays démocratiques et égalitaires, à l'Angleterre qui apparaît en même temps comme une société de classes mais aussi comme le pays héritier de la civilisation grecque dans sa volonté forger un « gentleman idéal » qui serait avant tout un « être social » (Schildt, 1957 : 65). L'espace nordique est ainsi susceptible de fragmentation ou de cohérence selon la fonction qu'il occupe dans la réflexion de Schildt : espace de différences localisées dans le Nord lorsqu'il sert à caractériser et critiquer la société suédoise ; espace cohérent lorsqu'il entre en constellation avec d'autres pays et sert à rendre visible leurs similarités et différences.

Le jeu de positionnement que Schildt développe connaît donc des niveaux de granularité différents qui rendent visibles des clivages et rapprochement variables. L'opposition structurante reste celle de « nord » vs. « sud », mais il est important de noter que la mobilité du sujet et la variabilité des niveaux de comparaison structurent cette opposition autour de trois termes et non pas uniquement deux. La différence entre la France et l'Angleterre n'apparaît pas grâce à une mise en relation de deux éléments, mais de trois ou quatre : ce sont les pays nordiques et l'héritage commun des pays européens qui fondent cette relation en fournissant les termes de comparaison et qui sont la démocratie et l'égalité dans la société contemporaine d'une part et l'héritage de la civilisation grecque ancienne de l'autre part. À la fin du récit, l'opposition fondamentale est encore une fois reconfigurée. Si la France avait jusqu'ici été – malgré son assimilation avec les pays nordiques noté *supra* – plutôt marquée par une altérité par rapport à la Suède, visible dans les mœurs, les comportements et les façons de parler, elle devient à la fin résolument catégorisée comme appartenant au « nord » par rapport à l'Italie. « Tout d'un coup j'ai compris, écrit-il en décrivant le moment de débarquer à San Remo, que la frontière véritable entre le sud et le nord passe entre la France et l'Italie. Toutes les faiblesses du caractère français se dévoilaient sans frémir devant ma conscience, parce qu'ils étaient les miens, parce qu'ils étaient nordiques » (Schildt, 1957 : 224). L'arrivé en Italie marque pour Schildt la découverte d'une autre manière d'être qui est plus insouciante, plus humaine et en apparence plus superficielle que dans le « nord », mais qui est en vérité le fruit d'une longue maturation millénaire qui a réussi à unir la philosophie et la vie quotidienne. Cette manière d'être rappelle la conception d'art que le jeune Schildt s'était forgée, tout comme « l'angoisse métaphysique, le gouffre béant entre l'être et le paraître, le sentiment d'insatisfaction

qui transforme notre vie en ombre de quelque chose que nous ne pouvons jamais atteindre » (Schildt, 1957 : 224) qui marquent les pays
nordiques et la France est semblable au cercle vicieux de négativité qu'il
a trouvé dans l'œuvre de Cézanne, Gide et son père. Le voyage vers
l'ailleurs est donc un processus où la frontière toujours déplacée entre le
même et l'ailleurs et la confrontation continue avec l'altérité produisent
de nouvelles configurations et finissent par faire fusionner la France
avec le « nord » ; en même temps, le voyage est une redécouverte de
soi – d'un soi forgé par la littérature et l'art.

Schildt, sujet cosmopolite

De nombreuses recherches publiées pendant les vingt dernières années ont
mis en valeur les notions du cosmopolite et du cosmopolitisme dans les
débats sur les identités et appartenances dans un monde postcolonial et
globalisé. La multiplication des phénomènes de migration rend nécessaire
le développement d'une conscience d'appartenance à une communauté supra-nationale, et de devoirs et compétences permettant d'y vivre en
bonne entente (voir par exemple Appiah, 2006, Zarka, 2014). Dans ce
contexte, les sujets postcoloniaux, dont l'existence est conditionnée par
les puissances hégémoniques et qui sont donc complexes dès l'origine,
peuvent présenter une potentialité critique signifiante, puisque leur position liminale, entre intégration et exclusion, fait apparaître des failles dans
les constructions épistémologiques et identitaires euro- ou ethnocentriques
(Mignolo, 2000a et 2000b). Schildt n'est certes pas un sujet postcolonial
dans le sens habituel du mot. En tant que finlandais et svécophone, il est
cependant situé à l'intersection des blocs géopolitiques en train de former
dans l'Europe de l'après-guerre, et membre d'une communauté linguistique minoritaire dans son propre pays. Son déménagement en Suède est
partiellement motivé par la crainte de voir la Finlande basculer dans le
giron de l'Union Soviétique. D'autre part, il est un sujet suédois par sa
langue et ses contacts dans la société, et donc représentant d'un pays qui
a su rester neutre pendant la guerre et l'est dans le contexte de Guerre
froide aussi. Cette appartenance conjointe à deux mondes offre à Schildt
une position privilégiée d'observateur critique et une flexibilité dans ses
appartenances identitaires[3]. La manière dont celles-ci sont conditionnées
et soumises à médiation dans son récit appellent une analyse en ces termes
et présentent un intérêt pour le débat plus général sur le cosmopolitisme.
    Comme nous l'avons vu, le travail incessamment repris de réflexion
sur les traits particuliers des pays, nations et régions repose pour une

grande partie sur la conception de l'art et de l'existence que Schild s'est forgée dans sa jeunesse. De là même manière, il se définit, à son arrivée en Italie, moment clé dans le récit, comme sujet-observateur par rapport à des figures tutélaires du monde des arts et lettres qui médiatisent sa relation par rapport à l'environnement et dont Goethe et Stendhal sont les plus importants. L'amour du Sud de Goethe est pour Schild exemplaire dans le sens où l'écrivain allemand a su fusionner sa vie avec la culture du pays qu'il a découvert et qu'il a adoré, alors que pour Stendhal, tout aussi amoureux de l'Italie, la découverte du pays n'a pas abouti à une fusion heureuse, mais a plutôt ouvert une faille existentielle. Dans l'œuvre de Stendhal, l'Italie tant adorée frappe de négativité la France, dont l'écrivain n'a pourtant pas pu s'émanciper. L'enjeu est donc ici aussi la possibilité où l'échec de trouver une harmonie entre les idéaux et la réalité, entre l'art et la vie quotidienne. Si cette réflexion provient de la lecture des grands auteurs de la culture européenne, étant donc par nature philosophique et théorique, Schildt participe tout le long de son voyage à des négociations identitaires, liées d'une part à son origine, et d'autre part et à la vie quotidienne concrète et immédiate. En tant que citoyen finlandais svécophone maîtrisant le finnois, il peut se positionner comme finlandais, suédois ou scandinave, en fonction de la situation où il se trouve. Ainsi, à l'arrivé à Aalborg au Danemark, il rencontre le contrebandier quasi mythique Algot Niska, avec qui il entame une discussion en finnois avant de changer pour le suédois ; le personnage de Niska évoque à Schildt « la mentalité directe qui était à la fois internationale et typique aux villes de province et qui caractérisait la Finlande impériale de nos grands-parents » (Schildt 1957 : 44). Si cette rencontre ramène à la surface une particularité de l'identité finlandaise, la période historique – positivement évaluée – passée sous l'Empire russe, dans d'autres occasions Schildt se positionne pleinement comme un sujet suédois ou nordique, se réjouissant des rencontres avec des personnes originaires de la même région. Cette flexibilité ouvre à Schildt une sphère de contacts très étendue, mais lui fait prendre conscience en même temps des limites d'appartenance marquées par d'autres facteurs que linguistiques, comme par exemple dans l'épisode de la rencontre avec les deux Danois bohèmes sur le Canal de Bourgogne.

En addition aux identités « philosophique », « nordique » et « finlandaise », *Önskeresan* évoque aussi un troisième plan où les relations de partage et d'appartenance se jouent : la vie active et concrète conditionnée par le bateau et soumise à la médiation par les activités qu'elle nécessite. L'équipage du *Daphne* et son capitaine sont constamment amenés à coopérer avec des inconnus : marins, officiers de la douane, pilotes, éclusiers, – et les innombrables curieux que leur bateau attire. Cette coopération n'efface pas les différences de classe, les préjugés ethniques ou les difficultés liées à la langue, mais elle permet de les relativiser et d'entamer des actions partagées qui visent un objectif reconnu par tous les participants de l'action. En ce sens, il s'agit d'une « cosmopolitique affective de subjectivités immanentes et incarnées » (Braidotti, Blaadgaard & Hanafin, 2013 : 3) qui va au-delà du cosmopolitisme philosophique fondé sur la théorie ou la connaissance abstraite. Cette dimension concrète est une composante essentielle de l'identité de Schildt, car c'est justement cet élément qui permet de renouer les connaissances accumulées dans la lecture et les appartenances qu'elles permettent – le cercle des écrivains et intellectuels, morts et vivants : Goethe, Stendhal, Cézanne, Gide – avec des expériences vécues ensemble et situées dans des lieux spécifiques et des moments précis. Dans ce sens, et ceci peut être un facteur qui explique le succès du livre, *Önskeresan* montre, dans le contexte difficile de l'après-guerre, une manière de vivre la culture européenne et de partager cette expérience dans l'ici et maintenant, au-delà des clivages entre les langues et les nationalités, sans être englouti par le poids des tragédies passées ni violemment projeté vers un avenir incertain. Par le récit, cette expérience aspire à la transcendance. Le cosmopolitisme de Schild est inséparable de ses deux supports qui sont le bateau à voile et l'écriture. Si le premier ancre l'identité dans des actions, lieux et moments tout en rendant possible la mobilité, le deuxième tend à l'abstraction et à la mise en forme artistique ; tous les deux sont en même temps des vecteurs de partage.

Notes

1. Citations de sources suédoises et anglaises traduites par l'auteur de l'article.

2. Le récit de voyage existe sous trois formats : les articles originaux, *Önskeresan* et le fac-similé du livre de bord de Daphne *Loggbok Stockholm – Rapallo* publié en 1966. Cette dernière est représentée par Schildt ironiquement comme une contribution à la mode de littérature expérimentale, mais aussi plus sérieusement comme une version alternative du récit complémentaire à celui qu'on peut trouver dans *Önskeresan* et qui est, pour l'auteur, plus réelle grâce à son travail de mise forme (Schildt, 1966 : 5–8). Ces réflexions appellent une analyse sérieuse et un débat théorique auxquels je dois pourtant renoncer ici, faute d'espace suffisant.

3. Pour la position de Schildt dans le débat concernant l'avenir de la culture et de l'identité svécophones de la Finlande, voir Schildt (2014).

Bibliographie

Appiah, K. (2006), *Cosmopolitanism. Ethics in a World of Strangers*. New York & London : Norton.

Braidotti, R., Blaadgaard, B. & Hanafin, P. (2013), « Introduction », in Braidotti, R., Hanafin, P. & Blaadgaard, B. (éd.), *After Cosmopolitanism*. Abingdon : Routledge : 1–7.

Eco, U. (1999), *Kant et l'ornithorynque* (trad. par Gayrard J.). Paris : Grasset.

Judt, T. (2010), *Postwar. A History of Europe since 1945*. London : Vintage.

Mignolo, W. (2000a), *Local Histories / Global Designs. Coloniality, Subaltern Knowledge and Border Thinking*. Princeton : Princeton University Press.

— (2000b), « The Many Faces of Cosmo-Polis: Border Thinking and Critical Cosmopolitism », *Public Culture* 3 (vol. 12) : 721–748.

Moura, J.-M. (1998), *L'Europe littéraire et l'ailleurs*. Paris : Presses Universitaires de France.

Nygård, S. (2012), « The National and the International in *Ultra* (1922) and *Quosego* (1928) » in den Berg (van), H., Hautamäki, I. & al. (éd.), *A Cultural History of the Avant-Garde in the Nordic Countries 1900–1925*. Amsterdam : Rodopi : 337–350.

Schildt, G. (1946a), *Cézanne*. Stockholm : Wahlström & Widstrand.

— (1946b), *Gide och människan*. Helsingfors : Söderström.

— (1957) [1949], *Önskeresan*. Stockholm : Bonniers.

— (1966), *Loggbok Stockholm – Rapallo*. Helsingfors : Söderström.

— (1995), *Lånade vingar. Ungdomsminnen*. Helsingfors : Söderström.

— (2000), *Tvivlets gåva eller Förfligna tankar om Guds död och en försvunnen far*. Helsingfors : Söderström.

— (2014) [1959], « Finlandssvenskarna ». [En ligne] (dernière lecture le 15 janvier 2014). http://www.svd.se/kultur/understrecket/finlandssvenskarna_2659467.svd

Werner, M. & Zimmermann, B. (2003), « Penser l'histoire croisée : entre empirie et réfléxivité », *Annales. Histoire, Sciences Sociales* 1 : 7–36.

Zarka, Y. Ch. (2014), *Refonder le cosmopolitisme*. Paris : Presses Universitaires de France.

Zilliacus, C. (2000), « Forskare, essäister och färdmän », in Zilliacus, C. (éd.), *Finlands svenska litteraturhistoria*. Andra delen : 1900-talet. Helsingfors/Stockholm : Svenska litteratursällskapet i Finland/Atlantis : 206–215.

Ernst Bendz' litteraturkritik

Christina Sjöblad
Université de Lund

1950 kom essäboken *Franskt* ut, där Ernst Bendz sammanfattar nära 30 års studier av franska författare, som han presenterat i tidningsartiklar från början av 1920-talet. Under nästan ett halvt århundrade, från 1920-talet och till sin död 1966, skulle Ernst Bendz nära följa ett stort antal franska författare som han skrev om i främst *Göteborgs Handels- och Sjöfartstidning* och *Göteborgsposten* och senare i *Sydsvenska dagbladet.*

Jag kommer här belysa Ernst Bendz' verksamhet som litteraturkritiker och introduktör av fransk litteratur samt hans betydande korrespondens med samtida franska författare. Denna kritikerverksamhet bedrev han samtidigt som hans undervisade i fransk och engelsk litteratur vid gymnasieskolor i Göteborg. Mitt material är dels Ernst Bendz' böcker – se litteraturförteckning – samt ca 170 tidnings- och tidskriftsartiklar från 1920- till 1960-talet. Därtill kommer den brevsamling han efterlämnat.

En kritikers början

Ernst Bendz, som var född 1880, disputerade 1914 i Lund på en avhandling om Oscar Wilde, en av de engelskspråkiga författare vars litterära öde han sedan skulle följa. En annan av hans engelskspråkiga favoriter var Joseph Conrad.

1925 gav han ut essäsamlingen *Kosmopoliter och hemmasittare. Litterära profiler,* och tre år senare, 1928, kom *Nutida fransk prosakonst. Porträttstudier,* båda volymerna med presentationer av samtida franska författare riktade till en svensk publik. I förordet till *Kosmopoliter och*

How to cite this book chapter:
Sjöblad, C. 2015. Ernst Bendz' litteraturkritik. In: Cedergren, M. et Briens, S. (eds.) *Médiations interculturelles entre la France et la Suède. Trajectoires et circulations de 1945 à nos jours.* Pp. 130–137. Stockholm: Stockholm University Press. DOI: http://dx.doi.org/10.16993/bad.k. License: CC-BY

hemmasittare skriver Bendz att han vill ge en "orienterande översikt av vissa företeelser inom den samtida franska litteraturen, som synts mig intresseväckande och värdefulla." Kunskapen om dessa författare i Sverige är liten, fortsätter han och om någon anser mitt urval ensidigt, "så representerar det med all visshet något av det som är mest levande och löftesrikt i den unga nutidslitteraturen." (Bendz, 1925: 7). Redan i denna första essäsamling på svenska möter vi författare som senare kommer tillhöra den franska litteraturkanon som Jean Giraudoux, Jean Cocteau, Valery Larbaud, Jacques de Lacretelle, Joseph Kessel, Panaït Istrati och i samband med deras författarskap diskuteras tidens svåra frågor som första världskriget, tyskarnas nederlag, judefrågan, kommunismen och Sovjetstaten.

I *Nutida fransk prosakonst* 1928 har några författare kommit till såsom André Gide, Henry de Montherlant och Paul Valéry – tre författare som Bendz kommer att följa i hela sitt liv. François Mauriac finns ännu inte med men kommer också att bli en mångårig följeslagare. När dessa skribenter kommer ut med ett nytt verk ger det upphov till en artikel av Bendz, likaså när det publiceras en biografi eller litteraturhistorisk studie över författarskapen.

Under rubriken "Fallet Gide", den Gide som sagt: "Inquiéter tel est mon rôle", skriver Bendz om vad han kallar "denna egendomliga företeelse i litteraturen", en författare som med *L'Immoraliste* och *Les Faux-Monnayeurs* väckt hätskhet och motvilja hos många läsare. Men Bendz ser honom som "en högt begåvad person med ett abnormt känsloliv" och tillfogar att "mitt intellektuella liv hade varit torftigare utan Gide" och att han är för mig "l'artiste le plus subtil d'aujourd'hui." I Gide möter man en sanningssökare, en hänsynslöst uppriktig människa som ofta går emot allmänna opinionen.

Även Henry de Montherlant – en av sitt lands just då mest uppmärksammade skribenter – är på en gång fängslande och frånstötande, menar Bendz och tecknar ett porträtt av Montherlant som idrottsman, toreador, militär och en författare som föraktar "pennfäktare" och kvinnor, och karaktäriserar honom som "en renässansmänniska".

Om dessa båda väcker såväl intresse som motvilja är bilden av Panaït Istrati mer entydig. Sent skall Bendz glömma sitt första möte med Istrati, den fattige och självlärde, hemma hos hans vän och landsman Georges Ionesco:

> Jag stod inför en människa, vars hela yttre, – alltifrån den magra gestalten [...] till det härjade ansiktet, de eldfulla ögonen och det tragiska ärret på strupen [...] förenade sig till en bild av lidanden, strapatser, arbete, nöd och

häftiga passioner, sådan som ännu aldrig kommit inför mina ögon. Men också, vilken humor och livfullhet! Vilket hjärtligt uttryck i den själfulla blicken! [...]

Jag kände mig i hans närhet som en vän, som gav och mottog förtroenden som den naturligaste sak i världen [...] (*Nutida fransk prosakonst*: 141)

Det var den lilla romanen *Kyra Kyralina*, som han hittat vid ett av sina besök i Paris, som hade väckt hans intresse för Istrati. Trots våld och övergrepp som han bevittnat, prisar Istrati det "heliga, sköna jordelivet" och hans tro på "kärleken, godheten, vänskapen och rättvisan" är stark, skriver Bendz (1928: 147) Det är ett intressant och kärleksfullt porträtt som Bendz ger av Istrati, en författare som han återkommer till i sina artiklar och böcker och som han också korresponderar med fram till året innan Istrati dör 1935. Under mellankrigstiden besökte många intellektuella Sovjetstaten och Istrati är en av dem som beskrivit den chock han upplevde under en resa 1927 – ett besök som grusade alla hans förhoppningar om kommunismens välsignelser.

Gide och Valéry – två valfrändskaper

I essäsamlingen *Nutida fransk prosakonst* möter vi också Paul Valéry, en av de författare som på djupet fängslar Bendz med sin intellektualism och sitt klarhetsbehov och som han längre fram skriver flera böcker om. Bendz besöker honom i Frankrike, de brevväxlar och han inbjuds till Sverige som han också besöker 1931.

Däremot uttrycker han redan 1925 stor skepsis mot Proust, som enligt Bendz ställer sådana krav på läsarens tålamod och uppmärksamhet att hans verk inte kan nå ut till en större läsekrets. Dessutom skriver han en ofransk, otymplig prosa. "Men Proust är ett fenomen; hans inflytande är oöverskådligt, ingen skulle dock falla på idén att härma hans skrivsätt." Hos Gide och Valéry finner han ett stilideal som är "konsten att säga mest genom att säga minst", en strävan mot enkelhet och knapphet och klassisk klarhet.

Samtidigt med sitt arbete som lektor i engelska och franska i Göteborg följer Ernst Bendz med inträngande artiklar de moderna författarskap som engagerar honom. Men han skriver också gärna om 1700-talets författare och franska revolutionen och klassiker som Baudelaire, Sainte-Beuve och Stendhal. Han ger ut fördjupade studier av enskilda författarskap som *André Gide. En stilstudie* (1934), *Paul Valéry et l'art de la prose* (1936), *François Mauriac: Ébauche d'une figure* (1945) och *Litteratur och politik: Fallet Montherlant* (1947).

Den litterära stilforskningen, som rör sig på språkvetenskapens och psykologins gränsområden och definierar en författares stil som ett karaktäristiskt uttryck för hans personlighet, blir den metod som Bendz med stor finess utvecklar. Genom att studera ordval, ordförråd, fraseologi, satsrytm och periodbyggnad visar Bendz på signifikanta skillnader mellan exempelvis Gides tidiga texter med deras lyriska ton och svärmiska, glödande känsloutbrott och de senare texterna och deras utveckling mot ett raffinerat artisteri av klassisk behärskning präglad av enkelhet och klarhet. Gide skriver i ett brev till Bendz den 30 maj 1934: "Votre étude me paraît vraiment excellente et je l'ai lue avec l'intérêt le plus vif. [...] Vos remarques sont, et pour moi-même, révélatrices." Ernst Bendz studerar också Mauriacs och Paul Valérys stil. Enligt ett brev från Jacques de Lacretelle den 17 december 1948 var Mauriac tydligen mindre belåten med resultatet. Lacretelle skriver:

> J'ai lu votre livre sur Mauriac. C'est l'étude la plus importante qu'on lui ait consacrée. Et vous pouvez être fier de l'avoir écrite. Qu'il ne l'ait pas aimé, lui, c'est naturel: La grenouille ne peut pas aimer le savant qui la dissèque.

Paul Valéry själv uttalade sig däremot positivt om boken *Paul Valéry et l'art de la prose*. I ett nummer av *Le Figaro littéraire* den 18 juli 1953 berättar journalisten Jérôme Gillet om ett möte som, jag förmodar att det är hans far, Louis Gillet haft med Paul Valéry i maj 1942. Louis Gillet önskade då genomföra ett projekt med nio seminarier ägnade åt Péguy, Claudel och Valéry.

> – Trois leçons, dit Valéry, c'est aussi ce que j'aurais fait si j'avais à le faire. Il y a en moi le poète, puis le côté technicien, enfin le côté politique.
> Restait à trouver le conférencier.
> – Qui est-ce qui ferait ça bien sur vous?
> – On a écrit toute une bibliothèque sur mon oeuvre. On a écrit vingt volumes.
> – Et quel est le meilleur?
> – C'est celui d'un savant suédois, Bendz, de l'université de Göteborg.

Författaren till artikeln ville lära känna Ernst Bendz' verk, men det visade sig svårt i Frankrike där varken bokhandlare eller bibliotek kände till dem. En orsak måste vara att de tryckts i små utgåvor. Men genom direktören på L'Institut français i Stockholm lyckades skribenten få tag i *Paul Valéry et l'art de la prose*. Och han skriver:

> Et ce titre seul montre déjà l'originalité de mon Scandinave par rapport à presque tous ceux qui se sont penchés sur Valéry. En effet, la plupart des

critiques attirés comme des papillons de nuit par l'éclat des poèmes, ont négligé, plus ou moins, toute une part de l'œuvre de Valéry et celle peut- être à laquelle qu'il tenait le plus: ses écrits en prose.

Om vissa specialister som diskuterar ett komplext verk själva fastnar i ett invecklat språk är Bendz raka motsatsen:

> [...] c'est qu'il est armé d'une méthode rigoureuse. Il manie l'outil philolo-gique avec une sûreté remarquable. Et cependant, son étude, si nourrissante, est légère à digérer. Cet universitaire n'est ni un pédant ni un cuistre: c'est un humaniste.
>
> Valéry a suscité des admirateurs passionnés et des détracteurs systéma-tiques. Il n'aimait guère plus les uns que les autres. [...] Ce qui lui plaisait certainement chez M. Bendz, c'est qu'il conservait toujours sa liberté de jugement et même son franc-parler. Car il lui arrive parfois de morigéner l'auteur de *Rhumbes* et d'*Analecta*. Éloges et blâmes, sous sa plume, sont toujours objectifs. J'ajoute que mon Suédois écrit le français comme un Français, comme peu de Français.

Brevskrivaren

Det tredje benet i Bendz kommuniserande och introducerande verk-samhet vid sidan av att verka som gymnasielärare och litteraturkritiker och en viktig del av hans arbete är de kontakter han byggde upp med de författare som han intresserade sig för. Några egna översättningar till svenska har han mig veterligt inte gjort.

Under sina årliga resor till Frankrike tog han personlig kontakt med många författare och dessa bekantskaper, som ibland utvecklades till vänskap, fullföljdes genom en intensiv brevväxling, som ofta pågick un-der många år. Den stora brevsamling som Ernst Bendz efterlämnat har av hans efterlevande donerats till Göteborgs universitetsbibliotek. Bland de mest intressanta samlingarna finner man här exempelvis brev från Louis Ferdinand Céline (35 st), Georges Duhamel (19 st), Panaït Istrati (36 st), Jacques de Lacretelle (13 st), Lucien Maury (81 st), Henry de Montherlant (41 st), Albert Paraz (42 st), Claude Pichois (36 st). Från både André Gide och Paul Valéry finns 10 bevarade brev i samlingen. Självfallet har Ernst Bendz använt sig av dessa brev i sina artiklar och böcker, men bland breven från 66 registrerade skribenter finns mycket intressant att hämta för forskare i fransk litteratur. Mig veterligt har bre-ven från Céline och Gide använts i artiklar och breven från Montherlant i en avhandling, skriven av Anton Ridderstad vid Stockholms universitet 2002, *L'image de Henry de Montherlant dans l'histoire littéraire*.

Jag ger ett smakprov från ett brev av Paul Valéry, skrivet i Paris den 9 februari 1943:

Mon cher Bendz,

Je suis bien heureux d'avoir des nouvelles de vous. Que de choses humaines et inhumaines depuis mon passage à Göteborg, et depuis votre excellent petit livre. J'ai coutume de dire que c'est ce que l'on a écrit de plus compréhensif sur mon compte, - et Dieu sait si l'on a pu écrire de livres et d'articles sur ce compte-là.

Hélas, l'auteur dont il s'agit est bien vieux. Jusqu'à cette année-ci, je ne sentais pas trop les atteintes de l'âge. Mais enfin, les voici. Je viens d'être encore assez malade, et commence à peine à sortir. Et puis, les événements, les inquiétudes de famille, et les privations. Manquer de lait, de café, d'œufs et de vin, - je ne parle pas du tabac, (qui est pourtant le charbon de mon usine intellectuelle) et cela finit par être très dur à la fin de l'existence. Il faut cependant travailler. [...]

Je voudrais savoir ce que l'on pense en Suède sur toutes choses, et en particulier sur l'avenir de notre culture européenne. Quant à moi, je suis plutôt pessimiste – peut-être parce que j'ai 71 ans... C'est une bonne raison. Mais j'ai aussi cet argument que je ne vois rien de naissant de nos ruines. Il faut avouer qu'il y a de quoi décourager l'humanité et la convaincre de sa bêtise incurable dans le spectacle qu'elle se donne depuis cinquante ans.

Avslutningsvis skriver Valéry à propos Nobelpriset:

Je vous remercie aussi de ce que vous avez fait en vue de me faire attribuer cette récompense que l'on m'a plusieurs fois donné à espérer. Mais je crois qu'il est écrit dans l'almanach du Destin que jamais la fortune et moi ne collaborerions...

Excusez-moi de vous écrire à la machine : je n'ai plus d'encre, et il faut je ne sais quelle condition pour en avoir. P.V.

Att Bendz skickade både tobak och papper är självklart. Bläck var förmodligen omöjligt att sända.

Bland andra litteraturkritiker som skrev om fransk litteratur under samma period kan man nämna Sven Stolpe och Anders Österling, Svenska akademiens ständige sekreterare. Sven Stolpe, som var 25 år yngre än Bendz, kom framför allt att intressera sig för de katolska författarna, som Bernanos, Mauriac och Claudel, och i slutet av 40-talet lät han själv omvända sig till katolicismen, vilket bidrog till en ny litterär kreativitet. Årtiondena efter kriget var han flitigt verksam i *Aftonbladet* och *Stockholms-Tidningen*. För Bendz var det ingalunda de religiöst engagerade som tilldrog sig det främsta intresset, han söker personligheten bakom texten, studerar stilen och tematiken. Och många av de författare han följer redan från början av 20-talet hör till dem som sedan blivit kanoniserade klassiker. "Då jag skrev "Kosmopoliter" var jag en passionerad upptäckare för egen räkning. Min sista bok – "Franskt" – markerar den i varje fall provisoriska slutetappen i en lång vägkurva [...]", skriver Ernst Bendz i ett brev till Stig Carlson 28 april 1951, där han också betonar sin pessimism inför tidsutvecklingen. Bendz följde med den litterära utvecklingen i Frankrike till sin död 1966, men en ögonsjukdom hindrade honom de sista åren från att skriva och läsa som han önskade. Samarbetet med hans hustru Greta blev viktigt, hon läste högt och streckade för och han kunde skriva.

Sammanfattningsvis kan man förvånas över att det lärda och hängivna arbete av hög kvalitet som Ernst Bendz lagt ner på att göra fransk kultur och litteratur kända i Sverige under nästan ett halvt århundrade inte har uppmärksammats mer och i dag verkar vara bortglömt. Ett skäl är sannolikt att han inte skrev i *Dagens Nyheter* eller *Svenska Dagbladet* mer än ett fåtal gånger utan i "landsortspressen", *Sydsvenska Dagbladet* och *Göteborgsposten*, ett annat att hans böcker kom ut i begränsade upplagor och trycktes på små förlag. Kanske var det också så att Bendz egentligen var ointresserad av att nå ut till en större läsekrets – han vänder sig snarast till "the happy few", den bildade och belästa borgerligheten. Han skriver i ett andra brev till Stig Carlson en klargörande passage, en vecka efter det förra brevet, båda bevarade på Kungliga biblioteket:

> Nej som sagt, varför 'spela en roll'!
>
> För egen del har jag aldrig haft någon sådan åstundan. Jag har sökt en sak: finna och förverkliga min personlighet också litterärt, likgiltig för vad andra gör, deras idéer, debatter, strävanden etc. Att detta är 'inopportunt' ur karriärsynpunkt bekymrar mig inte det minsta; om något har jag tvärtom följt en instinkt att gå emot, utmana, protestera, välja impopulära föremål för mitt intresse (se bl.a. vidlagda särtryck, min lilla skrift om Montherlant). Möter jag likasinnade, blir jag givetvis charmerad. En väl doserad ensamhet är mitt rätta element.

Det är inte helt enkelt att avgöra hur ärlig denna bekännelse är. Och jag tror att han skulle kunna göra Paul Valérys ord till sina: "Det är mig kärt och trösterikt att veta att det här och var existerar några människor, som haft gagn av vad jag själv kunnat göra."

Bibliografi

Verk i bokform av Ernst Bendz

Bendz, E. (1914), *The Influence of Pater and Matthew Arnold in the Prose-Writings of Oscar Wilde*. Göteborg: Wettergren & Kerber och London: H. Grevel & Co.

Bendz, E. (1921), *Oscar Wilde: A Retrospect*. Vienne: A. Hölder.

Bendz, E. (1923a) [1971], *Joseph Conrad: An Appreciation*. Gothenburg: N.J. Gumpert (New York).

Bendz, E. (1923b), *La* Daphné *d'Alfred de Vigny: Étude critique*. Paris: Librairie Stock.

Bendz, E. (1925), *Kosmopoliter och hemmasittare: Litterära profiler*. Stockholm: Albert Bonniers förlag.

Bendz, E. (1928), *Nutida fransk prosakonst: Porträttstudier*. Göteborg: N.J. Gumperts bokhandel.

Bendz, E. (1933), *Till frågan om diktverkets genesis: Ett kapitel ur Paul Valérys estetik*. Göteborgs Kungl. Vetenskaps- och Vitterhets-samhälles handlingar, Femte följden. Ser. A Band 3. N:o 3

Bendz, E. (1933), *Paul Valéry*. Göteborg: Wettergren & Kerbers förlag.

Bendz, E. (1934), *André Gide: En stilstudie*. Göteborg: N.J. Gumperts bokhandel.

Bendz, E. (1936), *Paul Valéry et l'Art de la Prose*. Göteborg: Gumpert.

Bendz, E. (1939), *André Gide et l'Art d'écrire*. Paris : Messageries du livre.

Bendz, E. (1944 & 1945), *François Mauriac: Ébauche d'une figure*. Göteborg: Wettergren & Kerbers förlag.

Bendz, E. (1945), *Paul Valéry: Några minnesord*. Göteborg: Gumpert.

Bendz, E. (1947), *Litteratur och politik: Fallet Montherlant*. Göteborg: Gumperts förlag.

Bendz, E. (1947 & 1948), *Visages d'Écrivains*. Paris: Les Presses de la Cité.

Bendz, E. (1950), *Franskt: Litterära essäer*. Lund: Gleerups.

Manuskript

Bendz, E. Lettre à Stig Carlson, den 28 april 1951. Kungliga Biblioteket.

Bendz, E. Lettre à Stig Carlson, den 5 maj 1951. Kungliga Biblioteket.

Lacretelle, J. de. Brev till Ernst Bendz, le 17 décembre 1948. Bibliothèque de Göteborg.

Valéry, P. Brev till Ernst Bendz, le 9 février 1943. Bibliothèque de Göteborg.

PARTIE 3 :
TRADUCTION, RÉCEPTION ET CIRCULATION DES ŒUVRES LITTÉRAIRES

« Traduire dit-elle » : Marguerite Duras en traduction suédoise (1947–2013)

Mattias Aronsson
Collège universitaire de Dalécarlie

L'œuvre de Marguerite Duras est longtemps restée peu traduite en Suède, malgré la grande notoriété de l'auteure dans le monde francophone et malgré un premier ouvrage en langue suédoise publié très tôt, en 1947. En effet, ce n'est qu'après une carrière de quarante ans dans la littérature et après le succès de *L'Amant* (Prix Goncourt en 1984) qu'une « première vague » de traductions est apparue sur le marché du livre en Suède.

Dans cet article, nous allons d'abord dresser l'inventaire des traductions suédoises des textes de Marguerite Duras. Nous présenterons ensuite les principaux acteurs sur le marché (traducteurs et maisons d'édition), et l'étude portera aussi sur quelques aspects du *paratexte* (Genette, 1987) de ces publications : nous discuterons les couvertures, les préfaces, les postfaces et les textes « publicitaires » imprimés sur la quatrième de couverture. L'objectif de l'article est de contribuer à la recherche portant sur les traductions suédoises de l'œuvre de Marguerite Duras, un champ d'étude très peu exploré jusqu'ici.

Inventaire des traductions : les ouvrages « précurseurs », la « première vague » et la « nouvelle vague »

Jusqu'en 2013, non moins de 25 textes de Marguerite Duras ont été traduits en langue suédoise. Toutes ces publications se trouvent dans l'appendice ajouté à la fin de l'article. On peut appeler « précurseurs » les quatre premiers titres figurant dans le tableau : *Stilla liv* (1947), *Halv elva en sommarkväll* (1962), *De små hästarna i Tarquinia* (1963) et *Hela dagarna i träden* (1967). Il convient de noter que *Stilla liv* est

How to cite this book chapter:
Aronsson, M. 2015. « Traduire dit-elle » : Marguerite Duras en traduction suédoise (1947–2013). In: Cedergren, M. et Briens, S. (eds.) *Médiations interculturelles entre la France et la Suède. Trajectoires et circulations de 1945 à nos jours*. Pp. 141–158. Stockholm: Stockholm University Press. DOI: http://dx.doi.org/10.16993/bad.l. License: CC-BY

la toute première traduction d'un texte durassien en langue étrangère au niveau mondial[1]. Les premières traductions dans les autres langues ne sont publiées que dans les années 1950, après le premier succès critique et commercial de Marguerite Duras : *Un Barrage contre le Pacifique*. Ainsi, la version italienne de ce roman (intitulée *Una Diga sul Pacifico*) est publiée en 1951 et la version anglaise *The Sea Wall* est apparue en 1952. Les premières traductions en allemand et en espagnol concernent d'autres romans et sont publiées quelques années plus tard : *Der Matrose von Gibraltar* (1956) et *El Square* (1957) (Volat et al., 2013). Dans sa contribution au *Cahier de L'Herne* dédié à Marguerite Duras en 2005, Donata Feroldi (2005 : 338–340) a étudié la réception de Duras en Italie. Elle confirme que celle-ci a commencé en 1951. La réception durassienne en Pologne, en Chine, au Japon ainsi que dans le monde arabophone est aussi présentée dans cet ouvrage. Dans aucun de ces pays, on n'a traduit Marguerite Duras avant les années 1960[2].

Après les quatre ouvrages « précurseurs » des années 1940 et 1960, il a fallu attendre les années 1980, et plus précisément la seconde moitié de cette décennie, pour voir de nouvelles publications durassiennes en langue suédoise. En revanche, pendant cette période, que nous appellerons ici la « première vague », l'activité a été d'autant plus intensive. On compte, entre 1985 et 1989, non moins de 12 ouvrages de Duras traduits et publiés en Suède (plus quatre rééditions). Il nous semble évident qu'on peut parler d'un « effet *L'Amant* » ou, si l'on préfère, d'un « effet Goncourt », puisque le prix littéraire français le plus prestigieux a été attribué en 1984 à *L'Amant*, ce qui a fait connaître l'ouvrage et son auteure auprès du grand public, non seulement en France mais un peu partout dans le monde. Tout comme le prix Nobel de littérature distribué par l'Académie suédoise, le prix Goncourt s'est avéré un facteur *très* important pour assurer la promotion des auteurs. Citons, à titre d'exemple, Sylvie Ducas (2004 : 179) qui affirme qu'un Goncourt génère souvent « un décuplement systématique des ventes[3] ». Dans une étude postérieure (2013 : 6) elle évoque, en parlant du prix Goncourt, « un rayonnement assuré à l'international pour ses lauréats ». Marguerite Duras est, bien sûr, un des auteurs qui ont connu cette gloire. Pour une discussion portant sur le rôle du prix Goncourt pour la diffusion scandinave d'une littérature francophone bien précise – celle des auteurs caraïbes de langue française – voir Elisabeth Bladh (2011 : 141–142). Le grand nombre de traductions suédoises des textes durassiens publiées après 1984 n'est pas un cas isolé. Au contraire, on voit le même phénomène à l'échelle mondiale à partir de 1985 : *L'Amant* et beaucoup d'autres ouvrages du canon durassien sont à cette époque traduits dans les langues du monde entier (Volat et al., 2013).

Il ressort du tableau publié en appendice que la première vague de traductions suédoises s'est retirée au début des années 1990, et il a fallu attendre l'année 2006 pour voir l'émergence d'une nouvelle vague de traductions et d'éditions de l'œuvre durassienne en Suède. Le nouvel afflux s'est maintenu jusqu'en 2013. À la différence des années 1980 cependant, la majorité des ouvrages publiés est constituée cette fois-ci par des rééditions. Dans la figure ci-dessous, nous présentons d'une manière graphique les traductions suédoises de l'œuvre de Marguerite Duras. Nous avons regroupé les publications en périodes de 5 ans. Pour chaque intervalle il y a deux bâtons : le bâton bleu (ou gris clair) indiquant le nombre d'éditions originales pendant la période, et le bâton rouge (ou gris foncé) indiquant le nombre de rééditions. Les deux vagues de traductions apparaissent clairement dans cette figure : la première vague pendant la période 1985–89 et la seconde (constituée en grande partie de rééditions) à partir de 2005 :

S'il nous semble clair que la première vague de traductions est due à un « effet Goncourt », il est plus difficile d'expliquer le nouvel intérêt pour l'œuvre durassienne à partir de 2005. En partie, la nouvelle vague de publications correspond certainement à une nouvelle génération de lecteurs, un public qui n'était pas encore né lorsque Duras a reçu le prix Goncourt en 1984. Mais la démographie ne peut pas tout expliquer. Il faut sans doute aussi chercher la raison dans l'essor du marché du livre suédois après la baisse ciblée de la T.V.A. (taxe sur la valeur ajoutée) que le secteur a connue en 2002 (Steiner, 2012 : 119) et dans l'évolution générale du secteur dans le nouveau millénaire : les coûts de production fixes (par exemple la composition et la mise en page) ont diminué, mais en même temps le cycle de vie des produits, y compris celui des livres, a été réduit. La conséquence en est que le nombre de titres offerts sur le marché a augmenté mais, en règle générale, les livres ne sont disponibles que pendant un temps limité, avant d'être remplacés par de nouveaux titres. Cela vaut pour les éditions originales aussi bien que pour les rééditions. La période est aussi marquée par une restructuration globale du marché du livre. L'innovation technologique a été rapide et nous a donné des artefacts tels que le livre audio, le cédérom, le livre numérique et la tablette tactile[4]. Dans le secteur de la distribution, on a vu la disparition de nombreuses librairies généralistes et l'arrivée de nouveaux acteurs spécialisés dans la vente sur Internet, tels que le géant international *Amazon* et les distributeurs suédois *Adlibris*

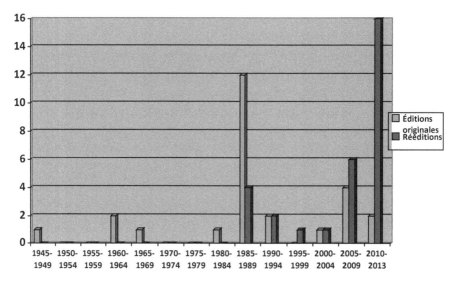

Figure 1. Traductions suédoises des textes de Marguerite Duras par périodes de cinq ans – éditions originales et rééditions.

et *Bokus*. Le secteur de l'édition a aussi connu de profondes mutations avec des rachats et des fusions, et beaucoup de nouvelles maisons d'édition sont apparues sur le marché. Un exemple de ces acteurs est *Modernista* (société fondée en 2002), qui est responsable de la majorité des publications durassiennes en langue suédoise à partir de 2006. D'autres exemples de nouveaux éditeurs qui se sont mis à publier des textes de Duras dans les années 2000 incluent *Lind & Co* (société créée en 1999) et *Trombone* (2005).

Textes réédités et textes non-traduits

Pour avoir une idée du résultat commercial des textes durassiens en traduction suédoise, nous avons compté le nombre de rééditions de ces ouvrages. La raison en est que, selon les lois du marché, il est fort probable qu'un livre qui se vend au-delà des prévisions sera réédité, peut-être même plusieurs fois, alors qu'une publication qui ne trouve pas un public suffisamment grand ne connaîtra pas de réédition.

Il ressort du tableau de l'appendice que le texte de Duras qui a donné lieu au plus grand nombre de rééditions en Suède est *Älskaren* – réédité à non moins de 6 occasions après la publication de l'édition originale en 1985. On constate que les autres traductions qui ont fait l'objet (jusqu'en 2013) d'une ou plusieurs rééditions sont : *Smärtan* (4), *De små hästarna i Tarquinia* (3), *En fördämning mot Stilla Havet* (3), *Lol V. Steins hänförelse* (3), *Emily L.* (3), *Halv elva en sommarkväll* (2), *Dödssjukdomen* (2), *Anteckningar från kriget* (2), *Sommarregn* (1) et *Det är allt* (1).

On retrouve ici les traductions de quelques ouvrages qui font indubitablement partie des textes clés de l'auteure, par exemple *Un Barrage contre le Pacifique* et *Le Ravissement de Lol V. Stein*. On peut aussi y distinguer un certain « effet temps », car plusieurs ouvrages figurant dans la liste ont été traduits et publiés pour la première fois il y a quelques décennies. Ainsi, quand l'intérêt pour l'œuvre durassienne a repris dans les années 1980 et encore une fois après 2005, il a fallu rééditer les premiers textes, dont les traductions datent des années 1960 – car les éditions originales ont été épuisées depuis longtemps. Ce phénomène explique sans doute les rééditions de *Halv elva en sommarkväll* et *De små hästarna i Tarquinia*.

Le succès fulgurant de *L'Amant* suscite quelques commentaires. C'est, d'abord, un *best-seller* national, dont les chiffres de vente s'élèvent à plus de 2 400 000 exemplaires en France[5]. C'est aussi le texte de Duras le plus traduit à l'étranger avec 57 traductions dans le monde entier[6]. Pour Robert Escarpit (1968), un best-seller est un ouvrage qui réussit à trouver un lectorat hétérogène, c'est-à-dire un livre qui est acheté par des individus appartenant à des « circuits » différents[7]. Il est clair que l'œuvre durassienne appartient, dans l'ensemble, à ce qu'Escarpit (1968 : 76) appelle le « circuit lettré ». Or, il est tout aussi évident que *L'Amant* a été lu par beaucoup de personnes qui ne s'identifient pas nécessairement à cette catégorie de la population. En effet, pour devenir un best-seller, un roman doit sortir de son circuit d'origine et trouver un public secondaire qui, normalement, n'achète que des livres appartenant aux autres circuits, en l'occurrence les « circuits populaires ». Un trait distinctif de la littérature populaire est qu'elle sert généralement, selon Escarpit (1968 : 116), de « lecture d'évasion » : le lecteur la consomme pour fuir le monde réel et la vie ordinaire[8].

On peut constater que le texte publicitaire imprimé sur la quatrième de couverture d'*Älskaren* présente l'ouvrage comme une « lecture d'évasion ». Il est centré sur quelques thèmes plus ou moins « légers », qui sont censés intéresser le client potentiel : la passion érotique, la sensualité, l'argent, le milieu exotique et l'amour interdit par la société[9]. La fonction de la quatrième de couverture sera discutée plus en détail dans la section « paratexte », ci-dessous. Constatons seulement que le but du texte publicitaire accompagnant *Älskaren* n'est pas, de toute évidence, d'attirer les lecteurs élitistes du « circuit lettré », mais plutôt de séduire un public en quête d'une « lecture d'évasion ».

La liste d'ouvrages de Marguerite Duras traduits en suédois dans le tableau de l'appendice impressionne par le grand nombre de titres qu'elle contient : 25 traductions au total. Cependant, on y manque beaucoup de textes qui ne sont pas (encore) transférés en suédois. Parmi les volumes absents, on note quelques ouvrages de sa plume que l'on pourrait, éventuellement, appeler « mineurs », mais il y a aussi des textes qui ne méritent certainement pas une telle appellation. Les ouvrages absents sont au nombre de 27 et ils couvrent toute la carrière de l'auteure. Les titres qui nous surprennent le plus par leur absence en suédois sont *L'Après-midi de Monsieur Andesmas* (1962), *Le Vice-consul* (1965) et *Agatha* (1981). Du moins en ce qui concerne ces trois volumes, il s'agit de véritables chefs-d'œuvre qui font partie des textes clés de l'auteure. Il est très difficile de savoir pourquoi ces textes ne sont pas traduits en suédois. Il ne s'agit probablement pas d'un problème lié aux droits de traduction, car les ouvrages en question sont publiés en France par Gallimard (*L'Après-midi de Monsieur Andesmas* et *Le Vice-consul*) et Minuit (*Agatha*), c'est-à-dire par les maisons d'édition ayant vendu la majorité des textes durassiens aux éditeurs suédois[10]. Nous ne voyons pas non plus une raison idéologique cachée derrière l'absence de ces œuvres en langue suédoise. *Agatha* est sans doute le seul des trois volumes dont la thématique pourrait être considérée quelque peu problématique ou choquante – le motif de l'inceste y étant explicitement présent. Or, ce fait n'explique pas, à notre avis, une éventuelle autocensure de la part des éditeurs en Suède, car le motif de l'inceste est encore plus visible dans *Sommarregn* et *Älskaren från norra Kina* qui, eux, sont disponibles en suédois depuis le début des années 1990.

Traducteurs et maisons d'édition

Dans ses commentaires de la traduction suédoise des *Cahiers de la guerre et autres textes*, l'éditrice Daniela Floman (2009 : 351) nous informe que, pour ce volume, quatre traductrices se partagent la tâche, chacune étant responsable d'une partie spécifique de l'ouvrage. Selon Floman, cette division du travail crée une certaine variation dans le « ton » du texte cible. Mais, affirme-t-elle, on voit le même phénomène pour l'œuvre durassienne dans son intégralité, car la voix de l'auteure a été transformée en suédois par une multitude d'interprètes.

Floman a tout à fait raison quand elle insiste sur le grand nombre de traducteurs suédois : en 2013 le chiffre s'élève à 22 personnes (pour 25 traductions)[11]. Ainsi, la plupart des contributeurs n'ont traduit qu'un texte durassien, les seuls « récidivistes » étant Katarina Frostenson, Marie Werup et Marianne Lindström. Frostenson est sans doute le traducteur le plus connu du grand public : poète et romancière de renom, elle est aussi membre de l'Académie suédoise depuis 1992. On remarque d'ailleurs que la grande majorité des traducteurs sont des femmes : parmi les 22 personnes ayant contribué à la propagation de cette œuvre en Suède, on ne trouve que quatre hommes. Et seulement deux traducteurs masculins (Forsström et Klemets) ont été seuls responsables du texte cible. Les deux autres ont travaillé en collaboration avec un collègue de sexe féminin.

Il ressort du tableau joint en appendice que dix maisons d'édition, plus trois théâtres, ont contribué à la traduction suédoise de l'œuvre de Duras. La première catégorie d'acteurs a, bien sûr, publié des éditions commerciales vendues sur le marché du livre, tandis que les traductions du second groupe n'ont jamais été commercialisées, mais ont servi à des mises en scène théâtrales[12].

En analysant de plus près le tableau de l'appendice on voit que la domination des éditeurs est quelque peu cyclique : la maison d'édition Wahlström & Widstrand a publié deux des quatre ouvrages « précurseurs » des années 1940 et 1960. La « première vague » des années 1980 est dominée par des acteurs comme Bonnier et Interculture – et l'éditeur responsable pour la plupart des publications après 2006 est Modernista.

Le paratexte

Dans cette section de l'article, nous nous intéresserons d'abord aux couvertures et aux quatrièmes de couverture des traductions suédoises de l'œuvre durassienne. Dans un second temps, nous allons discuter aussi les préfaces et les postfaces de ces publications.

Couvertures et quatrièmes de couverture

Quand le roman *Stilla liv* de Marguerite Duras paraît sur le marché suédois en 1947 c'est, comme nous avons constaté au début de l'article, une première mondiale : la jeune romancière – auteure de deux « romans champêtres » (*Les Impudents*, 1943 et *La Vie tranquille*, 1944) –

n'a jamais été traduite dans une langue étrangère auparavant. Ainsi, c'est quelque peu surprenant, et d'autant plus flatteur pour la jeune écrivaine, qu'une maison d'édition en Suède choisisse de traduire *La Vie tranquille*. L'éditeur Wahlström & Widstrand publie le roman dans sa collection « Kokardserien », où Duras côtoie des écrivains français plus établis à cette époque comme André Gide, Henri Michaux, Marcel Aymé et Jean Anouilh. La couverture de l'ouvrage est sobre avec, au centre, un dessin représentant la silhouette d'une jeune femme assise dans un cadre idyllique et pastoral – il s'agit sans doute de Francine, l'héroïne du roman.

Comme nous avons indiqué ci-dessus, c'est le succès critique et commercial de *L'Amant* qui est à l'origine de la « première vague » de traductions suédoises à partir de 1985. Afin de vanter les mérites des textes durassiens, presque toutes les quatrièmes de couverture de cette période font référence à *L'Amant* et au prix Goncourt. Il est aussi intéressant de constater que, pour les récits indochinois traduits à cette époque, toute distance entre les textes littéraires et la biographie de l'auteure est abolie. Les quatrièmes de couverture d'*Älskaren* (1985) et *Älskaren från norra Kina* (1993) invitent toutes les deux à une lecture autobiographique[13]. C'est bien sûr une « invitation » problématique, qui ne correspond guère aux résultats de la recherche académique[14], mais c'est sans doute une stratégie fructueuse pour augmenter les chiffres de vente. Qui plus est, la couverture de l'édition originale d'*Älskaren* est dominée par une photo de l'auteure prise en 1932, sur laquelle une jeune Marguerite Donnadieu, très fardée, regarde attentivement l'appareil. La même photo est ensuite reproduite sur la quatrième de couverture d'*Älskaren från norra Kina*. À notre avis, il est fort probable que ces deux facteurs – la présence des photos de l'auteure et les présentations publicitaires insistant sur l'aspect autobiographique des œuvres – influencent la réception des lecteurs suédois.

Or, les ouvrages de la « nouvelle vague » se distinguent de ceux des années 1980 et 1990. Le côté sensuel, érotique et autobiographique de l'œuvre durassienne n'est plus mis en avant sur les quatrièmes de couverture. Et les références au succès de *L'Amant* et au prix Goncourt disparaissent. Le premier exemple de cette nouvelle esthétique est le petit texte *Det är allt* (publié par l'éditeur Ellerström en 2000). La publication de ce volume annonce un nouveau design plus pur et plus austère des couvertures, dominé par le nom de l'auteure et le titre de l'ouvrage. On trouve cette esthétique élégante et sobre par exemple sur la série de rééditions publiée par Modernista en 2007 (*Lol V. Steins hänförelse*, *Dödssjukdomen*, *Smärtan* et *Emily L.*), ainsi que sur la couverture d'*Abahn Sabana David* (Wahlström & Widstrand, 2007). La nouvelle mode esthétique ne semble pas être un hasard, puisqu'on voit le même design chez trois éditeurs différents.

Sur les couvertures des séries « livre de poche » publiées dans les années 2000 par les éditeurs Lind & Co. et Modernista, on voit de nouveau le portrait de l'écrivaine. Cette fois-ci, cependant, c'est la femme mûre au « visage détruit » (Duras, 1984 : 10) plutôt que la jeune lolita qui y est affichée. Duras est maintenant présentée comme « l'un des auteurs français les plus importants de l'après-guerre » et « l'un des plus grands innovateurs de la prose et du cinéma contemporains[15] ». Les publications de la « nouvelle vague » sont ainsi commercialisées à l'aide d'autres arguments publicitaires que les volumes de la « première vague ». Dans le nouveau millénaire, c'est l'œuvre intégrale de l'auteure et sa position dans le canon littéraire français qui sont mises en avant.

Préfaces et postfaces

Lorsqu'on étudie les préfaces et les postfaces des œuvres littéraires, il faut d'abord distinguer entre textes écrits par l'auteur lui-même et textes rédigés par une autre personne[16]. Lorsqu'il existe une préface ou une postface signée Marguerite Duras dans l'édition originale de l'ouvrage, celle-ci est toujours traduite dans la version suédoise. Citons, à titre d'exemple, celles de *La Vie matérielle*, *La Pluie d'été* et *L'Amant de la Chine du Nord* qui sont fidèlement rendues dans les traductions suédoises. Ces *péritextes*, où sont inclus préfaces et postfaces selon Gérard Genette (1987 : 10), sont ainsi traités comme une partie intégrale du texte source, et il n'y a pas de raison pour laquelle le traducteur les omettrait du texte cible.

Les autres préfaces (ou postfaces) sont donc rédigées par une personne autre que l'auteur du texte littéraire. Elles sont appelées « allographes » dans le vocabulaire de Genette (1987 : 242–253). Pour ce chercheur, la préface allographe a deux fonctions : la fonction informative et la fonction de recommandation. Le rôle du préfacier est ainsi double : fournir au lecteur des informations complémentaires à propos du texte publié *et* le recommander à l'acheteur potentiel. Cette seconde fonction de la préface allographe, que l'on pourrait appeler *commerciale*, et que Genette (1987 : 246) juge « de très loin la plus importante », la fait ressembler à la quatrième de couverture, l'objectif de l'une et de l'autre étant de faire vendre le produit. On cherche souvent à engager une personnalité jouissant d'une certaine notoriété dans le milieu visé – quelqu'un qui puisse, avec autorité, faire la promotion du livre auprès du public cible. Pour les éditions suédoises des textes de Marguerite Duras, cette fonction a parfois été confiée au traducteur. Cet individu a généralement un certain renom et il connaît évidemment très bien le texte qu'il a traduit. Par conséquent, il peut bien remplir la double tâche du préfacier. Les exemples incluent la préface de Katarina Frostenson (pour *Lol V. Steins hänförelse*, réédition de 2007) et la postface de Kennet Klemets (pour *Det är allt*). Pour d'autres publications, la maison d'édition a pris la décision d'engager un tiers. C'est le cas, par exemple, pour *Stilla liv* (1947). Ce volume est pourvu d'une préface signée Arne Häggqvist, qui était un écrivain et traducteur de renom, introducteur notamment de Sartre, Colette, Prévert, Hemingway et García Lorca en Suède. *De små hästarna i Tarquinia* est un autre exemple : lorsque Författarförlaget Fischer & Rye a réédité le roman en 1989, on a gardé la traduction originale de 1963 de Suzanne Palme, tout en ajoutant une préface de cinq pages de Heidi von Born, une écrivaine et traductrice jouissant elle-même d'une certaine notoriété – du moins dans le « circuit lettré »[17].

Conclusion

En guise de conclusion du présent article, nous rappelons qu'il y a eu, en Suède, deux vagues de traduction de l'œuvre durassienne : une première vague dans la seconde moitié des années 1980 et une nouvelle vague qui est arrivée vingt ans plus tard. Longtemps, Marguerite Duras était connue en Suède surtout pour *L'Amant* et pour le prix Goncourt, mais nous constatons que la situation est différente aujourd'hui. De nos jours, c'est l'œuvre intégrale de Duras et sa position dans le canon littéraire français qui sont mises en avant dans les textes publicitaires accompagnant les publications.

Nous notons que le lectorat suédois était le tout premier public étranger à avoir accès à un texte durassien en traduction (*Stilla liv*, 1947), mais nous constatons en même temps que le travail de traduction et d'édition est loin d'être terminé : si 25 ouvrages de l'auteure ont été transférés[18], il y a autant de volumes qui restent aujourd'hui inédits en suédois. Le fait qu'il reste tant de textes de Duras à découvrir en langue suédoise et qu'il existe des maisons d'édition qui s'intéressent à la diffusion de cette œuvre en Suède est, pour nous, une pensée réjouissante.

Appendice. Traductions suédoises des textes de Marguerite Duras 1947–2013[19]

Année d'édition (réédition)	Traduction	Titre original (maison d'édition, année)	Traducteur	Maison d'édition en Suède
1947	Stilla liv	La Vie tranquille (Gallimard, 1944)	Signe Bodorff	Wahlström & Widstrand
1962 (2002, 2005)	Halv elva en sommarkväll	Dix heures et demie du soir en été (Gallimard, 1960)	Ingmar Forsström	Tiden ; (Lind & Co. 2002, 2005)
1963 (1989, 2011, 2012)	De små hästarna i Tarquinia	Les Petits chevaux de Tarquinia (Gallimard, 1953)	Suzanne Palme	Wahlström & Widstrand ; (Författarförl. Fischer & Rye 1989; Lind & Co. 2011, 2012)
1967	* Hela dagarna i träden	Des Journées entières dans les arbres (Gallimard, 1954)	Gun Bengtsson, Nils A. Bengtsson	Stockholms stadsteater
1984	Hiroshima min älskade : manus och dialog	Hiroshima mon amour (Gallimard, 1960)	Marianne Lindström	Interculture
1985 (1985, 2012, 2012 e-book)	En fördämning mot Stilla Havet	Un Barrage contre le Pacifique (Gallimard, 1950)	Marianne Lindström	Interculture ; (Modernista 2012)
1985 (1986, 1992, 1999, 2005, 2011, 2012)	Älskaren	L'Amant (Éditions de Minuit, 1984)	Madeleine Gustafsson	Bonnier

Continued

Année d'édition (réédition)	Traduction	Titre original (maison d'édition, année)	Traducteur	Maison d'édition en Suède
1985 (2007, 2013 e-book)	Dödssjukdomen ; Mannen i korridoren	La Maladie de la mort (Éditions de Minuit, 1982) ; L'Homme assis dans le couloir (Éditions de Minuit, 1980)	Marie Werup	Bonnier ; (Modernista [endast Dödssjukdomen] 2007, 2013)
1985	* Hiroshima min älskade	Hiroshima mon amour (Gallimard, 1960)	Katarina Frostenson (övers.) ; Pia Forsgren (bearbetn.) ; Kerstin Klein (dramaturgi)	Dramaten
1986 (1987, 2007, 2011, 2012 e-book)	Smärtan	La Douleur (P.O.L., 1985)	Marie Werup	Bonnier ; (Modernista 2007, 2011, 2012)
1986	India song: dialog och scenbeskrivningar	India song (Gallimard, 1973)	Kristina Larsén	Interculture
1986	Moderato cantabile	Moderato cantabile (Éditions de Minuit, 1958)	Marianne Lindström	Interculture
1987	Förgöra, säger hon	Détruire dit-elle (Éditions de Minuit, 1969)	Marie Silkeberg	Interculture
1988	Blå ögon svart hår	Les Yeux bleus cheveux noirs (Éditions de Minuit, 1986)	Kerstin Hallén	Bonnier

1988 (2007, 2011, 2012 e-book)	Lol V. Steins hänförelse	Le Ravissement de Lol V. Stein (Gallimard, 1964)	Katarina Frostenson	Schultz ; (Modernista 2007, 2011, 2012)
1989 (2007, 2011, 2012 e-book)	Emily L.	Emily L. (Éditions de Minuit, 1987)	Britt Arenander	Bonnier ; (Modernista 2007, 2011, 2012)
1989	Vardagens ting	La Vie matérielle (P.O.L., 1987)	Katarina Frostenson	Interculture
1991 (1992)	Sommarregn	La Pluie d'été (P.O.L., 1990)	Marie Werup	Bonnier
1993	Älskaren från norra Kina	L'Amant de la Chine du Nord (Gallimard, 1991)	Marie Werup	Bonnier
2000 (2013)	Det är allt	C'est tout (P.O.L., 1995)	Kennet Klemets	Ellerström
2006	Fartyget Night	Le Navire Night (Mercure de France, 1979)	Helena Eriksson & Jonas J Magnusson	Modernista
2007	Abahn Sabana David	Abahn Sabana David (Gallimard, 1970)	Katarina Frostenson	Wahlström & Widstrand
2007	*Hundarna i Prag	Abahn Sabana David (Gallimard, 1970)	Katarina Frostenson (tolkn.) ; Pia Forsgren (scenbearbetn.)	Judiska teatern

Continued

Année d'édition (réédition)	Traduction	Titre original (maison d'édition, année)	Traducteur	Maison d'édition en Suède
2009 (2011, 2013) e-book	Anteckningar från kriget	Cahiers de la guerre (P.O.L./Imec, 2006)	Else Marie Güdel, Suzanne Skeppström, Magdalena Sörensen, Marianne Tufvesson	Modernista
2010	Sjömannen från Gibraltar	Le Marin de Gibraltar (Gallimard, 1952)	Ulla Bruncrona	Bonnier
2012	Savannah Bay	Savannah Bay (Éditions de Minuit, 1982)	Britt Louise Tillbom	Trombone

*) Édition non-commerciale, à l'usage interne du théâtre.

Notes

1. Voir la liste des traductions des textes de Marguerite Duras, établie par Hélène Volat en collaboration avec Robert Harvey et Bernard Alazet, et publiée sur le site « Les écrits de Marguerite Duras. Bibliographie des œuvres et de la critique, 1940– ». (Lien Internet : http://hvolat.netai.net/Duras/traductions.html, consulté le 12 août 2013.)

2. Voir les études de Strozynski (2005 : 341–344) ; Hejin (2005 : 350–353) ; Taniguchi (2005 : 354) et Aswad (2005 : 347).

3. Ducas continue : « Les ventes totales peuvent ainsi atteindre des sommets vertigineux : près de deux millions d'exemplaires en 1985 pour *Les Noces barbares* de Yann Queffélec, plus d'un million d'exemplaires pour *L'Amant* de Marguerite Duras (1984) ou *Les Champs d'honneur* de Jean Rouaud (1990). » (Ducas, 2004 : 179.)

4. *Cf.* Steiner (2012 : 111–118). En janvier 2014, les distributeurs on-line Adlibris et Bokus offrent six ouvrages de Marguerite Duras en livre numérique (e-book) : *En fördämning mot Stilla Havet, Smärtan, Emily L., Lol V. Steins hänförelse, Anteckningar från kriget* et *Dödssjukdomen*. Ces éditions sont prises en compte dans notre inventaire des ouvrages durassiens traduits en langue suédoise (voir tableau en appendice).

5. D'après le site Wikipédia : http://fr.wikipedia.org/wiki/L%27Amant_(roman), consulté le 12 août 2013.

6. Voir Volat et al. (2013) « L'Amant ».

7. Escarpit écrit qu'un best-seller est « un livre qui échappe au groupe » (1968 : 83) et il affirme que le succès arrive « au moment où l'ouvrage dépasse les limites du public théorique pour lequel il est conçu » (1968 : 71).

8. Escarpit (1968 : 121–122) déclare que la motivation de la lecture est diamétralement opposée dans les deux circuits : dans l'un on lit pour s'enrichir, dans l'autre pour s'enfuir : « [L]a majorité des lectures mises en circulation dans le circuit lettré supposent (ne serait-ce que comme alibi) une motivation-enrichissement, alors que la majorité des lectures mises en circulation dans les circuits populaires supposent (et encouragent) une motivation-désertion ». Selon ce chercheur, « toute une littérature stéréotypée cherche à flatter par une mythologie sentimentale grossière le bovarysme latent qu'on a si souvent cultivé dans les masses » (*ibid.*: 122). Il est vrai que les idées d'Escarpit peuvent être critiquées dans les détails. Il est vrai aussi que le marché du livre suédois de nos jours est très différent de celui de la France des années 1950 étudié par Escarpit. Le nombre de « forceurs de blocus », c'est-à-dire des acteurs qui ne se laissent pas facilement classifier dans sa théorie des circuits, nous semble par exemple plus important en Suède. Toutefois, ses idées sont toujours pertinentes, à notre avis, car les réflexions se basent sur une dichotomie entre culture élitiste et

culture populaire – et cette opposition binaire reste d'actualité. À une époque où la lecture devient de plus en plus un facteur de différenciation entre les groupes socioculturels dans la société, la dichotomie d'Escarpit ne semble pas prête à disparaître (Steiner, 2012 : 16–17).

9. Voici le texte de la quatrième de couverture (cité d'après l'édition de 1999) : « Älskaren är berättelsen om en passionerad kärleksaffär mellan en femtonårig fransyska och hennes kinesiske älskare. På färjan över Mekongfloden träffar flickan en ung kines ur den rika överklassen, och hon fortsätter sin resa hem i hans limousin. Det blir upptakten till en relation, förtärande i sin erotiska hetta och intensitet men samtidigt dömd att kvävas av stränga traditioner och rasfördomar. Varje dag väntar älskarens chaufför på henne utanför skolan för att köra henne till en ungkarlsvåning mitt i Saigon där de ostörda kan hänge sig åt den kärlek som omgivningen fördömer: hans far har andra planer för honom, och hennes familj tillhör den koloniala klassen. »

10. On peut aussi constater que les trois volumes ont déjà été traduits en langue étrangère. Volat *et al.* (2013) nous informent que *Le Vice-consul* a donné lieu à 19 traductions dans le monde entier, *L'Après-midi de Monsieur Andesmas* en a généré 12 et *Agatha* 10.

11. Voici les noms de tous les traducteurs, ainsi que le nombre de contributions de chacun : Katarina Frostenson (4) ; Marie Werup (4) ; Marianne Lindström (3) ; Britt Arenander (1) ; Gun & Nils Bengtsson (1) ; Signe Bodorff (1) ; Ulla Bruncrona (1) ; Helena Eriksson & Jonas Magnusson (1) ; Ingmar Forsström (1) ; Madeleine Gustafsson (1) ; Else Marie Güdel, Suzanne Skeppström, Magdalena Sörensen & Marianne Tufvesson (1) ; Kerstin Hallén (1) ; Kennet Klemets (1) ; Kristina Larsén (1) ; Suzanne Palme (1) ; Marie Silkeberg (1) ; Britt Louise Tillbom (1).

12. Voici le nombre de contributions de chaque acteur : Bonnier (8) ; Modernista (7) ; Interculture (6) ; Wahlström & Widstrand (3) ; Lind & Co. (2) ; Tiden (1) ; Författarförlaget Fischer & Rye (1) ; Schultz (1) ; Ellerström (1) ; Trombone (1) ; Stockholms Stadsteater (1) ; Dramaten (1) ; Judiska teatern (1).

13. Le texte accompagnant l'édition originale d'*Älskaren* (1985) est le suivant (extrait) : « Med lågmäld intensitet berättar Marguerite Duras om hur hon som femtonårig skolflicka i Indokina lät sig förföras av en ung, rik kines. » La quatrième de couverture d'*Älskaren från norra Kina* (1993) continue la même thématique : « I Älskaren från norra Kina skildrar Marguerite Duras på nytt sin egen historia. I poetiska ögonblicksbilder berättar hon om den tid i livet som aldrig lämnar henne ».

14. Voir Vallier (2006) qui a montré que de nombreux détails importants dans l'univers textuel de Duras diffèrent de la biographie réelle de l'auteur. Ainsi, la classification de ces textes – en « autofiction », « roman autobiographique » ou, tout simplement, « roman » – est une question extrêmement complexe. Mais il ne s'agit pas d'autobiographies classiques, car on n'y trouve pas de

« pacte de vérité ». *Cf.* Ahlstedt (2003 : 38) qui affirme, à propos de *L'Amant*, que les spécialistes durassiens sont « d'accord pour dire que Duras n'établit pas avec ses lecteurs un 'pacte de vérité' » et, à propos de *L'Amant de la Chine du Nord*, elle écrit : « En livrant sans cesse de nouvelles versions du texte, l'auteur nous montre à quel point il est vain de notre part de croire à la vérité de cette histoire » (2003 : 45). Voir aussi les autres contributions d'Ahlstedt à ce sujet (2000, 2010 et 2011), et celle de Pinthon (2009).

15. Nos traductions. En suédois, le texte publié sur la quatrième de couverture de *Lol V. Steins hänförelse* (Modernista, 2007) déclare : « Duras utgivning […] gör henne till en av efterkrigstidens mest betydande franska författare » et celui d'*Abahn Sabana David* (Wahlström & Widstrand, 2007) affirme : « Marguerite Duras, 1914–1996, är en av de allra främsta förnyarna av samtida prosa och filmkonst ».

16. Cette distinction correspond à celle introduite par Gérard Genette, dans son étude portant sur le paratexte (*Seuils*, 1987), entre préfaces *auctoriales* et *allographes*.

17. Il existe plusieurs exemples de ce phénomène : la réédition du roman *En fördämning mot Stilla Havet* (Modernista, 2012) garde la traduction originale de Marianne Lindström et ajoute une nouvelle préface de Hanna Nordenhök (poète et romancière qui a débuté dans les années 2000). Dans les éditions récentes d'*Älskaren*, une nouvelle préface signée Sara Stridsberg (romancière et dramaturge à succès) accompagne la traduction de Madeleine Gustafsson.

18. En décembre 2014, le nombre de textes traduits s'élève, en effet, à 26 – car l'éditeur Ellerström vient de publier *Att skriva* (trad. Kennet Klemets), la version suédoise de l'essai *Écrire*, publié en France en 1993.

19. Les données dans le tableau proviennent du site web *Libris*, établi par la Bibliothèque royale de Suède (KB). Libris rassemble les collections de toutes les bibliothèques universitaires de ce pays. Lien Internet : http://libris.kb.se/, consulté le 13 janvier 2014. Les éditions en livre numérique (e-book) ne figurent pas sur Libris. Celles-ci proviennent des sites *Bokus* (www.bokus.com) et *Adlibris* (www.adlibris.com/se), consultés le 13 janvier 2014.

Bibliographie

Ahlstedt, E. (2000), « Marguerite Duras et le piège biographique ». *Moderna språk* (vol. CIV / 1) : 59–69.

— (2003), *Le « cycle du Barrage » dans l'œuvre de Marguerite Duras*. Göteborg : Acta Universitatis Gothoburgensis.

— (2010), « Construction et déconstruction de l'image publique de Marguerite Duras. La bataille des biographes », in Havu J. et al. (éd.), *Actes du XVIIe congrès des romanistes scandinaves*. Tampere : Tampere University Press : 1–15.

—(2011), « Autofiktionsbegreppet i Marguerite Duras verk från Indokinacykeln till Atlantcykeln », in Ahlstedt E. & Karlsson B.-M. (éd.), *Den tvetydiga pakten. Skönlitterära texter i gränslandet mellan självbiografi och fiktion.* Göteborg : Acta Universitatis Gothoburgensis : 73–90.

Aswad, J. (2005), « Traduire dit-elle. Propos recueillis par Najet Tnani ». *Les Cahiers de l'Herne. Duras.* Paris : Éditions de l'Herne : 347.

Bladh, E. (2011), « Skönlitteratur från det fransktalande Karibien i översättning. En undersökning av utgivningen i Norden under perioden 1945–2009 », in Bladh E. & Kullberg C. (éd.), *Litteratur i gränszonen. Transnationella litteraturer i översättning ur ett nordiskt perspektiv.* Falun : Högskolan Dalarna : 130–158.

Ducas, S. (2004), « Faut-il brûler le prix Goncourt ? », in K. Ashley (éd.), *Prix Goncourt, 1903–2003 : essais critiques.* Berne : Peter Lang : 169–184.

— (2013), *La littérature à quel(s) prix ? Histoire des prix littéraires.* Paris, La Découverte.

Duras, M. (1984), *L'Amant.* Paris, Les Éditions de Minuit.

Escarpit, R. (1968), *Sociologie de la littérature* (4ᵉ édition). Paris : Presses Universitaires de France, coll. « Que sais-je ? » 777.

Feroldi, D. (2005), « La réception de Marguerite Duras en Italie ». *Les Cahiers de l'Herne. Duras.* Paris: Éditions de l'Herne : 338–340.

Floman, D. (2009), « Kommentar till översättningen », in Duras M., *Anteckningar från kriget.* Stockholm : Modernista : 351.

Genette, G. (1987), *Seuils.* Paris : Seuil.

Hejin, X. (2005), « La réception et le rayonnement de Marguerite Duras en Chine ». *Les Cahiers de l'Herne. Duras.* Paris : Éditions de l'Herne : 350–353.

Pinthon, M. (2009), « Marguerite Duras et l'autobiographie. Le pacte de vérité en question ». *Relief* 1, (vol.3) : 30–42.

Steiner, A. (2012), *Litteraturen i mediesamhället* (2ᵉ éd.). Lund, Studentlitteratur.

Strozynski, T. (2005), « La réception de Marguerite Duras en Pologne ». *Les Cahiers de l'Herne. Duras.* Paris : Éditions de l'Herne : 341–344.

Taniguchi, M. (2005), « La réception de Duras au Japon ». *Les Cahiers de l'Herne. Duras.* Paris : Éditions de l'Herne : 354.

Vallier, J. (2006), *C'était Marguerite Duras. Tome I. 1914–1945.* Paris : Fayard.

Volat, H. et al. (2013), « Les écrits de Marguerite Duras. Bibliographie des œuvres et de la critique, 1940- ». <http://hvolat.netai.net/Duras/traductions.html> 03.01.2014.

Chapitre retiré de la publication : Actualité de Madame de Staël et de Simone de Beauvoir. Regards croisés sur les origines du féminisme depuis 1945

André Leblanc
Collège universitaire de Dalécarlie

Ce chapitre a été retiré de la publication. Consultez, s'il vous plaît, la notice à la fin de ce livre ou http://dx.doi.org/10.16993/bad.v (p. 296) pour plus d'informations.

How to cite this book chapter:
Leblanc, A. 2015. Actualité de Madame de Staël et de Simone de Beauvoir. Regards croisés sur les origines du féminisme depuis 1945. In: Cedergren, M. et Briens, S. (eds.) *Médiations interculturelles entre la France et la Suède. Trajectoires et circulations de 1945 à nos jours*. Pp. 159–173. Stockholm: Stockholm University Press. DOI: http://dx.doi.org/10.16993/bad.m. License: CC-BY

La littérature suédoise en traduction française depuis 2000 : scission ou continuité ?

Elisabeth Tegelberg
Université de Göteborg

On a traduit de la littérature suédoise en français pendant plus de deux siècles (Ballu, 1995, 2001). Le nombre et l'impact des publications ont, cela va de soi, varié considérablement au cours de cette période. Dans des recherches antérieures, on a pu relever l'existence d'une tendance très claire, à savoir que, dans les années 1980, le nombre de livres traduits du suédois vers le français a fortement augmenté par rapport aux décennies précédentes (Tegelberg, 1992, 1998) et que cette évolution s'est maintenue, et même renforcée, dans les années 1990 (Tegelberg, 2003, 2004). Cet essor de notre littérature en France s'est manifesté, relativement à ces décennies, non seulement dans un nombre plus grand de publications mais aussi d'articles et de comptes rendus publiés dans la presse française. Ajoutons qu'il a également été possible de constater que cette « vague de traduction » ne concernait pas uniquement la littérature suédoise mais, d'une façon générale, la littérature nordique, la Suède occupant cependant la première place parmi les pays nordiques (Tegelberg, 1992, 1998, 2003, 2004, 2009).

On a lieu de se demander si cet intérêt pour la littérature suédoise dans les deux décennies en question n'a été qu'un phénomène éphémère ou s'il s'agit plutôt de quelque chose de plus solide, de plus stable. Le présent article a pour objectif d'essayer de répondre à la question de savoir s'il y a, pour les années 2000 à 2012, scission ou continuité par rapport à la position que s'était créée en France la littérature suédoise dans les années 1980 et 1990. À cette fin, l'article se propose :

- de comparer le nombre de publications parues entre 2000 et 2012 avec celui relevé pour les deux décennies précédentes et de rendre compte des genres littéraires impliqués ;

How to cite this book chapter:
Tegelberg, E. 2015. La littérature suédoise en traduction française depuis 2000 : scission ou continuité ? In: Cedergren, M. et Briens, S. (eds.) *Médiations interculturelles entre la France et la Suède. Trajectoires et circulations de 1945 à nos jours.* Pp. 174–189. Stockholm: Stockholm University Press. DOI: http://dx.doi.org/10.16993/bad.n License: CC-BY

- de faire voir quels écrivains continuent d'être traduits et réédités après 2000 ;
- de faire voir quels écrivains ont été traduits pour la première fois après 2000 ;
- de dire quelques mots sur la réception faite aux publications les plus remarquées et les plus commentées par la presse française ;
- de commenter brièvement le rôle qu'ont joué dans cette période les traducteurs, les maisons d'édition et les libraires ;
- de dire quelques mots sur la situation des autres pays nordiques dans les années en question.

Nous espérons pouvoir dire, après cet examen, si la littérature suédoise en traduction française a gardé ou non sa position sur le marché français dans les douze premières années de ce siècle et identifier les facteurs qui ont été décisifs pour l'évolution constatée. Les analyses et les commentaires porteront en premier lieu sur les romans et les pièces de théâtre publiés durant cette période.

Données quantitatives

En comparant le nombre de romans suédois publiés en français entre 2000 et 2012 (réimpressions et éditions en poche incluses) avec celui observé pour la période 1990–1999, on constate une augmentation nette pour la période après l'an 2000 (même en tenant compte du fait que celle-ci porte sur trois ans de plus que la période précédente). Cette augmentation quantitative vaut aussi, bien que la tendance soit un peu moins prononcée, pour les autres pays nordiques et s'explique en grande partie par la publication massive dans les années 2000 de romans policiers.

Il est possible de déceler d'autres facteurs susceptibles d'expliquer cet essor par rapport aux années 1980 et 1990. Ainsi, il y a eu, ces dernières années, un changement de comportement de la part des maisons d'édition en ce qui concerne les publications en poche qui, maintenant, voient souvent le jour peu de temps après la première publication d'un livre, mécanisme qui risque parfois de gonfler les chiffres de vente, les statistiques donnant ainsi une image peut-être un peu fausse de la réalité.

Un autre facteur digne d'être mentionné dans ce contexte est le Salon du Livre tenu à Paris en 2011 dont le thème principal était la littérature nordique. Les salons du livre attirent l'intérêt des éditeurs, des médias et des lecteurs potentiels et contribuent souvent de façon non négligeable à la promotion des lettres et des écrivains d'un pays donné. Il est incontestable que le salon de 2011 a permis à la littérature suédoise (et nordique) d'atteindre un public plus grand que d'habitude, ayant offert à celle-ci, pour un certain temps, une place au soleil. Aussi a-t-on constaté pour l'année 2011 une augmentation particulièrement forte du nombre de publications et que l'année 2012 a profité des répercussions de l'année précédente (p. ex. des contrats signés pour des livres qui n'ont paru qu'en 2012).

Peut-être s'attendrait-on à ce que le salon soit d'une utilité particulièrement grande aux écrivains moins connus mais, à ce qu'il semble, c'est plutôt le contraire qui est vrai, le salon ayant surtout profité aux écrivains nordiques déjà établis sur le marché français. Signalons que le but officiel de ce salon était de se consacrer uniquement aux belles lettres, de montrer la vitalité de la littérature nordique et de faire voir « qu'il n'y a pas que des policiers dans la vie ». Cependant, on n'en a pas moins fini par inviter des auteurs de polars qui, lors du salon, ont eu leur part – la part du lion, diraient certains – de l'attention des médias.

Ecrivains suédois déjà publiés en français avant 2000

Bien des auteurs déjà traduits avant 2000 continuent d'être traduits, ré-édités et publiés en édition de poche. Il s'agit en premier lieu, en nous en tenant aux contemporains, de Per Olov Enquist, mais aussi d'écrivains comme Torgny Lindgren, Lars Gustafson, Carl Henning Wijkmark et Björn Larsson, pour ne mentionner que les plus importants. (Nous reviendrons plus loin à ceux des écrivains non contemporains qui ont gardé leur position en France.)

Il y a lieu, nous semble-t-il, de porter un intérêt particulier à P. O. Enquist étant donné la place de choix qui lui est assignée en France parmi les écrivains suédois contemporains. Voilà qui se voit entre autres par le grand nombre d'articles et de comptes rendus consacrés à cet auteur dans la presse française de qualité, surtout au cours de la décennie passée, ainsi que par le respect qu'on lui y témoigne. Les Français sont restés fidèles à P. O. Enquist – il a été traduit en français dès le début des années 1970 – et sa position s'est affermie au fil des années, ayant atteint son apogée lors de son retour à la littérature après plusieurs années improductives dues, principalement, à son abus de l'alcool. *Actes Sud*, la maison d'édition où sont parus la plupart de ses livres, est d'ailleurs en train de publier son œuvre intégrale en prose, fait significatif de l'importance accordée à celle-ci. À côté de Strindberg et de quelques-uns des auteurs de romans policiers, il est incontestablement l'écrivain suédois le plus en vue en France.

Enquist a reçu beaucoup de critique positive à l'occasion du salon du livre de 2011, les articles et les « portraits » s'étant succédé dans les journaux et les revues qui comptent. Il semble naturel de se poser la question de savoir ce qu'on retient dans ses livres et ce qui reste au centre de l'intérêt des critiques français. Constatons que la vie privée de l'auteur fait souvent l'objet de commentaires, notamment son éducation stricte et religieuse, la mort prématurée de son père et de son frère, l'influence très forte qu'ont exercée sur lui les mouvements populaires en Suède ainsi que, dans une certaine mesure, ses activités politiques au sein du mouvement social-démocrate. Dans nombre de cas, on fait allusion à son passé d'athlète, profitant volontiers d'homonymes comme *hauteur – auteur*, « Un champion de saut en auteur », et de métaphores empruntées au monde du sport.

Ce n'est guère étonnant ni un hasard qu'Enquist ait connu du succès en France, comme dans beaucoup d'autres pays : il est un représentant éminent des écrivains suédois qui se sont intéressés aux questions existentielles, questions qui touchent tous les hommes indépendamment de leur ancrage culturel. Cette orientation intellectuelle, portant sur des sujets fondamentaux de notre existence et communs à nous tous, est sans doute une des raisons pour lesquelles Enquist a su captiver un public étranger. Cela vaut surtout pour la France où la tradition intellectuelle reste particulièrement forte dans le domaine de la littérature. Ainsi, il est courant de voir soulevés, dans les articles consacrés à l'écrivain et à son œuvre, son intérêt pour les questions relatives aux conditions de l'homme et à la nature humaine ainsi que ses efforts pour les intégrer dans son œuvre. Un autre aspect fréquemment relevé est son habileté à composer des romans documentaires et à déterrer des histoires pour en faire de la littérature. Les critiques ne manquent pas d'être impressionnés par la documentation très solide et par la capacité de l'auteur à mélanger, dans ses livres, faits et fiction, biographie et roman (Tegelberg, 2013).

Ce sont surtout les romans *Le Médecin personnel du roi* et *Blanche et Marie* qui ont attiré l'attention de la presse française. Dans ce dernier, le fait que l'action se déroule en France et que le livre traite d'une histoire bien connue dans ce pays a donné lieu à un intérêt approfondi de la part des critiques français. Pourtant, le livre qui a fait l'objet de la plus grande attention est le roman autobiographique *Une autre vie*, auquel la revue *Lire* a décerné le prix de la meilleure autobiographie de l'année 2010. On le qualifie d'« autobiographie exceptionnelle » et de « mémoires étonnamment sincères ». Enquist suscite l'admiration de bien des critiques grâce à sa description – sans détours et sans ménagements pour lui-même – de l'alcoolisme dévastateur qui a marqué sa vie pendant presque deux décennies. Cette œuvre, dit-on, est la preuve ultime que l'auteur est resté fidèle à lui-même et qu'il a l'oreille absolue pour cette prose qui lui est propre.

Un autre écrivain suédois dont les livres ont souvent, eux aussi, une portée philosophique et qui, à l'instar de P. O. Enquist, a remporté des succès en France est Björn Larsson. Ces succès remontent aux années 1990 et c'est notamment avec les livres *Long John Silver* et *Le Capitaine des rêves* qu'il s'est fait connaître. Ces livres, en plus de leur contenu philosophique, renouent avec un autre thème qui sait franchir les barrières culturelles, à savoir le thème marin. Cependant, il ne semble pas que cet auteur continue d'être lu au même degré qu'auparavant et on peut constater que les médias s'occupent actuellement moins de lui. Dans son cas, le nombre élevé de traductions est sans doute, en partie, dû à son promoteur et traducteur, Philippe Bouquet, ainsi que, peut-être, à sa propre capacité communicative en français. Ajoutons que le fait de participer activement à des manifestations de promotion, comme l'a fait Björn Larsson, est devenu de nos jours essentiel si l'on veut s'imposer sur le marché littéraire. Les raisons d'un succès littéraire peuvent donc varier, on l'a vu, d'un cas à l'autre et les explications univoques et catégoriques sont à éviter.

Ecrivains suédois non publiés en français avant 2000

Il y a, certes, des écrivains suédois traduits en français pour la première fois après l'an 2000 et qui se sont fait remarquer d'une façon ou d'une autre. Or, ceux-ci sont moins nombreux et semblent avoir eu moins d'impact que leurs prédécesseurs des décennies précédentes (les auteurs de romans policiers n'étant pas pris en compte ici). Mentionnons d'abord Sara Stridsberg dont se sont occupés bien des articles de presse – le succès auprès des lecteurs est pourtant moins évident – en premier lieu grâce à ses romans *La Faculté des rêves* (2009) et *Darling river* (2011). On retiendra de même d'autres noms ayant éveillé la curiosité des critiques français, entre autres Jonas Hassen Khemiri et Carl Johan Vallgren.

On notera encore quelques autres écrivains qui ont remporté des succès commerciaux pour un livre spécifique figurant dans leur production.

C'est le cas par exemple de Katarina Mazetti avec *Le Mec de la tombe d'à côté* (2006) et de Jonas Jonasson avec *Le Vieux qui ne voulait pas fêter son anniversaire et se fit la malle* (2011), tous les deux ayant figuré sur la liste des meilleures ventes en France. Ce sont deux livres dont la réputation semble s'être faite selon la méthode du « bouche-à-oreille » plutôt qu'à l'aide de la presse, du moins à l'époque de leur publication où la presse n'y prêtait pas grande attention. Cela dit, ces deux auteurs ont eu chacun, ces dernières années, encore un succès commercial en France, Katarina Mazetti avec *Le Caveau de famille* (2011) et Jonas Jonasson avec *L'Analphabète qui savait compter* (2013).

Comme nous venons de le faire remarquer, un des écrivains suédois les plus en vue pendant les années 2000 est Sara Stridsberg, ce qui est dû surtout à l'intérêt qu'a fait naître chez les critiques *La Faculté des rêves*. Ceux-ci semblent estimer qu'il s'agit d'un auteur digne d'être pris en considération, ce qui ressort des nombreux comptes rendus très favorables qu'on lui a réservés dans la presse. Dans plusieurs interviews de Sara Stridsberg, on lui offre l'occasion d'exposer ses idées littéraires et d'analyser sa manière d'écrire. La « fantaisie littéraire » qu'est selon l'auteur elle-même *La Faculté des rêves* fait preuve, par son mélange de genres, d'une grande complexité de composition, complexité qui a impressionné plus d'un critique littéraire et qui a éveillé, à ce qu'il semble, une curiosité sincère. Ce roman, d'un caractère « insaisissable », pour citer un des critiques, donne apparemment à réfléchir. Dans *Le Monde*, on parle d'un « exercice de style brillant, mélange de théâtre, de pamphlet, de roman, de reportage et de poème », d'un « texte d'une force rare » qui « dégage une séduction irrésistible », en soulignant que son livre est « d'un rare aboutissement littéraire ». Et dans *Le Magazine littéraire*, on qualifie *La Faculté des rêves* de « prodigieuse et envoûtante », admirant « l'incroyable liberté de ce texte anarchique » et affirmant que ce livre est « incontestablement l'une des révélations de cette rentrée littéraire » (il est question de l'année 2009). Voilà des superlatifs remarquables retrouvés dans deux organes de presse des plus prestigieux en France, donc des louanges devant être prises au sérieux.

Le roman policier

Il serait impossible de parler de la littérature suédoise en traduction française des années 2000 sans tenir compte du phénomène le plus remarquable, et partant incontournable, à savoir le succès triomphal du roman policier nordique, notamment suédois, sur le marché français.

Un succès commercial extraordinaire, il est vrai, mais aussi un succès auprès de la critique, ce qui a donné lieu à un impact littéraire sans précédent – il suffit en effet d'avoir visité une librairie quelconque en France cette dernière décennie pour se rendre compte d'une situation aussi inattendue que surprenante : les polars du Nord tiennent le haut du pavé !

On n'exagérerait pas, nous semble-t-il, en disant que ce genre littéraire a finalement rendu visibles, aux sens propre et figuré du mot, les pays nordiques, tout en ayant, du moins en partie, placé au second plan la littérature moins spectaculaire. Ainsi, on a pu lire, dans la presse française, un titre comme « Tous ces polars qui cachent la forêt » et encore d'autres du même genre. Les auteurs de polars qui se sont imposés sur le marché français sont décidément nombreux, beaucoup d'entre eux ayant eu la possibilité de voir plusieurs de leurs livres traduits en français.

Or, il n'y en a pas moins deux noms qu'il faut retenir avant les autres, à savoir Stieg Larsson et Henning Mankell. La trilogie *Millénium* de Stieg Larsson, parue en traduction française entre 2005 et 2007, a séduit sans réserve tant les lecteurs que les critiques français. Les trois livres ont atteint des chiffres de vente tout à fait exceptionnels (environ 4 millions d'exemplaires vendus en France jusqu'à l'heure actuelle) et ont pris place sur les listes des meilleures ventes pendant plusieurs années. *Millénium* a fait époque, il a balayé le marché littéraire de manière foudroyante comme aucun autre livre depuis longtemps. En même temps, cette trilogie a su attirer, d'une manière remarquable, l'attention de la critique qui lui a consacré un très grand nombre d'articles et de nombreuses analyses de tous genres, contribuant ainsi à lui donner une place au soleil et à consolider la position solide de la littérature policière suédoise.

Henning Mankell, de son côté, est lui aussi un auteur aimé des lecteurs et respecté des critiques. Son succès en France s'est fait plus lentement, au fil des années, que celui, explosif, de son compatriote. Cependant, sa position reste bien ancrée, s'étant consolidée pendant deux décennies grâce à la traduction régulière de nouveaux livres parus, aux réimpressions et aux éditions de poche. L'intérêt que lui a porté la presse française est en partie (à en juger par le contenu des comptes rendus) dû à son engagement politique et social, à sa lutte contre les injustices économiques, le racisme et le démontage du « modèle suédois » (référence toujours chère aux critiques français). Soulignons que Kurt Wallander, le protagoniste fatigué et désillusionné des dix romans policiers qui forment un tout au sein de la production de l'auteur, a su éveiller l'attendrissement et la sympathie de tout le lectorat et de bien des critiques. Finalement, et évidemment, Mankell, considéré entre autres comme un maître du dialogue, est calé dans l'art de construire une histoire passionnante qui fait tourner les pages au lecteur. Ajoutons que, ces dernières années, Camilla Läckberg est venue occuper, auprès des lecteurs, une place de plus en plus importante dans le cadre de ce genre littéraire, ayant figuré, elle aussi et à plusieurs reprises, sur la liste des meilleures ventes en France (Tegelberg, 2007a-b, 2008a-d, 2014).

Le théâtre

Il y a, en France, une longue tradition en ce qui concerne le théâtre scandinave, représenté en premier lieu par Henrik Ibsen et August Strindberg. Leurs pièces ont été jouées régulièrement depuis la fin du XIXe siècle et continuent de l'être. Un autre écrivain suédois qui s'est créé une place dans le théâtre français est Stig Dagerman, bien qu'à un moindre degré que Strindberg ; dans son cas, il s'est souvent agi d'adaptations théâtrales de ses romans. Récemment, c'est Lars Norén – dont les pièces sont jouées depuis les années 1990 à Paris aussi bien qu'en province – qui a su attirer l'attention des Français.

Dans ce contexte, signalons qu'en France, le théâtre est considéré depuis longtemps comme une manifestation culturelle de choix et la plupart des représentations théâtrales font couler beaucoup d'encre dans la presse. Vu que le nombre de représentations, à un moment donné, est relativement restreint, il est plus facile d'y voir le fil rouge et de se faire une idée d'ensemble que pour la littérature en prose, plus abondante et plus difficile à cerner pour la critique. Ainsi, il est courant de trouver des articles de presse réunissant plusieurs auteurs de pièces de théâtre et les centres d'intérêt qui leur sont communs. Souvent, on voit se détacher, dans les comptes rendus, des thèmes et des ressemblances dans les représentations se trouvant sur le tapis à un certain moment. Si, par exemple, il s'avère que Strindberg et Ibsen sont joués en même temps à Paris, il serait plutôt étonnant de ne pas trouver d'articles mettant en relief ce qu'ont en commun les pièces en question.

On n'exagère pas en disant que le théâtre suédois occupe de longue date une place solide sur les scènes françaises, en premier lieu grâce à August Strindberg. Strindberg reste à ce jour l'auteur suédois le plus important dans le domaine de la littérature suédoise en traduction française et c'est à ses pièces de théâtre qu'il doit ce succès. En plus d'être régulièrement jouées, celles-ci sont fréquemment réimprimées, les re-traductions et les adaptations sont elles aussi nombreuses. Les livres et les articles consacrés à cet auteur et à son œuvre sont également nombreux et témoignent de l'intérêt qu'on lui porte en France où son influence est considérable. Même si c'est avant tout le théâtre qui a fait sa réputation, Strindberg s'est aussi fait remarquer comme épistolier, ces derniers temps, grâce aux traductions de sa correspondance dues à Elena Balzamo (Strindberg, 2009–2012). En France, on s'est également intéressé à ses activités dans les domaines de la peinture et de la photo-graphie, relevées entre autres dans une exposition au Musée d'Orsay en 2001–2002 (*August Strindberg (1849–1912) peintre et photographe*). On a pu voir au fil des années, dans des revues spécialisées, de nom-breux articles approfondis sur l'auteur et sur son œuvre et plusieurs livres lui ont été consacrés, par exemple la biographie d'Elena Balzamo publiée en 1999 (parue en suédois en 2012).

Étant donné le succès certain qu'ont connu en France les auteurs de pièces de théâtre, on se pose la question de savoir quels facteurs sont à l'origine de cette position bien établie depuis longtemps et renforcée pendant la dernière décennie. En dépouillant les coupures de presse, on s'aperçoit bientôt que les auteurs impliqués, avant tout Ibsen, Strindberg et Norén, mais aussi, dans une certaine mesure, Ingmar Bergman et Henning Mankell, partagent une focalisation sur des questions liées aux relations humaines et sociales, aux conditions de notre existence. Ce sont surtout les relations entre hommes et femmes, le thème de la lutte des classes et celui de la hiérarchie sociale qui sont soulevés par la critique et mis en lumière dans les articles, ceux-ci étant pour la plupart très positifs. Dans les articles et comptes rendus, comme nous venons de le dire, il arrive fréquemment qu'on traite ensemble plusieurs au-teurs ayant les mêmes préoccupations intellectuelles et psychologiques (Agacinski, 2008). Et, bien sûr, n'oublions pas que le théâtre se prête volontiers à la présentation sur scène de ce genre de questions à carac-tère universel où les conflits présentés touchent les gens au-delà des frontières culturelles.

En finissant la partie consacrée au théâtre, il nous faut dire quelques mots sur Lars Norén, l'héritier spirituel de Strindberg et de plus en plus remarqué en France. Il s'occupe lui aussi de questions du genre évoqué ci-dessus et ses pièces ont été jouées sur un nombre considérable de scènes parisiennes, ainsi qu'en province (Lyon, Strasbourg). Dans un article publié dans *Télérama*, il y a par exemple un compte rendu – intitulé *Ombres suédoises* – ayant pour sujet deux pièces, de Norén et de Strindberg, et où l'on met au jour ressemblances et différences entre ces auteurs. De même, dans un article du *Monde* – intitulé *Les abîmes d'une famille en crise* – sont soulignées la focalisation de Norén sur la famille et le mariage et la thématique commune aux deux dramaturges nordiques.

Avec un thème tout à fait différent, et malgré une représentation longue de sept heures, la pièce *Catégorie 3.1*, qualifiée de « misère fleuve » par un critique, a beaucoup captivé, elle aussi, l'intérêt des Français. On a pu lire entre autres que « le dramaturge Lars Norén met en pièces le modèle social suédois ». La presse s'est aussi sentie tentée de mentionner le projet *7 : 3*, avec sa fin tragique, ainsi que le livre d'Elisabeth Åsbrink publié à la suite du projet.

D'autres genres littéraires

Dans les années 1980 et 1990, la position qu'occupait en France la littérature suédoise pour l'enfance et la jeunesse était très forte et on peut constater que la figure de proue en était Astrid Lindgren. Or, il y avait aussi d'autres auteurs d'importance qui avaient contribué à renforcer l'impact suédois dans ce genre littéraire (Tegelberg, 1992, 2003). Dans la première décennie de ce siècle, la Suède semble avoir défendu honnêtement cette position, les auteurs déjà publiés ayant continué à être traduits et réédités et encore d'autres ayant été traduits pour la première fois.

Néanmoins, force est de dire que la Suède n'occupe peut-être plus la place de choix qui lui revenait par le passé et que d'autres pays, la France incluse, ont rattrapé le retard que beaucoup d'entre eux avaient sur la Suède dans le domaine de la littérature destinée aux jeunes. Ainsi, on n'a plus à se reporter à la littérature suédoise qui a traditionnellement mis en valeur la perspective de l'enfant, devenue de plus en plus importante de nos jours. Ajoutons que, dans ce genre littéraire, les auteurs restent, d'une façon générale, plus anonymes et que le contenu et, souvent, les dessins sont considérés comme plus intéressants que le nom et la nationalité de l'auteur.

La poésie suédoise en traduction française ne cesse de jouer un rôle bien modeste et se trouve, essentiellement, réduite à figurer dans des anthologies (peu nombreuses d'ailleurs). Il est à remarquer que même pas le Prix Nobel décerné en 2011 à Tomas Tranströmer n'a suffi pour attirer l'attention sur ce poète. En 1996, ses *Œuvres complètes 1954–1994* avaient été publiées en France mais étaient passées plus ou moins inaperçues (Heldner, 2014). Il est possible que l'explication soit à chercher dans le fait que l'aspect souvent concret et pourtant sensuel de la poésie de Tranströmer reste étranger aux Français, habitués à des expressions lyriques à caractère plus intellectuel.

Pour ce qui est de la littérature non littéraire, les années 1990 marquaient une nette progression par rapport à la décennie précédente, situation qui caractérise aussi, par rapport aux années 1980, la période qui s'est écoulée depuis 2000. Ce sont surtout les domaines de l'histoire et de l'histoire des idées qui éveillent la curiosité des lecteurs. Les relations culturelles entre la Suède et la France intéressent également, comme par le passé, ce dont on voit la preuve dans *Svea & Marianne* de Guy de Faramond (2007).

Traducteurs, maisons d'édition, libraires

Dans les années 1980 et 1990, la situation en ce qui concerne les traducteurs était particulièrement favorable. Il y avait alors un groupe de traducteurs hautement qualifiés et dont la plupart occupaient des postes universitaires. Souvent, ils servaient également de lecteurs/conseillers aux maisons d'édition et de transmetteurs de littérature et de culture suédoises en France. En fait, leur importance pour la promotion de la littérature suédoise en France ne peut guère être surestimée. Aujourd'hui, cependant, ces traducteurs ne sont plus actifs au même degré qu'auparavant (à quelques exceptions près) mais ils se sont vus remplacer, dans les années 2000, par d'autres traducteurs, plus nombreux mais dont le rôle en tant que transmetteurs littéraires et culturels reste toutefois relativement modeste. Ajoutons que, dans le domaine de la promotion littéraire, les agents littéraires des maisons d'édition sont venus occuper une place de plus en plus importante pour faire connaître et promouvoir les écrivains dont ils s'occupent. Dans ce contexte, il ne faut pas négliger l'impact que peuvent avoir les salons du livre, notamment celui ayant lieu tous les ans à Francfort, lieu de rencontre privilégié. Bien entendu, des subsides tels que ceux accordés par le Centre National du Livre ne manquent pas non plus d'importance pour la publication de littérature venant des pays nordiques. Les manifestations culturelles visant les pays du Nord, comme les Boréales de Normandie et les Belles Étrangères, méritent certes, elles aussi, d'être mentionnées.

Il va de soi que les maisons d'édition jouent un rôle primordial pour la publication et la promotion des écrivains qu'ils prennent en charge. Leur rôle est particulièrement visible quant aux possibilités de donner de la place à des écrivains venant de communautés linguistiques de moindre impact, comme par exemple les pays nordiques. Plus une maison d'édition est grande, plus elle a de chances de s'imposer et de promouvoir ses écrivains et ses publications. Il y en a quelques-unes qui se sont intéressées particulièrement aux pays nordiques à travers les décennies et dont la plus en vue est *Actes Sud*. Cette maison a même créé une série pour les romans policiers, *Actes Noirs*, qui compte dans leurs rangs Stieg Larsson et Camilla Läckberg. À côté d'*Actes Sud*, c'est *Gaïa* qui est venue s'occuper des littératures du Nord. D'autre part, certaines autres maisons, importantes dans les années 1980 et 1990, ont disparu, comme la prestigieuse *Presses de la Renaissance*, ainsi qu'*Arcane 17* et *Manya*. Il est à noter qu'il y a toujours eu un certain nombre de maisons d'édition à dimensions restreintes, souvent dirigées par des enthousiastes, qui ont misé sur la publication de littératures venant des pays nordiques.

Mentionnons en particulier à ce propos Denis Ballu, qui a fondé (en 1989) et dirigé jusqu'en 2011 les *Éditions de l'Élan* à Nantes et qui, avec un intérêt passionné et un engagement infatigable pour les littératures nordiques, a contribué de façon essentielle à la connaissance des lettres nordiques en France, tant en publiant en traduction française des livres d'auteurs nordiques (une bonne centaine de titres parus depuis 1991) qu'en rédigeant et en publiant aux *Éditions de l'Élan* une bibliographie des lettres nordiques en traduction française de 1720 à 1995 (Ballu, 1995), outil indispensable à qui s'intéresse à la littérature nordique traduite en français et dont il existe depuis 2014 une version – non publiée malheureusement – considérablement augmentée (en deux volumes d'un total de 1.005 pages et répertoriant 17.686 titres).

Ne négligeons pas non plus le fait qu'un écrivain ayant réussi à être traduit et publié une fois possède déjà par là un avantage : il n'est pas rare qu'une maison d'édition ayant misé sur un livre continue, comptant ainsi sur la fidélité des lecteurs, à publier d'autres livres du même auteur, pourvu, bien sûr, que le premier ait été raisonnablement apprécié. La même chose vaut pour les traducteurs : les maisons d'édition tendent à faire appel aux traducteurs qui leur ont déjà rendu service, si bien que ceux qui sont moins établis sur le marché ont parfois du mal à s'y faire valoir.

On sait qu'il y a encore un facteur qui entre en ligne de compte pour la promotion de la littérature, à savoir la présence de libraires prêts à lancer systématiquement un auteur. Les libraires, considérés, dans ce contexte, comme plus importants en France qu'en Suède, possèdent la possibilité de faire le bonheur, ou parfois le malheur, d'un écrivain, selon l'espace qu'on lui accorde en boutique. Comme un exemple très illustratif de succès foudroyants obtenus en partie grâce aux libraires, mentionnons les polars nordiques. Le lancement en librairie de ceux-ci a fortement attiré l'attention des lecteurs potentiels et, comme dans le cas de *Millénium*, contribué de manière décisive à des chiffres de vente souvent spectaculaires (entretien en octobre 2011 avec Philippe Bouquet, professeur émérite de langues et littératures scandinaves à Caen, et Denis Ballu, éditeur à Nantes).

Les autres pays nordiques

Comme nous l'avons déjà fait remarquer, ce ne sont pas uniquement des écrivains suédois qui ont connu du succès en France pendant les deux dernières décennies du siècle passé, mais c'est aussi le cas pour des écrivains venant des autres pays nordiques (même si la Suède garde la première place en fait de publications et d'attention de la part des médias). Cet état des choses vaut également pour la période qui va de 2000 à 2012. En France, il arrive fréquemment que les critiques soulignent ce qu'ont en commun les littératures du Nord, faisant régulièrement des survols thématiques, ce dont témoignent des titres tels que « Un grand vent venu du Nord », « La littérature du Nord est frissonnante et pleine de vitalité », « Cet engouement pour le Grand Nord, va-t-il durer ? », « Le polar ne perd pas le nord », etc. (tous ceux-ci retrouvés dans des articles parus dans les années 2000).

H. C. Andersen reste l'écrivain nordique le plus publié (réimpressions incluses). Pour le Danemark, il y a lieu de mentionner encore deux auteurs, à savoir Karen Blixen et Jørn Riel, qui semblent avoir gardé la position qui était la leur à la fin du siècle passé. La Norvège se signale toujours avec Ibsen et Hamsun. Parmi les auteurs publiés avant 2000, Herbjørg Wassmo défend assez bien sa position, elle aussi, même si elle n'a jamais atteint les sommets des compatriotes mentionnés. On ne doit pas non plus manquer de souligner qu'il y a deux auteurs norvégiens qui ont pris de plus en plus de place en France ces derniers temps : Jon Fosse pour le théâtre et Jo Nesbø pour les romans policiers. Parmi les noms nouveaux, il y a aussi Anne Birkefeld Ragde qui, en très peu de temps, a pu voir six de ses romans traduits en français.

En ce qui concerne la Finlande, c'est toujours Arto Paasilinna qui donne l'impression d'être le plus apprécié, mais il importe également de relever la jeune Sofi Oksanen qui s'est fait remarquer avec son roman *Purge*. Parmi les écrivains finlandais de langue suédoise, n'oublions pas

Monika Fagerholm qui, à côté de Kjell Westö, a fait parler d'elle, cette dernière décennie, dans la presse française.

L'Islande, finalement, reste plus discrète quant à l'apparition de nouveaux auteurs. Arnaldur Indridason, dans le domaine du polar, a une position solide chez lecteurs et critiques et, pour soulever une écrivaine, on peut constater qu'Audur Ava Olafsdottir a eu un certain succès avec son livre *Rosa Candida*. Les sagas islandaises, ainsi que le Prix Nobel Haldor Laxness, paraissent régulièrement en réimpressions, ce qui donne lieu à croire que les lecteurs n'ont cessé de s'y intéresser dans les années 2000.

Conclusion

En guise de conclusion, constatons que la littérature suédoise en traduction française a gardé pendant la période examinée la position forte qui était la sienne depuis les années 1980. On peut même, par rapport à la décennie précédente, se réjouir d'une augmentation du nombre d'ouvrages publiés, augmentation qui s'explique essentiellement, il est vrai, par le remarquable succès sur le marché français du roman policier suédois.

Par contre, l'intérêt de la presse française pour nos belles lettres s'est un peu affaibli, semble-t-il. Ce qu'il faut surtout retenir de ce côté-là, c'est l'attention accordée aux littératures du Nord lors du Salon du Livre tenu à Paris en 2011 et, bien sûr, l'attention prêtée aux romans policiers.

Nous voyons également la continuité assurée par un intérêt soutenu et stable pour les « classiques » nordiques, ainsi que pour un certain nombre d'auteurs contemporains déjà établis, devenus presque des classiques eux aussi. De même, on a manifesté un intérêt naissant mais indubitable pour quelques écrivains nouveaux ainsi que pour un certain nombre d'auteurs de polars. Par conséquent, et en répondant à la question posée dans l'introduction, il n'y a pas eu, dans la période examinée, de scission dans l'édition constatée pour la littérature suédoise en traduction française. Au contraire, il y a eu continuité à un niveau qui est, grosso modo, celui des années 1980 et 1990 – période glorieuse de la littérature suédoise en France – et qui tranche radicalement avec celui – relativement bas – qui caractérisait les années 1960 et 1970. Ainsi, en reprenant l'image donnée dans l'introduction, on n'exagère pas, nous semble-t-il, en disant que la vague de traduction des années 1980 et 1990 est toujours loin de s'affaiblir et qu'on peut être assez optimiste quant aux perspectives d'avenir de la littérature suédoise en France.

Bibliographie

Agacinski, S. (2008), *Le drame des sexes. Ibsen, Strindberg, Bergman*. Paris : Seuil.

Ballu, D. (1995), *Lettres nordiques en traduction française 1720-1995*. Nantes : L'Élan.

— (2001), « Éditer de la littérature suédoise : Quelle littérature ? Pour qui ? Pourquoi ? », in Eriksson, O. (éd.), *Aspekter av litterär översättning*. Växjö : Växjö University Press : 13-33.

Balzamo, E. (1999), *August Strindberg : visages et destin*. Paris : Hamy.

— (2012). *August Strindberg : ansikten och öde* (trad. Fredrik Ekelund). Stockholm : Atlantis.

Faramond, G. de (2007), *Svea & Marianne : les relations franco-suédoises, une fascination réciproque*. Paris : Michel de Maule.

Heldner, C. (2014), « Entre indifférence et sarcasmes – Sur la réception en France de Tomas Tranströmer, Prix Nobel suédois ». Strömstad : Acta Academiae Stromstadiensis 21 : 1-24.

Strindberg, A. (2009-2012), *Correspondance* (3 vol.), choix, présentation et traduction du suédois par Elena Balzamo. Paris : Zulma.

Tegelberg, E. (1992), « Trois décennies de littérature suédoise en France ». *Moderna Språk* 86 : 159-166.

— (1998), « Några reflektioner kring nordisk litteratur i fransk översättning ». *Finsk Tidskrift* 3/4 : 189-202.

— (2003), « La littérature suédoise en traduction française entre 1990 et 2001 ». *Moderna Språk* 97 : 99-104.

— (2004), « 90-talet i svensk litteratur på franska: brott eller kontinuitet? ». *Finsk Tidskrift* 5/6 : 346-368.

— (2007a), « Henning Mankell – en fransk segerherre ». *Lingua* 3 : 29-34.

— (2007b), « *Le polar suédois*. Reflektioner kring svenska deckares framgångar i Frankrike ». *Finsk Tidskrift* 7/8 : 421-438.

— (2008a), « 'Ett guldkantat millennium'. Om Stieg Larsson franska framgångssaga ». *Jury* 3 : 14-18.

— (2008b), « Le polar suédois – une marche victorieuse sur le marché français ». *Nordiques* 16 : 103-120.

— (2008c), « Deckarna som kom in från kylan. Den svenska kriminallitteraturens genomslag i Frankrike ». *Svenska Dagbladet* (« Under strecket »), 16 avril.

— (2008d), « Stieg Larssons *Millénnium* – en kioskvältare i Frankrike ». *Lingua* 1 : 39–42.

— (2009), « Svenska ord står starka i Frankrike ». *Svenska Dagbladet* (« Under strecket »), 6 février.

— (2013), « Historiegrävande gör P O Enquist stor i Frankrike ». *Svenska Dagbladet* (« Under strecket »), 7 février.

— (2014), « Camilla Läckberg – en svensk deckardrottning i Frankrike ». *DAST magazine* (août) : 1–5.

La résistance en héritage – Place et rôle de la théorie française dans la construction du projet de la revue suédoise *Kris*

Luc Lefebvre
Université de Stockholm – Université Paris-Sorbonne

En 1977 naît *Kris*, revue ambitieuse animée par un projet pluridisci-plinaire présenté comme un triptyque dans son sous-titre : « Kritik, estetik, politik ». Aux commandes des premiers numéros (i.e. pendant les années 1977–1978) peut-on observer une structure bicéphale, com-posée d'une rédaction et d'un *redaktionsråd* (« conseil rédactionnel »), qui témoigne du fait que *Kris* s'est constituée à partir de la réunion de deux groupes. Le premier, autour de Stig Larsson, est véritablement à l'origine du projet : *Kris* ne commence en effet pas au numéro 1 mais au numéro 5 et s'appelait, avant d'être rebaptisée, *Kod*, une petite re-vue amateure spécifiquement consacrée au cinéma. Le second groupe comprend quant à lui les « nouveaux venus » Horace Engdahl, Arne Melberg et Anders Olsson chargés de l'ouverture vers les autres dis-ciplines, et en particulier la littérature et la philosophie qui très vite occupent la majeure partie des pages de la revue. Ces quelques noms forment le cœur de la « première génération » de *Kris* sur les débuts de laquelle nous proposons ici de nous pencher plus en détail.

Cette revue est en effet un objet très intéressant pour une étude des transferts culturels dans la mesure où elle a fortement contribué à l'im-plantation des théories continentales en Suède en sélectionnant, réinves-tissant voire resémantisant ces dernières au fil des mutations du champ intellectuel local mais aussi de ses propres changements de cap édito-riaux. Si la théorie postmoderne française nous intéresse en premier lieu dans cet article, nous ne pourrons néanmoins pas faire l'économie d'une étude de sa cohabitation avec de multiples références internatio-nales, et notamment l'Allemagne.

How to cite this book chapter:
Lefebvre, L. 2015. La résistance en héritage – Place et rôle de la théorie française dans la construction du projet de la revue suédoise *Kris*. In: Cedergren, M. et Briens, S. (eds.) *Médiations interculturelles entre la France et la Suède. Trajectoires et circulations de 1945 à nos jours*. Pp. 190–204. Stockholm: Stockholm University Press. DOI: http://dx.doi.org/10.16993/bad.o. License: CC-BY

Les transferts de théories vers le Nord dans les années 1970

Dans son ouvrage incontournable *French Theory*, François Cusset décrit de manière très détaillée comment les théories françaises, à travers un processus de filtrage et d'homogénéisation dans l'univers très spécifique des campus américains au cours de la fin des années 1960 et au début des années 1970, ont été retravaillées, resémantisées et adaptées à leur nouveau contexte d'adoption, leur permettant ainsi de gagner un public nouveau. Des auteurs comme Michel Foucault et Jacques Derrida ont ainsi non seulement rencontré la contre-culture américaine de l'époque, ils ont aussi, sur le long terme, intégré le milieu universitaire qu'ils ont contribué à renouveler, notamment via les nouvelles disciplines des études culturelles et de genre dont les ramifications ont porté jusque dans la sphère politique. Au chapitre 13 de l'étude, Cusset revient rapidement sur la manière dont ces théories ont navigué dans le reste du monde, souvent après avoir subi l'influence des États-Unis, ainsi que le rôle qu'a joué le dialogue intense des années 1970–1980 entre les théories françaises et les penseurs critiques allemands :

> c'est bien souvent en plaçant en vis-à-vis, en mettant l'une l'autre en perspective théorie française et théorie critique postfrancfortienne [...], que la communauté universitaire mondiale, de Tokyo à Mexico, cherche à élucider les modalités contemporaines du pouvoir et du capital, et les enjeux de la lutte sociale – et qu'elle se forge les outils d'une "théorie-monde" (Cusset, 2003 : 321)

Comme nous allons le voir, le cas de la revue suédoise *Kris* présente de nombreuses similitudes, stratégiques et théoriques, avec ce que décrit Cusset. La revue a toutefois fait jouer des canaux de transmission qui lui sont propres pour discuter des théories de France et d'Allemagne et se les réapproprier.

De fait ses membres principaux, ainsi que bon nombre de ses contributeurs, ont été au cœur des processus de transferts qui se sont effectués principalement dans le cadre de la NSU, l'Université d'été nordique (Nordiska Sommaruniversitetet en suédois). Cette organisation a joué un grand rôle dans la diffusion des savoirs continentaux en Scandinavie en tant qu'institution parallèle aux circuits académiques traditionnels des pays respectifs et comme lieu alternatif de formation et de coopération universitaire. Dans le numéro 27 (1980) de *Nordisk Forum*, la revue de la NSU, le Norvégien Arnulf Kolstad revient sur les trente ans d'activités de cet organisme fondé en 1950 dans l'idée de promouvoir une recherche interdisciplinaire entre les cinq pays nordiques.

S'imposant très vite comme une structure qui rassemble davantage des jeunes chercheurs, enseignants et étudiants plutôt que des professeurs, la NSU est marquée par un esprit d'ouverture et une volonté assumée de créer un milieu de recherche alternatif (« ved institusjonens ikke-etablerte karakter, dens offisielle outsider-status, basert på frivillighet og engasjement hos deltagerne, har den preg av et "off-universitet[1]" », Kolstad, 1980 : 6), formant un réseau de groupes de travail à l'œuvre tout au long de l'année. Selon une étude de 1978 commanditée par la direction de l'Université d'été nordique, on compte la même année près de 1500 participants, parmi lesquels 40% d'étudiants (ibid.). Il n'est dès lors guère étonnant de voir que la NSU a été un terrain privilégié, dans les années 1970, de la réflexion critique sur la place de la science dans la société et de la contestation gauchiste de l'impérialisme, inflexion politique qui ne se dissipe qu'à la fin de la décennie – sans pour autant que les membres ne renoncent à leur volonté de maintenir cette alternative académique. Dans ce même numéro de célébration, on peut trouver les hommages rendus à l'Université d'été nordique par certains des membres de *Kris*, en l'occurrence Arne Melberg, Horace Engdahl et Stig Larsson.

C'est de fait bel et bien du côté de la NSU qu'il faut chercher les sources théoriques du groupe *Kod/Kris*. Deux publications de 1974 (soit un an avant le premier numéro de *Kod*) dans la collection des *Skriftserier* de l'Université d'été nordique retiennent notamment notre attention car elles sont révélatrices des tendances les plus fortes à l'œuvre dans ce milieu de recherche et qui posent en même temps certains jalons de la future revue. Le premier de ces ouvrages est la traduction en norvégien du texte de 1972 d'Oskar Negt et Alexander Kluge, *Öffentlichkeit und Erfahrung* (trad. *Offentlighet og erfaring* par Rolf Reitan), texte qui connaît un grand retentissement dans les milieux de gauche universitaire scandinave (il est de fait réédité la même année). Le second tome, intitulé *Subjekt og tekst – bidrag til semiotikkens teori* [« Sujet et texte – contributions à une théorie de la sémiotique »] (éd. Niels L. Knudsen, Ole Andkjær Olsen et Erik Svejgaard), présente les dernières réflexions des groupes de travail danois en sémiologie et sémiotique. La préface prend soin de faire retour sur l'implantation de ces champs de recherche au Danemark, rappelant le remplacement progressif du structuralisme dans la tradition allant de Ferdinand de Saussure à Algirdas Greimas par la conjonction entre Louis Althusser et les « sémiologues du groupe Tel Quel » (sic, Knudsen, Olsen & Svejgaard, 1974 : 5) parmi lesquels comptent aussi bien Julia Kristeva que Jacques Derrida – par

effet de décalage temporel, et peut-être aussi par simplification pédagogique et stratégique, l'hétérogénéité du champ français est mise de côté
(l'éloignement entre Derrida et les Telqueliens ayant par exemple eu
lieu dès 1971). Le tome est divisé en deux parties : la première, intitulée
« Semiotik og psykoanalyse », est consacrée de moitié à la présentation
des concepts de Jacques Lacan tandis que la seconde, « Semiotik og
skriftanalyse » [« Sémiotique et analyse de l'écriture »], s'intéresse plus
particulièrement à Derrida et à la déconstruction des textes. Cette école
sémiotique danoise ne fait d'ailleurs pas l'unanimité dans la NSU : en
1973, les groupes de travail norvégiens publient ainsi leur anthologie
*Strukturalisme og semiologi : muligheter og begrensninger i en semio-
logisk forskningspraksis* [« Structuralisme et sémiologie : possibilités
et limitations d'une pratique de recherches en sémiologie »] (éd. Kjell
S. Johannessen et Arild Utaker) contre la dérive « ésotérique » de leurs
collègues, préférant un examen critique de la tradition structuraliste
d'avant le moment derridien.

Le Danemark fait ainsi office de médiateur entre la France et le Nord
au sein de la NSU, où les groupes de travail diffusent leurs résultats,
soit en proposant des traductions (de l'allemand au norvégien ici), soit
en fournissant des introductions et des commentaires des textes lus en
langue d'origine (dans le cas de Lacan et Derrida, en français). Dans
cette configuration précise, le Nord fait son propre travail de filtrage,
d'homogénéisation et d'appropriation sans passer par le Nouveau
continent. Une seconde étape de ce travail a ensuite lieu puisque le processus se poursuit de la NSU, espace en marge des institutions nationales, vers les pays respectifs – c'est bien là que se joue, dans le cas de
la Suède, le rôle de *Kod/Kris* qui effectue ce travail de transmission en
fonction de son propre projet.

De Kod à Kris : genèse et refonte

Le passage de *Kod* à *Kris* marque, du point de vue politique, l'abandon de la révolution pour une reconfiguration critique et, du point de
vue du projet scientifique et esthétique, un déplacement (ouverture puis
recentrement) disciplinaire. Cette évolution nous intéresse car elle entraîne un changement de stratégie du point de vue de la transmission
de théories par rapport à la NSU : si les premiers numéros reposent
largement sur les références théoriques discutées dans le cadre de l'Université d'été nordique, la revue va peu à peu, forte de cette formation
alternative, gagner une certaine autonomie pour s'affirmer sur le terrain

proprement suédois et ce, notamment, via une entreprise de ce qu'on pourrait appeler « internalisation » de la traduction.

Dans l'éditorial du premier numéro de *Kod*, Stig Larsson insiste plus particulièrement sur l'ambition scientifique de la revue qui est de proposer une alternative dans le champ des études cinématographiques grâce à une approche combinant sémiotique et marxisme. L'enjeu est bien entendu de se démarquer des concurrents suédois à gauche, surtout des marxistes orthodoxes dont les lectures et méthodes jugées simplistes ont prédominé dans la première moitié de la décennie. L'analyse à la manière de *Kod*, elle, se veut consciente de ses propres conditions d'existence et entend interroger ses déterminations historiques et sociales plutôt que de livrer des lectures traditionnelles prétendant s'abstraire de leur historicité – tout en maintenant une perspective qui se veut révolutionnaire. C'est précisément à la démarcation méthodologique que sert le recours aux concepts sémiotiques franco-italiens, empruntés notamment à Umberto Eco, Roland Barthes et Christian Metz[2]. Larsson et Thomas Näsholm le précisent dans l'article à vocation polémique « Talar revolutionen ? » [« La révolution parle-t-elle ? »] clôturant le premier numéro, la sémiotique permet de dépasser les sempiternelles oppositions aussi bien politiques (culture prolétaire contre bourgeoise) que plus spécifiquement méthodologiques (contenu contre forme, avec insistance naïve sur le « message » ou lectures lukàcsiennes en réalisme et « tendance ») caractéristiques des analyses marxistes, oppositions qui ne s'interrogent pas sur les conditions de diffusion et de communication de la culture et de ces messages.

Se dessine déjà ici l'autre pilier du langage théorique de *Kod*, allemand cette fois-ci, à savoir l'herméneutique (surtout Gadamer, *Kod* 2 : 11–12) et le concept de *proletarische Öffentlichkeit* de Negt et Kluge qui viennent compléter l'ouverture vers la société qu'engage la sémiotique. Cette cohabitation dans la lignée des tendances qu'a la NSU autour de 1974 ne dure cependant guère : le changement est perceptible entre les numéros 3 et 4 dans l'article « Filmforskningens teori » [« Théorie de la recherche filmique »] où Larsson, après avoir livré une synthèse des outils théoriques utilisables pour une analyse marxiste novatrice du cinéma, finit par véritablement désavouer la sémiotique du film qui, selon lui, s'interroge trop peu sur sa propre historicité – par quoi elle est incapable de rendre compte des fonctions qui produisent l'idéologie dans le capitalisme tardif. Ce faisant, Larsson déplace le but de la recherche filmique : prenant de la distance avec *Les Cahiers du Cinéma* et *Cinéthique* et leur réflexion critique sur la représentation comme idéologie bourgeoise, il tranche en faveur de l'approche communicationnelle d'inspiration allemande et d'une critique de la position et de la pratique de la recherche. Il en vient ainsi à récuser le positivisme méthodologique, le fétichisme du fait, de la technique, le morcellement des connaissances – en bref la neutralisation de ce savoir par l'institution :

> Jag tror att den scienticism som märker filmsemiotikens framställningar beror på en felaktig syn på vetenskapligt arbete. Man har genomgående uppfattat vetenskapligt arbete som något positivt i sig; vetenskapen som en bubbla av vakuum i klasskampens rum […]; den vetenskapliga oskulden smutsas av ideologin i sin praxis[3]. (Larsson, 1976 : 19)

L'approche communicationnelle et critique exige, pour Larsson, un retour à l'expérience esthétique en elle-même, par-delà le formalisme et le scientisme caractéristiques de la sémiotique, et un dépassement du fétichisme du concept scientifique afin de parvenir à aussi modifier le contexte de la diffusion du savoir, l'horizon utopique étant de produire ce qu'il appelle un « espace public scientifique » (« vetenskaplig offentlighet », Larsson, 1976 : 20). Ce changement de perspective s'accompagne d'une forme d'autocritique à l'égard des articles précédents et d'une promesse d'amélioration dans le futur – futur qui portera le nom de *Kris*.

La nouvelle mouture concrétise de fait ce programme et restitue les termes du débat en accordant une place de choix à l'École de Francfort au cours des premiers numéros (Theodor W. Adorno dans *Kris* 5, i.e. le premier numéro sous le nouveau nom, et Negt/Kluge dans *Kris* 7). Le premier éditorial, signé de la main de Larsson, fait écho à cette autocritique : « Kris ska bli ett forum för det som ligger utanför det traditionella universitetsarbetet, det vanemässiga tänkandet och det till synes självklara[4] » (Larsson, 1977 : 4). La ligne désormais fixée est ainsi celle d'une discussion contre la pratique académique décriée précédemment, ce qui a deux répercussions sur la manière d'approcher le savoir. D'un côté, l'utilisation des théories va avoir une vocation plus propédeutique que précédemment : ainsi, chacune d'entre elles va être présentée, commentée, contextualisée et discutée dans un contexte suédois ; de l'autre, il va s'agir d'introduire directement, par la traduction, des textes nouveaux. Le dernier numéro de *Kod* présentait déjà une traduction inédite et exclusive de Kluge (« Kommentar till det antagonistiska realimsbegreppet » [« Commentaire sur le concept antagonique de réalisme »], trad. Natasa Durovicova) mais la revue ne commentait alors guère le texte, se contentant d'une mise en garde contre le jargon et la difficulté. Dans le premier numéro de *Kris* en revanche, les traductions suédoises d'extraits choisis de *l'Ästhetische theorie* d'Adorno, réalisées par les propres soins de l'équipe, sont accompagnées et éclaircies de trois articles (une introduction et deux commentaires par Olsson et Engdahl).

Une reconfiguration critique

La reformulation du projet est ainsi fondée sur l'abandon de la sémiotique d'inspiration française au profit de la pensée allemande. La référence à l'Ecole de Francfort ne doit cependant plus se lire dans les mêmes termes que précédemment puisque Negt et Kluge, s'ils sont repris, sont discutés et inscrits dans une perspective historique et intellectuelle, et non plus simplement adoptés comme tels. La référence à Adorno est par contre bien plus déterminante si l'on entend caractériser la stratégie que veut se donner *Kris*, à savoir une prise de distance contre toutes les positions établies, aussi bien contre la tradition esthétique marxiste orthodoxe (comme le faisait déjà *Kod*) que contre la culture de masse et l'idéologie dominante – prise de distance qui joue en même temps dans un mouvement dialectique avec l'appartenance nécessaire au système. Il s'agit de manière générale de lutter aussi bien contre le vent soufflant vers la droite (une coalition de centre-droit est au gouvernement de 1976 à 1982) que contre les attaques à l'encontre de l'art et de la culture provenant de l'anti-intellectualisme de tous bords (aussi bien de la société de consommation capitaliste que de ces mêmes marxistes orthodoxes que la revue décrie). Le premier article, écrit par Arne Melberg, est ainsi une discussion sur le rapport entre l'art, la critique et la société et sur l'idée de négativité s'appuyant tout d'abord sur Adorno puis, dans une autre perspective, sur Jauss et Habermas (conciliant ainsi théorie de la réception, de l'horizon d'attente et de l'identification[5], et approche communicationnelle). L'article se termine sur le roman *Esthétique de la résistance* de Peter Weiss, présenté comme négation de toutes les attentes, refus de la lecture de consommation, production d'une expérience esthétique réfléchie et enfin discussion des utopies révolutionnaires.

C'est que la vision politique de *Kris* est bien différente de *Kod* : le ton révolutionnaire des premières années cède la place à une critique tout autre. Certes, la citation inaugurale en deuxième de couverture du premier numéro (nouvelle formule) donne une certaine coloration au rebaptême avec cette citation de Marx : « En ny revolution är bara möjlig i samband med en ny kris. Men den är också lika säker som krisen[6] » ; cependant, l'éditorial qui fait suite se garde bien des interprétations faciles, réfléchissant sur les concepts de « pensée critique » ou de « socialisme » qui ont selon Larsson perdu leur sens à force d'avoir été constamment revendiqués. Les nombreuses redéfinitions et relectures que la revue fait par la suite de son propre nom contribuent elles aussi à nuancer et questionner les positions : ainsi, dans l'éditorial de *Kris* 6, la « crise » est avant tout la crise de la pensée de gauche dans le contexte de crise économique. Larsson y constate la fin de l'ambiance contestataire de la décennie écoulée et de la vision utilitariste de l'art qui y était associée, la disparition des confrontations et des oppositions nettes, le changement de situation et de générations. Le projet ici devient un projet de résistance, une manière de maintenir allumé un certain flambeau de la pensée et de l'art afin que les intellectuels de gauche puissent trouver matière à poursuivre leur activité critique dans un contexte défavorable – reprenant la dialectique intérieur/extérieur inspirée d'Adorno. Dans *Kris* 7–8, qui revient à Negt, cette crise se précise encore davantage en crise du marxisme divisé en « sectes », simplifié en dogmes ou encore instrumentalisé par les partis au pouvoir (à l'Ouest ou à l'Est). La polysémie de la « crise » se redéploie sans cesse sous des éclairages nouveaux, comme dans l'article inaugural collectif et morcelé du numéro double 17–18 (1981) où jouent différentes ramifications de sens à partir de la racine étymologique du terme. Le texte en vient même à critiquer le défaitisme de la société et des milieux intellectuels qui cultivent une idéologie complaisante de la crise. Les éditoriaux, quant à eux, se font de moins en moins frontalement politiques et se concentrent de plus en plus sur des questions théoriques spécifiques à la littérature et la philosophie. Ils disparaissent en tant que tels après 1981 – tout comme le sous-titre « kritik, estetik, politik » à partir de novembre 1984.

Ce retrait apparent du politique semble être concomitant avec le déplacement (non exclusif, rappelons-le) du centre de gravité de la référence allemande à la référence française. On peut lire dans cette alternance un partage des tâches : si la première sert en quelque sorte d'armature à la posture de « résistance intellectuelle » de la revue *Kris* dans le contexte politique plus général, la seconde a un rôle plus spécifique et à certains égards plus offensif.

L'offensive d'une nouvelle génération

Comme le proclame Larsson dans l'éditorial du premier *Kris*, la revue n'entend pas être conciliante, bien au contraire :

> Alltså: en tidskrift [...] som inte bara tilltvingar sig sympati, utan också attack.
>
> Det finns ingen "herrschaftsfreie Kommunikation", ingen ideal konsensus, i vilken sanningarna till slut segrar. Sanningen är en maktfråga[7]. (Larsson, 1977 : 4)

Il ne fait ici pas seulement allusion au contexte sociopolitique général : les rapports de forces dans le champ académique sont aussi en jeu. On se souvient des regrets, déjà formulés dans *Kod*, au sujet de la pratique scientifique en vigueur dans les universités. Avec *Kris*, la revue n'est plus uniquement localisée à Umeå et gérée par des « dilettantes » (sic) : elle se professionnalise encore davantage en ayant désormais un pied à l'Université de Stockholm[8]. Ainsi, derrière le discours de la « résistance », il s'agit aussi pour les membres, pour la plupart doctorants, de véritablement renverser le rapport de force entre les institutions académiques et la formation alternative de la NSU pour faire pénétrer cette dernière dans l'université suédoise[9]. *Kris* entend de cette manière s'inscrire dans le vide laissé entre les différentes approches de la littérature, refusant aussi bien l'utilitarisme militant que les pratiques jugées inactuelles de la recherche suédoise.

Les premières affinités spécifiquement littéraires ne sont chronologiquement ni l'Allemagne, ni la France, mais les Etats-Unis (Harold Bloom et Norman O. Brown). Le numéro 15 de 1980, consacré au récit et à la fiction, s'ouvre sur un hommage en forme d'épitaphe en français à Roland Barthes, puis présente un parcours d'ensemble éclectique entre les références sur le sujet (par ex. dans l'article de « Notes sur la fiction », « Anteckningar om fiktionen », de Carl-Johan Malmberg : Lacan, Adorno, Bettelheim, Barthes, Bachelard, Jauss, Girard, Freud, Serres). La revue s'oriente cependant vers l'expérience littéraire, le rapport du sujet à la lecture et à l'écriture, conciliant une approche phénoménologique du texte avec les problématiques de la communication[10]. Grâce à un commentaire sur *La Violence et le Sacré* de Girard dans *Kris* 17/18 (1981), la revue prend également acte du concept de « post-structuralisme » et du caractère flou de cette appellation qu'Olsson résume comme l'ensemble des réflexions et tentatives d'exploration et de dépassement des limites du structuralisme.

Dans son article « Teorins pjonärer », M. Gustavsson (2008) évoque l'importance du numéro 16 de *Kris* (1980) comme moment fort de l'introduction du poststructuralisme en Suède. Y sont présentées deux références récurrentes dans les années qui suivront : Blanchot et surtout Derrida. C'est un coup double puisque les auteurs s'introduisent mutellement en suédois[11] : le numéro s'ouvre en effet avec le texte inédit *La loi du genre*, qui comprend un commentaire de *La Folie du jour* de Blanchot ; il est suivi par trois articles (Olsson, Engdahl, Malmberg, qui ont aussi traduit le texte) introduisant la pensée du philosophe, puis par une traduction du texte de Blanchot (« Dagens vanvett » par Carl Gustav Bjurström) et une présentation par Roland Lysell du rôle considérable de cette pensée sur les théories ultérieures. Blanchot est cependant quelque peu éclipsé par Derrida qui va véritablement être le « créneau » de la revue en Suède[12]. C'est ainsi à *Kris* que revient le privilège d'offrir les premières traductions en suédois de Derrida, avec un intervalle de temps assez serré par rapport à la production du texte (*La loi du genre* a été prononcé en 1979 à Strasbourg au colloque de P. Lacoue-Labarthe et J.-L. Nancy sur *Le Genre*). L'article de présentation qui fait suite, « Derrida : poetiken », écrit par A. Olsson, expose la critique du logocentrisme et en présente l'importance pour le champ suédois :

> Ett av de allvarligaste problemen (och missförstånden) i den samtida svenska litteraturen och kritiken är ju just denna oförmåga att skilja på tal och skrift […]. Denna litteratur och kritik saknar nästan genomgående skriftkaraktär, den är språkligt och estetiskt omedveten; ett symptom på denna omognad är naturligtvis dess starkt självbiografiska drag, den är ju frampratad i talets skenbara omedelbarhet. […] Pratets litteratur suddar ut de verkliga avbrotten, och skapar harmoni och ideologiska modeller. Den är idealistisk och falsk. Ingen kan förklara detta på ett tydligare sätt än Jacques Derrida[13]. (Olsson, 1980 : 45)

Le Derrida de *Kris* est donc un Derrida aux enjeux littéraires, assez différent du Derrida des sémioticiens danois. L'expérience est par la suite réitérée en 1981 dans le numéro 19, où un compte-rendu d'*Éperons* recroise Blanchot (extraits en traduction de *L'Ecriture du désastre*, soit un an après la publication française) et le numéro 20–21 consacré à Hegel, où des pages de *Glas* en français sont reproduites, présentées et traduites en suédois ; en 1983 (*Kris* 25–26), avec une traduction du commentaire de Kafka *Devant la loi*, ou encore en 1987 (*Kris* 31–32) avec la traduction du *Shibboleth* écrit pour Paul Celan.

Très intéressants dans une perspective traductologique, ces textes témoignent d'une grande volonté de transparence de la part des auteurs
devant les difficultés linguistiques posées par Derrida ; ainsi pour *La
Loi du genre*, proposé en version bilingue (suédois et français en vis-à-
vis) avec une notice expliquant les différents sens de *genre* en VO ; de
même pour les commentaires de la traduction de *Shibboleth* par Aris
Fioretos et Hans Ruin[14].

Ces exemples sont révélateurs de la stratégie offensive de *Kris* qui
joue sur un double tableau au sens où la revue regarde à la fois le passé, souhaitant combler le retard de l'institution suédoise, et le présent,
en étant très attentive à l'actualité continentale. De ce point de vue, la
médiation anglo-saxonne joue un rôle très secondaire, bien que parfois
complémentaire. On le voit notamment dans le numéro 11–12 (1979)
consacré à la sexualité qui se propose de rediscuter les luttes de la décennie, les nouvelles perceptions de l'individu et des corps qui se sont
dégagées, ainsi que les dérives de récupération par la société de consommation qui les menacent. Au cours de sa présentation des théories de
Lacan, C.-J. Malmberg reconnaît sa dette à l'égard de l'édition commentée de *The Language of the Self* par Anthony Wilden (1968) qui
lui aurait fourni les clés pour comprendre Lacan, et ce bien qu'il ait en
personne assisté à son séminaire (Malmberg, 1979 : 19) ; l'introduction
fait ensuite place à une traduction (par A. Melberg[15]) et un compte-rendu de la critique du même Wilden contre le phallocentrisme de Lacan et
ses continuations chez Luce Irigaray. La revue prend par ailleurs position dans ce débat : « Till denna tendens ansluter vi oss gärna med detta
nummer av KRIS, åtminstone till de varianter som vi representerar med
Wilden och Irigaray och i viss mån Foucault[16] » (Melberg, 1979 : 28).
Le cas de Derrida est en revanche différent dans la mesure où *Kris* s'intéresse moins à lire les textes accessibles en anglais (traductions américaines de *Of Grammatology* en 1976 par G. Spivak et de *Writing
and difference* en 1978 par A. Bass) et de toute manière déjà connus
en langue originale via la NSU, qu'à livrer des traductions en suédois
des publications inédites dès le début des années 1980. Si le Derrida du
champ suédois actuel est volontiers considéré comme « américain »,
cela ne doit pas masquer les spécificités et la chronologie du transfert
qui s'est effectué, à l'origine, en ligne directe : le Derrida de *Kris* a bien
été le premier à avoir été introduit auprès du public suédois, l'influence
des études américaines s'est fait sentir par la suite seulement.

La stratégie double contre le milieu académique suédois se déploie
aussi dans le numéro consacré à Hegel. De fait, la critique de la tradi-

tion universitaire s'y exprime de deux manières : tout d'abord en revenant sur la réception suédoise de la théorie hégelienne depuis le XIXe
siècle et les obstacles qui ont en ont bloqué l'importation depuis lors,
la revue se propose de combler un retard criant de la philosophie et de
l'histoire des idées suédoises ; ensuite, bien entendu, en tant que cette
réactualisation d'Hegel s'impose comme une manière de renforcer l'armature théorique de la revue, i.e. la tradition dialectique allemande et
Derrida – car si le numéro s'ouvre, après la mise en contexte suédois,
sur la traduction de la préface à la *Phénoménologie de l'Esprit*, c'est
bien sur *Glas* que se clôt le numéro. Le double regard critique, tourné à
la fois contre le passé et le présent de l'institution, se retrouve encore
dans le numéro consacré aux Romantiques allemands (1982, 23–24) :
en revenant sur les origines de l'historiographie littéraire, *Kris* attaquant
ouvertement la pratique positiviste suédoise (« Friedrich Schlegel och
litteraturhistorien », Engdahl[17]). Reste que ces attaques ciblées veulent
ne pas oublier une certaine perspective critique générale – le Hegel de
Kris est ainsi considéré comme actuel pour toute interrogation sur le
rapport de l'individu au collectif, et non pas simplement pour le jubilé
de sa mort ou par rapport à l'arrière-plan du dialogue entre philosophie
française et philosophie allemande alors très actuel. C'est du reste aussi
ce qui se joue avec Derrida, tel qu'Olsson le présente, pour lutter contre
les fausses harmonies et les « modèles idéologiques » évoqués ci-dessus.

Conclusion

Ainsi, bien qu'il passe de plus en plus au second plan, l'horizon politique doit bel et bien rester à l'esprit du lecteur de *Kris* – esprit que la
revue ambitionne sans relâche de maintenir éveillé, toujours en activité
malgré l'adversité régnante et la complexité des années 1980. De ce
point de vue, la revue constitue un objet de choix pour l'observation
des mutations, au fil des numéros, d'une frange du champ littéraire
et intellectuel de gauche en Suède après une décennie d'espoirs révolutionnaires. Elle n'en est en outre pas un simple reflet puisqu'elle a
activement contribué à ces évolutions. L'offensive dans les murs de
l'université suédoise a de fait été couronnée de succès dans la mesure
où les départements de littérature ont été, et sont encore aujourd'hui,
marqués par cette vague théorique à laquelle la revue a largement participé. Cette dernière ne saurait cependant suffire pour qui veut comprendre la complexité des processus de transferts à elle seule : le cas
de Derrida montre bien comment le premier mouvement d'importa-

tion initié par *Kris*, qui a puisé directement dans les sources françaises pour nourrir sa discussion critique avec les disciplines philosophiques et littéraires – et en cela a peut-être été plus proche du projet derridien malgré les déplacements inévitables de signification liés au changement de contexte – a été recouvert ultérieurement par les travaux des *cultural studies* des universités américaines. Néanmoins, parce qu'elle est un agent de médiation par excellence, la revue fournit de nombreuses clés pour approcher les réseaux qui permettent de retracer le voyage de ces objets culturels migrateurs que sont les théories.

Notes

1. « du fait de son caractère d'institution non-établie, de son statut d'outsider fondé sur le volontariat et l'engagement des participants, elle porte la marque d'une "université off" » (nous traduisons)

2. Aussi bien Eco que Barthes ont été traduits (resp. 1971, *Den frånvarande struktur*, par E. Tenggren et 1966, *Litteraturens nollpunkt*, par G. et N. A. Bengtsson) chez Bo Cavefors Bokförlag, maison d'édition marquée à gauche dans les années 1960–70. Metz est lu soit en traduction anglaise, soit directement dans la revue *Communications*.

3. « Je crois que le scientisme [sic] qui caractérise les représentations de la sémiotique du film reposent sur une vision erronée du travail scientifique. On a exclusivement compris ce dernier comme quelque chose de positif en soi ; la science comme une bulle de vide dans l'espace de la lutte des classes [...] ; la virginité de la science est, dans la pratique, souillée par l'idéologie. » (nous traduisons)

4. « Kris sera un forum pour tout ce qui se situe en dehors du travail universitaire traditionnel, de la pensée routinière et de ce qui apparaît évident. » (nous traduisons)

5. Melberg s'appuie directement sur les textes allemands, avant tout sur *Litteraturgeschichte als Provokation* (1970) ; il fait cependant référence aux traductions de Kurt Aspelin qui a également joué un grand rôle de médiateur (voir à ce sujet Gustavsson, 2008).

6. « Une nouvelle révolution n'est possible qu'en lien avec une nouvelle crise. Mais elle est également aussi certaine que la crise. » (nous traduisons)

7. « Donc : une revue qui ne force pas qu'à la sympathie, mais aussi à l'attaque. Il n'existe pas de "herrschaftsfreie Kommunikation" [de communication libre de tout rapport de domination], aucun consensus dans lequel les vérités finissent par triompher. La vérité est une question de pouvoir. » (nous traduisons).

8. « Jag tror att det vi kommer att sakna är dilettantismen och charlataneriet. När vi för drygt två år sedan gav ut *Kod* i Umeå var ingen av oss äldre än nitton. Ingen hade gått på nåt universitet. Teorierna byggdes mest på intuition, på en känsla under fingertopparna. Här, nu, har vi mer motstånd. Tankarna täljs och hamras innan dom presenteras. » (Larsson, 1977 : 4. « Je crois que ce qui nous manquera, c'est le dilettantisme et la charlatanerie. Lorsque nous publiions *Kod* à Umeå il y a tout juste deux ans, aucun d'entre nous n'avait plus de dix-neuf ans. Aucun d'entre nous n'était allé à l'université. Les théories étaient pour la plupart fondées sur l'intuition, sur un sentiment du bout des doigts. Ici, maintenant, nous avons plus de résistance. Les pensées sont taillées au pic et au marteau avant d'être présentées », nous traduisons)

9. L'antagonisme est déjà perceptible dans le dernier *Kod* : la présentation de la traduction de Kluge s'attaque aux résistances de l'université suédoise contre la soi-disante « tyskeri » (« allemanderie ») de ceux qui entendent introduire les concepts et problématiques de l'École de Francfort.

10. voir l'article de B. Agrell, « Texten som läromästare » [« Le texte comme maître à penser »], dans ce même numéro, p. 43–51.

11. La première traduction de Blanchot en suédois en dehors de *Kris* date de 1990 (*Essäer*, par Engdahl).

12. La première traduction nordique de Derrida émane, sans surprise, des sémioticiens danois (*Sprog, materialitet, bevidsthed : to essays om metafysikens lukning*, Egebak/Larsen, 1976).

13. « Un des problèmes et des malentendus les plus sérieux dont sont victimes la littérature et la critique suédoises contemporaines est précisément cette incapacité à distinguer oral et écrit [...]. Cette littérature et cette critique manquent presque complètement de caractère écrit, elles n'ont aucune conscience linguistique et esthétique ; un symptôme de cette immaturité est bien entendu leur fort autobiographisme produit dans l'apparente immédiateté de l'oral [...]. La littérature du bavardage efface les véritables ruptures, elle créé une harmonie et des modèles idéologiques. Elle est idéaliste et fausse. Et cela, personne ne saurait l'expliquer avec plus de force que ne l'a fait Jacques Derrida. » (nous traduisons)

14. A. Fioretos a été élève de Derrida en France ; lui et Ruin sont par la suite les premiers à publier Derrida en suédois au format livresque, à savoir en 1990 avec *Schibboleth, texter av Derrida*.

15. C'est la première traduction de Wilden en suédois ; il faudra attendre 1990 pour la suivante (*Kommunikationens strategi*, trad. de *The rules are no game*, 1987). Les traductions de Lacan en langues nordiques n'ont lieu qu'à partir de la deuxième moitié des années 1980.

16. « C'est à cette tendance que nous nous aimerions nous associer avec ce nu-

méro de KRIS, ou du moins aux variantes que nous représentons ici par le biais de Wilden, Irigaray et dans une certaine mesure Foucault. » (nous traduisons)

17. Engdahl soutient sa thèse sur le romantisme en 1987, un an après l'avoir publiée sous forme d'essais chez Bonniers (*Den romantiska texten. En essä i nio avsnitt*).

Bibliographie des sources citées

Cusset, F. (2003), *French Theory*. Paris : La Découverte.

Gustavsson, M. (2008), « Teorins pionjärer : om introduktionen och receptionen av den moderna litteraturteorin i Sverige ». *Lychnos, årsbok för idé och lärdomshistoria* (2008) : 175–200.

Knudsen, N. & Olsen, O. & Svejgaard, E. (éd.) (1974), *Subjekt og tekst – bidrag til semiotikkens teori*. Kongerslev : NSU Skriftserie 5.

Kolstad, A. (1980), « Det tverrvitenskapelige, kritiske studiested i Norden ». *Nordisk Forum* 27 : 5–24.

Larsson, S. (1975), « Ledare ». *Kod* 1 : 3.

— (1976), « Filmforskningens teori ». *Kod* 3 : 21–23 & *Kod* 4 : 17–21.

— (1977), « Ledare ». *Kris* 5 : 4.

Larsson, S. & Näsholm, T. (1975), « Talar Revolutionen ? ». *Kod* 1 : 28.

Malmberg, C.-J. (1979), « Något om Jacques Lacan ». *Kris* 11–12 : 17–25.

Melberg, A. (1979), « Inledning till en total kybernetisk antropologi – Något om Anthony Wildens negationer ». *Kris* 11–12 : 26–29.

Olsson, A. (1980), « Derrida : poetiken ». *Kris* 16 : 45–47.

Pour un nouveau roman suédois ?
Quelques remarques à propos de la réception du nouveau roman en Suède

Cecilia Carlander
Université de Stockholm

En 1955, Alain Robbe-Grillet écrit son célèbre essai « À quoi servent les théories ? », un texte qui non seulement discute la question de l'emploi des théories littéraires, mais qui essaie également de résumer les conditions de la littérature des années 1950. Selon Robbe-Grillet, les écrivains cherchent maintenant à décrire « les nouvelles relations entre l'Homme et le monde ». Pour ce faire, il faut une nouvelle sorte de roman, un roman qui porte la marque de ces nouvelles conditions, un roman dont la forme doit rompre avec les formes déjà établies. C'est également dans ce texte que Robbe-Grillet explique que le terme de « nouveau roman » n'est rien d'autre qu' « une appellation commode englobant tous ceux qui cherchent de nouvelles formes romanesques » (Robbe-Grillet, 1963 : 9). Bien que l'emploi de ce terme soit compliqué (et ait souvent été critiqué[1]), le groupe d'écrivains trouve une certaine unité autour de quelques points communs : dans leur art romanesque, il s'agit surtout d'une structure narrative à laquelle manquent à la fois une intrigue traditionnelle et des possibilités pour le lecteur de s'identifier avec les personnages. Il est question d'une littérature qui ne cherche ni à informer, ni à éduquer ses lecteurs, mais qui veut explorer le monde *avec* ses lecteurs, ce qui exige une collaboration entre la littérature et son lectorat.

Dans l'historiographie littéraire suédoise, il n'existe jusqu'ici aucune étude qui s'intéresse pleinement au sujet de la réception des idées françaises du nouveau roman durant cette période des années 1950–60. Cela est bien étonnant, vu qu'en Suède, à l'époque en question, on a d'emblée porté un intérêt considérable à ces idées françaises, et plusieurs textes importants sur le nouveau roman ont aussitôt été publiés

How to cite this book chapter:
Carlander, C. 2015. Pour un nouveau roman suédois ? Quelques remarques à propos de la réception du nouveau roman en Suède. In: Cedergren, M. et Briens, S. (eds.) *Médiations interculturelles entre la France et la Suède. Trajectoires et circulations de 1945 à nos jours.* Pp. 205–216. Stockholm: Stockholm University Press. DOI: http://dx.doi.org/10.16993/bad.p. License: CC-BY

dans la presse suédoise[2]. Pour cette raison, nous estimons que la question de la réception des idées du nouveau roman en Suède mérite d'être soulevée. Vu le cadre limité de cette présentation, nous devrons nous contenter de ne donner que quelques exemples choisis de la réception de ces idées en Suède – d'abord dans le débat culturel et littéraire, ensuite dans la littérature elle-même – pour discuter des possibilités d'une recherche approfondie du sujet.

Les introducteurs suédois des idées françaises et le débat culturel

L'exemple Bjurström

L'introducteur certainement le plus éminent de la littérature française en Suède à l'époque est le traducteur et écrivain Carl Gustaf Bjurström qui écrit régulièrement sur le nouveau roman, par exemple dans les essais pour le magazine littéraire de Bonniers, *BLM*, « Finns en fransk roman ? » (« Y-a-t-il un roman français », 1955) et « Den nya romanen » (« Le nouveau roman », 1958). Il consacre également d'autres essais aux « nouveaux romanciers », dans lesquels sont présentés des écrivains comme Michel Butor, Alain Robbe-Grillet, Claude Ollier, Nathalie Sarraute et Claude Simon. De plus, Bjurström traduit un grand nombre de ces écrivains[3].

À côté de Bjurström, il faut mentionner encore quelques autres des premiers introducteurs du nouveau roman français en Suède, comme Lasse Söderberg – qui écrit un essai sur *Le Voyeur* d'Alain Robbe-Grillet – ou encore Artur Lundkvist qui contribue avec des textes comme « Le roman français à l'heure actuelle. Les romans du soupçon » – un texte qui fait bien entendu allusion aux idées formulées par Nathalie Sarraute dans *L'Ère du soupçon* (1956). Un autre nom très important est celui d'Eva Alexandersson qui traduit, par ailleurs avant Bjurström, plusieurs nouveaux romans en suédois, le premier d'entre eux étant *Le Voyeur* (*Stenögonen*, 1957) de Robbe-Grillet[4].

Pourtant, c'est surtout l'article de Bjurström dans le numéro d'août 1958 de *BLM* qui a un premier effet considérable dans le débat suédois. Les idées de Robbe-Grillet y sont résumées – tirées pour la plupart des articles écrits par Robbe-Grillet lui-même (dans *L'Express, France-Observateur, Nouvelle Revue Française, Critique* …). Bjurström présente également Robbe-Grillet comme le « chef de la nouvelle école[5] » et suggère que ce dernier « repousse » le roman réaliste établi, ainsi que le roman avec une profondeur « plus ou moins psychologique ». Ainsi, il se fait le porte-parole de Robbe-Grillet et résume sa pensée en déclarant qu'il est temps de prendre un nouveau regard sur la réalité. Le réalisme traditionnel nous montre un monde imprégné par des mensonges, c'est-à-dire un monde conventionnel. La question se pose également de savoir s'il ne vaudrait pas mieux d'abord faire représenter la 'surface', ce qui est plus visible, pour ensuite s'intéresser aux 'profondeurs' cachées derrière ce que l'on voit facilement, et qui sont, bien évidemment, moins visibles que la 'surface'.

Dans l'essai de Bjurström, c'est donc, précisément comme en France, Robbe-Grillet qui est vu comme le chef du mouvement littéraire, et c'est certainement pourquoi les mots de ce dernier seront le plus souvent cités dans les débats à propos de l'éventualité d'un nouveau roman en Suède. Bjurström continue à attirer son attention sur la représentation littéraire de la réalité – du réel – qui est, selon Robbe-Grillet, liée à la surface : « Il faut faire représenter ce qui *est,* sans y mêler des forces étrangères ou impossibles à contrôler qui menacent de falsifier l'image, et décrire ce que nous *voyons*, sans transférer sur l'image des sentiments, des atmosphères, des théories ou des conceptions du monde. » (Bjurström, 1955 : 640).

Après avoir discuté de la relation entre la surface et le réel, Bjurström présente les écrivains : d'abord Michel Butor et son rapport aux mythes, puis Nathalie Sarraute et Claude Simon et leur relation commune avec l'être humain. Les rubriques de l'article contribuent à donner une première interprétation des œuvres des écrivains et une analyse de leur style et de leurs thématiques. En tant qu'introduction très élaborée du nouveau roman français, l'article de Bjurström fournit un grand nombre de données importantes pour le débat suédois qui va suivre.

Gustafsson et Bäckström

Cette attention accordée au nouveau roman français contribue, comme nous avons pu le constater, à une discussion sur le roman suédois de l'époque, et on commence à se poser des questions sur l'éventualité d'un nouveau roman suédois. Par ailleurs, le roman est également le genre littéraire dont la critique littéraire suédoise discute le plus.

Un livre consacré au roman et publié au printemps 1961 va contribuer à intensifier le débat, à savoir *Nio brev om romanen* [« Neuf lettres sur le roman »], une correspondance entre les écrivains Lars Gustafsson et Lars Bäckström[6]. Dans la mesure où la relation entre la littérature et le réel est la question centrale de l'ouvrage, il n'est pas étonnant que le nouveau roman français s'invite dans la discussion. D'emblée, dans la première lettre de Gustafsson, les idées de Robbe-Grillet sont évoquées : selon lui, les idées du Français ne correspondent qu'à une nouvelle interprétation littéraire du réel ayant « la prétention erronée d'être l'image objective », une interprétation qui ne diffère des autres que parce qu'elle est en vérité « plus pauvre, plus forcée, puisqu'elle ne représente pas la vision organique qui pousse, que l'âme elle-même exige, mais seulement – un programme littéraire. » Un roman est autre chose, continue-t-il, quelque chose qui prend forme et se déploie « entre l'âme et le monde », chose qu'il est difficile de changer. Gustafsson est donc d'abord clairement critique vis-à-vis du programme de Robbe-Grillet. Cependant, il poursuit avec quelques lignes tout à fait semblables aux idées du nouveau roman, non seulement à celles de Robbe-Grillet mais aussi à celles de Sarraute. Cela est manifeste lorsqu'il se demande quel tort il y aurait à ce qu'une narration soit abstraite, ou encore pourquoi une histoire serait obligée d'être une histoire « vraie » avec une intrigue, des personnages et des paysages (Gustafsson & Bäckström, 1955 : 7) ?

Dans sa réponse, Bäckström essaie lui-même de décrire un lac, chose qui développe sa pensée, et qui s'approche également des idées de Robbe-Grillet. Selon lui, le romancier qui doit présenter le réel n'a pas à le faire d'une façon entièrement conventionnelle : ainsi, il ne devrait pas décrire un lac comme profond si la profondeur n'a pas d'importance spécifique et si elle arrive à être transmise dans la représentation. Bäckström souhaite donc que les écrivains deviennent suffisamment intelligents pour parvenir à rompre avec les conventions et s'efforcer de transmettre le réel dans leurs romans (Gustafsson & Bäckström, 1955 : 12). De même, décrire la réalité dans une société moderne devient, selon Bäckström, de plus en plus difficile, car les choses ont tellement changé que tout ce qui avait été établi – les systèmes religieux, politiques et mythiques – est maintenant à soupçonner – remarquons ici que la pensée de Bäckström ressemble à celle de Sarraute – et il souligne encore une fois qu'un art romanesque moderne ferait mieux de remettre en question les conventions. Il prend notamment pour exemple de roman non-conventionnel un roman de Gustafsson, *Poeten Brumbergs sista dagar och död* [« Les derniers jours et la mort du poète Brumberg », 1959]. Finalement il conclut que l'art romanesque moderne a aussi raison d'essayer, comme le fait Robbe-Grillet, de représenter une sorte d'univers commun à travers un fragment réduit mais vraiment visible de la réalité et que tout le monde puisse reconnaître.

La correspondance entre Gustafsson et Bäckström discute également des « Lettres parisiennes » de Bjurström (les essais publiés dans *BLM*). De même, après avoir assisté à une conférence donnée par Robbe-Grillet et Sarraute à Uppsala (à l'automne, 1960), Bäckström constate que, somme toute, la littérature française a dû évoluer « à rebours » avec les idées du nouveau roman. Si le nouveau roman français s'est libéré du personnage clair et aux contours bien définis, le roman suédois devrait faire le contraire. À ce propos, Gustafsson répond qu'il vient de rencontrer l'écrivain P. O. Sundman lors de l'enregistrement d'une émission télévisée où ce dernier lui aurait dit qu'il « n'existe pas d'intrigues intérieures » chez l'homme, du moins pas en ce sens qu'il serait possible de les décrire, ce qui fait qu'on ne pourrait pas réclamer de paysages intérieurs ni d'intrigues dans un roman. Gustafsson continue, toujours à propos de cette entrevue :

> [...] je réponds en disant : « Mais qui t'a fait croire qu'un roman doit contenir exactement ce que tu peux dire – ce qui est important, c'est que le roman fonctionne, et non qu'il peut être présenté comme des résultats de recherches, c'est cela, la différence entre les romans et les thèses de doctorat. » Mais Sundman allume sa pipe et fait non de la tête. De tous les théoriciens du roman dans le pays, il est le plus obstiné. (Gustafsson & Bäckström, 1955 : 86 sq.)

Palm

Avec la correspondance entre Gustafsson et Bäckström en arrière-plan, Göran Palm écrit, en 1961, un essai dans lequel il cherche à résumer l'art romanesque en Suède : « Den nya svenska romanen » [« Le nouveau roman suédois »]. Palm résume les tendances et les courants littéraires de son époque, et donne comme exemple le « nouveau regard » de Robbe-Grillet. Il compare ce regard esthétique avec celui de P. O. Sundman dans *Undersökningen* (*L'enquête* en français, publié en suédois 1958 et en français en 1976), et il y trouve des ressemblances. S'il observe que le film a dû jouer un grand rôle pour Robbe-Grillet, tandis que le béhaviorisme est d'une plus grande importance pour Sundman, il veut cependant montrer que le style des deux écrivains se ressemble, car tous deux cherchent le plus souvent à décrire – sans interpréter ; l'apparition des choses de la surface est donc ce qui est recherché dans l'art de la représentation romanesque, aussi bien pour Sundman que pour Robbe-Grillet. Par ailleurs, soulignons ici qu'il s'agit, encore une fois, d'une comparaison avec Robbe-Grillet, et non pas avec d'autres écrivains considérés comme des nouveaux romanciers.

Le regard est donc, selon Palm, commun aux deux écrivains. Palm est également d'accord avec le résumé fait par Gustafsson (dans la correspondance avec Bäckström) des tendances des représentations romanesques de l'être humain : chercher à brosser des portraits de personnages « vivants » et réalistes n'est pas toujours la meilleure méthode. Il précise ainsi que l'idée selon lui incompréhensible qui veut qu'un roman réussi contienne des êtres qui semblent vivants est insoutenable à un tel point qu'elle clôt les possibilités d'une représentation. « Les personnages romanesques sont des éléments narratifs, par principe égaux à des choses, des problèmes, des paysages. » (Palm, 1961). Pour lui, les personnages peuvent être vagues, abstraits ou morts tant qu'ils servent à quelque chose dans le roman. Le récit lui-même, dont l'intrigue se déroule dans l'âme, doit posséder une vie qui lui est bien propre.

Par ailleurs, Palm n'est pas le seul à remarquer les ressemblances entre Sundman et Robbe-Grillet. En effet, lorsque l'œuvre de Sundman est publiée en France, la critique française associe la prose de ce dernier au nouveau roman, même si l'auteur lui-même rejette ces idées, ce qui est étonnant vu le témoignage de Gustafsson (dont on a parlé plus haut)[7].

Ekbom

Un autre écrivain « clef » dans le milieu littéraire suédois de l'époque est Torsten Ekbom, qui se lance dans le débat avec l'article « Romanen som verklighetsforskning » [« Le roman comme recherche du réel »] (1962). Contrairement à ses collègues, Ekbom rappelle avant tout, plutôt que celles de Robbe-Grillet, les idées de Sarraute dans *L'Ère du soupçon* pour remettre en question les formes établies du roman, surtout celles qui demandent une anecdote complète. À cet égard il est proche des idées de Sundman et de Palm quand il déclare que, dans la vie réelle, les expériences qu'il fait ressemblent rarement à des anecdotes avec des intrigues bouclées – par conséquent, pourquoi tout le temps essayer d'en avoir dans la fiction ?

Des traces littéraires – l'exemple de Pär Rådström

En ce qui concerne le débat de l'art romanesque en Suède des années 1950/60, nous pouvons vite constater que ce sont surtout les théories de Robbe-Grillet et de Sarraute qui intéressent les écrivains. À la suite de ce débat, on en voit aussi qui commencent à écrire dans la même veine du nouveau roman français. Nous en avons déjà vu deux exemples avec Lars Gustafsson et Per Olof Sundman, lequel a même été introduit en France comme un nouveau romancier[8]. Il reste bien évidemment encore d'autres écrivains suédois qui mériteraient une attention particulière dans ce contexte. Ici, je voudrais prendre l'exemple de l'écrivain Pär Rådström qui, autour de 1960, commence à changer de style dans ses romans *Sommargästerna* (1960) [« Les Invités de l'été »] et *Mordet. En sörmländsk herrgårdsroman* [« Le meurtre. Un roman de manoir du Södermanland »] (1962).

Les deux romans sont, en effet, dans la critique littéraire, comparés au nouveau roman français, mais ils n'ont pas, jusqu'ici été l'objet d'analyses se concentrant sur leur relation avec les écrivains français contemporains. La critique qui associe ces romans de Rådström à la littérature française de l'époque n'est pas étonnante, car il s'agit des romans avec une structure non-conventionnelle où l'intrigue est subordonnée aux impressions visuelles. Au sujet de *Sommargästerna*, on écrit par exemple qu'on a affaire à « une direction toute nouvelle, dont le pays natal est la France où l'on parle d'un «nouveau roman» » (Persson, 1960).

Dans aussi bien *Sommargästerna* que *Mordet,* un air soupçonneux imprègne les intrigues, ce qui ressemble parfois à des non-intrigues, voire à des anti-romans et à ce qu'avait écrit Sartre à propos du premier roman de Nathalie Sarraute (Sartre, 1947). Le narrateur change souvent, d'une manière inattendue, de perspective ou de voix et le récit est parfois divisé ou même fragmentaire[9]. De même, la narration d'une intrigue potentielle est interrompue par des descriptions d'objets. Les dernières œuvres de Rådström (décédé jeune, en 1963) s'approchent ainsi aussi bien de l'abstrait que du concret, c'est-à-dire précisément de ce qui est souvent considéré comme paradoxal dans le nouveau roman français : l'abstrait devient concret et vice versa. Pour illustrer cela, voici un extrait de *Mordet. En sörmländsk herrgårdsroman* :

Et soudain, je retrouve l'appétit. Je trouve également une poêle, je dois d'abord y faire bouillir de l'eau puis du lait, et je pense quand même que les œufs ont un goût étrange. Je m'assieds sur la table de la salle à manger avec mon repas sur un plateau et entends mille reproches. Tu manges sur la table de la salle à manger ? Non mais ça va pas bien, mon garçon? Tu n'es pas habillé correctement ! Maintenant Jårdsch [le prénom du protagoniste est George] va monter s'habiller correctement, qu'est-ce que le docteur dira, Anne va arranger le plateau, voilà, comme ça, et Jårdsch peut bien s'asseoir dans la salle à manger, d'ailleurs, il est bientôt l'heure de prendre le petit déjeuner.

Mais il fait assez froid dans la maison et je laisse durcir une moitié d'œuf sur l'assiette que j'ai rincée à l'eau froide, et il reste encore un peu d'eau. Il fait humide partout dans la maison, et je monte m'habiller mais je n'ai pas le courage de me raser et ensuite je fais un tour parmi les pièges [à souris] et trouve encore cinq souris et le plateau reste sur la table toute la matinée. Au milieu de la table de la salle à manger qui est couverte d'une nappe tissée des millions de grains de poussière. Et le jaune d'œuf pâlit dans la journée et je retrouve le pardessus que papa portait toujours en automne quand il nous surveillait, Kalle, Monsieur Johansson et moi, alors que nous sortions la barque de l'eau. Habillé de ce pardessus, je me promène dans le jardin et vois combien les choucas et les étourneaux se sont goinfrés de poires et de prunes et on entend encore le bruit des pommes qui continuent à tomber par terre. Le pommier Signe Tillisch n'est plus bon apparemment. Les pommes sont grandes et vertes mais leur peau est couverte de taches marron qui ressemblent à des croûtons. Le plateau reste sur la table toute la journée. Je n'ai plus faim (Rådström, 1962 : 16 sq.)[10].

Comme l'extrait ci-dessus nous le montre –extrait d'ailleurs à la fois facile à choisir, parce qu'il a été écrit dans un style représentatif du reste du roman, et difficile, parce que les choix représentatifs possibles sont tellement nombreux– les voix et les temps se mêlent chez Rådström, sans donner d'exemples concrets ni d'un intérieur profond du protagoniste, ni d'une intrigue bien précise. Ce qui reste est l'impression des objets qui, en quelque sorte, se narrent eux-mêmes, et racontent à leur tour des histoires, grâce aux associations qu'ils éveillent. Il s'agit donc bien, dans la narration, d'un style semblable à celui du nouveau roman, car ni le protagoniste, ni l'intrigue ne semblent clairs pour le lecteur, de même que les objets sont d'une valeur essentielle. Ainsi, le lecteur doit donc participer à la création du texte littéraire, ce qui est un des buts fondamentaux des écrivains du nouveau roman français[11]. En effet, la narration de Rådström ressemble bien à ces « fragments de narration, description, souvenirs, parfois totalement discontinus, parfois juxtaposés, parfois liés au moyen d'un fondu » dont parle Jean Alter à propos du style des nouveaux romanciers français en donnant l'exemple de Claude Simon (Alter, 1972 : 45). Très fragmentaire, la narration peut être comparée aux images d'une caméra qui bouge de manière brusque dans la maison où se trouve le protagoniste, ce qui est aussi comparable au style des films de la nouvelle vague, le mouvement du cinéma contemporain au nouveau roman et dont les auteurs parfois étaient les mêmes, entre autres Robbe-Grillet[12].

Pour une étude de la réception du nouveau roman en Suède ? Conclusion

Dans l'histoire littéraire française, le nouveau roman est aussitôt devenu un terme, et on en parle parfois comme d'une époque bien établie, tandis que, dans l'histoire littéraire suédoise, cela n'est pas le cas. Lorsque la critique littéraire suédoise s'est intéressée à la littérature des années 1950/60, il a surtout été question des écrivains et leurs œuvres, sans comparaisons explicites avec les idées du nouveau roman. Même si, dans ces études et ouvrages, on trouve parfois quelques aspects, idées ou commentaires qui sont liés au nouveau roman français et à son influence possible, il n'existe, jusqu'aujourd'hui, aucune étude pleinement consacrée à la réception du nouveau roman et de son esthétique en Suède.

Une cause de l'oubli de ce courant dans l'histoire littéraire en Suède pourrait se trouver dans la complexité de la définition du terme de « nouveau roman », au sujet duquel on n'est toujours pas d'accord ou dont on n'est sûr ni du contenu, ni de l'existence. Plus un courant est difficile à cerner, voire à définir, plus son mouvement peut se traduire différemment – pourtant, on en parle aujourd'hui dans l'histoire littéraire française comme d'un courant ou d'un mouvement, et on en a beaucoup discuté en Suède dans les années 1950–60. Si l'on a porté une attention aussi grande aux idées du nouveau roman en Suède à cette époque, il est remarquable que ces idées ne soient, depuis, quasiment plus discutées dans la recherche. Dans ce domaine se cache donc un véritable champ de recherche. Afin de réussir une telle étude, il faut, bien évidemment, tout d'abord cerner et définir avec plus de netteté les idées françaises, ainsi que donner un arrière-plan plus précis et plus vaste aussi bien des textes des nouveaux romanciers que de la recherche déjà faite sur ce domaine. De même, le débat culturel et littéraire suédois de l'époque doit être plus méthodiquement étudié, ainsi qu'un plus grand nombre d'exemples littéraires.

Notes

1. « Ce n'est pas un groupe, ni une école. On ne lui connaît pas de chef, de collectif, de revue de manifeste. », (Ricardou, 1973 : 6). Voir également Jefferson (1980) et Ricardou & Van Rossum-Guyon (1972).

2. Voir Lundqvist (1981 : 18), et Hansen (1996 : 74–76).

3. Entre autres la majeure partie de l'œuvre de Claude Simon (la première traduction est celle de *Tentative de restitution d'un retable baroque* (*Vinden*,

1961), mais aussi des extraits des *Instantanés* ("Två prosastycken", *BLM* 10 (1955), 805–807) de Robbe-Grillet, *L'emploi du temps* (*Tidsschema*, 1965) ainsi que des essais du *Répertoire* (*Sex essäer om romankonsten*, 1966) de M. Butor, *Le Fiston* (*Sonen*, 1965) de R. Pinget, et plus tard *Enfance* (*Innan bilden bleknat*, 1984) de N. Sarraute, dont Bjurström a déjà traduit des extraits des *Tropismes* en 1957 (« Tropismer I, II, VI, XIV », *Upptakt* 5 (1957) : 24–25).

4. D'autres traductions d'Alexandersson : *La Modification* (*Resa mellan kvinnor*, 1959) de Butor, *La Jalousie* (*Jalusi*, 1960) de Robbe-Grillet, *Le Planétarium* (*Planetarium*, 1961) de Sarraute.

5. « Den nya skolans ledare » (Bjurström, 1955 : 640).

6. La correspondance est datée entre le 29 juin 1960 et le 16 décembre 1960.

7. Voir Warme (1978) et J. Lundström (2004).

8. À propos de Sundman, voir Palm (1961 : 453 sq.), Warme (1978), Le Clec'h (1978) et Lundström (2006 : 181–186).

9. Sartre écrit que Sarraute, « en laissant deviner une authenticité insaisissable […], a mis au point une technique qui permet d'atteindre, par-delà le psychologique, la réalité humaine, dans son *existence* même. » (Sartre, 1947 : 15). Ce style est comparable à celui de Rådström.

10. La traduction est la mienne.

11. Voir Sartre (1947 : 15), ainsi que Ricardou (1972 : 13 sq.) à propos de la détérioration du personnage. Voir également A. Jefferson (1980 : 3) à propos de l'impression d'une disparition du personnage ou de l'intrigue.

12. Voir A. Gardies (1972 : 185 sq.).

Bibliographie

Alter, J. (1972), « Perspectives et modèles », in Ricardou J. & Van Rossum-Guyon, F. (éd.). *Nouveau Roman: hier, aujourd'hui* (vol. 1/2). Paris : Union Générale d'Editions 10/18 : 35–54.

Bjurström, C. G. (1955), « Finns en fransk roman? ». *BLM* 10 (1955) : 808–815.

Bjurström, C. G. (1958), « Den nya romanen ». *BLM* 8 (1958) : 639–646.

Brundin, D. (2006), *Omvägens estetik. Om Pär Rådström*. Skellefteå : Norma.

Butor, M. (1960–1982), *Répertoire I-V*. Paris : Les Editions de Minuit.

Compagnon, A. (2002), « *Nathalie Sarraute ou l'usage de l'écriture* ». *CRITIQUE* 656/657 : 3–142.

Ekbom, T. (1962), « Romanen som verklighetsforskning ». *Ord & Bild* 6 (1962) : 517–522.

Gardies, A. (1972), « Nouveau Roman et cinéma : une expérience décisive », in Ricardou, J. & Van Rossum-Guyon, F. (éd.). *Nouveau Roman: hier, aujourd'hui* (vol. 1/2). Paris : Union Générale d'Editions 10/18 : 185–199.

Gustafsson, L. (1959), *Poeten Brumbergs sista dagar och död*. Stockholm : Norstedt.

Gustafsson, L. & Bäckström, L. (1961), *Nio brev om romanen*. Stockholm : Norstedt.

Hansen, P. (1996). *Romanen och verklighetsproblemet. Studier i några svenska sextiotalsromaner*. Stockholm / Stehag : Symposion.

Jefferson, A. (1980), *The nouveau roman and the poetics of fiction*. London / New York : Cambridge University Press.

Le Clec'h, G. (1978), « P. –O. Sundman, l'aigle renraciné ». *Le Figaro littéraire*, 27 mai.

Lundkvist, A. (1958), « Fransk roman just nu : Misstrons romaner ». *MorgonTidningen*, 31 août.

Lundqvist, Å. (1981), *Från sextital till åttital. Färdvägar i svensk prosa*. Stockholm : Alba.

Lundström, J. (2004), « Nouveau roman i det svenska 60-talet. Exemplet P.O. Sundman », in Gemzøe, A. (éd.), *Fortællingen i Norden efter 1960. Den 24. IASS-studiekonference 2002*. Aalborg : 166–171.

— (2006), *Terrängbeskrivning. P. O. Sundman, moderniteten och medmänniskan*. Lund : Ellerströms.

Palm, G. (1961), « Den nya svenska romanen ». *BLM* 6 (1966) : 450–459.

Persson, K. (1960), « Sommargästerna » (critique signée K.P.). *Borås Tidning*, 27 octobre.

Ricardou, J. (1967), *Problèmes du nouveau roman*. Paris : Seuil.

— (1971), *Pour une théorie du Nouveau roman*. Paris : Seuil.

— (1972), « Le Nouveau Roman existe-t-il ? », in Ricardou J. & Van Rossum-Guyon F. (éd.). *Nouveau Roman: hier, aujourd'hui* (vol. 1/2). Paris : Union Générale d'Editions 10/18 : 9–20.

— (1973), *Le Nouveau Roman*. Paris : Seuil.

Ricardou, J. & Van Rossum-Guyon, F. (éd.), (1972). *Nouveau Roman: hier, aujourd'hui* (2 vol.). Paris : Union Générale d'Editions 10/18.

Robbe-Grillet, A. (1963) [1955], « A quoi servent les théories ? », in *Pour un nouveau roman*. Paris : Les Editions de Minuit.

Rådström, P. (1960), *Sommargästerna*. Stockholm : Norstedt.

— (1962), *Mordet. En sörmländsk herrgårdsroman*. Stockholm : Norstedt.

Sarraute, N. (1956), *L'Ère du soupçon*. Paris : Gallimard.

Sartre, J.-P. (1947), « Préface », in Sarraute, N. (1948), *Portrait d'un inconnu*. Paris : Robert Marin.

Sundman, P. O. (1958), *Undersökningen*. Stockholm : Norstedt.

Söderberg, L. (1955), « Mätsticka och måsöga. Anteckningar kring *Le Voyeur* av Alain Robbe-Grillet ». *Upptakt* 1 (1955) : 31–32.

Warme, L. G. (1978), « Per Olof Sundman and the French New Novel – Influence or Coincidence? ». *Scandinavian Studies* 50 : 403–413.

Svensk barn- och ungdomslitteratur i Frankrike – från Nils till Semlan: Ställning, urval och anpassning

Annelie Jarl Ireman
Université de Caen Normandie

I Frankrike blev barnlitteraturen betydelsefull på 1920-talet då Hachette startade serien Bibliothèque verte och Bibliothèque rose bytte namn till Bibliothèque rose illustrée och utvecklades. Efter 1945 bestod genren till stor del av utgivningen av klassiker (som Dumas och Verne) som ansågs vara god litteratur för unga, ofta i versioner som låg långt från originalet då de anpassades till barn, varvid den litterära kvaliteten blev lidande (Delbrassine, 2006: 20). Pedagogiska, moraliska och editoriella faktorer definierar nämligen denna genre. På 70-talet sker en viktig utveckling då läsnöjet börjar betonas mer än den pedagogiska aspekten vilket medför att de narrativa möjligheterna blir fler då de moraliska kraven delvis släpps och böckerna blir mer realistiska. Idag finns det böcker som behandlar även svåra ämnen som mobbning, incest och död och några böcker innehåller dessutom grammatiskt inkorrekt språk[1]. Det är en dynamisk genre och trots stor konkurens har en hel del svenska böcker funnit sin väg till Frankrike. Efter att ha visat att den franska barn- och ungdomslitteraturen[2] fortfarande är underställd vissa villkor, presenterar artikeln den svenska BU-litteraturens ställning i Frankrike. Vidare studeras tre klassiker som kommit ut i olika versioner och avslutningsvis diskuteras varför översättningen av den nutida realistiska ungdomsromanen kan vara problematisk.

BU-genren i Frankrike

Många av dagens franska författare förklarar att de skriver för att ge unga läsare böcker som handlar om deras egna liv. Författaren har en

How to cite this book chapter:
Jarl Ireman, A. 2015. Svensk barn- och ungdomslitteratur i Frankrike – från Nils till Semlan: Ställning, urval och anpassning. In: Cedergren, M. et Briens, S. (eds.) *Médiations interculturelles entre la France et la Suède. Trajectoires et circulations de 1945 à nos jours*. Pp. 217–233. Stockholm: Stockholm University Press. DOI: http://dx.doi.org/10.16993/bad.q. License: CC-BY

viss ålder i åtanke under skrivandet och försöker sätta sig in i läsarens känslomässiga liv, vilket inte hindrar att den pedagogiska intentionen finns kvar. Målet är att öka läskompetensen hos läsaren, samtidigt som hen får lära sig om livet och samhället via ämnen som vänskap och sorg (Routisseau, 2008: 75–76). Dessutom bestäms ofta åldersgruppen på de tänkta läsarna i förlagens serier. Man tänker i termer av ålder och kön. Författaren bör alltså anpassa sig till läsarens förutsatta kognitiva kompetens, genom att begränsa informationen och berättarstrukturen (Routisseau, 2008: 21–22). Termen *adaptation* används främst för att tala om vuxenromaner som skrivs om för att passa barn (Nikolajeva, 1996: 48; Delbrassine, 2006: 187[3]). Många BU-författare följer dock dessa implicita regler. Det handlar i stort om att ha många dialoger med tydlig typografisk form, enkla ord, narration i jag-form, presens, enkel intrig, korta kapitel och stycken (vilket hjälper den oerfarna läsaren att ta sig igenom boken). Behovet av en sådan adaptation diskuteras mycket, även i Frankrike, där det samtidigt anses viktigt att inte sänka stilnivån när man anpassar berättelser till en ung publik. Meningarna får vara krångliga och strukturen kan även den vara avancerad. Men tydligt är att de tematiska och narrativa valen styrs av den tänkta läsar-gruppen (Delbrassine, 2006: 193). Det handlar för det mesta också om att att undvika våldsamma och sexuella scener och att ha lyckliga slut. Man kan konstatera att det inom BU-genren i Frankrike sker en sorts självcensur av både författare och förlag.

Den franska BU-boksproduktionen är reglerad av en lag från 1949 som skapades i syfte att kontrollera framför allt amerikanska tecknade serier men också annan litteratur för barn. På alla böcker inom denna kategori står det således: "Loi N° 49–956 du 16 juillet 1949 sur les publications destinées à la jeunesse". Andra paragrafen i lagen förbjud-er publikation av böcker som på ett positivt sätt framställer lögn, stöld, lättja, sexuella utsvävningar och allt annat som kan förstöra barns mo-ral. Etniska och sexistiska fördomar tillfördes 1954 respektive 2010 och 2011 ändrades till följande formulering:

[…] présentant un danger pour la jeunesse en raison de son caractère por-nographique ou lorsqu'il est susceptible d'inciter à la discrimination ou à la haine contre une personne déterminée ou un groupe de personnes, aux atteintes à la dignité humaine, à l'usage, à la détention ou au trafic de stupé-fiants ou de substances psychotropes, à la violence ou à tous actes qualifiés de crimes ou de délits ou de nature à nuire à l'épanouissement physique, mental ou moral de l'enfance ou la jeunesse[4].

Ordet "épanouissement" kan förstås i betydelsen att de unga läsarna inte ska hindras i sin positiva utveckling, vilket allmänt tolkas som att boken ska vara moraliskt korrekt och sluta lyckligt. Tydligt är att franska barn ska skyddas från hemskheter, åtminstone när de läser böcker. Lagen har ofta kritiserats eftersom den hindrar yttrandefriheten, men många försvarar den också. Ett av de mest kända inläggen i debatten är Marie-Claude Monchaux' pamflett från 1985, i vilken hon säger att våra barns mentala och moraliska hälsa inte får skadas genom att familjen bryts ner, lärarkåren föraktas, droger och sexuella avvikelser försvaras (Monchaux, 1988: baksidetext). Pamfletten följdes av en motreaktion och problemromanen fick med hjälp av det utländska inflytandet franska efterföljare på 90-talet (Delbrassine, 2006: 77). Debatten blossade upp igen i slutet av 90-talet då en kampanj hade som syfte att visa behovet av censur för att skydda barnen (Soulé, 1999). Även senare böcker har skapat polemik. T. Lenain kritiseras till exempel för att han skriver om alltför svåra ämnen (som pedofili) men också för att han är för pessimistisk. En utvecklingen kan dock konstateras då hans böcker trots kritik publiceras. Dessutom har scener som tidigare tagits bort kunnats återinföras i senare upplagor.[5] Under det senaste decenniet har det kommit många böcker som handlar om död och sexualitet, men oftast på ett försiktigt, abstrakt och optimistiskt sätt.

Termen adaptation behövs också för att beskriva hur utländsk ungdomslitteratur ibland skrivs om under översättningsarbetet för att motsvara vad man i Frankrike anser passa målgruppen. Detta har kritiserats mycket på senare tid. Den spanska forskaren I. Pascua-Febles konstaterar till exempel: "We cannot deny the didactic role of children's literature but the forced manipulation, the purification is something completely different and inadmissible" (Pascua-Febles, 2010: 163). Men som C. Térouanne, förlagsredaktör på Hachette Jeunesse Roman, förklarar hör adaptationen inte till en svunnen tid utan kan i vissa fall fortfarande vara nödvändig " pour mettre à la portée du jeune lecteur des œuvres qui autrement basculeraient irrémédiablement dans l'oubli" (Térouanne, 2008: 80). I Frankrike undersöker la "Commission de surveillance et de contrôle des publications destinées à l'enfance et à l'adolescence" alla nyutkomna böcker och tecknade serier fyra gånger om året. Ingen bok har hittills förbjudits men att lagen finns tvingar förlagen att vara försiktiga. Kommissionen har ibland krävt en åldersgräns för en bok, vilket skedde 2007 med Malin Lindroths bok *Quand les trains passent* som förbjöds för barn under 15 år. Förläggaren Thierry Magnier förklarar i en intervju att en anledning till censuren var att det kunde uppfattas som att våldtäkt försvarades i boken (Ramdani, 2004). Förlagens försiktighet visar sig i urvalet av böcker men också t.ex. i efterord och varningstexter på omslag. När G. Beckmans *Déchirer le silence* kom ut 1976 tillfogades en 16 sidor lång text om abort. I M. Nilssons *Après le voyage scolaire* (2007) finns en text på 1,5 sida om droger med telefonnummer och mailadress till "Fil Santé Jeunes" och omslaget uppvisar följande varning: "Certaines scènes peuvent heurter la sensibilité des jeunes lecteurs."

Om boken trots allt kommer ut utan ändringar och går igenom övervakningskommissionens kontroll återstår ännu en institution att passera. Bibliotekarierna har makten att inte köpa in böcker med rykte om sig att inte vara korrekta eller att stoppa undan dem så att läsaren inte kommer åt dem (Delbrassine, 2006: 278). Detta gäller också bokhandlarna. Även utbildningsdepartementet spelar en stor roll då de publicerar listor över rekommenderad litteratur för skolelever. En bok har alltså en lång väg att gå innan den når sina unga läsare. Idag betonas emellertid vikten av att minska de vuxnas roll till förmån för barnet.[6]

Den svenska BU-litteraturens översättare och ställning

Översättningen av skandinaviska böcker till franska i allmänhet tog fart på 1980-talet, då flera forskare inom nordistiken tog sig an både klassiker och samtida verk. De fick en viktig roll som kulturförmedlare, särskilt tack vare gedigna förord. Eftersom de flesta svenska författare tidigare inte översatts var det logiskt att börja med de som fått utmärkelser i Sverige. BU-böckerna förblev dock för det mesta oöversatta vilket kan bero på att genren fortfarande var föga värdesatt i Frankrike. Det måttliga intresset kanske även kan förklaras av att denna generation översättare var mansdominerad. En del BU-böcker kom ut på 60- 70- och 80-talen men genren har ökat i betydelse från 90-talet. Kersti och Pierre Chapelet, Alain Gnaedig och Agneta Ségol har till exempel varit produktiva. Sedan några år tillbaka har en ny generation översättare etablerats, bland annat tack vare Svenska Institutets översättarseminarier. Tidigare publicerades ofta en författare hos olika förlag, medan tendensen idag är att ett förlag har "sina" författare och "sina" översättare. Det gör att översättarna kan ha mer arbete än de hinner med och att en bok kan ligga och vänta på att översättaren ska bli ledig. Visserligen råder det brist på översättare idag, men samtidigt är det svårt för nya översättare att komma in på förlagen. De franska översättarna har till stor del varit introduktörer.

De har föreslagit böcker till förlagen eller insisterat på att få dem publicerade. Detta håller dock på att ändras i och med att den unga generationen arbetar mer på beställning, då förlagen väljer böckerna. De svenska litterära agenterna har också fått en större roll. Men om översättaren har en speciell relation till sin förläggare (vilket t. ex. är fallet med A. Ségol hos Thierry Magnier[7]) finns ett ömsesidigt förtroende och förläggaren ser översättaren som sakkunnig. Många översättare skriver recensioner för förlagen och får därmed en aktiv roll i urvalet.

Den svenska BU-litteraturens ställning i Frankrike är emellertid fortfarande svag. Få böcker får seriösa recensioner i tidningar. Ett undantag är A. Thor som fick Tam-tampriset för *Une île trop loin* 2003. Hon finns också med på listan över rekommenderade böcker från utbildningsdepartementet. Att hamna på den betyder att boken är erkänd och "passande" (vilket självklart ökar försäljningssiffrorna). Den senaste listan kom ut 2013 och böckerna grupperas efter skolans stadier.[8] *Une île trop loin* finns som enda representant för svensk prosa på listan för högstadiet. Det finns ingen svensk bok för de första två stadierna (upp till 8 år). I tredje (9–11 år) finns *Tu sais siffler, Johanna?* (1997), *Fifi Brindacier* (1995) och *Robert* (1996). *Le merveilleux voyage de Nils Holgersson à travers la Suède* finns också med och den är klassad som "œuvre patrimoniale" (vid sidan av t.ex. *Pinocchio*).

Kunskapen om svensk BU-litteratur ökar dock tack vare forskning och olika forum som ägnar sig åt denna genre. Centre National de la littérature pour la jeunesse har en komplett samling av franska BU-böcker men också en samling med utländsk litteratur. Deras tidskrift *La Joie par les livres* med stor spridning har vid ett flertal tillfällen ägnats åt skandinavisk litteratur. En annan instans som gör mycket för den svenska BU-litteraturens erkännande är Svenska institutet i Paris som ordnar författarbesök, konferenser, m.m. Festivalen Les Boréales i Caen, som är pluridisciplinär med betoning på litteratur, har satsat mycket på BU-genren, i samarbete med skolor och bibliotek. Redan 1999 var temat "Paroles d'enfance" med inbjudna svenska författare som A. Höglund och P. Lindenbaum samt tre av de viktigaste ungdomsromanförfattarna i Sverige: P. Pohl, U. Stark och A. Thor. Under det senaste decenniet har BU-litteraturen haft en given plats under festivalen med författarmöten, konferenser, utställningar, filmer... Andra svenska ungdomsförfattare som deltagit är M. Nilsson, S. Casta, K. Mazetti och P. Nilsson. 2011 var ett exceptionellt år för nordisk litteratur i Frankrike, tack vare le Salon du livre i Paris.[9] Av de 40 inbjudna nordiska författarna representerade A. Thor och J. Thydell svensk ungdomslitteratur. Tidskrifter ägnade temanummer åt Norden. *Le Magazine Littéraire* publicerade t.ex. en omfattande studie varav en artikel behandlade BU-litteratur (Jarl Ireman, 2011), vilket visar på ett större erkännande av denna genre i Frankrike.

Forskningen om BU-litteratur är generellt sett relativt ny i Frankrike, men är idag intensiv trots att den länge haft svårt att nå ett erkännande, på samma sätt som barnboksförfattare och deras översättare inte gärna setts som "riktiga" författare och översättare. Om svenska författare nämns av specialisterna så är det i allmänhet Astrid Lindgren, särskilt i genushänseende. (I *La littérature de jeunesse* av C. Chelebourg och F. Marcoin (2007) heter hon dock Lindberg!) Det ökade antalet konferenser vittnar emellertid om ökad kunskap om svensk ungdomslitteratur och en tendens till fördjupning. I Delbrassines avhandling *Le roman pour adolescents aujourd'hui* finns ett kapitel om utländska influenser där Sverige ägnas ett underkapitel vid sidan om den engelsk- och tyskspråkiga litteraturen. Det handlar mer om en presentation av viktiga författare som Kullman, Wernström, Beckman, Pohl, Edelfeldt och Wahl än en analys, vilket författaren själv förklarar som en konsekvens av bristen på källor. Han tvingades gå över tyska och engelska artiklar för att få reda på mer om den svenska litteraturen. Han var även tvungen att läsa flera romaner i tysk översättning (Delbrassine, 2006: 61–68). Bristen på översättningar begränsar självklart det direkta inflytandet och situationen försvåras genom att det i Frankrike ofta går lång tid mellan originalutgåvan och översättningen.

Nyutgåvor av klassikerna

De mest kända svenska barnboksfigurerna i Frankrike är Nils Holgersson, Pippi Långstrump och Emil i Lönneberga. Alla tre böckerna har haft en intressant utveckling vad gäller översättningen. Den kompletta versionen av *Nils Holgerssons underbara resa* kom ut så sent som 1990. I den första versionen från 1912 är bara 24 av 55 kapitel översatta helt och utan ändringar. I den andra versionen från 1923 har översättaren varit tvungen att skriva om stora delar av boken för att få ner sidantalet till hälften gentemot originalet. Detta är dock inte angivet och läsaren riskerar därmed att utgå ifrån att det är en översättning trots att det inte kan kallas annat än en adaptation. Versionen för skolan som författaren själv kortade ner 1921 har dock aldrig översatts. De senaste årtiondena har franska barn lärt känna Nils framför allt genom den illustrerade boken från 1989 som omarbetats av R. Alsberg

och som översatts troget av A. Ségol. Där står det tydligt på försätts-
bladet att det är en adaptation. Boken har tryckts i flera upplagor och
det är den som rekommenderas på utbildningsdepartementets lista. En
ny barnversion kom 2000 hos Hachette Jeunesse där många kapitel
saknas och där ändringar är gjorda i underkapitel, i rubriker och på
meningsplanet. På baksidan kan man trots detta läsa: "Ni adaptation,
ni résumé, ce livre propose une VERSION ABRÉGÉE du texte original"
(Lagerlöf, 2000). Att franska barn känner till Nils idag beror framför
allt på den japanska teckande teveserien som visats i Frankrike sedan
1983, där man har lagt till en rollfigur, en hamster som heter Quenotte.
Historierna är också anpassade till barn t.ex. genom att de får ett lyck-
ligare slut. Smirre lämnar till slut Nils ifred för att han blir kär i en
vacker rävhona istället för att hamna i exil (Jarl Ireman, 2011).

Att Pippi blev censurerad vet vi om idag framför allt tack vare C.
Heldners artiklar (Heldner, 1992 & 2004) och också att en fullständig
version kom ut 1995. M. Loewegrens första översättning *Mademoiselle
Brindacier* (1951) som motsvarar de två första Pippi-böckerna är dock
mer trogen originalet än vad som brukar konstateras. Loewegren gör till
och med i sitt ordval huvudpersonen fräckare än vad hon är på svenska. Den börjar emellertid med följande kommentar från förlaget i syfte
att undvika att franska barn tar efter Pippis beteende: "Fifi Brindacier
est très populaire en Suède. Ce personnage de fillette dotée d'une force
physique extraordinaire, n'est pas emprunté à la vie réelle. Il ne doit
son existence qu'à l'imagination de l'auteur" (Lindgren, 1951: 6). Det
var först 1962 som en ny version kom ut med tre kapitel borttagna, där
Pippi är som mest rebellisk.[10] Avsnitt där hon berättar otroliga historier
("ljuger") har också klippts bort. Den första av de här versionerna har
fallit i skymundan och man brukar prata om den censurerade versionen
från 1951 som alltså inte finns (Dupont, 2013: 32–40). Att böckerna i
Bibliothèque rose adapterades var en vanlig företeelse för att de skulle
närma sig den franska mentaliteten och förenkla förståelsen för barnet.
Fifi blev populär tack vare sin uppnosighet och självständighet (trots
att hon i den andra versionen fått en betydligt snällare framtoning) och
boken blev en succé, trots censuren skulle man ha lust att säga även
om det snarare var tack vara den. Frankrike var helt enkelt inte redo
för Pippi Långstrump på den tiden. Några decennier senare var situationen en annan och det var hög tid för en nyöversättning. A. Gnaedigs
översättning från 1995 är fullständig, men det finns fortfarande detaljer
där den frångår Lindgrens text (Heldner, 2004: 18–20). Följande exempel visar att Pippi på franska blir olydig med vilje vilket inte riktigt är

författarens syfte. När hon ska på tekalas oroar hon sig över att inte kunna uppföra sig ordentligt och säger:

> Je fais de mon mieux, crois-moi, mais j'ai remarqué à plusieurs reprises que les gens trouvaient que je manquais de tenue – et pourtant, je me suis toujours conduite du mieux possible. En mer, on faisait toujours très attention à ça. Mais je vous promets que je serai impeccable aujourd'hui et que vous n'aurez pas honte de moi. (Lindgren, 2007: 96)

I originalet förklarar Pippi att till sjöss var det *inte* viktigt vilket förklarar varför hon inte vet hur man ska uppföra sig (Lindgren, 2005: 99). På franska har hon lärt sig men kan ändå inte, vilket är värre och förändrar bilden av henne. Vanligt är också att översättare i allmänhet rättar utryck som svenska författare medvetet ändrat. När Astrid Lindgren låter Pippis pappa säga att det är lika omöjligt för honom att sjunka som för en kamel att trä på en synål, har man på franska valt det bibliska uttrycket ordagrannt: "Cela m'est tout aussi impossible qu'à un chameau de passer par le chas d'une aiguille" (Lindgren, 2007: 211). Det kan självklart vara en missuppfattning men troligare är att man vill ge barn det rätta uttrycket och att franska språket inte lika lätt tillåter sådana ordlekar. Även om boken fortfarande läses är Fifi Brindacier idag mest känd från den tecknade teveserien som visats regelbundet i Frankrike sedan 1998[11].

Emil i Lönneberga översattes först under titeln *Zozo la Tornade* och han läspar vilket gett honom smeknamnet Zozo (Englund Dimitrova, 2002: 98). Den första boken kom ut 1973 och fortsättningarna på 80-talet. Samma översättning publicerades igen 2001/2003 och finns forfarande tillgänglig i handeln och på biblioteken. En ny översättning av Gnaedig kom 2008 där boktiteln och innehållet bättre motsvarar originalet. Att Emil på franska länge haft ett talfel beror på att han är smålänning.

> Och så talade han småländska, det lilla livet, fast det kunde han inte hjälpa. Det gör man i Småland. När han ville ha sin mössa, då sa han inte som du: 'Jag vill ha min mössa.' Han sa så här: 'Jag vill ha mi mysse!' (Lindgren, 2002: 5–6)

I 1973 års översättning:

> Ses parents l'avaient en réalité baptisé Émil. Mais comme il zozotait légèrement, on l'avait surnommé Zozo et cela lui était resté. [...] À vrai dire, il faisait un peu exprès de zozoter. En outre il s'entêtait à parler un langage enfantin. Or, tout petit, il avait cru comprendre 'cache-tête" pour "casquette'. [...] 'Ze veux ma cache-tête' (Lindgren, 1973: 7–9)

När han på svenska säger "söppe" blir det "potaze" på franska (Lindgren, 1978: 19). De dialektala orden blir alltså barnspråk och talfel, vilket kan kännas väl drastiskt även om sådana ändringar alltså var accepterade på 70-talet. Gnaedig väljer 2008 följande lösning:

> Il parlait parfois le patois du Småland. Il n'y était pour rien: dans cette région, on parlait un patois. C'est comme ça. Quand il voulait mettre sa casquette, il ne disait pas, comme toi: 'Je veux ma casquette!', il disait 'Je veux ma gampette' (Lindgren, 2008: 10).

Ordet "gampette" är benämningen på en sort keps av samma typ som den han har men det är inte ett dialektalt ord. När det gäller soppan används ordet "tambouille" (Lindgren, 2008: 19–20) som betyder maträtt och ofta används negativt, en osmaklig rätt. Det svåra dialektproblement är ännu inte löst.

Klassiker som dessa har alltså på senare år nyöversatts på ett mer troget sätt och publicerats med de svenska illustrationerna, men de tidigare versionerna har lästs och läses fortfarande av många. Figurerna är också kända genom de teckande teveserierna. Det är därför svårt att veta vilken bild franska läsare har av dem.

Den realistiska samtidsromanen för ungdomar

Svårigheten med svenska ungdomsromaner idag är att de ibland är alltför nydanande, både tematiskt och stilistiskt. Enligt Routisseaus definition är många av dem initationsromaner, där huvudpersonen söker sin identitet men där innehållet också ska förändra läsaren. Dessa berättelser handlar ofta om tabubelagda ämnen som sexualitet och död och överskrider gränser (Routisseau, 2008: 57–58). Genom att säga allt utsätter man ungdomarna för det man vill skydda dem från. Debatten idag handlar om hur långt man kan gå. Om kunskap kommer av att gränserna överskrids, vad kan man i så fall lära sig när dessa gränser väl är överskridna? Alla ämnen finns representerade i den franska ungdomslitteraturen trots den franska lagen och tendensen går mot ett överskridande av tabun. Men ett tydligt slut, vilket innebär att läsaren kan avsluta och gå vidare, ses generellt sett som en nödvändighet (Routisseau, 2008: 22). Läsarna anses klara svåra ämnen men det måste finnas ljus och sluta positivt, vilket svenska romaner inte alltid gör. Det är det som gör att en författare som Pohl är svår att publicera i Frankrike. Flera franska författare anser för övrigt det vara begränsande att tvingas undvika förtvivlan (Delbrassine, 2006: 276). Därutöver innehåller svenska romaner ibland ett mångtydigt slut vilket kräver mer av läsaren och hens förmåga att skapa sitt eget slut. Det kan förklara varför en bok som *Svenne* (2006) av P. Nilsson inte är översatt trots att ämnet (politisk populism och främlingsfientlighet) är aktuellt även i Frankrike.

Några teman verkar fortfarande vara svåra att behandla, vilket märks vid översättningen. Skämtsamma och elaka kommentarer om lärare tonas ofta ner. I A.-G. Winbergs *Ce jeudi d'octobre*, blir läraren i originalversionen totalt handfallen och bortgjord, men har mer värdighet på franska (Winberg, 1976: 8). Ett senare exempel är J. Thydells *Des étoiles au plafond* där en tjej i det svenska originalet kallar sin lärare Britta för Bitte-Bittan inför henne, vilket på franska bara blir Britta, eftersom det är svårt att tänka sig att en fransk högstadieelev kallar sin lärare vid öknamn öppet på detta sätt (Thydell, 2010: 49).

Sex är fortfarande ett komplicerat ämne i fransk ungdomslitteratur, vilket författare beklagar i intervjuer (Delbrassine, 2006: 274–275). I och med att sexualiteten är en stor del av ungdomars liv (i handling eller tanke) kan det kännas absurdt att inte skriva om det, särskilt med tanke på vad som finns att tillgå på Internet. Debatten fick ny fart nyligen då M. Blackmann efterlyste mer sex i ungdomslitteraturen. Reaktionerna i fransk press visar på ett visst stöd men också på en stor försiktighet.[12] Det behövs en motvikt till pornografin, men det anses viktigt att författaren hittar rätt sätt att beskriva det på. I debatten refereras till engelskspråkiga författare, som är mer kända än de svenska och kan läsas i originalversionen. Svenska romaner beskriver ibland sexuella scener på ett detaljerat och konkret sätt, eller t.o.m. på ett sätt som uppfattas som våldsamt och känslolöst. Här spelar åldern på den tänkta läsargruppen in. Riktar sig förlagesserien till unga vuxna kan även sexuella scener översättas, men om den riktar sig till 10–12-åringar är det mer problematiskt, vilket förklarar varför M. Nilsson har självcensurerats av förlaget. I hennes bok *Pourquoi mon père porte de grandes chaussures* (2011) är några stycken som handlar om sexualitet borttagna eller omskrivna. I en scen får Gordon inte titta på Semlans snippa utan bara på hennes bröst och han får behålla kläderna på:

> Ibland vill Gordon leka kärleksleken. Då pussas vi en stund, helst på en säng, med lite skön musik i bakgrunden. Och ibland vill han titta på min snippa. Då får han det och blir röd om kinderna som om han har feber. Jag blir också het om kinderna för jag gillar när han kollar, mer än att titta på hans snopp. Sen sitter vi en stund och blir allt hetare om kinderna tills vi drar på oss kläderna igen och fortsätter med läxan eller nåt. (Nilsson, 2009: 14–15)

> Parfois Gordon veut jouer au jeu de l'amour. Alors nous nous embras-
> sons pendant un moment, de préférence sur un lit, avec un peu de jolie mu-
> sique en fond sonore. Et parfois il veut voir ma poitrine. Je le laisse faire et
> ses joues deviennent aussi rouges que s'il avait de la fièvre. Les miennes me
> chauffent aussi parce que j'aime bien quand il regarde, je préfère ça plutôt
> que de zieuter son zizi. Puis nous restons assis quelques instants et nos joues
> sont de plus en plus brûlantes, jusqu'à ce que je me rhabille et que nous
> continuons nos devoirs ou entreprenions autre chose. (Nilsson, 2011: 17)

Förläggaren ansåg dessutom det vara olämpligt att låta en 12-årig flicka prata om sin pappas snopp så hela stycket som följer på svenska togs bort. En bok som K. Mazettis *Entre Dieu et moi, c'est fini* handlar däremot om en 16-åring och presenteras hos Gaïa/Babel som "littéra-ture générale". Här översätts texten troget även när det pratas om sex (Mazetti, 2011: 92) och omslaget betonar den sensuella aspekten. De olika förlagen har här inte samma inställning, men överlag kan man säga att t.ex. en bok som *Regn och åska* (2011) av H. Lindqvist som detaljerat beskriver sex mellan två unga män ännu riskerar att kor-tas ner i Frankrike, liksom Pohls svåra men viktiga bok *Nu heter jag Nirak* (2007), om de inte publiceras som just "littérature générale", d.v.s. skönlitteratur för vuxna.

Våld och död (inklusive självmord) är ämnen som idag är väl repre-senterade i Frankrike. Men även här är det bristen på tydliga svar, lik-som bristen på hopp, som gör den svenska litteraturen svårpublicerad. Det finns en del franska böcker som talar om döden på ett mörkt och hopplöst sätt men de har kritiserats för det (Delbrassine, 2006: 334). En bok som S. Castas *Spelar död* (1999) är visserligen våldsam och ger ingen klar sanning och lösning, men trots allt slutar romanen med för-soning och hopp. Boken kom ut 2004 på Thierry Magnier.

Detta förlag karakteriseras av ett enkelt format, korta böcker, ofta med berättande i första person, vilket väl stämmer överrens med många svenska böcker. Även här blir böckerna trots allt mer litterära på fran-ska. Vid översättningen är i allmänhet en "förhöjning" av stilnivån nödvändig. Det handlar om en omstrukturering på syntaktisk nivå och om en "förfining" av stilen (Gossas & Lindgren, 2010: 7; Lindgren, Andersson & Renaud, 2007: 91). Korta, konkreta meningar skrivs ihop till en lång med flera satser, samordning görs till underordning, och upprepningar tas bort. Den svenska stilen anses helt enkelt vara för en-kel, även för unga läsare. Översättarens roll är därför också att arbeta om stilen, vilket påverkar berättarrösten. För att underlätta för unga franska läsare läggs istället ofta in pauser, i form av fler och kortare kapitel och stycken¹³. Ändringar kan också ske vad gäller typografin för t.ex. dialoger, i syfte att göra det lättare för läsaren att se vem som pratar. I Pohls *Jan, mon ami* blir således det indirekta talet en tydlig dialogsstruktur med direkt anföring (Pohl, 1995: 30). En utveckling mot ett enklare och mer vardagligt språk sker dock inom BU-litteraturen i Frankrike.

Avslutning

Avslutningsvis kan man konstatera att det idag framför allt är svenska ungdomsromaner som kan vara problematiska då de ofta befinner sig på gränsen till vuxenlitteratur, s.k. cross-overlitteratur, medan man i Frankrike tydligare drar en gräns mellan BU-genren och allmän litteratur. Böcker av Pohl har publicerats alternativt för vuxna och för ungdomar i Sverige och *Ett öga rött* (2003) av J. H. Khemiri lanserades som vuxenbok men är lika mycket en ungdomsbok, vilket även kan gälla H. Lindqvists böcker. Andra lanseras som ungdomsböcker men läses också av vuxna. De kan behandla svåra ämnen, innehålla öppna slut och brist på moralisk ståndpunkt, något som försvårar en utgivning i Frankrike. Ett motstånd finns fortfarande mot detaljerade sexuella scener. Mycket lite forskning har tillägnats den svenska BU-litteraturen på franska, vilket hör ihop med att många intressanta böcker ännu inte översatts. Influenserna från Sverige under de senaste decennierna verkar därför inte ha gått raka vägen mellan de två länderna, utan framför allt över Tyskland där fler översättning av svenska BU-böcker kommit ut.

Översättaren av svensk BU-litteratur har den svåra uppgiften att följa förlagens krav utan att ge avkall på trogenheten gentemot verket. Denna genre är svåröversatt eftersom den ofta har en stil som ligger långt från den franska, men samtidigt är den lättare att översätta i den mening att det här tillåts större frihet och anpassning till den nya målgruppen. Det kan kritiseras men det gör att böcker kan komma ut och förhoppningsvis sedan i nya upplagor som blir mer trogna originalet. Nils i denna artikels titel representerar klassikerna som regelbundet kommer i nya utgåvor och är kända hos en bred publik, men som också kommit ut i versioner som ligger långt från originalet. Semlan får stå som ett exempel på vad som kan ske idag när en bok anpassas till den franska unga läsaren och visar att översättningen fortfarande är problematisk. Förlagens försiktighet visar sig även i valet av böcker. Utvecklingen går dock framåt trots att lagen från 1949 fortfarande gäller och trots ett visst motstånd, vilket debatten om boken *Tous à poil!* (2011) är ett talande exempel på.[14] Sederna förändras och gränsen för vad som är möjligt inom BU-genren vidgas. Hängivna översättare finns och förlagen visar större intresse. När det gäller ungdomsromaner spelar förlaget Thierry Magnier en viktig roll då de vågar ge ut böcker med teman som anses svåra. Det är också intressant att konstatera att flera av de böcker som kritiserats mycket i pressen också har valts ut för olika priser, vilket visar att en förändring sker. Framtiden ser således ljus ut för svensk BU-litteratur i Frankrike.

Noter

1. *Lise* av C. Lovera Vitali (Thierry Magnier, 2005) har t.ex. stycken utan punktuation.

2. Termen barn- och ungdomslitteratur förkortas till BU-litteratur i artikeln.

3. Med hänvisning till G. Klingbergs forskning på 70-talet.

4. Loi n° 49–956 du 16 juillet 1949 sur les publications destinées à la jeunesse, article 2, version en vigueur au 19/5/2011.

5. En scen i boken *Un pacte avec le diable* (Syros, 1988/2006) där huvudpersonen ligger en stund vid sidan av sin vän som dött av en överdos finns med i 2006 års upplaga, men inte i den första versionen.

6. Se t.ex. Douglas V. (2008 : 114–115).

7. Förlaget Thierry Magnier spelar sedan 1998 en viktig roll då deras serie "Grands romans" riktar sig till tonåringar och består till stor del av översättningar, flera från Sverige.

8. Listorna finns tillgängliga på http://eduscol.education.fr/cid50485/literature. html (lägre stadier) och http://eduscol.education.fr/cid60809/presentation. html (högstadiet).

9. 2011 publicerades totalt 69 nya svenska romaner (att jämföra med 52 året innan). Siffrorna fortsätter dock att öka enligt D. Ballus bibliografi *Lettres nordiques: une bibliographie*, del 2: 913 (ännu opublicerad), som anger 72 böcker 2012 och 80 2013.

10. Det handlar om kapitlen där hon leker med poliserna, med tjuvarna och går på tekalas.

11. Före denna kanadensisk-tysk-svenska teveserie från 1997 visades i Frankrike från 70-talet den tysk-svenska från 1969.

12. Se t. ex. Bourge J.-R. (2013).

13. Se t. ex. Mankell H. (2012), *Les ombres grandissent au crépuscule*. Seuil.

14. J.-F. Copé kritiserade i februari 2014 barnboken *Tous à poil!* (Franek C.& Daniau, M. (2001), éditions du Rouergue) i TV för att illustrationerna visar nakna personer, men fick ett stort antal motreaktioner. Se t. ex. « Tous à poil!: des professionnels du livre posent nus en réponse à Copé », http://www.lefigaro.fr/livres/2014/02/19/03005-20140219ARTFIG00268

Bibliografi

Bourge, J. R. (2013), "Sexe: la littérature jeunesse pour concurrencer l'influence du porno sur les ados?". *Le Nouvel Observateur*, 25 juni. http://leplus.nouvelobs.com/contribution/893070-sexe-la-litterature-jeunesse-pour-concurrencer-l-influence-du-porno-sur-les-ados.html (hämtad 2014-05-19)

Chelebourg, C. & Marcoin, F. (2007), *La littérature de jeunesse.* Paris: Armand Colin.

Delbrassine, D. (2006), *Le roman pour adolescents aujourd'hui: écriture, thématiques et réception.* Paris: SCEREN - CRDP de l'académie de Créteil / La Joie par les livres.

Douglas, V. (2008), "Comment définir la littérature pour la jeunesse, ou le paradoxe insoluble", in Cani I., Chabrol-Gagne N., d'Humières C. (red.), *Devenir adulte et rester enfant? Relire les productions pour la jeunesse.* Clermont-Ferrand: Presses Universitaires Blaise Pascal: 114–115.

Dupont, C. (2013), *La littérature de jeunesse suédoise en traduction française: une étude de* Fifi Brindacier, *de* Jan, mon ami *et de* Pourquoi mon père porte de grandes chaussures. Mémoire de Master 1 sous la direction de A. Jarl Ireman, Université de Caen (opublicerad).

Englund Dimitrova, B. (2002), "Emil i Lönneberga – en läspande fransman?", in Nystedt J. (red.), *Språkbitar.* Svenska Förlaget: 97–98.

Gossas, C. & Lindgren, C. (2010), "Svensk barnboksexport till Frankrike – trender och anpassning 1989–2009", IASS, http://journals.lub.lu.se/ojs/index.php/IASS2010/article/view/5033/4468 (hämtad 2014-05-24)

Heldner, C. (1992), "une anarchiste en camisole de force". *La revue des livres pour enfants* 145: 65–71.

— (2004), "Hur Pippi Långstrump slapp ur sin franska tvångströja". *Barnboken.* Stockholm: Svenska barnboksinstitutet: 11–22.

Jarl Ireman, A. (2011a), "Au pays des merveilles boréales: La littérature de jeunesse scandinave". *Le Magazine Littéraire*, mars 2011: 82–84.

— (2011b), "Le Merveilleux voyage du livre de Selma Lagerlöf". *Cahiers Robinson* 29: 97–112.

Lindgren, C., Andersson, C. & Renaud, C. (2007), "La traduction des livres pour enfants suédois en français". *La revue des livres pour enfants* 234: 87–101.

Loi n° 49–956 du 16 juillet 1949 sur les publications destinées à la jeunesse, article 2, http://www.legifrance.gouv.fr/affichTexte.do;jsessionid= A6EEBF158BF51605C0969C94C1F7C11D.tpdjo02v_1?cidTexte= JORFTEXT000000878175&dateTexte=20100710 (hämtad 2014-04-14)

— gällande version från 1954/12/01 till 2010/07/11 http://www.legifrance. gouv.fr/affichTexteArticle.do;jsessionid=A6EEBF158BF51605C0969C94 C1F7C11D.tpdjo02v_1?idArticle=LEGIARTI000006421424&cidTexte= JORFTEXT000000878175&categorieLien=id&dateTexte=20100710 (hämtad 2014-04-14)

— gällande version från 2010/07/11 till 2011/05/19 http://www.legifrance. gouv.fr/affichTexteArticle.do;jsessionid=A6EEBF158BF51605C0969C94 C1F7C11D.tpdjo02v_1?idArticle=LEGIARTI000022469876&cidTexte= JORFTEXT000000878175&categorieLien=id&dateTexte=20110518 (hämtad 2014-04-14)

— gällande version från 2011/05/19 http://www.legifrance.gouv.fr/affich TexteArticle.do;jsessionid=A6EEBF158BF51605C0969C94C1F7C11D. tpdjo02v_1?cidTexte=JORFTEXT000000878175&idArticle=LEGIARTI 000024039824&dateTexte=20140529&categorieLien=id#LEGIARTI 000024039824 (hämtad 2014-04-14)

Monchaux, M.-C. (1988) [1985], *Écrits pour nuire – Littérature enfantine et Subversion*. Paris: UNI, 7 édition.

Nikolajeva, M. (1996), "Literature for Children and Young People", in Warme L. G. (red.), *A History of Swedish Literature*. University of Nebraska Press: 495–512.

Pascua-Febles, I. (2010), "Translating for children: The translator's voice and power", in Di Giovanni E., Elefante C., Pederzoli R. (red.), *Ecrire et traduire pour les enfants: Voix, image et mots*. Bruxelles: Peter Lang: 161–169.

Ramdani, H. (2004), "Littérature jeunesse: l'offensive de la morale". *Bibliobs (Le Nouvel Observateur)* 2004/12/14. http://bibliobs.nouvelobs.com/ jeunesse/20071214.BIB0493/litterature-jeunesse-l-offensive-de-la-morale. html (hämtad 2014-05-21)

Routisseau, M.-H. (2008), *Des romans pour la jeunesse? Décryptage*. Paris: Belin.

Soulé, V. (1999), "Censures et autocensure". BBF: 3. http://bbf.enssib.fr/ consulter/bbf-1999-03-0044-005 (hämtad 2014-05-21)

Terouanne, C. (2008), "Politiques éditoriales et traductions", in Diament N., Gibello C., Kiefé L. (red.), *Traduire les livres pour la jeunesse: enjeux et spécificités*. Hachette/ BNF/CNLJ– La Joie par les livres: 75–84.

Skönlitteratur

Beckman, G. (1976), *Déchirer le silence* (övers. Nyro C.). Paris: Éditions de l'Amitié.

Casta, S. (2006), *Faire le mort* (övers. Ségol A.). Paris: Thierry Magnier.

Lagerlöf, S. (1912), *Le Merveilleux voyage de Nils Holgersson à travers la Suède*, (övers Hammar, T.). Paris: Perrin.

— (1923), *Le merveilleux voyage de Nils Holgersson à travers la Suède* (övers. Hammar T.). Paris: Delagrave.

— (1989), *Le merveilleux voyage de Nils Holgersson à travers la Suède* (övers. Ségol A. & Brick-Aïda P.). Paris: Père Castor Flammarion.

— (1990), *Le Merveilleux voyage de Nils Holgersson à travers la Suède* (övers. (de) Gouvenain M. & Grumbach L.). Paris: Actes Sud.

— (2000), *Le Merveilleux voyage de Nils Holgersson à travers la Suède* (övers. (de) Gouvenain M. & Grumbach L.). Paris: Hachette jeunesse/Livre de poche.

Lindgren, A. (2002) [1963], *Emil i Lönneberga*. Stockholm: Rabén & Sjögren.

— (2008), *Les farces d'Emil* (övers. Gnaedig A.). Paris: Hachette Jeunesse.

— (1962), *Fifi Brindacier* (övers. Loewegren, M.). Paris: Hachette.

— (2007) [1995], *Fifi Brindacier* (l'intégrale) (övers. Gnaedig A.). Paris: Hachette.

— (1951), *Mademoiselle Brindacier* (övers. Loewegren M.). Paris: Bibliothèque rose illustrée.

— (1973), *Zozo la Tornade*, (övers. Trébinjac S.). Paris: Bibliothèque rose.

Lindroth, M. (2007), *Quand les trains passent* (övers. Robnard, J.). Arles: Actes Sud junior.

Mankell, H. (2012), *Les ombres grandissent au crépuscule* (övers. Ségol-Samoy M. & Serres, K.). Paris: Seuil.

Mazetti, K. (2011) [2007], *Entre Dieu et moi, c'est fini* (övers. Stadler M. & Clauss L.). Arles: Babel (poche).

Nilsson, M. (2007), *Après le voyage scolaire* (övers. Renaud J.). Paris: Bayard jeunesse.

— (2009), *Pappan med stora skorna*. Stockholm: Natur & Kultur.

— (2011), *Pourquoi mon père porte de grandes chaussures et autres grands mystères de ma vie*, (övers. Jarl Ireman A. & Renaud J.). Montrouge: Bayard jeunesse.

Pohl, P. (1995), *Jan, mon ami* (övers. Ganedig A.). Paris: Gallimard.

Thydell, J. (2010), *Des étoiles au plafond* (övers. Ségol A.). Paris: Thierry Magnier.

Winberg, A.-G. (1976), *Ce jeudi d'octobre* (övers. Vincent E.). Paris: Éditions de l'Amitié.

Le long trajet vers le Nord : de la traduction de la littérature de jeunesse française en suédois

Carina Gossas et Charlotte Lindgren
Collège universitaire de Dalécarlie

La littérature de jeunesse[1] constitue tant en Suède qu'en France un sec-teur florissant. Selon l'Institut suédois des livres pour enfants (*Svenska Barnboksinstitutet*, dorénavant « l'institut SBI »), qui présente dans son bulletin annuel[2] des statistiques très complètes sur les publications de littérature de jeunesse en Suède, le nombre de celles-ci ne cesse en ef-fet d'augmenter et représente environ 10 % de la production totale des livres. Pour la France, ce taux atteint les 17 % selon le Centre National du livre (sans compter les bandes-dessinées et les mangas). En France, Poslaniec parle d'un nouvel « âge d'or » de la littérature de jeunesse depuis le milieu des années 2000, avec de plus en plus de livres vendus, un chiffre d'affaire en hausse mais aussi un « un dynamisme et une créativité remarquables [...], un formidable vivier d'auteurs et illustra-teurs jeunesse » (Poslaniec, 2008 : 94–95). Or — ce qui nous intéresse particulièrement dans le cadre de cet article — on sait que la littérature de jeunesse a toujours appartenu à un domaine hautement internatio-nal depuis son apparition au XVIIIe siècle[3] : les livres ont été échangés entre les pays et les cultures grâce à des adaptations et des traductions.

Dans des études antérieures, nous avons pu constater que les échanges franco-suédois dans le domaine de la littérature de jeunesse contemporaine de qualité étaient plutôt unidirectionnels et que très peu de la production contemporaine en français était traduite en suédois (Gossas & Lindgren, 2011)[4]. Si quelques « grands classiques » de la littérature suédoise de jeunesse se trouvent sur le marché français de-puis longtemps (*ibid.*), il n'en est pas de même pour certains « grands auteurs » en français sur le marché suédois : ni la comtesse de Ségur, ni Marcel Aymé, par exemple, n'ont trouvé une place dans ledit système

---

How to cite this book chapter:
Gossas, C. et Lindgren, C. 2015. Le long trajet vers le Nord : de la traduction de la littéra-ture de jeunesse française en suédois. In: Cedergren, M. et Briens, S. (eds.) *Médiations in-terculturelles entre la France et la Suède. Trajectoires et circulations de 1945 à nos jours.* Pp. 234–247. Stockholm: Stockholm University Press. DOI: http://dx.doi.org/10.16993/bad.r. License: CC-BY

littéraire. La comtesse de Ségur (1799–1874) est un incontournable auteur classique en France et ses livres sont constamment réédités. Pour un public suédois, par contre, la comtesse de Ségur est peu, voire pas connue, car il n'y a jamais eu, comme le montre Kåreland, de véritable traduction de ses œuvres en Suède (Kåreland, 2000 : 33–34). Il n'y a eu que quelques versions raccourcies publiées par de petites maisons d'édition sans grand retentissement dans les articles des critiques littéraires canonisants. Il en va de même pour Marcel Aymé (1902–1967). Des fameux *Contes du chat perché*, régulièrement réédités depuis 1934 pour un jeune public francophone, une seule traduction (*Påfågeln och andra sagor*) a été publiée en Suède en 1954, de sorte qu'Aymé est aussi plus ou moins ignoré du public suédois. Enfin, pour prendre deux auteurs contemporains parmi les plus estimés, l'on voit que Marie-Aude Murail a publié en France une trentaine de romans, dont un seul est traduit en suédois (*Simple / Pucko*) et parmi environ vingt-cinq romans de Marie Desplechin, un seul existe en suédois (*La belle Adèle / Ihop på låtsas*). Il n'y a pas, à notre connaissance, d'étude approfondie sur la place de la littérature de jeunesse française à l'étranger, à laquelle comparer ces observations. De plus, contrairement à la situation scandinave, il n'y a pas vraiment de politique active en France pour promouvoir la littérature de jeunesse française à l'étranger. Ce que l'on sait, toutefois, est que « les Anglo-saxons trouvent [les livres français pour la jeunesse] 'trop sophistiqués', pas assez 'enfantins' » (Beau & Lévêque, 2008 : 52), avis qui, selon nous, a longtemps été partagé en Suède. Toujours est-il que dans les listes publiées par l'institut SBI, le français a toujours fait partie des langues sources, privilège partagé par simplement une dizaine de langues sources, comme nous le verrons ci-dessous. De plus, comme le constate le même institut dans son bulletin de 2013, le français s'est démarqué cette année car les traductions de cette langue ont augmenté. Il semble donc légitime de parler d'une ouverture vis-à-vis des productions contemporaines en français, augmentation qui a lieu à un moment, on le verra, où le marché suédois pour la jeunesse est plus diversifié que jamais.

Ces observations nous ont conduit à mener cette enquête pilote sur la circulation de la littérature de jeunesse en français vers la Suède et sur la place qu'elle y occupe. Le but de l'article est d'abord de déterminer de façon quantitative la place des livres français traduits sur le marché suédois, pour ensuite détailler les types de livres qui se cachent derrière les chiffres, afin de voir si la littérature de jeunesse contemporaine française de qualité y trouve sa place. Si tel est le cas, nous voudrions tenter de caractériser les normes préliminaires concernant surtout les choix de titres traduits. Y-a-t-il une prédilection pour un support (livre illustré ou roman) ? Traduit-on tous les ouvrages d'un auteur ou est-ce fait de façon plus éparpillée ? Les traductions sont-elles mentionnées dans la presse ? Enfin, nous tenterons de mettre les traductions en relation avec les tendances actuelles dans le domaine de la production nationale suédoise.

Le système littéraire suédois : un système ouvert à la traduction ?

Notre étude s'appuie sur la théorie des polysystèmes (voir par exemple Even-Zohar, 1990) et sur celle de la traductologie descriptive (en anglais « DTS », *Descriptive Translation Studies,* voir Toury, 1995 et 2012) qui partent du fait que la sphère culturelle au sens large contient différents systèmes dynamiques dans le temps et dans l'espace, et de l'idée que l'activité traduisante peut être décrite en termes de « normes » qui sont non pas des règles normatives mais plutôt des pratiques régulières. Les normes sont de différents types et dans cet article, nous nous intéressons aux normes dites préliminaires, qui concernent les types de textes traduits, leur origine, la langue source, etc. Dans le système littéraire, les livres ont une place centrale ou périphérique : la place au centre est prise par les canons de la littérature, et la place à la périphérie est prise par des livres qui ont un statut culturel moindre et que l'on appelle parfois populaires. Il apparaît que, souvent, la littérature traduite et la littérature de jeunesse ont une place semblable (périphérique) dans le système littéraire. L'idée que nous suivons est que les livres ne peuvent fructueusement être étudiés en dehors du système littéraire auquel ils appartiennent. Even-Zohar (1990 : 50) a aussi montré que le système des œuvres traduites est souvent, malgré sa place périphérique, beaucoup plus actif que le système littéraire auquel il appartient, même s'il y a bien évidemment des différences selon les pays. Une idée centrale est que les systèmes sont en relation les uns avec les autres et qu'ils ont la possibilité de s'influencer : les livres traduits peuvent ainsi influencer les livres du système littéraire dans lequel ils arrivent. Il est donc intéressant de voir quels sont les livres qui sont traduits, quand et par qui.

À l'instar d'Even-Zohar (1990 : 11), nous soutenons que le système suédois est un système apparemment ouvert. Selon Even-Zohar, un système fermé est un système où les traductions ne jouent aucun rôle ou un rôle moindre (la production nationale étant autosuffisante) ; alors que dans un système ouvert la traduction a un rôle important à jouer et contribue à importer des modèles littéraires de l'extérieur. Étant donné que près de la moitié des livres de jeunesse publiés en Suède sont traduits, il semble être justifié de dire que le système est très ouvert[5], même si, et il est important de le souligner, des données quantitatives ne disent *a priori* rien sur une éventuelle influence réelle. En même temps, on remarque vite que très peu de langues sont représentées. Plus que la moitié des livres traduits ont l'anglais comme langue source (entre 60 et 80% selon l'année), ce qui n'a peut-être rien d'étonnant en soi vu la dominance générale de la culture anglophone et le statut de l'anglais en Suède. Après l'anglais les autres langues scandinaves occupent une place centrale, sans doute à cause de la proximité culturelle. Au total, on ne compte qu'environ dix langues sources dans les statistiques de l'Institut SBI. La place du français sera discutée dans la section suivante où nous verrons que cette langue a toujours fait partie de cette petite famille qui a le privilège d'être traduite en suédois.

Nous avons consulté le catalogue numérique de la Bibliothèque Royale de Suède (*Kungliga biblioteket, KB*) en cherchant les livres en suédois classés comme littérature de jeunesse, de langue source française. Comme nous nous intéressons principalement à la période de 2000–2013 nous avons recensé tous les livres pour cette période, tout en les classant en catégories très larges. Nous donnerons aussi ci-dessous un bref aperçu général d'une plus longue période (1970–2000), mais en étant dans l'impossibilité dans le cadre de cet article de présenter des données chiffrées, par manque de place.

Pour compléter les informations de la Bibliothèque Royale de Suède, nous avons consulté les statistiques de l'institut SBI. Ces statistiques sont publiées chaque année et montrent que la part des livres de jeunesse traduits en suédois depuis une autre langue est d'environ 50% des nouvelles publications, et cela de façon relativement constante dans le temps. La production nationale suédoise est toutefois relativement importante. Le tableau 1 présente le total des publications, le pourcentage de traductions et les traductions du français.

Comme nous l'avons déjà dit, on voit dans ce tableau une augmentation relativement constante du nombre de publications de jeunesse en suédois depuis l'an 2000. De plus, la part des livres traduits correspond bien à ce que nous avons avancé ci-dessus, c'est-à-dire que le système littéraire suédois paraît être, tout au moins d'un point de vue quantitatif, un système ouvert. L'on voit aussi que la part des livres traduits du français est plus ou moins la même, avec toutefois une augmentation en 2013, pour passer à 6 % — presque le double du pourcentage de l'an 2000.

Les traductions du français vers le suédois : bref rappel historique et tendances actuelles (2000–2013)

Ces quarante dernières années, les livres de jeunesse en français traduits en suédois ont principalement été constitués par six groupes de livres. Il existe tout d'abord une liste assez courte de livres considérés comme des classiques, qui ont été traduits et retraduits en suédois et constituent la base fondatrice de l'ensemble étudié dans cet article. Ce sont principalement les ouvrages les plus connus de Jules Verne et deux ouvrages d'Alexandre Dumas, considérés de nos jours comme de la littérature de jeunesse (*Les trois mousquetaires / De tre musketörerna, Le comte de Monte-Cristo / Greven av Monte Cristo*). Les bandes-dessinées franco-belges : Tintin, Spirou, les Schtroumpfs, Lucky Luke et Astérix, sont aussi très présentes dans les listes annuelles présentées par l'institut SBI.

Tableau 1. Le nombre de traductions et de traductions du français dans la publication annuelle de livres pour enfants en Suède (2000–2013) selon l'institut SBI.

	Total	Traductions	Dont des traductions du français	
2013	1770	41 %	43	6 %
2012	1761	46 %	51	5 %
2011	1747	46 %	39	4 %
2010	1663	50 %	21	2,5 %
2009	1750	56 %	39	4 %
2008	1821	61 %	37	3 %
2007	1680	52 %	32	3,5 %
2006	1515	58 %	19	2 %
2005	1493	55 %	37	4,5 %
2004	1412	50 %	19	2,5 %
2003	1326	49 %	25	4 %
2002	1206	52 %	12	2 %
2001	1182	57 %	25	4 %
2000	1176	65 %	23	3,5 %

Les livres illustrés sont presqu'exclusivement représentés par Babar et Barbapapa. Quantitativement nombreux, on trouve des livres provenant des films de Disney (*Cendrillon*, *La belle au bois dormant*, etc.). Plus on remonte dans le temps, plus on trouve les contes de Perrault et les fables de la Fontaine. Enfin, deux romans dominent largement lesdites listes annuelles, ce sont *le Petit Prince* d'Antoine de Saint-Exupéry et la série des *Six compagnons* de Paul-Jacques Bonzon. Le Petit Prince est aussi présent dans des produits dérivés comme des imagiers ou des livres d'activités ludiques. Au contraire, si l'on se concentre maintenant sur les années 2000, on voit que le genre des livres de jeunesse en suédois traduits du français a évolué dans les listes étudiées. À côté des tendances générales mentionnées ci-dessus et qui se maintiennent, on trouve des livres contemporains de qualité qu'on peut diviser en trois grands groupes: les livres pour tout-petits / albums / livres illustrés, sur lesquels nous insisterons particulièrement, les documentaires et les romans.

Avant de détailler les traductions, nous allons finalement présenter rapidement le système littéraire suédois actuel. Après 2011 - année charnière selon l'Institut SBI - la publication des livres illustrés en Suède est devenue de plus en plus riche et variée. De plus, le nombre total desdites publications est désormais plus grand que jamais. On trouve tout un éventail de livres, allant des produits de masse jusqu'à des produits de grande valeur artistique. Durant cette période, le marché du livre en général et celui des livres illustrés en particulier, semble donc ne pas cesser de croître en importance.

Si l'on se penche sur ces publications, on remarque l'établissement d'une nouvelle génération d'auteurs, principalement des femmes nées dans les années 1970 ou 1980. Leurs œuvres sont consacrées par des prix littéraires et par l'attention du public, à cause du renouvellement artistique et narratif qu'elles proposent (par exemple Emma Adbåge, Lisen Adbåge, Sara Lundberg ou Clara Persson). De plus, il y a plusieurs nouvelles maisons d'éditions, ce qui augmente la possibilité de traduire et publier. Deux tendances supplémentaires et complémentaires contribuent à élargir et à faire évoluer la forme du livre illustré au niveau national : d'un côté on voit paraître des livres s'adressant à un public plus diversifié (notamment des albums non spécifiquement pour enfants, domaine devant beaucoup à la traduction de quelques auteurs avant-gardistes norvégiens comme Gro Dahle, Svein Nyhus et Stian Holes). La parution en 2013 de *Om detta talar man endast med kaniner* d'Anna Höglund, prix de l'album de l'année 2013 (le prix suédois *Snöbollen*) et nominé au prix August[6], est un exemple très parlant qui montre que le livre illustré peut dorénavant s'adresser à un public plus âgé (adolescent voire adulte). D'un autre côté, il apparaît des albums sans texte ainsi que des livres à manipuler (livres tactiles et / ou sonores) ainsi que des livres-jouets. Ici, les traductions jouent également un rôle important et il nous semble que le livre illustré suédois a plus ou moins rattrapé l'avance en matière de variété et de créativité, qu'avaient d'autres pays, par exemple la France (Van der Linden, 2006). Comme nous le verrons ci-dessous les albums et livres illustrés représentent une bonne partie des titres traduits du français. Les titres français sélectionnés qui arrivent sur le marché suédois correspondent donc, du moins en partie, aux tendances que nous venons de mentionner, le marché s'étant modernisé et les titres étant choisis, du moins en partie, en fonction du marché.

Les livres pour tout-petits, les albums et les livres illustrés

Pour la période 2000–2013, ces livres (dorénavant regroupés sous le terme de « livres illustrés[7] ») constituent un champ relativement dynamique dont l'évolution peut être favorable aux traductions. Du français sont traduits des albums d'éveil ou « interactifs » (tactiles et / ou sonores) pour les tout-petits ainsi que des albums très « artistiques » s'adressant à un public plus âgé. Certains titres sont présentés dans la presse et reçoivent une bonne critique. Voyons maintenant quelques auteurs et livres existant dorénavant en suédois, en commençant par les livres pour les tout-petits. Il y a des livres en carton, des livres à toucher, des livres- éveil etc. C'est un investissement économique sûr mais la qualité artistique est au final variable. Les éditeurs en appellent parfois aux résultats d'études scientifiques contemporaines sur les capacités cognitives des bébés et petits enfants pour vendre ce genre de livres. Il nous semble que la traduction a un rôle important dans ce groupe : les livres en français viennent effectivement combler un manque de production nationale en suédois. Nous ne mentionnerons pas ici plus spécifiquement les imagiers classiques, certes très nombreux, mais préférons attirer l'attention sur ce qu'il y a de plus novateur. La collection *Mes petits imagiers sonores* de Marion Billet (0–3 ans) est, selon Van der Linden (2011 : 49) composée d'imagiers d'un genre nouveau, mélange de documentaires et imagiers, qui permettent d'associer un son à une image. La collection semble avoir du succès en Suède. On avait en effet commencé avec un des exemplaires les moins typiques, *Fåglar / Les oiseaux*, en 2011 (en même temps qu'on publiait des livres sonores pour les adultes pour reconnaître les chants des oiseaux) et *Husdjur / Mes animaux*. À l'heure actuelle la série *Nyfikna öron* chez Rabén et Sjögren comprend douze titres, dont trois figuraient parmi les 200 livres offerts à la princesse héritière de Suède Estelle à sa naissance, de la part du gouvernement suédois (livres sélectionnés par le directeur de l'Institut SBI Jan Hansson et une directrice d'école Lena Runesten)[8]. Au même moment, dans la production nationale suédoise on peut noter l'apparition des livres qui permettent d'écouter de la musique (par exemple *Svenska Barnvisor* de Tina Ahlin, « un livre de karaoké pour les familles avec enfants » selon l'éditeur). Un genre de livre complètement inédit, traduit en 25 langues et couronné par de nombreux prix littéraires dans le monde est l'ouvrage d'Hervé Tullet *Un livre* (2010). Tullet réinvente le rapport aux lecteurs et encourage l'activité de l'enfant, auquel il est demandé de tapoter sur les pages, applaudir, etc., durant la lecture. Il est paru en suédois en 2011 (sous le titre *En bok*)[9].

Parmi les albums pour les petits, la série de *Pomélo*, de Ramona Badescu (texte) et Benjamin Chaud (illustrations) a aussi eu du succès. Des 13 livres en français, il existe en suédois trois livres pour les 0–3 ans (*Pomelo den lilla elefanten* 2003, *Pomelo är kär* 2004, *Pomelo blir stor* 2011) et deux pour les 3 à 6 ans (*Pomelo och motsatsorden* 2011, *Pomelo och färgerna* 2012). En 2009 le petit éléphant est même monté sur la scène du théâtre grâce à Sophia Segrell et Lisa Kjellgren (du théâtre *Teater Tittut*). Benjamin Chaud est aussi en première ligne en Suède pour plusieurs livres dont il est l'auteur *Adieu Chausette* 2010 / *Min kanin Sockan* 2011, *Une chanson d'ours* 2011 / *Björnens sång* 2012, *Coquillages et petit ours* 2012 / *Lilla Björn på semester* 2013. Il est également l'illustrateur de deux livres d'auteurs suédois, à savoir *Snömannen* d'Eva Susso (traduit en français par Jean-Baptiste Coursaud en 2013) et *Tro på tomten* de Lotta Olsson. Il a aussi illustré un roman *Tusen tips till en fegis* d'Eva Susso. Comme le remarque l'Institut SBI en 2013, ce genre de collaboration internationale se fait de plus en plus souvent. Il est intéressant de voir que le paratexte des deux albums sur l'ours met nettement en avant l'origine française des ouvrages. Dans la plupart des cas le fait que ce soit un livre traduit du français n'est en effet pas mis en avant. Sur le quatrième de couverture de *Björnens sång* l'auteur est présenté comme « un des meilleurs illustrateurs français ». Sur celle de *Lilla Björn på semester* le lecteur est informé sur les louanges faites dans la presse suédoise régionale et nationale quant au précédent livre : « *Bedårande godnattsaga !* 'irrésistible histoire à lire le soir au coucher' », « *Äkta bilderboksäventyr !* 'vraie aventure de livre illustré' », « *Årets bilderbokshöjdare !* 'le livre illustré de l'année' », « *Mästerverk !* 'un chef d'œuvre' », « *Ögonfröjd !* 'un plaisir des yeux' », « *Överdådig !* 'fastueux' », « *Rolig elegant !* 'drôle et élégant' », « *Härlig och varmhjärtad !* 'sympa et chaleureux' ». Remarquons, enfin, que les livres de Benjamin Chaud ont été presque immédiatement traduits en suédois et que ce n'est probablement que le début.

Une autre auteure dont plusieurs albums sont sortis récemment en suédois est Stéphanie Blake, qui a publié de nombreux livres pour les tout-petits, en particulier pour la collection *Loulou et Cie* à l'École de loisirs. Ce sont les albums de son lapin Simon, traitant avec humour, une simplicité graphique et des couleurs vives, divers thèmes et sentiments de la vie quotidienne, qui sont parus en Suède. Huit ouvrages ont été publiés par la maison Bergh (pour les 0–3 ans ou pour les 3–5 ans, selon le thème traité) : *Caca Boudin* 2002 / *Bajskorven* 2008, *Poux* 2009 / *Löss* 2009, *Au loup* 2005 / *Hjälp en varg* 2009, *Donner c'est donner* 2007 / *Bytt är bytt* 2010, *Aaaah ! pas le dentiste !* 2010 / *Nej ! Inte tandläkaren* 2011, *Bébé cadum / Dumma lillebror* 2012, *Non pas le pot* 2011 / *Inte pottan* 2013, *Non pas dodo !* 2010 / *Kan inte sova* 2014. *Nej, inte tandläkaren* est également publié chez *En bok för alla*[10]. Il y a aussi eu, finalement, une adaptation suédoise de *Caca boudin* pour le théâtre en 2010 (par Hans Ung et Björn Johansson, au théâtre régional dans la région de Blekinge / Kronoberg). On voit que le premier livre est paru en suédois six ans après la version originale, et que, même si les traductions ne suivent pas l'ordre chronologique des parutions en français, une série s'est implantée. Le paratexte ne met pas en avant l'origine étrangère du livre et ne fournit pas de présentation de l'auteur. Son succès auprès du public suédois est signalé par exemple dans la présentation qu'Adlibris, une des plus grandes librairies en ligne suédoises, fait de *Kan inte sova* : « ny bok om kultkaninen från boken *Bajskorv*. 'Un nouveau livre sur le lapin culte du livre *Caca Boudin*' ». La maison Bergh a également fait traduire deux albums humoristiques du jeune auteur Michaël Escoffier, *Bonjour docteur* 2010 / *Hos doktorn* 2010 et *Un mammouth dans le frigo* 2011 / *En mammut i kylskåpet* 2011. *Le jour où j'ai perdu mes superpouvoirs* 2013 / *Dagen då jag förlorade mina superkrafter* du même auteur vient de paraître chez *Opal*.

Nous voulons enfin mentionner quelques livres illustrés qui s'adressent à un public plus âgé ou même adulte. Il s'agit de livres avec des illustrations soit poétiques, soit réalistes. On remarque que ces livres sont souvent parus dans de petites maisons d'éditions. Le livre très poétique sur la solitude, la vieillesse et la mort, *La petite vieille du vendredi* (2012) de

Marie Moinard, elle-même directrice de la maison d'édition Des ronds dans l'O, a été traduit en 2013 sous le titre de *Den gamla damen som alltid kom på fredagen* chez Epix, petite maison d'éditions spécialisée en bandes-dessinées pour adultes. Le livre est recommandé à partir de 5 ans. Pour la même tranche d'âge (de 3 à 6 ans dans le catalogue suédois, à partir de 5 ans dans le catalogue français) a paru *Reine* 2008 / *Drottningen* de Jacqueline Delaunay chez Turbine / Massolit Förlag.

Il existe dans la production contemporaine en français beaucoup de réécritures humoristiques des contes qui permettent de prendre de la distance. Un livre de cette catégorie a été publié en suédois en 2013, à savoir *Madame le Lapin blanc* / *Den vita kaninens fru* (pour les 6–9 ans, ABC förlag), hommage à et réappropriation d'*Alice au pays des merveilles*. L'humour et les illustrations minutieusement détaillées lui ont valu le prix Pépite de l'album du Salon du livre et de la presse jeunesse de Montreuil en 2012. Le côté artistique est également prépondérant dans *William Morris bok* de Benjamin Lacombe (texte) et Agata Kawa (illustrations), Alvina förlag. Selon une critique du quotidien suédois *Svenska Dagbladet* (SvD), même si ce livre est destiné surtout à un lectorat adulte, avec un bagage culturel certain, les illustrations dégagent un tel chatoiement que n'importe quel humain intéressé par les images sera fasciné [notre reformulation][11].

Les documentaires

Les livres documentaires ne font pas partie du système littéraire suédois pour la jeunesse depuis très longtemps, et surtout pas concernant les petits enfants. Comme Marion Billet mentionnée à propos des livres pour tout-petits, beaucoup de documentaires traduits du français sont présents dans les listes annuelles publiées par SBI. Un exemple est la série destinée aux enfants curieux (série appelée *Nyfiken* chez Bonnier Carlsen), qui est destinée à un public double, puisque les enfants peuvent soit écouter un lecteur la lire à voix haute, soit regarder et commenter les images comme dans un imagier (voir par exemple *Les dinosaures* / *Nyfiken på dinosaurier* de Pascale Hédelin (texte) et Didier Balicevic (illustrations). Dans ce domaine, l'on remarque aussi la longue tradition française de produire des encyclopédies. Pour des enfants un peu plus âgés, *Le livre des pourquoi* (2013) de Martine Laffon et Hortense de Chabaneix a été traduit en 2013 par Ordalaget Bokförlag (*Stora boken om varför*) et *Mon premier Larousse des comment* (2004) a été traduit en 2011 chez Rabén & Sjögren (*Stora frågeboken*).

Les romans

Les romans traduits du français sont un peu plus rares. Il existe beaucoup d'auteurs nationaux très appréciés et reconnus, et les traductions des grandes séries anglophones ne laissent pas non plus une grande place aux œuvres venues d'autres cultures. On trouve dans les listes de l'Institut SBI des livres pour les enfants qui viennent d'apprendre à lire ou apprennent à lire (environ 6 à 9 ans) : un bon exemple est *Quel stress pour la maîtresse !* / *Frökens nya klass* de Jo Hoestlandt (2010). Ce livre adopte la perspective de la maîtresse d'école un jour de rentrée scolaire, alors que d'habitude on trouve le point de vue inverse (celui des enfants). Les illustrations d'Eric Gasté ont un style humoristique. En France, Jo Hoestlandt est une auteure très productive. Un autre exemple sont les livres d'Hubert Ben Kemoun, lui aussi un auteur très productif dont les ouvrages sont illustrés de façon humoristique (par exemple *Nico, tous les jours c'est foot !* / *Fotbollsstjärnan*).

Pour des lecteurs un peu plus expérimentés (9 à 12 ans) on peut prendre l'exemple des deux livres d'Anne Plichota (*Oksa Pollock, l'inespérée* (tome 1) / *Det sista hoppet* et *Oksa Pollock, la forêt des égarés* (tome 2) / *De vilsnas skog*). Ils sont sortis en Suède en 2012. En France, plusieurs tomes sont publiés après les deux premiers mais ils ne sont pas encore traduits. Il est ici intéressant de remarquer que la critique dans le quotidien suédois précité a été plutôt glaciale (le critique parle d'ouvrage « mauvais » et d'« échec »[12]) alors qu'un critique en France parlait d'« une écriture limpide mais soignée qui donne à cette saga addictive de sérieux atouts pour s'imposer comme un classique »[13]. Citons aussi l'auteur Ludovic Huart, qui en France a sorti des livres aux titres effrayants (*L'abominable carnaval du grand théâtre des monstres*, *La monstrueuse histoire d'un petit garçon moche et d'une petite fille vraiment très laide*, *La funeste nuit d'un loup en peluche qui ne devait plus murmurer à l'oreille des enfants*) et dont *L'épouvantable Noël du vieux monsieur barbu tout de rouge vêtu. Ou le jour où le Père Noël cessa de croire aux enfants sages et obéissants* est traduit en suédois (*Den förfärliga julen : den kusliga berättelsen om den skäggige gamle rödklädde herrn eller dagen då jultomten slutade tro på snälla och lydiga barn*).

Pour les 12 à 15 ans, on trouve un roman écrit par une des auteurs de jeunesse les plus connues en France, Marie-Aude Murail, et mentionnée ci-dessus. La perspective donnée est celle d'un jeune adulte handicapé mental. Aucun autre de ses livres n'a été traduit en suédois. Mentionnons également Marie Desplechin, auteure aussi connue pour ses romans pour adultes, avec *La belle Adèle / Ihop på låtsas*. On remarque que ce livre s'adresse en français à un public un peu plus jeune, avec une couverture illustrée, alors que le livre en suédois s'adresse à un public un peu plus âgé, avec une couverture qui fait plus « jeune adulte ».

Conclusion

Cette étude avait pour but de montrer quelles sont les normes préliminaires concernant les choix des livres de jeunesse français traduits en suédois. Nous avons vu que l'intérêt qu'ont porté ces dernières années les passeurs des livres suédois à la production contemporaine en français s'est surtout concentré sur les livres illustrés au sens large. D'autres types d'œuvres sont représentés dans les listes de traductions (les documentaires et les romans), mais de façon moins flagrante. Nous avons aussi montré que, comme c'est le cas lorsque les ouvrages suédois sont traduits en français, les éditeurs privilégient l'établissement de séries. Toutefois, dans les listes établies par l'Institut SBI, ce fait est plus rare dans le sens inverse étudié ici. Ne faisons pas l'erreur de simplement regarder les chiffres, car, même si les livres en français traduits ne sont pas extrêmement nombreux, ils ont le mérite d'exister, ce qui n'était pas le cas avant, comme nous l'avons vu (du moins, il ne s'agissait pas des mêmes genres de livres mais plutôt de bandes dessinées et de classiques, au sens large du terme, comme les ouvrages de Jules Verne, Saint-Exupéry, Disney, etc.). De plus, on est passé d'une période pendant laquelle leur traduction en suédois n'était pas donnée *a priori* à une période où elle est remarquée, recommandée, et parfois même consacrée par les critiques littéraires et les professionnels du livre. Depuis le début des années 2000, il semble donc y avoir eu un intérêt continu pour les livres illustrés et albums contemporains de qualité venus du français. Il serait maintenant intéressant de compléter l'étude que nous venons de présenter en examinant, dans une prochaine étape, les stratégies de traduction des livres de jeunesse français en suédois au niveau textuel et iconique.

Notes

1. Le propos de cet article n'est pas de discuter la définition de la littérature de jeunesse. De plus, dans les ouvrages, articles, colloques ou discussions sur la question, une telle définition est souvent remise en cause ou qualifiée de difficile, de fluctuante. C'est pourquoi, en utilisant le terme de « littérature de

jeunesse », nous renvoyons aux livres écrits et édités pour les enfants et lus par les enfants (voir la discussion de Nières-Chevrel 2009 : 15).

2. En suédois *Bokprovning*. (http://www.sbi.kb.se/en/Resources/Trends-and-statistics/Book-tasting/)

3. Voir par exemple Nières-Chevrel (2009 : 32–54) pour un aperçu historique.

4. Concernant la traduction du suédois vers le français, voir aussi par exemple Gossas et Lindgren (2014), Lindgren (2012), Lindgren et al. (2007) et Renaud et al. (2007).

5. D'autres auteurs ont émis l'hypothèse que la traduction se fait principalement dans le sens des langues très parlées vers les langues plus rares (appelées par Casanova « dominantes » et « dominées », 2002 : 9). On attendrait alors un nombre plus important de traductions du français au suédois et non le contraire, comme cela a été le cas dans le domaine qui nous concerne.

6. Le prix August est un prix littéraire suédois prestigieux en souvenir de l'écrivain August Strindberg.

7. « L'album se différencie du livre illustré par l'utilisation qui est faite de l'image » (Bibliothèque Nationale de France, http://classes.bnf.fr/rendezvous/pdf/albums.pdf).

8. http://www.regeringen.se/content/1/c6/19/33/92/e05cb29d.pdf

9. En 2014 a paru un deuxième titre du même auteur *Couleurs / Färger*.

10. Cette association 'Un livre pour tous' veut depuis 1976 (jusqu'en 2007 avec des subventions gouvernementales) rendre accessibles à tous des livres de qualité, dans le but de promouvoir la lecture grâce à des publications bon marché.

11. http://www.svd.se/kultur/litteratur/en-frojd-for-skonhetstorstande-sjalar_6685872.svd

12. http://www.svd.se/kultur/litteratur/ny-fantasy-idiotforklarar-lasaren_.svd

13. http://www.lefigaro.fr/livres/2012/11/06/03005-20121106ARTFIG00426-oksa-pollock-en-poche.php

Bibliographie

Beau, N. & Lévêque, M. (2008), « Les livres français pour la jeunesse traduits à l'étranger : esquisses d'une enquête », in Diament, N., Gibello, C. Kiéfé, L. (éd.), *Traduire les livres pour la jeunesse : enjeux et spécificités*. Paris : Hachette, BnF/CNLPJ – la Joie par les livres : 43–54.

Casanova, P. (2002), « Consécration et accumulation de capital littéraire [La traduction comme échange inégal] », *Actes de la recherche en sciences so-*

ciales 144, septembre 2002, Traductions: les échanges littéraires internationaux : 7–20.

Even-Zohar, I. (1990), « The Position of Translated Literature within the Literary Polysystem », *Poetics Today* 11 :1 :45–51.

Gossas, C. & Lindgren, C. (2014), « Traduction et interculturalité : un exemple de livres illustrés suédois contemporains », in Reuter, H. (dir.), *Le nord en français*, Collection « Langage et société » du Centre international de phonétique appliquée de Mons (CIPA) : 39–52.

— (2011), « Svensk barnboksexport till Frankrike – trender och anpassning 1989–2009 », *Konferensvolym, IASS 2010*, 28:e studiekonferensen i International Association of Scandinavian Studies (IASS).

Kåreland, L. (2000), « Okänd i Sverige - älskad i sitt hemland. 200-års minnet av la comtesse de Ségurs födelse firas i Frankrike ». *Barnboken* 2000:1 : 28–35.

Lindgren, C. (2012), « He speaks as children speak: more orality in translations of modern Swedish children's books into French? », in Fischer, M., Wirf Naro, M. (éd.) *Translating Fictional Dialogue for Children*. Berlin, Frank & Timme Verlag für wissenschaftliche Literatur : 165–185.

Lindgren, C., Andersson, C. & Renaud, C. (2007), « La traduction des livres pour enfants suédois en français: choix et transformation ». *Revue des livres pour enfants* 234 : 87–93.

Nières-Chevrel, I. (2009), *Introduction à la littérature de jeunesse*. Paris : Didier Jeunesse.

Poslaniec, C. (2008), *Des livres d'enfants à la littérature de jeunesse*. Collection Découvertes Gallimard, Littératures : no 534 : Paris : Gallimard-BNF.

Renaud, C. Andersson, C. & Lindgren, C. (2007), « L'image dans la traduction de livres pour enfants: défi ou soutien. Réflexions à partir de la traduction en français de quelques livres pour enfants suédois ». *Revue des livres pour enfants* 234 : 94–101.

Toury, G. (1995), *Descriptives Translation Studies and Beyond*. Amsterdam: Benjamin.

— (2012), *Descriptive Translation Studies – and Beyond. Revised edition.* Amsterdam : Benjamin.

Van der Linden, S. (2006), *Lire l'album*. Paris : Atelier du poisson soluble.

— (2011), *Je cherche un livre pour un enfant – Le guide des livres pour enfants de la naissance à sept ans.* Paris : coédition Gallimard Jeunesse-Éditions De Facto.

Réticences françaises à la *phobie de l'idylle* ? – De la réception de deux romans pour adolescents suédois en France au début des années 2000

Valérie Alfvén
Université de Stockholm

Dans la première décennie des années deux-mille, deux romans pour adolescents *Faire le mort* (FM) de Stefan Casta et *Quand les trains passent* (QLTP) de Malin Lindroth[1] sont traduits du suédois et publiés en France. Par le côté sombre de leur sujet, la *violence gratuite*[2] entre adolescents, ces deux livres suédois s'inscrivent dans la lignée d'un débat provoqué en novembre 2007 par un article du journal *Le Monde* (Faure, 2007). Ce dernier incrimine la littérature pour adolescents d'être trop « noire » parce qu'elle propose, selon l'auteure, des « univers sombres, voire malsains » et vise notamment QLTP. Quant à FM, il interroge et provoque selon les critiques « un malaise. Un gros. » (*Citrouille*, 2004 : 30–31). Malgré tout, l'ensemble des critiques reconnaissent le caractère littéraire du roman[3]. Au sein de la polémique, la littérature suédoise pour adolescents fait figure d'élève indisciplinée, allant à contre-sens d'un *habitus*[4] implicite en littérature de jeunesse et d'un paradoxe évoqué par Marc Soriano qui veut qu'une « loi non-écrite » veut que l'on évite de parler de certains sujets, mais que ce sont justement ces derniers qui intéressent les adolescents (Soriano, 1974 : 120). Ces deux romans réalistes[5] diffèrent dans leur forme mais ont pour point commun de mettre en scène des adolescents issus d'une classe dite moyenne, évoluant dans des familles plus ou moins aisées et qui, sans raisons particulières, dérapent et plongent dans une violence non provoquée. Cette violence gratuite se tourne vers un ou une adolescent(e) de leur groupe. Dans le roman FM de Casta, Kim est violemment battu par ses camarades et laissé pour mort au milieu de la forêt. Dans le livre de Lindroth, QLTP, la jeune Suzy Petterson est la victime

How to cite this book chapter:
Alfvén, V. 2015. Réticences françaises à la *phobie de l'idylle* ? – De la réception de deux romans pour adolescents suédois en France au début des années 2000. In: Cedergren, M. et Briens, S. (eds.) *Médiations interculturelles entre la France et la Suède. Trajectoires et circulations de 1945 à nos jours*. Pp. 248–261. Stockholm: Stockholm University Press. DOI: http://dx.doi.org/10.16993/bad.s. License: CC-BY

d'une mauvaise plaisanterie de la part de plusieurs garçons de sa classe, plaisanterie qui se finit en viol collectif.

À travers la réception de ces deux romans, cet article propose de mettre en lumière une réticence française à ce que la chercheuse suédoise Sonja Svensson appelle la *phobie de l'idylle (idyllfobi)*, nous y revenons plus loin. En quoi ces deux romans semblent-ils provocants ? Quelles conséquences textuelles mais aussi métatextuelles découlent de cette réception ? L'origine suédoise de ces textes n'est-elle pas en soi sujet à une réticence ? FM de Stefan Casta et QLTP de Malin Lindroth ont en effet une réception française problématique et si leurs qualités littéraires sont largement reconnues, le sujet traité, celui de la violence gratuite entre adolescents, dérange au point de mettre en marche tout un système de « censure ». Plus largement, cet exemple permet alors de s'interroger sur la position de la littérature suédoise pour adolescents au sein du champ culturel et littéraire français. En effet, la réception d'une œuvre dans un système donné positionne l'œuvre dans la hiérarchie de ce système dans un rapport centre-périphérie. Ce positionnement crée une dynamique au sein du système qui porte à différentes conséquences, notamment sur la liberté prise par les traducteurs[6].

Accueil de la critique

À la parution de ces deux romans, la critique s'élève en général contre la thématique choisie, celle de la violence gratuite, sujet sensible et dérangeant dans un contexte de littérature de jeunesse. Les bibliothécaires s'interrogent sur FM qui est décrit comme un « [r]oman hivernal, noir violent, trop pour certains, néanmoins profondément humain » (*Citrouille*, 2010). La violence décrite dans ces deux romans interpelle et rappelle que même si éditeurs et autres prescripteurs[7] affirment haut et fort que l'on peut aujourd'hui parler de tout en littérature de jeunesse[8], la violence, et plus particulièrement la violence gratuite, n'est pas un sujet qui va de soi dans les romans pour adolescents. Cette dernière s'y fait malgré tout de plus en plus présente depuis le dernier quart du vingtième siècle (Delbrassine, 2006 : 337 et Ferrier, 2009 : 347) mais peu de romans osent prendre leur distance par rapport à l'habitus qui régit en littérature de jeunesse. Les anglo-saxons, par tradition, sont plus enclins à utiliser la veine réaliste pour évoquer des sujets sensibles (Melvin Burgess est un des exemples les plus connus). Les auteurs français, issus d'une autre tradition, sont plus sensibles à l'horizon d'attente des prescripteurs et à leur habitus. En cherchant des équivalents français de style réaliste, destinés aux adolescents de treize ans et plus et publiés dans la période 2000–2009, seul le roman de Guillaume Guéraud, *Je mourrai pas gibier*, est comparable dans le fait qu'il aborde une violence gratuite provoquée par un adolescent[9]. Roman qui, comme FM et QLTP, obtient une reconnaissance littéraire[10] mais une réception mouvementée. Une critique de FM de Casta remarque également que la violence entre adolescents est « souvent passée sous silence »[11] et met en exergue la difficulté du traitement de la violence en littérature de jeunesse surtout si celle-ci est mêlée à un réalisme narratif extrême. Pour certains, il est même évident que le livre de Lindroth franchit la limite du livre adolescent et devrait être un livre publié côté adulte. Sur le blog des Librairies des Sorcières, on peut ainsi lire : « *Quand les trains passent* n'est pas à mon sens un livre pour adolescents », soulignant alors la difficulté à poser une frontière claire entre un livre pour adolescents, jeunes adultes et adultes[12].

Nous l'avons évoqué en introduction, FM et QLTP sont à contre-courant d'une loi non-écrite et implicite relevée par Soriano (1974) et que reprend le chercheur Bertrand Ferrier sur le mode de l'humour : « Les livres pour la jeunesse sont devenus une maladie mentale dont le diagnostic général est clair : pruderie de rigueur, surtout dans les prétendues audaces. » (Ferrier, 2009). Il est certain que ce jugement ne peut s'appliquer aux romans suédois traduits en français, l'accueil de la critique (entre-autres) le prouve. Il semble alors que les romans suédois traitent la violence gratuite par une écriture plus approfondie qui choque ou provoque les critiques. Mais avant même d'avoir ouvert le livre, il est possible de se demander si QLTP et FM ne souffrent pas d'une réputation qui précède la littérature de jeunesse suédoise.

Réputation sulfureuse

La Suède et sa littérature de jeunesse sont généralement connues pour leur ouverture d'esprit et leur liberté d'écriture (*La revue des livres pour enfants*, février 2011). Ainsi, il n'est pas étonnant que ce soit l'immense effigie de Fifi Brindacier (et non pas celles de Stieg Larsson, de Per Olof Enqvist ou même de Selma Lagerlöf) qui accueille les visiteurs sur le stand de la Suède, invitée d'honneur du salon du livre de Genève en 2010. Malgré tout, l'idylle du monde d'Astrid Lindgren ne prédomine pas en France comme cela est le cas chez sa voisine allemande où la popularité d'Astrid Lindgren a joué un si grand rôle que l'idylle suédoise de *Barn i Bullerbyn* ou de *Fifi Brindacier* est le modèle de représentation de la littérature de jeunesse suédoise (Kärrholm & Tenngart, 2012). Avant même d'avoir atteint leurs lecteurs français, FM et QLTP sont marqués par la réputation de la littérature de jeunesse suédoise. Dans les années 1970, les romans pour adolescents suédois influencent le champ littéraire de la jeunesse en proposant de nouveaux sujets dits sensibles comme le divorce avec *Ce jeudi d'octobre* d'Anna-Greta Winberg (1976) ou encore en évoquant une sexualité plus libre et la question de l'avortement avec le roman *Déchirer le silence* de Gunnel Beckman (1976). Les romans suédois participent largement à la mutation du champ de la littérature de jeunesse de cette époque qui voit émerger son public adolescent par la création de collections qui lui sont spécialement destinées et par l'apparition de sujets qui touchent leur public (Delbrassine, 2006 : 61–67). Cette littérature par la qualité subversive qui lui est attribuée est souvent précédée d'une peur française comme l'exprime Anna Svenbro dans un dossier spécial à propos de la littérature nordique : « Avant de parler de fascination, il faut d'abord mettre l'accent sur la peur qui l'a souvent précédée, du moins en France, où le caractère frondeur et subversif des héros, la cruauté et la crudité des thèmes abordés a longtemps détonné dans l'univers de la littérature française pour la jeunesse qui paraît bien policée en comparaison. » (Svenbro, 2011 : 87). Svenbro perçoit parfaitement la différence d'écriture sur des thématiques sensibles et l'impact que cette écriture peut avoir en positif ou négatif. Cette réputation sulfureuse est-elle justifiée et creuse-t-elle un écart déjà préexistant avec l'horizon d'attente français ?

Deux romans s'écartant d'un horizon d'attente

Si la littérature de jeunesse suédoise apparait si sombre depuis de longues années, la chercheuse Sonja Svensson, ancienne directrice du centre suédois international du livre pour enfants (*Barnboksintitutet*), remarque que ces sujets lourds sont historiquement largement abordés dans la littérature suédoise pour adolescents mais selon elle, il semble y avoir une explosion de ces thématiques dans les années 1990, où peu de romans réalistes postmodernes suédois ont une fin heureuse. Elle s'interroge alors sur la mise en valeur des côtés sombres des adultes et des adolescents. Pour caractériser ces romans pour adolescents des années 90 en Suède, elle emploie le terme d'*idyllfobi* (Svensson, 1995 : 18–26) que nous traduisons par *phobie de l'idylle*.

En quoi consiste cette phobie ? Selon Svensson, les écrivains suédois des années 90 se font une spécialité d'explorer ce qu'il y a de plus noir et de plus lourd dans les sujets et n'hésitent pas à aborder des sujets sensibles (la drogue, la sexualité, la violence, le mal, la mort, etc.) dans un milieu hyperréaliste. Les romans de Peter Pohl sont des titres phares de cette période, comme par exemple *Vi kallar honom Anna* (« On l'appelle Anna », 1987, non-traduit en français) qui raconte une terrible histoire de persécution envers un jeune adolescent nommé Anders par ses camarades de classe et de colonie de vacances. Utilisant la forme classique en littérature de jeunesse d'un « je » narrateur, ces romans ont cependant une grande ambition esthétique et n'hésitent pas à utiliser une structure ainsi qu'une temporalité complexe. La phobie de l'idylle des auteurs suédois se fait ressentir jusqu'en Italie, où une éditrice italienne de jeunesse constate :

> While looking for the answer to all my questions about why the main themes of contemporary Swedish stories changes so much in the last few years, I realised that maybe these authors simply decided to ban from their stories those sheer and joyous escapes that characterised many Lindgren's stories[13]. (Battista, 2008 : 34)

En observant l'histoire littéraire de jeunesse suédoise, cette phobie ne semble pas se limiter aux seules années 1990 puisque les sujets sombres dans un cadre réaliste ne se limitent pas à cette période, cependant dans ces années, la question de la responsabilité de l'auteur commence doucement à poindre dans certains débats, alors qu'il était inexistant lors de la décennie précédente (Svensson, 1999 : 117). Svensson ne remet pas en cause cette « noirceur » mais plutôt l'usage qui en est fait dans un but commercial: un livre « corsé » se vend mieux (Svensson, 1999 : 118). Une phobie de l'idylle serait alors une forme de fuite de l'idylle classique, une opposition à l'idylle amoureuse, mais aussi à l'idylle familiale ainsi qu'une perte d'attachement à la patrie (c'est-à-dire le pays d'origine avec ses vallées, ses forêts et la maison natale). C'est sur ce point que la phobie de l'idylle suédoise semble rejoindre Bakhtine, qui lui parle en terme plus radical de *destruction de l'idylle*, et qui souligne que sans idylle, le lecteur assiste à une « déshumanisation ». Bakhtine va plus loin en parlant de « négation de tous les principes moraux (...) à une désagrégation (...) de toutes les relations humaines d'autrefois : amour, famille, amitié, etc. L'homme positif du monde idyllique devient comique, pitoyable et superflu » (Bakhtine, 1975 : 376). Le but recherché par la phobie de l'idylle n'étant sans doute pas la destruction de l'idylle, mais sans doute par tradition littéraire, la volonté de l'éviter. Le résultat peut sembler similaire par l'impression d'un monde plus dur et sombre, mais le but recherché n'est pas la mise en risée de cette idylle. Le concept décrit par Svensson appliqué aux romans suédois permet alors de mieux comprendre et de confirmer la peur qui précède leur parution en France, expliquant également en partie l'accueil et les réticences faits à FM et QLTP.

L'autre point intéressant et attendu de la phobie de l'idylle est la fin non-heureuse qui est un moyen d'illustrer le décalage d'*habitus* et d'*horizon d'attente* entre les deux pays. La fin heureuse a une fonction en général bien précise en littérature de jeunesse. D'ordre moral, elle tente de faire oublier la méchanceté (qui prend la forme de violence gratuite ici) qui a été commise par des personnages de l'histoire. Elle a une fonction réparatrice et salvatrice en contenant et limitant la méchanceté de certains personnages. Elle offre un contrôle et comme le relève Ferrier elle offre également une immunité à l'auteur qui se met à l'abri de la loi de 1949 en ne « démoralisant » pas le lecteur (Ferrier, 2013 : 50–51). Par cette réalité juridique qui existe bel et bien en France où l'auteur peut se voir condamner pour « démoralisation », selon le terme de la loi, il est difficile à la phobie de l'idylle, qui suppose en partie un « non-happy end », de trouver sa place sur le marché de la jeunesse français[14]. Mais puisque la marge de manœuvre est limitée pour les auteurs français, c'est de l'étranger qu'un renouvellement peut arriver, avec la littérature suédoise mais aussi la littérature anglo-saxonne comme le relève Virginie Douglas: « dans le dernier quart du XXème siècle, l'exemplarité des parents, tout comme la nécessité d'un happy ending, jusqu'alors considérés comme des repères essentiels pour le jeune lecteur, a commencé à être questionnée. » (Douglas, 2013).

Publiés dans le premier quart du XXIème siècle en France, QLTP et FM n'appliquent pas une fin heureuse artificielle mais ils n'imposent pas non plus une fin malheureuse. La violence gratuite qu'ils décrivent tous les deux est un terrible récit, dans la lignée de la tradition de la phobie de l'idylle, mais la fin est une porte laissée ouverte à la réflexion du lecteur, le propulsant à un autre statut qui est celui d'un lecteur responsable, rendu capable d'analyser et de juger par lui-même ce qu'il lit. Dans le roman de Casta, Kim s'est fait battre à la limite de la mort mais il survit et ne condamne pas ses bourreaux ; il ne les livre même pas à la police. Quant à Suzy P., dans le roman de Lindroth, elle perd son procès, les coupables ne sont pas condamnés pour le viol commis et pire même, ils continuent tranquillement leur vie en se mariant et fondant une famille. Seule la narratrice qui nous livre ce récit, par cet acte de confession transmet au lecteur ses remords, mais jamais une morale affectée. Nos deux romans suédois ouvrent-ils alors la porte à une trop grande liberté du lecteur ? Par leur *postulation ouverte*, c'est-à-dire qui, selon l'un des critères de Poslaniec « s'adresse à un lecteur capable de coopérer à la construction du sens de ce qu'il lit, par une relation dialogique avec le texte » (Poslaniec, 1997 : 150), FM et QLTP portent donc le jeune lecteur vers un statut de lecteur actif qui a la possibilité de construire par lui-même le sens du texte. Cette postulation ouverte ne peut s'inscrire que dans un champ littéraire lui-même en état d'ouverture. Par cette innovation, ces deux romans suédois obtiennent une position plus forte dans le système, c'est-à-dire plus proche du centre que de la périphérie, tout en provoquant une résistance du système.

Résistances

Il ne nous est bien évidemment impossible de parler de censure aujourd'hui comme une censure dont on parle en temps de guerre ou dans une dictature. FM et QLTP sont des traductions et la traduction ne serait-elle pas par essence « censurante » pour reprendre le terme de Berman ? En effet, comme ce dernier le souligne : « [...] toute traduction comporte une part de transformation hypertextuelle, (...) dans la mesure où elle s'effectue à partir d'un horizon littéraire » (Berman, 1985 : 118). Par censure, nous entendons « toute pratique de traduction qui imprime à l'énoncé une restriction qu'elle soit sémantique ou qu'elle porte en tout premier lieu sur le signifiant, si petite soit-elle, ou qui fait dire au texte source ce qu'il entend ne pas dire. » (Gouanvic, 2007 : 132). Ce sont ces choix de traduction qu'il est intéressant d'observer et dans FM, il est parfois possible d'observer le choix du traducteur fait en fonction de son horizon littéraire et de son habitus ainsi que ceux de l'éditeur. Agneta Ségol, qui a traduit FM, est une traductrice rôdée en traduction pour la jeunesse alors que Jacques Robnard, qui a traduit QLTP, originaire du milieu du théâtre, n'est pas un spécialiste de la littérature de jeunesse. Dans le choix sémantique d'expressions violentes, la traductrice Agneta Ségol se fait parfois plus restrictive notamment en changeant de registre comme dans ces exemples : un des adolescents du groupe s'adresse à Kim qu'ils viennent de tabasser et de mettre à terre. Ils lui disent « Skärp dig nu för fan ! » (Casta, 1999 : 118) ce que Ségol traduit par « Allez, un petit effort ! » (Casta, 2007 : 152) et dont une traduction possible serait « Bouge-toi un peu, putain ! ». Dans la phrase

suivante : « Stick han då ! » (Casta, 1999 : 118) que Ségol traduit par
« Donne-lui un coup de couteau ! », nous pourrions également la traduire par un registre plus oral comme « file-lui un coup de couteau » ou
encore « plante-le ». Ce changement de registre traduit une légère atté-
nuation des passages violents qui se fait écho par la suppression quasi
systématique des jurons et se faisant un indice (parmi d'autres) de l'habitus face à un sujet sensible. Il faut bien sûr prendre en compte les problèmes de traduction courant du suédois en français où par exemple,
le suédois a tendance à préférer des phrases courtes et le français écrit
à vouloir être plus littéraire en préférant de plus longues phrases. Mais
cela peut se faire au détriment du texte d'origine et de la violence dans
notre cas. Prenons encore un exemple de légère réduction de la violence
tiré de FM : « Någons spark träffar mig rakt över bröstkorgen. Jag far
baklänges in i elden och känner hur jag slår ansiktet i en av stenarna.
Det svartnar för ögonen. Blod sipprar in i munnen.» (Casta, 1999 :
118) que la traductrice traduit par : « Je reçois le pied de Quelqu'un
dans la poitrine et tombe à la renverse dans le feu. Ma tête heurte une
pierre. Je crois tourner de l'œil. J'ai un goût de sang dans la bouche. »
(pp.151–152) Dans ce cas, le texte français est très lisible et littéraire
cependant, le verbe « heurter » est sans doute plus restrictif que « slår »
qui est le verbe que nous pourrions traduire par « frapper ». Le texte
suédois met en scène le narrateur qui semble se dédoubler, il « sent sa
tête frapper contre une des pierres », ce qui n'apparait pas dans le texte
français. Cette capacité du narrateur à se détacher de lui-même parce
que la douleur est trop forte contribue à la force de la violence. Enfin,
nous pouvons également remarquer une légère restriction dans « j'ai un
goût de sang dans la bouche » en choisissant de mettre le « je » comme
sujet au lieu du sang comme sujet de l'action : « Blodet sipprar in i munnen » que nous pourrions traduite mot à mot : « Le sang suinte dans
la bouche ».

Le texte n'est pas le seul à subir une restriction, les problèmes de
diffusion et de facilités à accéder à l'œuvre sont aussi d'autres aspects
de la censure. À la parution de *Quand les trains passent* en 2007, la
Commission de surveillance et de contrôle des publications destinées
à l'enfance et à l'adolescence, chargée notamment d'appliquer la loi
de 1949 sur les publications destinées à la jeunesse, envoie à l'éditeur
Thierry Magnier, dans un courrier daté du 27 novembre 2007, quelques
conseils concernant ce roman. Elle suggère l'apposition d'une mention
en 4ème de couverture portant sur l'âge minimal conseillé et propose
même quinze ans comme première limite d'âge de lecture. On évoque

même l'idée de réduire la typographie de gros caractères propres à la collection à de plus petits, afin de rendre le livre moins accessible aux jeunes lecteurs. Tout en reconnaissant les qualités littéraires du texte, la commission a clairement peur de « passages emprunts d'une certaine violence, de nature à générer un sentiment de malaise chez un lecteur non averti. » (Delbrassine, 2008 : 10)

Du coup, marqué du sceau de la subversion[15], la diffusion est plus difficile. Nous ne sommes pas en temps de guerre mais l'appareil étatique et éditorial continue à jouer son rôle.

Conclusion

L'étude de la réception de ces deux romans suédois en France permet donc de s'interroger sur la nouveauté apportée par ces romans venus de Suède. Par leur présence, ils mettent en évidence une absence du traitement de la thématique (sensible) de la violence gratuite par les auteurs de jeunesse français et s'éloignent d'un habitus qui les rend provocants. L'héritage de la phobie de l'idylle duquel ils sont issus et l'usage « à plein » de la postulation ouverte confèrent alors à ces deux œuvres une place que nous situons alors dans une périphérie du centre plutôt que dans la périphérie du système en lui-même. Cette position rendant ces œuvres importantes par leur aspect innovant plus que par leur tirage[16].

Les interrogations posées par les critiques montrent bien une résistance française à la phobie de l'idylle suédoise. Cette dernière ne peut qu'inévitablement évoluer dans le champ français puisqu'elle est relayée comme nous l'avons vu, par la littérature anglo-saxonne. À travers cette réception et les réticences françaises plus ou moins grande à la phobie de l'idylle, nous pouvons finalement nous interroger plus largement sur le rôle de la littérature suédoise pour adolescents dans le champ de la littérature de jeunesse – par sa liberté d'écriture et sa postulation ouverte, elle pourrait être vue comme un marqueur ou tout du moins comme une mesure d'un degré de résistance et donc d'ouverture ou de fermeture du champ littéraire de la jeunesse français mais aussi, de par sa position en périphérie du centre, le signe d'un changement de statut de la littérature de jeunesse au sein du polysystème littéraire général.

Notes

1. Le roman de Stefan Casta, *Faire le mort*, parait en France en 2004 aux éditions Thierry Magnier et le livre de Malin Lindroth, *Quand les trains*

passent, en 2005 aux éditions Actes sud junior. Pour des raisons de commodités, nous utilisons les abréviations suivantes FM pour *Faire le mort* et QLTP pour *Quand les trains passent*. Notons que QLTP est en Suède une pièce de théâtre et connait une diffusion sous cette forme alors qu'en France, en Suisse, Belgique et Canada, le texte parait sous la forme d'un roman court.

2. Par *violence gratuite*, nous entendons une violence non provoquée par un évènement particulier et qui se déclenche contre un autre sujet sans raison apparente, subitement et de manière imprévue.

3. FM obtient le prix August en Suède (équivalent suédois du Prix Goncourt en France) et le prix belge Farniente en 2006 et QLTP est nominé au prix suisse des lycéens de la TSR (Télévision suisse romande).

4. Selon Shavit (1981), le polysystème de la littérature de jeunesse est né d'un besoin du polysystème éducatif et social à qui il fallait un support à l'enseignement et l'éducation des enfants ce qui expliquerait la fonctionnalité didactique intrinsèque à la littérature de jeunesse. Au sein de ce système règne un *habitus*, c'est-à-dire une pratique sociale qui s'applique systématiquement et spontanément, en acceptation du monde social et de ses normes, de ses hiérarchies et de ses vertus, sur le texte de jeunesse mais aussi sur les pratiques métatextuelles. Ces *habitus* en littérature de jeunesse peuvent alors engendrer des comportements de censure ou autocensure tant au niveau textuel que métatextuel.

5. Un roman réaliste est une fiction qui se déroule dans un environnement connu/réel sans intervention du surnaturel ou de la science-fiction. Nous mettons également à l'écart les romans policiers et les documentaires.

6. À travers cet article, nous nous appuyons sur la théorie du polysystème élaborée dans les années 1970 par Itamar Even-Zohar puis appliquée à la littérature de jeunesse par Zohar Shavit (1981). Cette théorie décrit comment les différents systèmes sont stratifiés et mis en relation les uns avec les autres. Plus une œuvre est proche du centre du système plus elle est canonisée et son statut s'en trouve valorisé ; inversement si elle se rapproche de la périphérie du système. Ce positionnement d'une œuvre est également valable entres les systèmes, ainsi, le positionnement de la littérature de jeunesse au sein du système de la littérature générale définit son statut plus ou moins grand. Cette dynamique au sein des systèmes influence également celui de la traduction. Plus la littérature de jeunesse est proche du centre, moins l'habitus en littérature de jeunesse se fera sentir et plus particulièrement sur moins de libertés seront prises dans les traductions.

7. Les prescripteurs sont, en littérature de jeunesse, tous les intervenants qui prescrivent le livre avant qu'il ne parvienne à son lecteur. Il peut s'agir d'institutions comme l'éducation nationale et le corps enseignant, comme les bibliothécaires mais aussi les éditeurs, les libraires sans oublier les parents. Cf.

le schéma du système de transmission d'un livre de l'auteur vers son lecteur, décrit par Peter Hunt (1991 : 158)

8. Source : Table ronde au Salon du livre de Montreuil à Paris en novembre 2009 avec notamment les représentants des éditeurs Thierry Magnier et Hachette.

9. Il y a un *vacuum* dans le polysystème de la littérature de jeunesse français au début des années deux-mille. Peu ou pas d'auteurs français choisissent d'écrire pour des adolescents (de treize ans et plus) sur des adolescents violents en mêlant ce sujet à une écriture hyperréaliste. En auteur français, nous n'avons pu recenser que Guillaume Guéraud et son court roman réaliste *Je mourrai pas gibier* qui reçoit le prix des Sorcières en 2007, ainsi que le roman épistolaire de Sarah K. *Connexions dangereuses* (2002) et *Adieu la chair* (2007) de Julia Kino. En sortant des frontières du roman, en bande-dessinée, la série *Seuls*, parue aux éditions belges Dupuis dont le premier des huit tomes parait en 2005 et le dernier en 2013, retrace l'histoire de cinq enfants qui se retrouvent seuls dans une grande ville et qui doivent se débrouiller sans l'aide des adultes qui ont disparu mystérieusement.

10. Le roman de Guillaume Guéraud a été distingué dans la catégorie « Romans adolescents du prix des sorcières 2007 ». Le livre a donné suite à des mises en scène (Boulogne sur mer, 2009) puis à une version en bande-dessinée en 2009 publiée chez Delcourt et qui reçoit en 2011 le « prix littéraire des lycéens et apprentis de la région Provence Alpes Côte d'Azur ».

11. Blog de la *bibliothèque de Saint-Quentin-en-Yvelines: « un livre ado « coup de poing » (sans mauvais jeu de mots...) sur les violences collectives chez les jeunes,* souvent passées sous silence... » *(nous soulignons).*

12. Notons ici la difficulté à définir le public ciblé par le texte (s'il y en a un à l'origine ?). Le texte suédois est à l'origine une pièce de théâtre jouée pour un public adulte et adolescent. En France, la pièce est d'abord traduite pour une mise en scène en 2007 par la finlandaise Tiina Kaartama, qui vise un public adulte. La pièce est ensuite publiée par Actes Sud junior sous forme de court roman avec suppression des didascalies et qui cette fois vise un public adolescent. Autre trace de la difficulté à classer ce texte, les catalogues des bibliothèques municipales de Genève et Berne en Suisse le classent tantôt en section adulte, tantôt en section adolescent.

13. *Notre traduction* : « En cherchant une réponse à toutes mes questions sur la raison pour laquelle les principaux thèmes des histoires suédoises contemporaines ont tellement changé au cours des dernières années, j'ai réalisé que peut-être ces auteurs ont simplement décidé de bannir de leurs histoires ces évasions abruptes et joyeuses qui caractérisent de nombreuses histoires de Lindgren. »

14. Notons ici que la norme juridique de la reconstruction d'après-guerre est celle qui est encore en vigueur aujourd'hui.

15. Le terme de « subversion » peut paraître fort, mais il reprend ici le titre utilisé pour l'émission radiophonique « La grande table », France Culture, du 2012/05/11 : « *La subversion dans la littérature pour la jeunesse* » et qui sous-entend que des tabous existent en littérature de jeunesse. http://www.franceculture.fr/emission-la-grande-table-1ere-partie-la-subversion-dans-la-litterature-pour-la-jeunesse-2012-05-11. (dernière lecture 2015/02/18)

16. Depuis sa parution FM s'est vendu à environ 6586 exemplaires (les deux éditions confondues), nous n'avons pas pu obtenir les chiffres exacts des ventes de QLTP en France, mais après un entretien avec l'éditeur, nous avons su qu'un tirage moyen est de l'ordre de 3 000–3500 exemplaires. QLTP n'a pas encore été réédité.

Bibliographie

Œuvres étudiées

Casta, S. (1999), *Spelar död*. Opal bokförlag.

— (2004), *Faire le mort*. Éditions Thierry Magnier.

Lindroth, M. (2005), *När tågen går förbi*. Dramaten förlag.

— (2007), *Quand les trains passent*. Actes sud junior.

Ouvrages cités

Bakthine, M. (1978), *Esthétique et théorie du roman*. Paris : Gallimard.

Delbrassine, D. (2006), *Le roman pour adolescents aujourd'hui : écriture, thématiques et réception*. Créteil : SCÉRÉN-CRDP & La joie par les livres.

Ferrier, B. (2009), *Tout n'est pas littérature ! La littérarité à l'épreuve des romans pour la jeunesse*. Collection Interférences : Presses Universitaires de Rennes.

Gouanvic, J.-M. (2007), *Pratique sociale de la traduction : le roman réaliste américain dans le champ littéraire français (1920–1960)*. Arras : Artois Presses Université.

Hunt, P. (1991), *Criticism, Theory, and Children's Literature*. Basil Blackwell.

Kärrholm, S. & Tenngart, P. (2012), *Barnlitteraturens värden och värderingar*. Lund : Studentlitteratur.

Poslaniec, C. (1999), *L'évolution de la littérature de jeunesse, de 1850 à nos jours au travers de l'instance narrative*. Villeneuve-d'Ascq : Presses universitaires du septentrion.

Soriano, M. (1974), *Guide de la littérature pour la jeunesse. Courants, problèmes, choix d'auteur*. Paris : Flammarion.

Articles

(novembre 2004), « Romans ados, Sélection Librairies des sorcières ». *Citrouille* 39 : 30–31.

Battista, A. (2008), « The lost joys of a carefree life or are contemporary Swedish authors « banning » happiness ? », *Barnboken* 2 : 30–36.

Delbrassine, D. (2008), « Censure et autocensure dans les romans pour la jeunesse ». *Paroles* 2 : 8–12.

Douglas, V. (décembre 2013), « Quand les parents deviennent des méchant dans la fantasy britannique pour la jeunesse : le cas de *Coraline* de Neil Gaiman et de *Luka et le feu de la vie* de Salman Rushdie ». *Les cahiers du CRILJ* 5.

Even-Zohar, I. (1990), « The Position of Translated Literature within the Literary Polysystem ». *Poetics Today* (vol.11) 1 : 45–51.

Faure, M. (30/11/2007), « Un âge vraiment pas tendre, mal-être, suicide, maladie, viol... Pourquoi les livres destinés aux adolescents sont-ils si noirs ? », *Le Monde*.

Ferrier, B. (décembre 2013), « Les méchants, des personnages comme il en faut ». *Cahiers du CRILJ* 5 : 50–51.

Gégène (mars 2010), « Ce roman a pris trois ans de ma vie ». *Citrouille* 55 : 45–47.

Shavit, Z. (1981), « Translation of Children's Literature as a Function of Its Position in the Literary Polysystem ». *Poetics Today* 2: 4, "Translation Theory and Intercultural Relations": 171–179. [En ligne] http://www.jstor.org/stable/1772495 (Dernière lecture 2015/02/18)

Svenbro, A. (2011), « Quelques repères historiques et culturels ». *La revue des livres pour enfants* 257 (février). Dossier spécial « Les pays nordiques », BNF/La joie par les livres : 83–88.

Svensson, S. (1995), « Tankar kring några tendenser i 90-talets ungdomsbok ». *Abrakadabra* (oktober) : 18–26.

— (1999), « Dödspolare, skuggmän och förlorade fäder. Idyllfobin i 1990-talets ungdomsbok », in Flatekval, E & al. *Förankring och förnyelse. Nordiska ungdomsromaner inemot år 2000.* Cappelen Akademisk Forlag/LNU : 107–121.

Références internet

Blog, *Bibliothèque de Saint Quentin en Yvelines* : *http://www.biblioblog.sqy.fr/bouquins-blog/faire-le-mort-de-stefan-casta/* (Dernière lecture 03/03/2015)

Les mots d'emprunt et les transferts culturels : l'influence du français sur le suédois

Đurđica Hruškar et Karl Gadelii
Université Paris-Sorbonne

La langue suédoise a été influencée par diverses langues à des époques différentes. La langue française, toute comme la culture française, figurent parmi celles ayant exercé une influence considérable, en laissant de nombreuses traces dans le lexique de la langue suédoise contemporaine.

Les questions principales auxquelles nous nous attacherons à répondre concernent la manière dont la langue française, et éventuellement la culture française, sont présentes dans la langue suédoise de nos jours, de quelles manières elle se manifestent et quelles sont les voies de leur introduction, ainsi que leurs domaines d'influence. Nous allons, tout d'abord, résumer l'histoire de l'influence lexicale et culturelle exercée par le français sur le suédois, en citant des exemples tirés de divers domaines[1]. Ensuite, nous allons esquisser la terminologie et la typologie principale de l'emprunt lexical. Finalement, nous chercherons à cerner l'amplitude de l'influence exercée par le français sur le suédois de nos jours, et cela en procédant à trois tâches : premièrement, en analysant les listes de nouveaux mots de la langue suédoise, deuxièmement, en testant la prononciation de quelques anciens emprunts au français auprès des suédophones natifs et, troisièmement, en étudiant des mots d'origine française dans des secteurs sensibles à l'image de marque française.

Les contacts franco-suédois et les emprunts lexicaux français en suédois : un aperçu historique

Les premiers contacts franco-scandinaves commencent avec la présence des Vikings en France, notamment au long du IXe siècle, dont les traces

How to cite this book chapter:
Hruškar, Đ. et Gadelii, K. 2015. Les mots d'emprunt et les transferts culturels : l'influence du français sur le suédois. In: Cedergren, M. et Briens, S. (eds.) *Médiations interculturelles entre la France et la Suède. Trajectoires et circulations de 1945 à nos jours*. Pp. 262–280. Stockholm: Stockholm University Press. DOI: http://dx.doi.org/10.16993/bad.t. License: CC-BY

sont présentes surtout dans le vocabulaire maritime français et dans la toponymie normande. Durant l'époque médiévale, des contacts sont établis avec l'arrivée des moines de l'Abbaye de Clairvaux en Suède au XIIᵉ siècle et des architectes français (Hallén, 2001 : 19). Au XIIIᵉ et XIVᵉ siècles, les étudiants suédois poursuivent leurs études en France. C'est surtout à partir du XIVᵉ siècle que l'influence de la langue française sur le lexique suédois commence à devenir plus importante, p. ex. dans le vocabulaire de la chevalerie (*baner* « bannière », *kär* « amoureux » ; Hallén, 2001 : 19[2]). Au cours du XVIᵉ siècle, les mots français proviennent souvent du domaine militaire (*patron*, *furir*[3]), empruntés parfois directement ou bien via l'allemand. Au cours du XVIIᵉ siècle, les liens franco-suédois sont renforcés pendant la période de règne de Gustave II Adolphe, grâce au contexte politique et militaire favorable, tout comme durant la période de la reine Christine, où le français est utilisé à la cour de Suède (Engwall, 1994 : 53).

C'est notamment à partir de la deuxième moitié du XVIIᵉ siècle que les mots français sont empruntés de manière plus importante, grâce aux liens politiques et culturels directs entre la France et la Suède, renforcés par la domination culturelle de la France pendant le règne de Louis XIV. Les artistes et les scientifiques français séjournent en Suède, ainsi que de nombreux huguenots, ce qui contribue au renforcement des liens entre les deux pays (Bergman, 1972 : 129). De nombreux mots français de cette période entrent par le biais de l'allemand ou du néerlandais, d'où la difficulté de déterminer avec certitude l'origine de l'influence (Bergman, 1972 : 130). Parmi les emprunts du XVIIᵉ siècle, citons ceux du domaine architectural (*balkong* « balcon », *allé* « allée »), du domaine des affaires (*assurans* « assurance », *kredit* « crédit »), des accessoires et articles de toilette (*puder* « poudre », *peruk* « perruque »), de l'alimentation et de la cuisine (*sås* « sauce », *kastrull* « casserole »), de la politique et diplomatie (*ambassad* « ambassade », *departement* « département ») ou bien encore du domaine artistique (*porträtt* « portrait », *staty* « statue »)[4].

Les contacts culturels sont renforcés aussi dans le domaine du théâtre à partir du règne de Charles XII, avec l'arrivée d'une troupe de théâtre française à la fin du XVIIᵉ siècle, ainsi que durant le XVIIIᵉ siècle, où de nombreuses pièces françaises sont jouées par des troupes diverses (Engwall, 1994 : 54). Le journal bihebdomadaire en français *Stockholm Gazette* couvre également des événements en France (*ibid.*).

Malgré cette influence remarquable, ce n'est que pendant le règne de Gustave III de la deuxième moitié du XVIIIᵉ siècle que l'influence de la culture française culmine, en favorisant l'emprunt lexical dans le domaine des arts, du théâtre et de la littérature. Un grand nombre de mots entre grâce à la lecture des textes littéraires français mais aussi par le biais des contacts personnels (Bergman, 1972 : 150). La culture française continue à influencer le domaine artistique et la langue sert d'inspiration pour des écrivains suédois dont certains n'hésitent pas à mélanger le suédois et le français, souvent pour parodier l'emploi du français de l'époque. Évoquons ici le poète C. M. Bellman, connu pour ses mélanges linguistiques savoureux (Engwall, 1994 : 56 ; Andersson, 1999 : 15), ou bien A. Strindberg au siècle suivant avec ses emplois du vocabulaire et des expressions françaises riches et variés (Engwall, 1994 : 59–61), tout comme des néologismes créés suivant des règles de formation des mots sur le modèle du vocabulaire emprunté (Ståhle, 1962 : 51–52). L'influence de la langue française ne s'est pourtant pas limitée aux milieux aristocratiques et le vocabulaire est introduit aussi parmi la population rurale via la noblesse provinciale (Hallén, 2001 : 20)[5].

À titre d'exemple d'emprunts de cette époque citons ceux du domaine d'habitation et du décor (*fåtölj* « fauteuil », *garderob* « garderobe »), du domaine vestimentaire (*kalsonger* « caleçon », *uniform* « uniforme »), de l'alimentation (*glass* « glace », *maräng* « meringue »), du théâtre (*ridå* « rideau », *pjäs* « pièce (de théâtre) »), des arts (*karikatyr* « caricature », *silhuett / siluett*[6] « silhouette »), de la presse (*affisch* « affiche », *annons* « annonce »), de l'entreprise (*direktör* « directeur », *fabrik* « usine, fabrique »), du vocabulaire de société (adjectifs *populär* « populaire », au sens « connu de tous », *charmant* « charmant »), ou même des prénoms (*Sophie, Marie, Emil*)[7].

Malgré le fait que l'influence lexicale française commence à diminuer à partir de la seconde moitié du XIXe siècle, le français reste toujours une langue donneuse de vocabulaire étranger, tout comme l'allemand et surtout l'anglais qui commence son influence déjà à partir du XIXe siècle (Edlund & Hene, 1996 : 57). Parmi les emprunts du XIXe siècle citons ceux du domaine vestimentaire et des accessoires (*blus* « blouse », *brosch* « broche »), du domaine culinaire (*puré* « purée », *omelett* « omelette », *charkuteri* « charcuterie ») ou encore politique (*socialism* « socialisme », *byråkrati* « bureaucratie », *diplomat* « diplomate »)[8].

À l'époque actuelle, l'influence de la culture française par le biais de l'emprunt lexical semble se poursuivre mais dans une moindre mesure. L'influence est notamment visible dans les domaines tels que la restauration et la mode, où les noms français sont souvent employés (Hallén, 2001 : 21 et plus bas).

La terminologie et classement d'emprunts lexicaux

Dans cette deuxième partie, nous allons présenter la terminologie et les classements principaux d'emprunts lexicaux[9].

Terminologie

À côté du terme « emprunt lexical », « mot d'emprunt » ou « emprunt » (*lånord*), il importe de rappeler celui de « mot étranger » (*främmande ord*), souvent employé au sens général pour un « mot d'emprunt », mais aussi en opposition à celui-ci, comme un stade dans le processus d'intégration et d'établissement au sein de la langue d'accueil. Les deux termes sont ainsi en opposition avec les mots « hérités ». Or, dans le cadre des recherches sur l'emprunt lexical en Suède, on rencontre le terme *hemtama ord*, mots « familiers », qui peuvent être d'origine différente : empruntés, néologiques ou bien hérités (Dahlstedt, 1962 : 31).

En effet, ces concepts sont opposés sur deux axes différents. Le « mot étranger » et le « mot familier » sont opposés sur l'axe synchronique, en prenant en compte de nombreux critères formels (prononciation, accentuation, flexion, orthographe) ou moins formels (stylistiques, sémantiques, etc.). Le « mot d'emprunt » et le « mot hérité », eux, sont opposés sur l'axe diachronique, basé sur le critère d'origine du mot (Dahlstedt, 1962 : 15). Pour cet exposé qui s'inscrit dans le cadre d'étude des influences culturelles, nous allons utiliser seulement le terme « emprunt », étant donné son caractère de fait historique. Par conséquent, nous n'allons pas étudier les différents degrés d'intégration des mots d'origine française en suédois.

Une deuxième précision concerne la nature des mots d'emprunt : il ne s'agit pas seulement des noms communs à la base, ce qu'un « mot » d'emprunt pourrait nous amener à croire. En effet, il peut s'agir des noms propres (*Sophie* ou *Marie* en Suède) ou bien de noms communs dérivés de noms propres (*majonnäs* « mayonnaise », éponyme à la base[10]). Ils peuvent aussi apparaître sous forme de sigles (*laser*[11]) ou bien être formés par troncation (*fan* « fan », de *fanatic* « fanatique »[12]). Par ailleurs, ils ne se limitent pas aux noms, même si cette classe grammaticale reste la plus empruntable et la plus empruntée, suivie des verbes puis des adjectifs[13]. Toutefois, la grande majorité des exemples que nous citerons ici provient de la classe des noms.

Classement d'emprunts

Parmi divers classements d'emprunts lexicaux, Myers-Scotton (2006 : 212–219) distingue deux catégories principales, à savoir « l'emprunt culturel » et l'emprunt de « noyau dur »[14]. Un emprunt culturel remplit un vide dans le répertoire lexical de la langue receveuse en introduisant des nouveaux objets et concepts dans la culture de la langue emprunteuse. Un emprunt de noyau dur, en revanche, représente une « duplication » d'éléments déjà présents dans le répertoire (*ibid.*). L'emprunt culturel est désigné ailleurs comme « emprunt nécessaire » (*behovslån*), en tant que motivé par un besoin de désigner de nouveaux objets matériels, par rapport aux emprunts dits superflus, qui possèdent déjà un équivalent dans la langue d'accueil et qui font figure d'« emprunts de statut » (*statuslån*) en apportant « un statut plus élevé à la réalité » (Stålhammar, 2010 : 22–23).

Le classement d'emprunts est généralement fondé sur l'un des trois critères suivants : l'opposition entre la forme et le sens, le degré d'assimilation à la langue d'accueil, ou bien la voie d'introduction du mot (Tournier, 1998 : 9–12).

Emprunt de la forme et emprunt du sens

Selon ce critère plusieurs procédés sont possibles, dont le plus courant est celui d'emprunt à la fois de la forme et du sens (l'emprunt « intégral »). C'est également à ce type que l'on fait généralement référence dans le contexte de l'emprunt lexical.

Le deuxième type, celui d'emprunt sémantique (*betydelselån*), implique l'emprunt du sens, ou de l'un des sens, d'un mot d'une autre langue qui se rajoute à une forme lexicale préexistante (p. ex. *karaktär*[15] « caractère », qui subit un élargissement de sens sous le modèle anglais en ajoutant au sens principal « ensemble de traits propres à une personne[16] » celui de *rollfigur* « personnage » ; Josephson, 2004 : 12). Dans la même catégorie se trouve le calque (*översättningslån*), qui représente une variante d'emprunt de sens étant donné que seul le sens est transféré tandis que la forme du mot modèle est traduite plus ou moins littéralement vers la langue emprunteuse (p. ex. *tredje världen*, calqué sur l'expression « tiers monde » ; Edlund & Hene, 1996 : 34)[17].

Le troisième type, l'emprunt morphologique, implique l'emprunt seulement de la forme, à laquelle on attribue un autre sens de celui que le mot possède dans la langue de sa provenance (p. ex. *slip*, emprunté à l'anglais par le français et utilisé au sens de « sous-vêtement masculin » ; Tournier, 1998 : 9). Un type particulier d'emprunt morphologique sont les « faux emprunts » (*pseudolån*, *skenlån*), créés avec des éléments formels issus d'une autre langue qui ne renvoient pas à un modèle direct dans la langue de laquelle proviennent les éléments (p. ex. le verbe *duellera* « se battre en duel », construit en suédois sur l'emprunt *duell*, du fr. *duel*). De même, une catégorie à part est celle des emprunts « hybrides » (*blandlån*), avec emprunt partiel de la forme : le mot d'origine est partiellement substitué par des morphèmes de la langue d'accueil et partiellement importé (p. ex. *post-it-krig*[18], emprunté au français *guerre des Post-it*, avec la substitution de *guerre* par *krig*). Outre l'importation et substitution des mots, l'hybride peut figurer comme une combinaison d'un radical suédois et d'un suffixe français (*läckage*[19] « fuite » ; Dahlstedt, 1962 : 22, ou bien *slitage*[20] « abrasion » ; Ståhle, 1962 : 56).

Degré d'assimilation

Un deuxième classement est fondé sur le degré d'assimilation à la langue d'accueil. Ainsi un emprunt bien assimilé ne sera plus reconnaissable comme tel par un locuteur moyen (p. ex. les anciens emprunts au français tels que *kalsonger* « caleçon » ; Dahlstedt, 1962 : 19), ou bien reconnaissable comme emprunté mais considéré comme intégré (p. ex. *frisör* « coiffeur ») ou, finalement, identifié comme étranger et non intégré[21].

Voie d'introduction : emprunt direct et indirect

Un emprunt lexical direct provient directement d'une langue, sans passer par une ou plusieurs langues intermédiaires (« emprunt indirect »)[22]. Ainsi de nombreux emprunts lexicaux en suédois proviennent d'une langue qui avait introduit le mot par des voies complexes. L'exemple classique est celui de *pyjamas* « pyjama[23] ». La voie d'introduction peut être parfois difficilement retraçable. C'est ici que l'orthographe peut se montrer utile et révéler la voie d'introduction, comme p. ex. l'emprunt *nisch* « niche », d'origine française, emprunté par le suédois via l'allemand *Nische*[24] (Edlund & Hene, 1996 : 109–110). Parmi les emprunts au français en suédois que nous citerons, on trouvera des mots d'origine grecque, transmis via le français, ou bien d'origine italienne.

Dans la catégorie de voie d'introduction, il importe de distinguer le « réemprunt » ou « emprunt aller-retour » (*återlån*), une sorte de combinaison des procédés d'emprunt direct et indirect. Il s'agit alors de réintroduire un mot dans la langue de départ en l'empruntant à celle à laquelle elle avait « prêté » le mot antérieurement. Le français a ainsi été la langue donneuse de vocabulaire à l'anglais qu'il a, par la suite, « réemprunté » à l'anglais. Le suédois, lui, a également emprunté ces mots à l'anglais (p. ex. *biffstek*, emprunté à l'anglais[25], emprunté aussi par le français « bifteck »), dont le premier composant renvoie à l'ancien français *boef*. En français cet emprunt représente un « réemprunt partiel » (Tournier, 1998 : 477). De même, on trouve des réemprunts intégraux à l'anglais en français, p. ex. *bacon*[26], emprunté par le français et par le suédois à l'anglais.

L'époque actuelle

Afin de cerner l'ampleur de l'influence du français sur le suédois aujourd'hui, nous avons, en premier lieu, analysé des listes de nouveaux mots en suédois (*Nyordslistor*[27]), afin de savoir sous quelle forme et par quelle voie le vocabulaire français ou d'origine française entre dans le suédois d'aujourd'hui.

En deuxième lieu, nous avons recensé des observations sur le vocabulaire d'origine française à propos des modifications qu'il subit à l'époque actuelle, suite aux influences exercées par d'autres langues, notamment de l'anglais. Nous avons ainsi testé la prononciation de quelques anciens emprunts au français afin de vérifier s'ils subissent des modifications en vue d'une meilleure adaptation à la langue suédoise (p. ex. en ce qui concerne la place de l'accent) ou bien si la prononciation a été modifiée selon le modèle de la prononciation anglaise[28].

Finalement, nous avons analysé des mots d'origine française dans des secteurs sensibles à l'image de marque française, tels que la restauration et la mode, en analysant des noms qui trouvent leur inspiration dans la langue française.

La nature des emprunts lexicaux français ou d'origine française en suédois à l'époque actuelle

En consultant les listes de nouveaux mots entre 2000 et 2013, nous avons observé diverses manières dont le français se manifeste en suédois.

Tout d'abord, nous avons relevé des emprunts à l'anglais qui sont d'origine française à la base (*embrejsa* « embrasser (prendre dans ses bras) », au sens figuré « adopter »[29], ou *triage* « triage (médical) »[30]). Ces emprunts relèvent de l'influence française de manière indirecte, en tant qu'empruntés à l'anglais.

Ensuite, nous avons constaté que certains anciens emprunts français sont productifs[31] en suédois, probablement sur le modèle anglais (*fiskpedikyr*[32] « fish pédicure », *polyamorös*[33] « qui a plusieurs relations amoureuses en même temps », *portföljmetoden / portfoliometoden*[34] méthode de « portefeuille / portfolio de compétences », *chefsnappning* « séquestration de patron[35] »). Comme dans la catégorie précédente, les exemples relèvent de l'influence indirecte de la langue française. Les anciens emprunts au français font partie intégrante du lexique suédois et par conséquent procèdent à la formation des mots tout comme le lexique hérité. Leur productivité est en effet motivée par le modèle anglais.

D'autres anciens emprunts au français deviennent productifs mais sans modèle étranger direct (*kalsongbadare*[36], *ljudaffisch*[37]). Parmi ces exemples nous en avons relevé un, celui de calque sur le modèle français (*betårta*, *betårtning* « entarter, entartage[38] ») qui nous permet de constater l'influence indirecte du français, étant donné que les mots sont calqués sur le modèle français et non importés directement[39].

Un groupe suivant contient les emprunts considérés comme provenant directement du français. L'exemple *zlatanera* « zlataner[40] », dérivé du prénom du footballeur suédois Zlatan Ibrahimović, a été créé par les scénaristes humoristes de l'émission *Les Guignols de l'info*. Citons l'exemple tiré du journal *Aftonbladet* (13/01/2013) :

> (1) Med stövlar zlatanerade han isen framför båten och ytterligare jägare kunde ansluta till ön utanför Stockholm.
> « *Il a zlatané la glace avec ses bottes devant le bateau et d'autres chasseurs ont pu rejoindre l'île dans l'archipel de Stockholm.* »

D'autres exemples considérés comme emprunts directs au français sont *entourage*[41] et le susmentionné *post-it-krig*[42] (< fr. « guerre des Post-it ») qui peut être aussi interprété comme emprunt hybride anglais-suédois formé sur le modèle français.

Finalement, on a relevé deux types d'influences lexicales caractérisées par un élargissement sémantique. Le premier, où d'anciens emprunts au français subissent un élargissement sémantique comme résultat de l'influence de l'anglais (*karaktär* « caractère », au sens de « personnage », cité plus haut) et le second, où les modifications sémantiques, sous l'influence de l'anglais, touchent d'anciens emprunts à l'anglais d'origine française. Citons le verbe *sporta* « faire du sport[43] » qui acquiert le sens de « exposer, montrer, afficher », souvent sa tenue vestimentaire, de manière voyante, selon le sens anglais du verbe *to sport*[44]. L'exemple suivant est tiré du journal *Expressen* (30/06/2011) :

> (2) Lady Gaga sportar panda-look.
> « *Lady Gaga affiche un look panda* ».

La prononciation d'anciens emprunts au français

Dans le cadre de cette partie de l'étude, nous avons testé la prononciation d'anciens emprunts au français afin de savoir si et dans quelle mesure elle est modifiée sous l'influence de la prononciation anglaise. Nous nous sommes inspirés des observations au sujet de l'anglification rétroactive (*retroaktiv anglifiering*) sur le blog linguistique *Lingvistbloggen* de l'Université de Stockholm en 2008 et 2009, selon lesquelles des anciens emprunts français seraient interprétés comme anglais, ce qui influencerait leur prononciation. Les mots testés étaient *déjà vu*, *pose* et *rouge*. Pour *déjà vu*, la prononciation sera soit « suédoise » (<deschavu:>, <deschavu>) ou tendra vers la prononciation anglaise (<deschavou:>). Pour *pose*, la prononciation sera soit suédoise (<po:s>) soit « anglifiée » (<poous>), pour *rouge* soit suédoise (<ro:sch>, <rou:sch>, <rosch>) ou bien « anglifiée », notamment le « r » (<rou:sch>)[45]. En deuxième lieu, nous avons testé la place de l'accent dans des anciens emprunts au français afin de vérifier s'ils subissent des modifications en vue d'une meilleure adaptation à la langue suédoise quant à la place de l'accent. Selon le système germanique d'accentuation, l'accent principal est situé au début du mot, contrairement aux langues romanes, où il est situé vers la fin du mot (cf. Ståhle, 1962 : 50–51). Nous avons testé les adjectifs *offensiv* « offensif, offensive », *defensiv* « défensif, défensive » et *aggressiv* « agressif, agressive ». La place d'accent sera soit sur l'ultième syllabe (-i'v) soit sur l'antépénultième syllabe (of'-, def'-, ag'-). Ce déplacement de l'accent dans les adjectifs en *-iv* commence au XXᵉ siècle (Dahlstedt, 1962 : 21). Finalement, nous avons testé la prononciation de noms qui comportent des mots qui pourraient être interprétés comme d'origine française ou anglaise afin de voir quelle prononciation prévaut[46].

Nous pouvons supposer la possibilité de trois étapes dans le traitement des emprunts quant à la prononciation. Dans un premier temps, le mot préserve la prononciation rapprochée de celle de la langue d'origine (la place de l'accent *aggressi'v*)[47]. Dans un deuxième temps la prononciation est « suédifiée » (*ag'gressiv*, <po:s>) et finalement, « anglifiée » (<poous>)[48].

Les résultats de notre test confirment la coexistence de deux prononciations, une suédoise et l'autre « anglifiée » (*déjà vu*, *rouge*), tout comme la prononciation exclusive « anglifiée » (*pose*) (Figure 1). En ce qui concerne la place de l'accent, l'accentuation germanique sur la première syllabe semble être bien établie (Figure 2). Finalement, les noms de type hybride (*Café Continental*, *Ski Total*) montrent une faible pro-

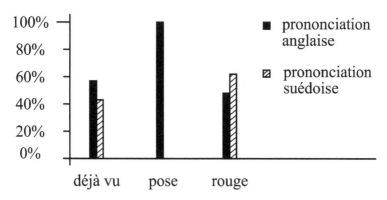

Figure 1: Prononciation de *déjà vu, pose, rouge*.

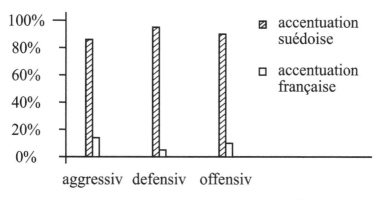

Figure 2: Accentuation d'*aggressiv, defensiv, offensiv*.

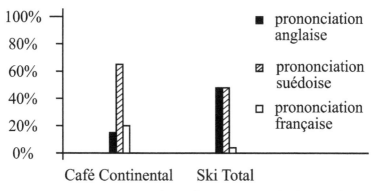

Figure 3: Prononciation de *Café Continental, Ski Total*.

portion de la prononciation française par rapport au suédois et à l'anglais (Figure 3). Dans l'exemple de *Café Continental* la prédominance de la prononciation suédoise pourrait s'expliquer par la présence du mot *café* intégré de longue date en suédois qui déclenche la prononciation suédoise du deuxième composant. Dans l'exemple *Ski Total* la quasi absence de la prononciation française du composant *total* pourrait suggérer que les locuteurs suédophones n'associent pas le mot *total* au français mais plutôt à l'anglais ou au suédois, tout comme le mot *ski*.

Le prestige du français dans la Suède contemporaine

Si le français a cédé le terrain à l'anglais en tant que fournisseur principal du suédois en mots d'emprunt, il garde de l'importance dans certains domaines de la société, comme nous l'avons déjà constaté en fin de section 1. Dans ce contexte, nous avons cité Hallén (2001 : 21), qui précise que l'influence du français est notable, entre autres, dans les domaines de la restauration et de la mode en Suède.

L'image de marque de la France

Nous sommes d'avis que cette présence du français dans certains domaines de la société est étroitement liée à « l'image de marque » de la France, phénomène important de nos jours.

Dans la quête d'une image de marque, à laquelle se livrent la plupart des pays dans le monde occidental, la France semble vouloir se profiler comme porteuse de valeurs culturelles et esthétiques, tandis que les pays anglophones semblent plutôt mettre en avant une image technologique, scientifique, sportive ou économique. À titre d'exemple, considérons le numéro d'hiver 2013 du périodique *Vivre à Paris*, intitulé *L'excellence parisienne*. Selon la publication, cette excellence s'est incarnée par « la mode, le design, les arts, la joaillerie, la gastronomie et l'artisanat de prestige ». À cet égard, on peut également regarder la liste des œuvres du Patrimoine Immatériel identifiées par l'Unesco : sur la liste des éléments de la France, on observe des phénomènes comme « Le repas gastronomique des Français », « Le savoir-faire de la dentelle au point d'Alençon », « La tapisserie d'Aubusson » et « La tradition du tracé dans la charpente française », patrimoine qui semble bien se marier avec l'image de marque de la France.

Partant de ces faits, nous avons dépouillé *Gula Sidorna Stockholm* (Les Pages Jaunes, section de Stockholm), supposant que la présence du français serait importante dans les sphères culturelles et esthétiques, mais faible dans tout ce qui touche à la technologie et les domaines avoisinants.

Résultats et conclusions

Conformément à l'hypothèse, nous avons trouvé peu de noms français dans les domaines technologiques, etc. Cependant, nous avons repéré 9 boutiques d'accessoires avec des noms français, 10 antiquaires, 13 boutiques de vêtements, 87 café-restaurants, et 12 périodiques de style de vie. Nous n'avons donc pas survolé tous les domaines susceptibles de présenter une image française, mais les résultats sont à notre avis tout de même assez révélateurs, et notamment, la présence de la gastronomie française sur la liste du Patrimoine immatériel de l'Unesco semble bien fondée !

Lors du dépouillement des noms français dans la société suédoise, nous avons fait les réflexions suivantes :

- Dans les secteurs concernés, on retrouve néanmoins une majorité de noms suédois, souvent avec du « prestige implicite », c'est-à-dire ayant des connotations très suédoises, loin de l'image chic offerte par le français. Ceci est le cas avec, entre autres, des établissements comme *Prylboden, Samlarbolaget* et *Eriks bakficka.*
- Contrairement à notre hypothèse, l'anglais est en effet encore plus présent dans la plupart des secteurs examinés, à l'exception du domaine de la gastronomie et de la restauration.
- Il est souvent difficile de savoir si un mot donné renvoie au français ou à l'anglais, cf. *Restaurant, Café, Design, Art, Royal, Magazine, Grand.*
- Il n'est parfois pas clair de savoir si une expression est un patronyme ou un nom : *Androuet, Laroy, Mamadou.*
- Beaucoup d'établissements portent des noms hybrides : *Konditori Sans Rival, Bonne Femme Catering, À la Carte Antik.*
- Il n'est pas rare de rencontrer une écriture francisante : *Boutique, Compagniet, Magazine, Quriosa* (!).
- Les diacritiques français sont légion : *Hôtel, Complé* (!)
- Les tournures de syntaxe française sont fréquentes (cf. aussi section 3 ci-dessus[49]) : *Café Sodom, Brasserie Le Pot, Bistro Bohème.*

Conclusion

De manière générale, le nombre d'emprunts directs au français reste faible, dans la continuité du siècle précédent. Les mots d'origine française entrent notamment par le biais d'emprunt à l'anglais, langue qui reste la langue donneuse dominante de la matière lexicale en suédois aujourd'hui, témoignant de l'importance de la culture anglo-américaine à partir de la fin de la Seconde Guerre mondiale. Les anciens emprunts au français sont bien établis et productifs en suédois, même si cette productivité est souvent motivée par le modèle anglais. L'anglais influence aussi la prononciation d'anciens emprunts au français qui reçoivent une prononciation « anglifiée ». Dans le domaine commercial, le suédois demeure la langue dominante des marques commerciales en Suède. L'anglais a remplacé le français comme langue de prestige dans plusieurs secteurs, mais le français garde une certaine empreinte dans les domaines de la culture, artisanat, mode et esthétique, confirmant ainsi son image de marque. En gastronomie et restauration, le français reste plus présent que l'anglais.

Notes

1. La source de datation des emprunts utilisée est *Svensk ordbok* (SO), qui indique l'année de la première attestation du mot en suédois. Afin d'éviter des répétitions, cette source ne sera pas indiquée avec chaque exemple cité. Si une autre source a été utilisée, elle sera précisée avec l'exemple cité.

2. *Baner* est attesté depuis le milieu du XIVᵉ siècle, d'origine germanique. *Kär* provient de l'anc. fr. « cher », attesté depuis 1420–1450.

3. *Patron* est attesté depuis 1540, du fr. *patron* « étalon, modèle », une sorte d'étui à munition. Le mot *furir* depuis 1557, du fr. *fourrier* « sous-officier chargé du cantonnement des troupes et du couchage, des distributions de vivres, de vêtements » (PR).

4. *Balkong* est attesté depuis 1656, de l'italien via le français; *allé* depuis 1663 ; *assurans* 1626 ; *kredit* 1617, dans le sens « confiance dans la solvabilité de qqn », emprunté à l'italien par le français (PR) ; *puder* 1650 ; *peruk* 1631 ; *sås* 1642 ; *kastrull* 1690 ; *ambassad* 1650, en français de l'italien, à la base un mot gotique d'origine gauloise (PR) ou bien celte (SO) ; *departement* 1678 ; *porträtt* 1645 ; *staty* 1650. Pour d'autres exemples de mots empruntés siècle par siècle cf. Bergman (1972) ou bien Edlund & Hene (1996).

5. Les emprunts français dans les dialectes suédois ont souvent subi des modification sémantiques. Ils peuvent avoir un sens absent en français mais présent dans le suédois standard, p. ex. *blommerant* « (l'air) florissant », attesté dans les dialectes en Dalécarlie et Botnie du Nord, du fr. « bleu mourant » (bleu pâle) (Hallén, 2001 : 95). D'autres emprunts ont préservé un sens vieilli ou différent de celui du suédois standard, ou montrent d'autres particularités sémantiques (*ibid.* : 94–98).

6. Depuis 1769. Il s'agit d'un emprunt éponyme à la base du patronyme d'Étienne de Silhouette, contrôleur général des Finances en France du milieu du XVIIIᵉ siècle, qui a abandonné ses fonctions suite aux échecs de ses réformes. Par la suite, les critiques appelaient « à la silhouette » un travail non accompli (Germa 1993 : 205).

7. *Fåtölj* est attesté depuis 1706, d'origine germanique ; *garderob* depuis 1729 ; *kalsonger* 1735, d'origine italienne ; *uniform* 1740 ; *glass* 1775 ; *maräng* 1797 ; *ridå* 1787 ; *pjäs* 1737 ; *karikatyr* 1788 ; *affisch* 1749 ; *annons* 1779 ; *direktör* 1730 ; *fabrik* 1729 ; *populär* 1795 ; *charmant* 1716.

8. *Blus* est attesté depuis 1822 ; *brosch* 1843 ; *puré*, *omelett* et *byråkrati* 1822 ; *charkuteri* 1871 ; *socialism* 1848 et *diplomat* 1815.

9. De nombreux chercheurs ont observé l'imprécision du terme « emprunt », qui est employé au sens figuré (Dahlstedt, 1962 : 7). Son imprécision est due, entre autre, au fait qu'il évoque le statut des mots concernés au sein de la langue donneuse et emprunteuse (Stålhammar, 2010 : 22). Le terme « mot importé » ou « importation » (*importord*) a été introduit dans le cadre de recherches récentes sur l'emprunt lexical dans les pays nordiques. Le terme « emprunt » reste néanmoins le plus établi au niveau mondial.

10. D'après *mahonnaise*, de Port-Mahon, en souvenir de la prise de ville par Richelieu, ou bien d'après la variante d'orthographe de « bayonnaise » (Germa, 1993 : 147). En suédois depuis 1883.

11. Emprunté à l'anglais *light amplification by stimulated emission of radiation*.

12. En français depuis 1909, « admirateur ou admiratrice enthousiaste d'une vedette », réemprunt partiel à l'anglais (Tournier, 1998 : 165). En suédois depuis 1951, emprunté à l'anglais.

13. Ou des adjectifs et des verbes. Des recherches montrent que verbes et adjectifs empruntés dans un corpus déterminé sont souvent proches en nombre, p. ex. dans le corpus de Chrystal (1988 : 77) dans le cadre de la recherche sur des emprunts anglais en suédois.

14. *Cultural borrowings* et *core borrowings*.

15. Attesté en suédois depuis 1755, emprunté au français *caractère* au sens de « lettre; ensemble de signes distinctifs ».

16. « sammanfattningen av de inre egenskaper som är kännetecknande för en person » (SO).

17. Edlund & Hene (1996 : 33–35) englobent l'emprunt sémantique (*betydelselån*) et le calque (*översättningslån*) dans la catégorie *begreppslån*, « emprunt de concept ». L'expression « tiers monde » (*tredje världen*) paraît dans les années 1950.

18. Nouveau mot en suédois en 2011 (NL 2011).

19. Attesté depuis 1749.

20. Depuis 1697.

21. À ce propos il importe de mentionner le « xénisme », un mot étranger qui évoque souvent la culture étrangère, et le « pérégrinisme », un emprunt de passage qui ne reste employé que pour une circonstance particulière (cf. Tournier, 1998 : 10).

22. Les termes « emprunt direct » et « indirect » sont employés également dans un autre sens. Ljung (1988) fait la distinction entre emprunts directs (*direkta lån*) par opposition aux calques (*översättningslån*) et emprunts structuraux (*konstruktionslån*) où l'influence est moins directe en tant qu'elle est exercée sur la syntaxe, la flexion ou la formation des mots (emprunts structuraux). La langue d'accueil peut ainsi procéder à une traduction littérale du mot en question (calques). L'emprunt direct, en revanche, implique « la transposition directe d'un morphème étranger » (« den direkta överföringen av främmande morfem » ; Chrystal, 1988 : 13).

23. En suédois emprunté à l'anglais, attesté depuis 1903. Par l'intermédiaire de l'hindi, de l'origine perse.

24. En suédois depuis 1691.

25. De l'anglais *beefsteak*, depuis 1765.

26. Emprunté à l'anglais par le français, attesté depuis 1834, de l'anc. fr. *bacon* « lard maigre salé » (Tournier, 1998 : 477). En suédois depuis 1924.

27. Les listes sont publiées chaque année par le Conseil des langues de Suède (*Institutet för språk och folkminnen*) sur le site du Conseil et dans le magazine linguistique *Språktidningen*. Le recueil des mots est fait sur des corpus des journaux quotidiens et d'autres médias. Le Conseil reçoit également des propositions individuelles de personnes extérieures.

28. 21 informants ont participé au test, dont 16 âgés de 17 ans et 5 âgés de 18 ans. Ils sont tous locuteurs natifs du suédois. Ils ont passé un an en France à l'École suédoise du lycée Saint Dominique de Neuilly-sur-Seine et ont des connaissances du français. La tâche consistait à lire des phrases de textes en suédois qui contenaient des emprunts français. Les phrases provenaient de blogs divers recueillis sur internet (voir annexe).

29. Attesté depuis 2006, son utilisation augmente en 2013 ; d'après l'anglais *embrace* (NL 2013).

30. Depuis 2006, du français via l'anglais (NL 2006).

31. Dans le sens qu'ils participent à la création des mots composés et par conséquent à l'élargissement du lexique.

32. Pédicure qui utilise des poissons. Nouveau mot en 2009 (NL 2009; la langue source n'est pas indiquée), avec l'ancien emprunt *pedikyr* « pédicure » (depuis 1899).

33. Nouveau mot en 2004, sur le modèle anglais *polyamourous*, avec l'emprunt *amorös* « érotique » du fr. « amoureux » (attesté depuis 1913) et le préfixe grec *poly-* « multi-, pluri- » (NL 2004; cf. aussi le substantif *polyamori* « le fait d'avoir plusieurs relations amoureuses en même temps »).

34. Attesté depuis 1997, nouveau mot en 2000 (NL 2000), avec l'ancien emprunt *portfölj* « portefeuille » (1758), fait vraisemblablement sur le modèle anglais *portfolio method*.

35. Nouveau mot en 2009, d'après le terme anglais *bossnapping*, utilisé en France (NL 2009), avec l'ancien emprunt *chef* (1727).

36. « personne qui se baigne en portant son slip de marque sous son caleçon de bain faisant en sorte que la marque soit bien visible » (NL 2008); mot composé avec l'élément *kalsong*, du fr. caleçon (1735).

37. Une sorte de poster sonore. Nouveau mot en 2008 (NL 2008), crée avec l'emprunt *affisch* « affiche » (1749).

38. Nouveaux mots en 2001, employés dans le contexte de « attentat pâtissier » (NL 2001), construits avec l'ancien emprunt *tårta* (attesté depuis 1555, introduit via le bas-allemand du français « tarte ») mais en même temps calqué sur le modèle français « entarter, entartage ».

39. Cf. la note 22.

40. Nouveau mot en 2012 (NL 2012), au sens de « réussir quelque chose avec force; dominer ».

41. Attesté depuis 1993. Nouveau mot en 2007, au sens d'entourage d'une personnalité célèbre (NL 2007). Étant donné un emploi identique en anglais, son influence n'est pas exclue.

42. NL 2011. Il s'agit d'une pratique qui consiste à décorer les vitres d'une entreprise avec des Post-it de différentes couleurs. Notons ici le mot français « post-it », emprunté à l'anglais (1985 ; Tournier 1998 : 564).

43. Attesté depuis 1885 ; cf. *sport*, emprunté à l'anglais vers 1857 mais d'origine française au départ.

44. NL 2009.

45. Pour la présentation de la prononciation nous n'avons pas utilisé l'alpha-

bet phonétique international mais plutôt une transcription adaptée de façon approximative à la prononciation française.

46. Les noms testés étaient *Café Continental* et *Ski Total*, dont la prononciation de « continental » et « total » peut se rapprocher soit de la prononciation française, soit anglaise ou encore suédoise.

47. La prononciation <po:z> reste hypothétique car le son « z » français n'existe pas en suédois.

48. Nous n'avons pas observé le déplacement de la place de l'accent vers celle que les adjectifs testés ont en anglais, à savoir sur la pénultième syllabe.

49. Dans les exemples cités suivants le mot principal se trouve à gauche (*Bistro Bohème* au lieu de *Bohème Bistro*), comme dans *Café Continental* et *Ski Total*.

Bibliographie

Andersson, H. (1999), *Vokabler på vandring. Ordimport till Sverige under tusen år*. Lund : Studentlitteratur.

Bergman, G. (1972) [1968], *Kortfattad svensk språkhistoria. En översikt över det svenska språkets utveckling från de äldsta nordiska runinskrifterna fram till vår egen tid*. Stockholm : Prisma.

Chrystal, J.-A. (1988), *Engelskan i svensk dagspress*. [Skrifter utgivna av Svenska språknämnden 74]. Stockholm : Esselte Studium.

Dahlstedt, K.-H. (1962), « Vad är främmande ord? » in Dahlstedt, K.-H., Bergman, G. & Ståhle, C.I., *Främmande ord i nusvenskan. Verdandis skriftserie 17*. Stockholm : Svenska bokförlaget, Bonniers : 1–31.

Edlund, L.-E. & Hene, B. (1996) [1992], *Lånord i svenskan. Om språkförändringar i tid och rum*. Stockholm : Norstedts.

Engwall, G. (1994), « Svenskt och franskt » in *Arv och lån i svenskan. Sju uppsatser om ordförrådet i kulturströmmarnas perspektiv*. Stockholm : Svenska Akademien & Norstedts : 51–63.

Germa, P. (1993), *Du nom propre au nom commun, dictionnaire des éponymes*. Paris : Bonneton.

Hallén, K. (2001), *Franskt i svensk tappning. Studier över franska lånord i svenska dialekter*, thèse de doctorat [partie I]. Uppsala : Skrifter utgivna av Språk- och Folkminnesinstitutet, Dialektavdelningen A : 28.

Josephson, O. (2004), *Ju. Ifrågasatta självklarheter om svenskan, engelskan och alla andra språk i Sverige*. Stockholm : Norstedts.

Le nouveau Petit Robert de la langue française (PR) (2009). Paris : Le Robert.

Ljung, M. (1988), *Skinheads, hackers & lama ankor. Engelskan i 80-talets svenska*. Stockholm : Trevi.

Myers-Scotton, C. (2006), *Multiple Voices. An Introduction to Bilingualism*. Malden, MA : Blackwell Publishing.

Ståhle, C.I. (1962), « De främmande orden och den svenska ordbildningen » in Dahlstedt, K-H., Bergman, G. & Ståhle, C.I., *Främmande ord i nusvenskan. Verdandis skriftserie* 17. Stockholm : Svenska bokförlaget, Bonniers : 48–73.

Stålhammar, M. (2010), *Engelskan i svenskan. Åttahundra år av lånade ord och språkliga influenser*. Stockholm : Norstedts.

Svensk ordbok utgiven av Svenska Akademien (SO) (2009). Stockholm : Svenska Akademien.

Tournier, J. (1998), *Les mots anglais du français*. Paris : Belin.

Vivre à Paris, numéro d'hiver 2013.

Références internet

Gula Sidorna : http://gulasidorna.eniro.se/hitta:gula+sidorna/stockholm.

Lingvistbloggen : http://lingvistbloggen.ling.su.se/.

Nyordslistan (NL) 2000–2013 : http://www.sprakochfolkminnen.se/sprak/nyord/nyordslistor.html.

Patrimoine Immatériel de la France, Unesco : http://www.unesco.org/culture/ich/index.php?lg=fr&pg=00311&topic=mp&cp=FR.

Annexe

Phrases contenant les mots d'emprunt testés auprès des informants suédophones.

Jag får ofta deja vu-känslan. Det känns som man gjort något förut. Jag vet inte riktigt varför man får deja vu. Jag fick en riktigt ordentligt deja vu-upplevelse i morse när jag la på deodorant.

Minns när jag var 14 och stod och posade framför spegeln. Vi har alla vår « spegel-pose ». Det är inte samma sak att posa framför en kamera som framför en spegel. Spegel-posen är helt undermedveten och sker utan att vi tänker på det. Vi ser vår pose bara hemma i badrummet.

Man kan skriva hur mycket som helst om highlighters och rouge som man kan använda och få till riktigt bra effekter om man vet vad man sysslar med. Det finns flera olika former av rouge, men själv använder jag puderrouge som jag applicerar med en rougeborste. Jag kör en klassiker och formar munnen som ett « O » och lägger rouget precis under och i höjd med kindbenet.

Det finns olika spelstilar som beror av hur aggressivt man spelar. Det finns offensivt och defensivt spel så man kan spela mer offensiv eller defensiv fotboll till exempel.

I tio års tid har Café Continental bjudit på musik från hela världen varje vecka.

Jag har köpt en snowboard och boots på Ski Total i Uppsala.

En guise de postface : tre svenska haiku

Jérôme David
Université de Genève

Citons d'emblée deux haïkus en suédois :

> *De sparkar fotboll*
> *plötsligt förvirring — bollen*
> *flög över muren*

> *Mörker över snön —*
> *endast vågskummet*
> *gör havet synligt*

Le premier se plie rigoureusement aux règles métriques du haïku japonais dit « traditionnel » : un tercet de 5, 7, puis 5 syllabes. Le second, tout aussi concis et ternaire, se permet sur ce point une entorse ; elle demeure cependant minime. Tous les deux évoquent une observation ou une impression située : on joue au football au printemps, en été peut-être ; la neige fixe son propre calendrier. L'exigence du « mot de saison » — le *kigo* —, autre trait caractéristique du haïku standard, est satisfaite. Il n'est pas jusqu'à la troisième des composantes de cette poétique minimale du haïku qui ne soit respectée. La césure interne au tercet signalée en japonais par un « mot de coupure » ou *kireji* — intraduisible comme tel, car exempt de contenu sémantique — est en effet indiquée par un tiret. Le premier poème en joue avec une sorte d'effet de retardement ; le tiret annonce la déliaison du tercet dès le deuxième vers mais c'est un contre-rejet qui l'exécute ; la chute du troisième vers s'en détache d'autant, découplée désormais du distique précédent. Le second haïku isole le premier vers des deux autres comme le décor où va se jouer l'expérience poétique. Versification impaire, indexation sur une saison et césure interne au tercet où s'engouffre l'implicite du monde : ces deux poèmes épousent les contraintes de

---

How to cite this book chapter:
David, J. 2015. En guise de postface : tre svenska haiku. In: Cedergren, M. et Briens, S. (eds.) *Médiations interculturelles entre la France et la Suède. Trajectoires et circulations de 1945 à nos jours*. Pp. 281–288. Stockholm: Stockholm University Press. DOI: http://dx.doi.org/10.16993/bad.u. License: CC-BY

ce que l'on en est venu un peu partout, et parfois même au Japon, à considérer comme le haïku véritable.

Il serait aisé d'interpréter ces tercets à travers le filtre comparatiste traditionnel : la littérature suédoise influencée par la littérature japonaise ; une espèce de japonisme suédois se reconnaissant dans un genre poétique produit à l'autre bout de la terre ; les caractéristiques culturelles des écrivains suédois achevant de donner à cette réception une touche particulière. Mais cette interprétation devrait répondre à une série de questions redoutables qui, à tout le moins aujourd'hui, ne trouvent plus de réponses aussi évidentes que par le passé : quelle conception de la *nationalité* littéraire nous autoriserait à opposer ainsi, en blocs détachés de tout contexte, la Suède et le Japon ? Tous les écrivains « suédois » partagent-ils des traits communs qu'exprimeraient leurs œuvres respectives ? Que signifie « se reconnaître » dans une autre culture — et n'en existerait-il donc qu'une seule variante ? Autrement dit, nos deux poèmes sont-ils suédois *indépendamment* de cette référence à un genre poétique japonais ? Peut-on isoler ces formes brèves de la littérature suédoise de modèles importés d'ailleurs (d'autres pays, d'autres langues) ? Cet ailleurs est-il, en l'occurrence, exclusivement japonais ? Et le rapport à cet ailleurs est-il identique dans l'un et l'autre poèmes ?

Deux partis pris s'excluent ici, que l'on pourrait résumer en deux mots d'ordre contraires : « d'abord les frontières, ensuite les échanges » ; « d'abord les échanges, ensuite les frontières ». Ou, pour parler comme l'anthropologue James Clifford, les *roots* d'un côté, et les *routes* de l'autre (Clifford, 1997). Bref, l'Etat-nation, la modernité, la citoyenneté exclusive, d'un côté ; de l'autre, les communautés aux territoires pluriels, la longue durée historique (du Moyen-Âge au XXIᵉ siècle) où la nation est presque une exception, le cosmopolitisme.

La Suède tire-t-elle son existence d'une suédité essentielle, qu'elle aurait inégalement exprimée au fil des siècles, ou d'un lent travail collectif de stabilisation géographique, politique et moral d'une communauté toujours précaire de sujets, de citoyens et d'habitants ? La littérature comparée, lorsqu'elle postule la différence constitutive des cultures qu'elle met en miroir, ne fait que reconduire un imaginaire de l'appartenance qui, pour l'essentiel, ne correspond plus à nos expériences ordinaires. Et, dans le cas du haïku, l'éloignement spatial, voire culturel, de la Suède et du Japon ne change rien à cet axiome de l'analyse : sachant l'importance de la littérature et de l'histoire littéraire dans la légitimation des Etats-nation aux XIXᵉ et XXᵉ siècles, les études littéraires gagneraient à interroger leurs objets — la littérature « suédoise », la littérature « japonaise » — à l'horizon des reterritorialisations à l'œuvre aujourd'hui à l'échelle des mégapoles, des régions ou des continents.

Tokyo-London-Paris-Stockholm

Le premier haïku est tiré du recueil *Fängelse* de Tomas Tranströmer, paru en 1959. Le deuxième a gagné le concours annuel de la Swedish Haiku Society en 2003 ; son auteur s'appelle Tore Sverredal. L'un a obtenu le prix Nobel ; l'autre publie sur Facebook. Ce qui différencie toutefois le plus ces deux poèmes, ce n'est pas la légitimité très inégale de leur auteur, mais l'époque de leur rédaction. Publier un haïku en Suède à la fin des années 1950 n'avait pas les mêmes implications qu'au début du XXIᵉ siècle. Ou plutôt, opter pour la forme du haïku dans les années 1950–1960 n'engageait pas le même rapport à la poésie, à la langue, au Japon et aux échanges culturels qu'aujourd'hui. La route empruntée par le haïku pour parvenir en Suède ne fut pas identique. Et dès lors que l'on accole des noms propres aux poèmes, comme je viens de le faire, cette histoire devient cruciale.

Le recueil de Tranströmer découle d'une fascination pour la culture asiatique que partageaient dans ces années-là, en Suède, aussi bien Harry Martinson que Bo Setterlind ou Dag Hammarskjöld. Dans le cas de Tranströmer, cependant, et peut-être pour les trois autres également, la relation à la poésie japonaise fut largement médiatisée par la redé-couverte, *en France*, du haïku dans les années 1950–1960.

René Char, Paul Éluard et Guillevic seraient les marques de ce dé-tour. Ils figurent au sommaire de *19 moderna franska poeter*, édité par Erik Lindegren et Ilmar Laaban (1948), dont la femme de Tranströmer a pu dire dans *Le Monde* du 5 janvier 2012 qu'il s'agissait à l'époque du livre de chevet de son mari. C'est l'indice, sinon la preuve, d'une in-tercession française dans sa trajectoire d'écrivain en faveur des formes poétiques très brèves et, dans leur sillage, du haïku.

À Paris, en effet, l'intérêt pour cette forme poétique regagna aux alen-tours de 1950 une vigueur qu'elle avait perdue depuis la fin des années 1920. Après une première effervescence autour de ce que l'on appelait encore le *haï-kaï* durant le premier tiers du XXᵉ siècle — effervescence qui réunit une communauté hétéroclite de *haijins* francophones comme Paul-Louis Couchoud, Julien Vocance, Jean-Richard Bloch ou, pour en citer les plus connus aujourd'hui, Paul Eluard et Jean Paulhan —, une deuxième période s'ouvrit en effet à partir des années 1950. Une anthologie de haïkus en anglais, éditée par Reginald H. Blyth entre 1949 et 1952, fut l'un des déclencheurs de cet engouement renouvelé, rejouant ainsi l'effet qu'avait produit un demi-siècle plus tôt, sur Paul-Louis Couchoud surtout, une autre anthologie en anglais éditée par Basil Hall Chamberlain (1880).

Durant les années 1900–1920, le haïku avait été associé à l'expression rigoureuse des sensations élémentaires. Le poème japonais rejoignait, disait-on, les efforts menés en France pour évoquer la ténuité et la fugacité de certaines expériences. Bashô était jugé compatible avec Mallarmé et Verlaine : « l'absente de tout bouquet » avait sa contrepartie dans le bouddhisme zen et « l'Impair / Plus vague et plus soluble dans l'air » s'accommodait sans heurt de la versification en cinq et sept syllabes. Le haïku était entré dans la ronde des expérimentations poétiques. L'émergence d'une « poésie objective » dans les années 1940, combinée au souci de la forme brève, chez Guillevic par exemple, prolongea ces accointances de la « disparition élocutoire du poète » héritière de Mallarmé avec la contemplation détachée du *haijin*.

À partir des années 1950, l'attention pour le haïku répondit à des préoccupations similaires : n'y aurait-il pas dans cette forme japonaise à la simplicité inégalée, avançait-on, une sorte de résorption du langage dans le langage qui ouvrirait, précisément, un accès plus direct au réel ? L'image ne s'y abolit-elle pas pour appeler à une expérience infralangagière du monde ? L'ineffable n'y trouve-t-il pas un lieu où se laisser deviner ? Ce fut la position de Philippe Jaccottet. La différence avec les premières décennies du siècle tenait désormais à l'abandon de tout débat, ou presque, sur la versification. L'affaire semblait entendue. Le vers était devenu souple, structuré par son propre rythme intérieur, et les règles trop rigides en la matière ressortissaient à l'âge obsolète de la rhétorique. Le haïku n'était plus un prétexte à controverse versificatoire, comme il avait pu l'être trente ans auparavant (faut-il s'en tenir strictement aux dix-sept syllabes ? la rime en est-elle exclue ? etc.). Il exemplifiait dorénavant, par sa césure interne (*kireji*), une forme d'expérience esthétique fondée sur le suspens du langage à l'orée d'un réel inexprimable comme tel.

Au lieu de s'attacher à la lettre formelle du haïku, Philippe Jaccottet ou Yves Bonnefoy associèrent cette forme à une méditation sur le langage et à une métaphysique du signe : la « poésie de la présence », comme on a parfois qualifié leurs œuvres, se découvrait dans la tradition japonaise un alter ego esthétique. Plus encore, le haïku dessinait à leurs yeux la levée de certaines des apories sur lesquelles butaient leurs efforts d'écriture dans les années 1950. Jaccottet poursuivit ensuite sa recherche du dénuement (moins d'éloquence, moins d'image, moins de poète et de « poésie » dans les poèmes). Bonnefoy triangula sa propre relation à Mallarmé en y ajoutant un troisième terme éloigné, si bien que la poésie japonaise devint pour lui une ressource précieuse pour penser certaines impasses du projet mallarméen (la sortie du langage par les Idées, plutôt que par l'ordinaire et le commun).

Si les formes voyagent, elles ne s'arrêtent pas moins de temps en temps

Ces deux implantations successives du haïku en France, préparées chaque fois par une anthologie en anglais, nous renseignent sur les processus à l'œuvre lors d'échanges littéraires entre cultures éloignées. Tout d'abord, une forme importée doit s'inscrire dans des débats littéraires locaux (nationaux, régionaux) pour y devenir pertinente. L'esthétique de la suggestion poétique et le refus de l'éloquence, qui perdura en France durant les deux premiers tiers du XXᵉ siècle, étaient propices à l'accueil et à la relance du haïku.

Mais cette pertinence de la forme importée tient aussi à son contexte initial d'émergence ; ou, plus précisément, aux relations qu'entretiennent les cultures littéraires source et cible : l'admiration, la concurrence et la haine (et la guerre, paradoxalement) sont favorables aux emprunts, tandis que l'indifférence ou l'ignorance les rend improbables, sinon impossibles. Le haïku a ainsi circulé vers la France au début du XXᵉ siècle parce qu'il était orienté vers l'Europe. On doit en effet au poète Shiki d'avoir fixé à la fin du XIXᵉ siècle cette forme à laquelle ses variations antérieures (*tanka*, *renga*, *senryû*, etc.) refusaient depuis près d'un millénaire son autonomie de tercet : le haïku proprement dit naquit alors du détachement des trois premiers vers jusque-là agencés dans des formes plus longues, voire sérielles, et de l'exercice de sa pratique hors de toute prose (par opposition aux journaux de pèlerinage de Bashô, où un haïku résumait ou rehaussait souvent un moment particulier dans une expérience par ailleurs racontée au fil de la plume). Or Shiki développa ses réflexions sur le haïku en réaction à l'importation massive de romans anglais, russes et français au Japon sous l'ère Meiji. Le haïku, envisagé de la sorte, *répondait* à la nationalisation des littératures européennes — par l'invention d'une tradition poétique « japonaise » susceptible de témoigner à son tour en faveur de la grandeur culturelle pluriséculaire du pays. Désormais associé à une littérature nationale, le haïku avait un passeport ; il pouvait être reçu dans les autres littératures nationales.

Les poètes français ne dialoguèrent donc pas avec les Japonais en vase clos. Les intellectuels patriotes japonais de la fin du XIXᵉ siècle se réinventèrent une nationalité littéraire au contact des romanciers européens ; les Parisiens découvrirent le haïku dans des anthologies en anglais ; ils y reconnurent le Japon, c'est-à-dire l'idée qu'ils se faisaient de la culture nationale de cet archipel. Ce qui fut le cas pour la France le fut également pour la Suède. Les échanges culturels entre deux nations seulement sont l'exception. Et si l'on problématise un tant soit peu les processus de nationalisation des littératures intervenus massivement aux XIXᵉ et XXᵉ siècles, il n'en existe pas.

Les trois mondialisations du haïku

Ce qui attisa donc en Suède l'intérêt de Tranströmer pour le haïku, ce fut sans doute une forme japonaise traduite en anglais et discutée, sinon pratiquée, par des poètes français. Plus largement, les Français autant que les Suédois furent alors les acteurs d'un engouement mondial pour le haïku. Imma von Bodmershof, par exemple, publiait à la même époque en allemand son recueil *Haiku* (1962), et Jack Kerouac ses *Books of Haiku* (1968).

Les années 1950–1980 correspondirent à la seconde circulation mondiale du haïku. Les poètes français des années 1900–1920 contribuèrent en effet à la première mondialisation de cette forme poétique — aux côtés d'Ezra Pound, Giuseppe Ungaretti, José Juan Tablada ou Rabindranath Tagore. Entre les deux vagues, dans les années 1930–1940, survint une étrange amnésie collective : le genre dépérit ; et on en fit la redécouverte ébahie dès les années 1950. À ma connaissance, cette énigme de l'histoire littéraire n'a pas encore été élucidée.

Tore Sverredal participe d'une troisième mondialisation du haïku. Depuis les années 1980, en effet, cette forme fait partie dans le monde entier — et non plus seulement au Japon — de la gamme des pratiques ordinaires de la littérature. On ne compte plus les *haijins* amateurs : ils publient leurs poèmes à compte d'auteur pour eux et leurs proches ; ils en ponctuent leurs discours officiels, à l'image de l'ancien président du Conseil Européen Herman von Rompuy ; et il leur arrive de fonder des associations régionales, nationales ou internationales de haïku.

Ces associations ont fleuri sur tous les points du globe : *Haiku Society of America* (1968) ; *Deutsche Haiku Gesellschaft* (1988) ; *International*

Haiku Association (1989) ; *British Haiku Society* (1990) ; *Svenska Haiku Sällskapet* (1999) ; *World Haiku Association* (2000) ; *Australian Haiku Association* (2000) ; *Association francophone de haïku* (2003) ; *Irish Haiku Society* (2006) ; *Association pour la promotion du haïku* (2007) ; etc. Elles sont le prolongement faiblement institutionnalisé de sociabilités entre dilettantes liés par une passion commune pour le haïku. Ces activités associatives donnent le plus souvent lieu à l'édition de bulletins, à la création de sites internet plus ou moins éphémères, à des concours annuels et à des lectures publiques. Leur territoire d'action variable — un pays, une langue, un continent, le monde — n'entraîne aucune hiérarchie particulière. Ce tissu n'est pas coordonné en réseau doté d'instances faîtières. Il s'agit avant tout de groupes disparates d'individus qui se font plaisir et le font savoir.

En d'autres termes, le XXIᵉ siècle a hissé le haïku au sommet des genres poétiques les plus populaires de la planète. Le tercet contemplatif d'environ dix-sept syllabes est la forme qu'adoptent spontanément les littérateurs du monde entier. Je sais que mes enfants choisiront ce format pour dévider leur premier chagrin d'amour, au lieu du sonnet baudelairien qui me consolait jadis. C'est désormais le modèle par défaut de l'expression poétique.

Le succès unanime de cette forme déplace la question de sa littérarité. Comment composer des haïkus en *écrivain*, plutôt qu'en *amateur ?* En France, Antoine Volodine a répondu à cette question dans un recueil attribué à l'un de ses pseudonymes : *Haïkus de guerre*, de Lutz Bassmann (Verdier, 2007). Le travail d'écriture ne s'y exerce plus seulement à l'échelle de chacun des poèmes, mais également au plan de leur mise en série. Le même vers revient ainsi comme une ritournelle dans plusieurs haïkus successifs — avec pour effet, d'une part, de créer entre eux des renvois qui relativisent la singularité supposée de l'expérience associée à chaque tercet et, d'autre part, de faire dériver la simplicité de leur expression non pas tant d'une quête poétique du dénuement que de la reprise d'« éléments de langage », pour ainsi dire, tirés comme toujours chez Volodine des langues de bois politiques du XXᵉ siècle. Le haïku comme enveloppe creuse d'une expérience trop générale pour être personnelle ; un syllogisme de l'absurde.

Tore Sverredal, à l'évidence, se démarque de Volodine. Son poème parle d'une épiphanie hivernale face à la nature. Il cherche à fixer et à transmettre une expérience unique, mais susceptible d'être partagée. Et Sverredal ne l'a sans doute pas écrit pour tourner en dérision le marketing touristique scandinave et ses images d'Épinal.

Et Tranströmer ? En 2004, dans *La Grande énigme* (*Den stora gå-tan*), il est resté fidèle à ses partis pris de 1959. Déjà hors du temps — où les mouches s'épuisent en vain :

> *Rentjur i solgass.*
> *Flugorna syr och syr fast*
> *skuggan vid marken.*

Bibliographie

Bassmann, L. (2007), *Haïkus de guerre*. Paris :Verdier.

Blyth, R. H. (1949-1952), *Haiku*. The Hokuseido Press (4 vol.).

Bodmershof (von), I. (1962), *Haiku*. München/Wien : Langen-Müller.

Chamberlain, B. H. (1880), *The Classical Poetry of the Japanese by Basil Hall Chamberlain*. London : Trübner.

— (1902), « Bashô and the Japanese poetical epigram ». *Transaction. Asiatic Society of Japan* 30 : 244-362.

Clifford, J. (1997), *Routes. Travel and Translation in the Late Twentieth Century*. Cambridge : Harvard Univ. Press.

Kerouac, J. [1968] (2003), *Books of haikus*. New York : Penguin Poets.

Lindegren E. & Laaban, I. (1948), *19 moderna franska poeter*. Stockholm : Bonnier.

Svenska Haiku Sällskapet (2004), *Haiku 7*.

Tranströmer, T. (2001) [1959], *Fängelse. Nio Haikudikter från Hällby Ungdomsfängelse*. Uppsala : Edda.

— (2004), *La Grande énigme (Den stora gåtan)*. Talence : Castor Astral.

Contributeurs

Valérie Alfvén est doctorante spécialisée en littérature de jeunesse à l'université de Stockholm (Département des Études romanes). Sa thèse se consacre aux romans pour adolescents suédois contemporains et à leur réception française. À travers l'écriture de la violence et sa traduction, elle s'interroge sur le rôle des romans pour adolescents suédois dans le système littéraire de jeunesse français. Parmi ses publications : Alfvén, V. & Engel, H. (2015) "Hur översätts oprovocerat våld i ungdomslitteratur från svenska till franska? En empirisk studie", Alfvén, Engel, Lindgren (red.) *Översättning för en ny generation. Nordisk barn- och ungdomslitteratur på export.*, Kultur och Lärande, Högskolan Dalarna: 3, pp.31–41. ORCID ID: 0000-0003-2639-6042

Mattias Aronsson est maître de conférences à l'Université de Dalarna (Suède) où il enseigne le français et la didactique. Son domaine de recherche est la littérature contemporaine (XXe et XXIe siècles) et il s'intéresse particulièrement à l'écriture de Marguerite Duras. Il a soutenu une thèse de doctorat à l'Université de Göteborg (Suède) en 2006, intitulée *La thématique de l'eau dans l'œuvre de Marguerite Duras*. Par la suite, il a exploré des champs de recherche divers : les études postcoloniales, les *Gender Studies*, les études de réception, les *Cultural Studies* et la traductologie. ORCID ID: 0000-0002-1332-5467

Yohann Aucante, politiste, est maître de conférences à l'EHESS et chercheur au Centre Raymond Aron à Paris. Il codirige la revue Nordiques. Ses travaux portent sur l'histoire et la sociologie des modèles politiques et sociaux en Europe nordique. Il a notamment publié un ouvrage de référence sur ces questions : *Les démocraties scandinaves. Des systèmes politiques exceptionnels ?* (Paris : Armand Colin, 2013). ORCID ID: 0000-0002-7239-4470

Jean-François Battail, professeur émérite de langues, littératures et civilisation scandinaves à l'Université Paris- Sorbonne (Paris IV). Ancien professeur à l'Université d'Uppsala. Auteur d'ouvrages et d'articles sur la culture des pays nordiques et les relations franco-scandinaves. ORCID ID: 0000-0002-4171-1357

Sylvain Briens est professeur de littérature et histoire culturelle nordique à l'Université Paris-Sorbonne. Après une carrière d'ingénieur dans l'industrie des télécommunications et aux Nations Unies, il a enseigné les langues, littératures et civilisation scandinaves à l'Université de Strasbourg puis à l'Université Paris-Sorbonne. Ses recherches portent principalement sur les littératures scandinaves modernes et contemporaines.

Il a notamment publié : *Paris, laboratoire de la littérature scandinave moderne. 1880–1905.* (Paris : L'Harmattan, coll. *Histoire de Paris*, 2010) ; *Lyriska ingenjörer. Tåg och telefon i svensk litteratur.* (Linköping : LiU-tryck, Tema Kultur och samhälle, 2009) ; *Technique et littérature. Train, téléphone et génie littéraire suédois. Suivi d'une anthologie bilingue de la poésie suédoise du train et du téléphone.* (Paris : L'Harmattan, 2004). ORCID ID: 0000-0003-3259-386X

Cecilia Carlander, docteur ès lettres à l'Université Paris-Sorbonne et à l'Université de Göteborg. En 2013, elle a soutenu sa thèse *Les Figures féminines de la Décadence et leurs implications esthétiques dans quelques romans français et suédois*. Elle a été maître de langue suédoise aux universités de Lorraine à Nancy ainsi qu'à la Sorbonne, et en Suède, elle enseigne entre autres à Södertörns högskola et à l'université de Stockholm. Son domaine de recherche porte sur la fin du XIXe siècle. Elle a publié, en particulier, des articles sur l'œuvre de Victoria Benedictsson, Georg Brandes, Rachilde, August Strindberg et Oscar Wilde. ORCID ID: 0000-0002-5308-7731

Mickaëlle Cedergren est maître de conférences HDR de français à l'Université de Stockholm. Entre 2011 et 2014, elle a dirigé, en collaboration avec S. Briens Paris-IV, un projet international de recherche sur les transferts culturels franco-suédois. Ses domaines de recherche sont la littérature comparée, les transferts culturels franco-suédois, la réception et la circulation de la littérature, la francophonie et la littérature mondiale, l'imaginaire religieux au XIXe siècle, Strindberg et le catholicisme. Elle a publié *L'Écriture biblique de Strindberg* (2005) et est co-rédactrice de collectifs : *Le Naturalisme spiritualiste en Europe* (2012) et *Strindberg en héritage* (2013). Elle codirige actuellement un numéro de *Moderna språk* (*Litteraturförmedlare i Sverige från 1945 till våra dagar*, prévu en sept. 2016). Depuis 2014, elle travaille avec Ylva Lindberg sur le projet *La voix de la périphérie - Transmission et réception des littératures de langue française au XXIᵉ s en Suède, Roumanie et au Burundi*. ORCID ID: 0000-0001-9362-6843

Jérôme David, Professeur à l'Université de Genève, co-directeur du Bodmer Lab (bodmerlab.unige.ch), il a pour principaux champs de recherche la « littérature mondiale », l'histoire comparée de la littérature et des sciences sociales, la théorie littéraire et la didactique. Parmi ses publications : *Balzac, une éthique de la description* (Paris : Champion, 2010) ; *L'implication de texte* (Presses Universitaires de Namur, 2010) ; *Spectres de Goethe* (Paris : Les Prairies ordinaires, 2011). ORCID ID: 0000-0002-3548-9817

Karl Erland Gadelii est professeur de linguistique nordique à l'Université Paris-Sorbonne (Paris IV). Il s'intéresse principalement à la morphosyntaxe scandinave comparative. Sa dernière publication majeure s'intitule « A generative interpretation of Diderichsen's positional grammar », in Hilpert, M., Duke, J., Mertzlufft, C., Östman, J.-O. & Rießler, M. (dir.), *New trends in Nordic and General linguistics* (Berlin / New York : De Gruyter Mouton, 2015). Il s'intéresse également aux contacts de langues et à la politique linguistique, sujets sur lesquels il a coordonné le n° 24 de la revue *Nordiques* (2012) avec Jonas Löfström. ORCID ID: 0000-0002-7344-8207

Carina Gossas et Charlotte Lindgren sont toutes les deux docteurs en langues romanes de l'Université d'Uppsala (Suède), avec spécialité en linguistique française depuis respectivement 2004 et 2005 (*Équivalence et saillance dans l'expression de la localisation frontale dynamique en suédois et en français: étude comparative et contrastive de fram et de (s') avancer/en avant*, Acta Universitatis Upsaliensis Universitet, Uppsala, publiée en 2007 et « *Regarde maman: le soleil se leva* ». *Emploi des temps du passé dans des récits d'enfants francophones en Suède*, Acta Universitatis Upsaliensis Universitet, Uppsala, publiée en 2008). À partir de 2006, elles ont enseigné au niveau universitaire à l'Université d'Uppsala et à l'Université de Dalécarlie et ont mené des recherches sur la traduction des livres modernes suédois pour enfants en français. Carina Gossas a été maître de conférences en français de 2012 à 2014 à l'Université de Dalécarlie, où Charlotte Lindgren travaille toujours en tant que maître de conférences. Depuis une première publication commune en 2006 (en collaboration avec Catherine Renaud : « Vilken röra i kökssoffan! Att översätta barnböcker : ett svenskt-franskt perspektiv », *Barnboken* 2), elles ont publié neuf articles et un article de vulgarisation scientifique dans le magazine suédois *Språktidningen* (2/2011), « Barnböcker vuxnare på franska ». Parmi ces articles, on peut citer en 2008, « Texte, image et désignateurs culturels. Réflexions sur la traduction et la réception de Pettson en France » (*Moderna språk* CII, 2) ; en 2010 « Représentation de l'oral à l'écrit dans les traductions en français de livres suédois pour enfants », in Iliescu, M., Siller-Runggaldier, H. & Danler, P., *XXVe CILPR Congrès International de Linguistique et de Philologie Romanes* (New York / Berlin : De Gruyter) ; en 2011, « Svensk barnboksexport till Frankrike – trender och anpassning 1989–2009 » (*Konferensvolym*, IASS 2010) et enfin en 2014 « Traduction et interculturalité : un exemple de livres illustrés suédois contemporains », in Reuter, H. (éd.), *Le Nord en français* (coll. « Langage et société » du CIPA, Centre international de phonétique appliquée de Mons). ORCID ID: 0000-0002-8652-2736

Andreas Hedberg, est docteur en littérature de l'université d'Uppsala. Sa thèse de doctorat (2012) traite de la critique de la modernité dans l'œuvre de l'écrivain suédois Viktor Rydberg. Il est aussi l'auteur d'une étude sur la littérature traitant de l'industrie métallurgique dans la région suédoise d'Uppland (2013). Dans sa recherche, il s'intéresse également à la « littérature mondiale », notamment aux études quantitatives. Hedberg enseigne la littérature comparée et la sociologie de la littérature à l'université d'Uppsala.

Andreas Mørkved Hellenes est doctorant en histoire contemporaine en cotutelle à l'Université d'Oslo et à Sciences Po Paris. Il travaille sous la direction de Véronique Pouillard et Jenny Andersson. Son projet de recherche, « Promoting the Swedish Model in France. Changes and Continuities in Public Diplomacy at the Swedish Institute in Paris 1970–2000 », porte sur la diplomatie culturelle suédoise en France. En 2014–2015, il était doctorant-visiteur à l'Université de Cambridge. ORCID ID: 0000-0002-2492-692X

Đurđica Hruškar est doctorante en linguistique scandinave à l'Université Paris-Sorbonne et maître de langue de suédois à l'Université Rennes 2. Elle a enseigné à l'Université de Caen Basse-Normandie (2010) et à l'Université Paris-Sorbonne (2010–2011, 2012–2013). Ses recherches portent sur l'emprunt linguistique et les contacts de langues, notamment sur l'influence de l'anglais sur les langues scandinaves. ORCID ID: 0000-0003-1487-5310

Annelie Jarl Ireman est maître de conférences au Département d'Etudes Nordiques à l'université de Caen Normandie où elle dirige l'Office Franco-Norvégien d'Echanges et de Coopération. Elle est co-rédactrice en chef de *Nordiques*, revue pluridisciplinaire consacrée aux pays nordiques. Outre sa thèse sur l'auteur suédois Göran Tunström (soutenue en 2004), ses publications traitent de la littérature et de la culture scandinaves (XIXᵉ - XXIᵉ siècles). Elle s'intéresse particulièrement à la littérature de jeunesse contemporaine, notamment aux questions d'identité et de genre. Elle est également traductrice. ORCID ID: 0000-0002-1984-5551

Hans-Roland Johnsson est docteur ès lettres (littérature française) à l'Université de Stockholm. Dans sa thèse de doctorat (*Le Conte de la lyre brisée. Significations et structures dans les œuvres en prose de Pierre Louÿs* 2000), il analyse les significations et les structures dans les œuvres en prose de Pierre Louÿs. Ses recherches actuelles portent sur les femmes écrivains au tournant du siècle dernier et leur contribution à l'esthétique littéraire (recherches soutenues par la fondation Ragnar Söderberg) et, plus globalement, sur la question du réalisme dans la littérature du XIXᵉ siècle. Johnsson contribue régulièrement avec des articles sur la littérature dans des quotidiens et des journaux spécialisés. Il a récemment coédité un livre sur la marginalité comme phénomène littéraire et social avant l'ère industrielle. ORCID ID: 0000-0003-3622-3217

Martin Kylhammar est membre de l'Académie Royale Suédoise des sciences et professeur de littérature et histoire des idées à l'Université de Linköping. Auteur de nombreux ouvrages et articles sur la modernisation de la Suède dans ses rapports avec la vie intellectuelle, il est également très actif comme journaliste culturel et essayiste. Il a publié un livre en français, *Le moderniste intemporel. Essais sur la dimension culturelle de modèle suédoi*s aux éditions L'Harmattan en 2009 et plusieurs articles dans des revues françaises (voir kyl-hammar.eu pour télécharger ses textes). En 2016 va paraître le livre *Poétocratie. Les écrivains suédois à l'avant-garde de la politique*

(PUPS) co-écrit avec Sylvain Briens et Jean-François Battail. ORCID ID: 0000-0003-1456-8249

Luc Lefebvre est doctorant à l'Université de Stockholm (Département des Études romanes) en cotutelle avec l'Université Paris-Sorbonne (Études nordiques). Sa thèse en cours porte sur l'évolution de plusieurs revues littéraires de gauche (en France et en Scandinavie) confrontées, au cours des années 1970–1980, à la crise des aspirations révolutionnaires, et s'intéresse notamment sur le passage vers le Nord des théories développées dans le milieu de la revue **Tel Quel.** ORCID ID: 0000-0001-6169-6767

Ylva Lindberg est maître de conférences en littérature, habilitée à la recherche à l'université de Jönköping en Suède. Elle enseigne le français, la littérature comparée, la communication interculturelle et la didactique du suédois. Ses recherches littéraires portent aussi bien sur des paramètres immanents du texte que sur des paramètres externes comme le contexte de l'œuvre et sa réception. Ses publications couvrent des champs aussi divers que la littérature de la Belle époque, la littérature francophone contemporaine, la bande dessinée et les média sociaux. ORCID ID: 0000-0001-8634-715X

Christina Sjöblad est professeur émérite à l'Université de Lund, spécialiste en histoire de la littérature. Après sa thèse de doctorat sur la réception de Baudelaire en Suède, *Baudelaires väg till Sverige. Presentation, mottagande och litterära miljöer 1855–1917* (1975), ses recherches ont suivi le développement des journaux historiques. En 1997 paraît *Min vandring dag för dag. Kvinnors dagböcker från 1700-talet* (« Mon itinéraire jour après jour. Journaux intimes de femmes au XVIIIᵉ s. »), suivi par une étude sur des journaux intimes au XIXᵉ s., *Bläck, äntligen! kan jag skriva* (2009). ORCID ID: 0000-0002-1264-2532

Elisabeth Tegelberg est maître de conférences émérite au Département de langues et littératures de l'Université de Göteborg. Ses recherches portent sur trois domaines principaux : traductologie (en particulier les problèmes relatifs à la traduction et à la retraduction littéraires), relations culturelles franco-suédoises (en premier lieu la littérature suédoise en traduction française depuis 1960 jusqu'à nos jours) et didactique des langues. Elle a publié un grand nombre d'articles dans ses domaines de recherche et elle a également publié des manuels destinés à l'enseignement universitaire du français. ORCID ID: 0000-0001-7565-4621

Harri Veivo est professeur au Département des études nordiques à l'Université de Caen Normandie. Ses recherches portent sur le modernisme et les avant-gardes en Finlande et dans les pays nordiques. Il travaille également sur les échanges et transferts culturels dans les années 1950–1970. Il a publié plusieurs articles et dirigé la publication de nombreux ouvrages collectifs, dont par exemple « Jazzing up Modernism Jazz, Popular Culture and Dada in Henry Parland's and Gunnar Björling's Poetry of the Late 1920s » (à paraître), « Poésie, jazz, bohèmes. L'émergence de la culture de jeunesse et les transformations du champ culturel finlandais dans les années 60 » (2015) et *Transferts, appropriations et fonctions de l'avant-garde en Europe intermédiaire et du Nord* (sous la dir. d'Harri Veivo, 2012). ORCID ID: 0000-0002-0906-7661

Maria Walecka-Garbalinska est professeure de littérature française à l'Université de Stockholm. Ses domaines de recherche sont la littérature comparée, l'imaginaire du Nord, la représentation de l'histoire et de l'identité dans le théâtre du XIXᵉ siècle. Chercheuse associée au Laboratoire d'étude multidisciplinaire comparée des représentations du Nord à l'Université du Québec à Montréal, elle a co-organisé plusieurs colloques internationaux, dont *Couleurs et lumières du Nord* (Stockholm 2006) et *Vers une cartographie des lieux du Nord* (Montréal 2012). Ses dernières publications portent sur Xavier Marmier, Christian Dotremont, sur la représentation de l'espace scandinave dans les récits de voyage érudits du XIXᵉ siècle et dans le roman franco-maghrébin contemporain, sur la mine comme espace littéraire et dramatique avant *Germinal*. ORCID ID: 0000-0002-0906-7661

Information concernant le chapitre retiré de la publication : Actualité de Madame de Staël et de Simone de Beauvoir. Regards croisés sur les origines du féminisme depuis 1945. (p. 159, André Leblanc)

André Leblanc

The publisher is retracting and removing the chapter Leblanc (2015) due to infringement of copyright.

The editors and the publisher were contacted by the author of said chapter after alleged infringement of copyright. The author was found to have used parts of a text without permission from the original author, or giving proper reference to that work.

Results of the investigation carried out by the ethics committee at the author's university confirmed the allegations that parts of the original text were indeed similar to particular passages in the published chapter.

After consulting the COPE's Retraction Guidelines and after reading the investigation from the university, it was determined that the level of similarity and the degree of overlap between the two chapters lead to a decision to retract the above referenced work from publication.

The Editors of the book have taken all reasonable precautions to prevent this from happening, and the misconduct was not detected during the peer-review process due to the original text not being made available by publication.

The publisher and the book editors sincerely regret any inconvenience this might have caused to the readership, and have thus issued a new version of the book to be found at: http://dx.doi.org/10.16993/bad.

Retracted on 17 June 2016.

Bibliographie

Leblanc, A. 2015. Actualité de Madame de Staël et de Simone de Beauvoir. Regards croisés sur les origines du féminisme depuis 1945. In: Cedergren,

How to cite this book chapter:
Leblanc, A. 2015. Information concernant le chapitre retiré de la publication : Actualité de Madame de Staël et de Simone de Beauvoir. Regards croisés sur les origines du féminisme depuis 1945. (p. 159, André Leblanc). In: Cedergren, M. et Briens, S. (eds.) *Médiations interculturelles entre la France et la Suède. Trajectoires et circulations de 1945 à nos jours*. Pp. 296-297. Stockholm: Stockholm University Press. DOI: http://dx.doi.org/10.16993/bad.v. License: CC-BY

M. et Briens, S. (eds.) *Médiations interculturelles entre la France et la Suède. Trajectoires et circulations de 1945 à nos jours.* Pp. 159–173. Stockholm: Stockholm University Press. DOI: http://dx.doi.org/10.16993/bad.m. License: CC-BY